Die 38-Stunden-Woche für Manager

Daniel Walther

Die 38-Stunden-Woche für Manager

Optimale Work-Life-Balance durch gute Führung

Daniel Walther
Frankfurt am Main
Deutschland

ISBN 978-3-658-02787-2 ISBN 978-3-658-02788-9 (eBook)
DOI 10.1007/978-3-658-02788-9

Die Deutsche Nationalbibliothek verzeichnet diese Publikation in der Deutschen Nationalbibliografie; detaillierte bibliografische Daten sind im Internet über http://dnb.d-nb.de abrufbar.

Springer Gabler

Lektorat: Juliane Wagner

Gedruckt auf säurefreiem und chlorfrei gebleichtem Papier

Springer Gabler ist eine Marke von Springer DE. Springer DE ist Teil der Fachverlagsgruppe Springer Science+Business Media
www.springer-gabler.de

Vorwort

Ich arbeite seit mehreren Jahren in verschiedenen großen Unternehmen nahe an den Vorständen in verantwortlicher Position und stand mehrmals vor der Frage, wie wohl die optimale Aufstellung einer oder meiner Einheit hinsichtlich Produktivität und Ergebnisqualität sein müsste. Gleichzeitig wollte ich mir mein Leben als Führungskraft natürlich so leicht wie möglich machen, um einerseits meine Gesundheit nicht zu gefährden und andererseits maximale Wirksamkeit zu erzielen. Dabei habe ich mich mit verschiedenen Aspekten der Führung auseinandergesetzt und meine Schlüsse gezogen. Die Ergebnisse meiner Überlegungen habe ich in dem vorliegenden Buch zusammengefasst, welches aus meinem Wunsch heraus entstand, meine Gedanken zu ordnen und dadurch selbst mehr Klarheit zu diesem Thema zu erlangen.

Dabei möchte ich jedoch nicht einfach die Ergebnisse präsentieren, sondern diese aus meinen grundsätzlichen Überlegungen heraus ableiten, sodass für jeden Leser die Möglichkeit besteht, sich selbst mit ihnen kritisch auseinanderzusetzen. Ich habe diese über mehrere Jahre in der Praxis ausprobiert und damit in sämtlichen Führungskräfte-Reviews hervorragende Ergebnisse erzielt, welche jeweils deutlich über dem Durchschnitt innerhalb der jeweiligen Unternehmen lagen. Für mich haben sie sich bewährt, sowohl hinsichtlich meiner Ergebnisse und der aufzuwendenden Arbeitszeit, und selbst meine Führungskräfte konnten durch den Einsatz der Prinzipien ihre jeweilige Führungsarbeit verbessern und ihre Arbeitszeit wirksamer einsetzen. Die Ergebnisse haben also zusätzlich den Praxistest bestanden, insofern dass die Ergebnisse von Führungskräften schlechter waren, welche sich an verschiedenen Stellen anders verhalten haben, als ich es für notwendig erachte.

Vielleicht habe ich etwas übersehen und es gibt heute schon Argumente, welche zu anderen Schlussfolgerungen führen, oder die Rahmenbedingungen ändern sich in der Zukunft, sodass spätestens dann andere Schlüsse für optimale Ergebnisse gezogen werden müssten. Dies steht jedoch nicht mit meiner Idee im Widerspruch, einen grundlegenden Überblick über die Tätigkeit von Wissensarbeitern und dem Verhalten von Führungskräften hinsichtlich der Optimierung der Produktivität zu vermitteln sowie praktische Anhaltspunkte für den Aufbau einer optimalen Organisation derselben zu beschreiben. Dabei spielt es keine Rolle, ob eine Führungskraft für ein Team oder als Vorstand für ein ganzes Ressort verantwortlich ist, oder eine Einheit der strategischen Organisationsentwicklung unternehmensübergreifend Regeln für den Aufbau der Struktur erstellen muss. Jeder kann in diesem Buch Anhaltspunkte für die praktische Umsetzung finden, welche direkt angewendet werden können. Darüber hinaus werde ich einige konkrete Handlungsweisen hinsichtlich ihrer langfristigen Auswirkungen auf die Organisation untersuchen und bewerten, auch auf die Gefahr hin, dass sich diese bereits implizit aus den grundlegenden Überlegungen zum Aufbau der Organisation ergeben. Insbesondere werde ich ebenfalls konkret von einzelnen Handlungsweisen abraten, welche ich in der Praxis vorgefunden habe, aber für nicht zielführend erachte beziehungsweise die sogar die ursprüngliche Absicht konterkarieren.

Analog den Mitarbeitern, bei denen es Leistungsträger und andere Klassen von Leistungen gibt, gilt dies ebenso für Führungskräfte und alle anderen Berufe, sogar Ärzte oder Lehrer. Gerade weniger gute Führungskräfte könnten den größten Nutzen aus einer intensiveren Auseinandersetzung mit sich selbst und ihrem Führungsverhalten ziehen, neigen jedoch dazu, dafür am wenigsten Zeit einzusetzen oder gar keine Notwendigkeit dafür zu sehen, weshalb ihre Leistung entsprechend ausfällt. In vielen Fällen leiden ihre Mitarbeiter darüber hinaus, weil sie dieser Führungskraft ausgeliefert sind und die Konsequenzen des Verhaltens, der Prozesse oder der Struktur tagtäglich aushalten müssen. Jede Führungskraft muss sich bewusst machen, dass die eigenen Fehler selbst für die verantworteten Mitarbeiter teilweise sehr leicht zu erkennen sind, aber nur wenige den Mut haben werden, ihre Führungskraft darauf anzusprechen und ihr zu helfen, besser zu werden. Diese wertvollen Mitarbeiter können ihre Führungskraft führen, indem sie beispielsweise ein anderes Verhalten einfordern, aufzeigen oder in manchen Fällen einfach vorleben. Dafür muss die Führungskraft aber wenigstens erkennen, ob eine Verhaltens- oder Prozessänderung sinnvoll im eigenen Sinne und dem des Unternehmens ist, oder nicht.

Vielleicht können Mitarbeiter sogar selbst Prozesse einführen, welche ihnen das Leben erleichtern oder Ordnung ins Chaos bringen. Dies erfordert aber nicht nur sehr gute sondern auch sehr selbstbewusste Mitarbeiter, weil ihnen immer bewusst sein wird, dass sie eigentlich die Arbeit ihrer Führungskraft erledigen. Es geht für die Mitarbeiter nicht darum, dass die Führungskraft unbedingt auf eine Änderung angesprochen werden muss, aber wenn die Mitarbeiter eine Vorstellung ihres Wunscharbeitsplatzes oder zumindest sinnvoller Verbesserungen haben, kann das eine Veränderung überhaupt erst ermöglichen oder zumindest helfen, diese anzustoßen. Jeder Mitarbeiter, und jede Führungskraft, muss sich selbst fragen, welchen Anteil er an einem Zustand trägt und welchen er leisten kann, etwas zu verbessern, anstatt sich zu beklagen, den Arbeitsplatz zu wechseln und wieder in der gleichen Situation zu landen. Besonders, wenn die Arbeitszeitbelastung oder der Stress ein gesundheitsgefährdendes Ausmaß angenommen hat.

Das Buch ist mehr als eine Bestandsaufnahme schon existierender Ideen und fasst die meiner Ansicht nach richtigen und wichtigen Aspekte unter dem Gesichtspunkt des Aufbaus einer effektiven und effizienten Organisation zusammen. Weiterhin füllt es jedoch dabei entstehende Lücken und hilft einen ganzheitlichen Ansatz umzusetzen und für die eigene Führungspersönlichkeit zu entwickeln, der in jedem Fall deutliche Fortschritte bringt, selbst wenn das Optimum im ersten Schritt noch nicht erreicht werden kann. In einer Organisation von Wissensarbeitern, die diesem Gedanken Rechnung trägt, wird darüber hinaus eine überdurchschnittliche Arbeitszufriedenheit herrschen, welche mit herausragenden Ergebnissen eine dauerhafte Berechtigung erhält.

Gewissermaßen hat Drucker für eine Management-Flughöhe von 10.000 m Überragendes geleistet, allerdings gibt es wohl nur wenige Menschen in der Wirtschaft, welche permanent auf dieser Flughöhe operieren. Im Gegensatz dazu hat Malik mit seinen Werken sehr abstrakte Ergebnisse für geringe Flughöhen vorgelegt, den Transfer für konkrete Handlungsänderungen aber dem Leser überlassen. In diese Lücke möchte ich mit diesem Buch vorstoßen, auf dass es vielen Führungskräften gelingt, effektiver und effizienter zu führen und dabei für die Mitarbeiter angenehme Rahmenbedingungen zu schaffen. Die Mitarbeiter werden mehr Respekt für diese Führungskräfte haben, selbst wenn diese ab und an streng handeln müssen, können sich mit diesem Buch aber ein gutes Bild davon verschaffen, was von ihnen erwartet wird und weshalb die Führungskraft an manchen Stellen so handelt, wie es erforderlich ist. Und wenn nicht, können Sie entweder auf Missstände hinweisen oder aber die Konsequenzen ziehen, um für sich selbstbestimmt ein angenehmeres Umfeld zu suchen.

> Dies ist nicht das Ende. Es ist nicht einmal der Anfang vom Ende. Aber es ist, vielleicht, das Ende des Anfangs. (Winston Churchill)

Ich wünsche mir, mit meinem Buch die Führungslandschaft zu verändern und mindestens einen geringen Beitrag für alle meine Kollegen zu leisten, die Work-Life-Balance zugunsten des Lebens zu verschieben und damit die Attraktivität von Führungspositionen insgesamt zu steigern. Wahrscheinlich beschäftigen sich genau die Führungskräfte intensiv damit, die bereits durch ausreichende Reflexion und permanente Weiterentwicklung eine überdurchschnittlich gute Führungsarbeit leisten. Vielleicht jedoch, und das ist meine Hoffnung, gelingt es mir, einen neuen Gedanken zum Aufbau von effektiven Einheiten in die Welt zu setzen und mitzuhelfen, die Zufriedenheit in der Führung, sowohl für die Führungskraft als auch für die geführten Mitarbeiter, zu steigern. Und wenn es mir nicht gelungen sein sollte, alles zu bedenken und verschiedene Aspekte vollständig zu berücksichtigen, freue ich mich über Ihre Anregungen und Hinweise. Des Weiteren gibt es andere kluge Köpfe, die diesem Buch Anregungen für ihre Arbeiten entnehmen können, sodass daraus irgendwann noch mehr erwachsen kann und wir uns insgesamt in Richtung dieses Ziels bewegen.

Obwohl ich alle Annahmen oder Informationen dargelegt und begründet habe, musste ich an verschiedenen Stellen Kompromisse bezüglich der Ausführlichkeit eingehen, um nicht den Rahmen zu sprengen. Selbst wenn dieses Buch in sich abgeschlossen ist und sie keine weitere Literatur benötigen, möchte ich interessierten Lesern dennoch die im Literaturverzeichnis angegebenen Bücher besonders ans Herz legen, weil durch diese ein grundlegenderes und umfassenderes Verständnis der Thematik möglich ist und sich das Lesen meines Erachtens lohnt. Ich habe deren Lektüre genossen und ihnen viele interessante Gedanken entnommen, welche mich weitergebracht haben. Es versetzt Sie noch mehr in die

Lage, nicht nur einzelne Teile zu übernehmen, sondern für sich selbst einen Weg zu finden, die gewünschten Ergebnisse zu erzielen. Und es besteht darüber hinaus die Möglichkeit, dass Sie durch Anpassung und Weiterentwicklung an der einen oder anderen Stelle noch weitere oder detailliertere Schlüsse ziehen, welche nicht nur für Sie wertvoll sind. Wenn auch Sie durch einen Artikel oder ein Buch die Öffentlichkeit daran teilhaben lassen, kann ich vielleicht in Zukunft ebenfalls davon profitieren.

Inhaltsverzeichnis

Abbildungsverzeichnis

1 Das Ziel: mehr leisten und zufriedener sein

Wenn die Arbeit ein Vergnügen ist, wird das Leben zur Freude. (Maxim Gorki)

Die psychischen Erkrankungen haben in Deutschland in den letzten Jahren stark zugenommen und das Burn-out-Syndrom fällt als Depression in diese Kategorie. Eine Ursache ist der stark gestiegene qualitative und quantitative Anspruch an Mitarbeiter und Führungskräfte im Berufsleben. Zum einen führen zwar Bestrebungen zur Senkung der Kosten dazu, dass immer weniger Mitarbeiter die gleiche Arbeitsmenge bewältigen sollen und zum anderen ist es dennoch eine berechtigte Frage, ob die heutigen Zustände nicht verbessert werden könnten, um eine angenehmere Situation für alle Beteiligten zu schaffen.

Prinzipiell befinden sich die Mitarbeiter in einer komfortableren Situation, weil bei ihnen noch verhältnismäßig klar geregelt ist, welche Arbeitsleistung erwartet wird und welche Arbeitszeit sie dafür einsetzen sollen. Sicherlich gibt es gerade unter den jungen motivierten Mitarbeitern einige, welche zum Beispiel im Interesse der eigenen Karriere zu deutlich längeren Arbeitszeiten bereit sind und dabei gleichzeitig eine große Verantwortung auf sich nehmen. Dennoch wird es in dieser Gruppe nur sehr wenige Fälle geben, in denen die Mitarbeiter wirklich unter der Arbeitssituation leiden und sich eine andere Aufteilung zwischen Arbeit und Privatleben wünschen. Und selbst wenn, aufgrund des Fehlens äußerer Zwänge hätte der Mitarbeiter jederzeit die Gelegenheit, etwas an der Situation zu ändern und die gewünschte Balance herzustellen. Vielleicht fühlt sich der Mitarbeiter in der Form unter Druck gesetzt, als er seine Chancen auf Karriere damit schwinden sehen würde, jedoch ist seine Anstellung dadurch nicht gleichzeitig in Gefahr und so bleibt es eine freiwillige Entscheidung, zwischen der Chance auf Karriere und einem zufriedenstellenden Privatleben zu wählen.

Anders verhält es sich mit älteren Mitarbeitern, wenn diese durch häufige Veränderungen nicht mehr den Eindruck haben, den Anforderungen ihres Arbeitsplatzes gerecht zu werden. Sie haben dann Angst davor, den Job zu verlieren und haben gleichzeitig eine Menge Verpflichtungen, welche unter Umständen nicht nur ein gewisses Einkommen, sondern das komplette Einkommen notwendig machen. Dadurch wird der Verlust des

D. Walther, *Die 38-Stunden-Woche für Manager*,
DOI 10.1007/978-3-658-02788-9_1, © Springer Fachmedien Wiesbaden 2013

Analyse der aktuellen Arbeitssituation		
Wie viele Stunden arbeiten Sie pro Woche?		h
Welchen Anteil davon wenden Sie für Führung auf?		h
Und welche Zeit durchschnittlich für Strategiearbeit?		h
Wie lange beschäftigen Sie sich pro Jahr mit Ihrem Verhalten?		h
Wie viele Stunden arbeiten Sie pro Jahr an den Prozessen Ihrer Einheit?		h
Welche Zeit wenden Sie im Jahr für die Optimierung der Organisation auf?		h
Sind Sie mit Ihrem Führungsverhalten zufrieden?	Ja	Nein
Ist die Qualität der Prozesse in Ihrer Einheit gut?	Ja	Nein
Halten Sie die Organisation Ihrer Einheit für effektiv und effizient?	Ja	Nein
Sind Sie sich bei Ihren Aussagen sicher?	Ja	Nein

Abb. 1.1 Fragebogen zur aktuellen Arbeitssituation

Einkommens zum existenziellen Risiko, welches im Bewusstsein der Mitarbeiter mit dem Verlust des Arbeitsplatzes gleichgesetzt wird. Besonders wenn diese durch eine lange Betriebszugehörigkeit ein Gehalt verdienen, welches für Neueinsteiger oder Wechsler nicht mehr erzielt werden kann, sitzen sie in einem goldenen Käfig, welcher die Ängste umso mehr ansteigen lässt. An dieser Stelle ist es sicherlich zu spät für Ratschläge, weil eine Einschränkung des Lebensstandards einen gravierenden Einschnitt darstellt, aber jeder hat es selbst in der Hand, seine Lebensweise zu wählen. Es ist vielleicht schwer zu erkennen, aber in diesem Fall war die Entscheidung eben, in früheren Zeiten keine Entscheidung zu treffen und mit hoher Wahrscheinlichkeit war dies dem Mitarbeiter auch gar nicht bewusst. Umso mehr Verantwortung gebührt daher der Führungskraft, für die Mitarbeiter zu sorgen und im besten Wissen und Gewissen für diese zu handeln, selbst wenn sie dies nicht immer erkennen oder sogar zu diesem Zeitpunkt anders sehen.

Und dies ist nur einer der Gründe, weshalb für eine Führungskraft die Gefahr wesentlich größer ist, die Balance zwischen Arbeit und Privatleben zu verlieren. Sie muss nicht nur ihre Arbeit erledigen, sondern ist dafür verantwortlich, dass die Arbeit der gesamten Einheit erledigt ist, und zwar so schnell wie möglich und unter Einhaltung sämtlicher Qualitätsstandards. Dies führt dazu, dass sie einerseits davon abhängig ist, was ihre Mitarbeiter leisten, und andererseits selbst großen Einfluss darauf hat und es sehr verlockend ist, selbst nachzubessern oder Arbeiten zu erledigen. Wenn die Mitarbeiter alleine hervorragende Arbeit erbringen und immer einer erreichbar ist, reduziert sich ihr Aufwand dramatisch, andernfalls nimmt dieser gravierend zu. Zwischen beiden Extremen gibt es wahrscheinlich unendliche Variationen und die Arbeit der Führungskraft führt dazu, dass sich die Leistung in Richtung beider Extreme bewegen kann. Deshalb ist es so wichtig, dass sich jede Führungskraft systematisch mit ihrer Situation und sich selbst auseinandersetzt, um im Ergebnis für eine Weiterentwicklung in jeder Hinsicht zu sorgen (Abb. 1.1).

1.1 Sich der Bedeutung der Arbeit klar werden

Besonders bei der Beförderung eines Mitarbeiters auf die erste Führungsebene als Referats- oder Gruppenleiter wird deutlich, dass die damit einhergehende Gehaltserhöhung in den meisten Fällen keine Kompensation für die größere Verantwortung darstellt. Allerdings ist in keiner Position die Möglichkeit größer, die Auswirkungen von Verhaltens-, Prozess- und oder Strukturänderungen zu spüren und davon zu profitieren. Je höher die Führungskraft in der Hierarchie ist, desto weniger direkt sind die Auswirkungen zu spüren, umso stärker kann jedoch die Wirkung sein, weil wesentlich mehr Mitarbeiter betroffen sind und die Folgen für die Arbeitszeit der Führungskraft sich entsprechend deutlich auswirken.

Die zeitliche und nervliche Belastung der Führungskraft ist zum Teil durch die Position bestimmt, für einen gewissen Teil ist jedoch die Führungskraft selbst maßgebend und demzufolge muss sie sich damit auseinandersetzen, wenn sie damit nicht zufrieden ist. Aber auch für alle anderen Führungskräfte lohnt es sich, nach Verbesserungspotenzialen in verschiedenen Gebieten zu suchen, um sich für weitergehende Aufgaben zu wappnen. Des Weiteren ist es Aufgabe der Führungskraft, das Umfeld der eigenen Einheit zu bestimmen und dort für Bedingungen zu sorgen, die für die Mitarbeiter angenehm sind und gleichzeitig zu bestmöglichen Ergebnissen beitragen. Diese beiden Ziele, gleichzeitig für sich selbst und für die Mitarbeiter Verantwortung zu übernehmen, zwingen die Führungskraft ebenfalls dazu, sich mit der Arbeitsweise zu beschäftigen und den besten Weg unter Berücksichtigung beider Sichtweisen zu finden. Idealerweise senkt sich durch die Bemühungen langfristig nicht nur der notwendige Zeiteinsatz, die Arbeit sollte ebenso leichter und angenehmer von der Hand gehen, den Stress reduzieren und außerdem die Zufriedenheit bei allen Beteiligten verbessern.

Der Anforderungskatalog an eine Führungskraft ist jedoch so lang und vielschichtig, dass viele gar nicht wissen, wo sie anfangen sollen und deshalb viel zu wenig Zeit investieren, besser zu werden. Es ist zudem verwirrend für die Führungskraft, weil sie sich mit jedem einzelnen Aspekt intensiv und nicht nur oberflächlich auseinandersetzen muss, aber genau diese Beschäftigung ohne Bezug zu einem Gesamtbild führt dazu, dass sich die Effekte gegenseitig aufheben und weniger zu der Betrachtung, welches Verhalten als Führungskraft notwendig und sinnvoll ist. Dabei geht es nicht nur um die Fokussierung und Priorisierung, sondern die Führungskraft muss ganzheitlich betrachten, wie sie ihren eigenen Zeiteinsatz reduzieren kann, um die teilweise enorme Arbeitsbelastung zu reduzieren und eine akzeptable Work-Life-Balance zu erreichen. Dabei hängt der notwendige Arbeitseinsatz einer Führungskraft jedoch wesentlich von der Qualität seiner Mitarbeiter ab. Daraus ergibt sich zwangsläufig, dass eine Führungskraft bestrebt sein sollte, die besten Mitarbeiter zu erhalten und einzusetzen sowie die Qualität der vorhandenen Mitarbeiter fortwährend zu verbessern.

Außerdem verändern sich die Rahmenbedingungen in Form des Umfelds und der technischen Voraussetzungen heutzutage häufig, was nicht nur Auswirkungen auf die Ansprüche sondern auch die Arbeit an sich hat. Und weil dies immer schneller geschieht, müssen Organisationen darauf Rücksicht nehmen und Strukturen schaffen, welche eine Anpassung ermöglichen. Eine sich immer deutlicher abzeichnende Veränderung ist der steigende Anteil von Wissensarbeitern, an welche nicht nur andere Anforderungen gestellt werden, sondern die auch selbst andere Ansprüche an ihr Arbeitsumfeld und die Organisation als Ganzes stellen.

Es wurde bereits vor Jahren geschrieben, dass die Produktivität von Wissensarbeitern nicht der einzige kompetitive Wettbewerbsfaktor in der weltweiten Wirtschaft ist. Aber es ist sehr wahrscheinlich, dass es ein entscheidender Faktor für Industrien in der entwickelten Welt sein wird. Dabei ist es zunächst vernachlässigbar, ob es sich um eine Branche wie die der Raumfahrt handelt, oder eine andere Branche, in der die Qualitätsanforderungen an Prozesse deutlich niedriger angesetzt werden können. Weiterhin ist jedoch festzustellen, dass sich die Produktivität von Wissensarbeitern deutlich schlechter entwickelt hat, als es eigentlich durch den Fortschritt der Technik und den Vergleich mit der Produktivitätssteigerung von manueller Arbeit zu erwarten gewesen wäre. Dies hängt unter anderem damit zusammen, dass mit einem Computer viele Ergebnisse deutlich schneller erzielt werden können, sich jedoch die Anforderungen an das Ergebnis ebenso gesteigert haben und somit die Produktivitätssteigerungen mindestens teilweise aufgezehrt haben. Gleichzeitig hat sich mit der Einführung von Computern die Arbeit an sich verändert, ohne dass die Mitarbeiter durch geeignete Schulungen oder Erklärungen darauf vorbereitet worden wären und ebenso ist vielen Führungskräften unklar, wie die Arbeit von ihren Mitarbeitern tatsächlich erledigt wird. Ein großes Problem ist an dieser Stelle die Spannbreite der Kenntnisse im Umgang mit Computern, die durch die großen Altersunterschiede der Mitarbeiter und die rasante Veränderung der Möglichkeiten gefördert wird. Hier muss mit einer Veränderung der Prozesse und entsprechend einer angepassten Organisation reagiert werden, um auch unter den neuen Rahmenbedingungen optimale Ergebnisse zu erzielen, weil nur in wenigen Bereichen so deutlich sichtbar wird, dass Stillstand Rückschritt bedeutet.

1.2 Eigene Verantwortung für eigene Ziele

> Im Leben geht es nicht darum, gute Karten zu haben, sondern auch mit einem schlechten Blatt gut zu spielen. (Robert L. Stevenson)

Damit wird deutlich, welchen Einfluss die Organisation und die Struktur langfristig auf die Produktivität und die Qualität einer Einheit haben. Einen ebenso großen Einfluss haben die Mitarbeiter sowie die Art und Weise, mit der sie ihre Tätigkeiten durchführen, wobei diese eine suboptimale Organisation kompensieren oder eine gute Organisation zunichtemachen können. Und natürlich hat das Verhalten einer Führungskraft einen nicht zu unterschätzenden Einfluss, welcher Schwächen in den beiden erstgenannten Bereichen ebenfalls ausgleichen oder Stärken abschwächen kann. In den meisten Fällen werden nicht die geschilderten Extreme vorliegen, welche direkt eine Reaktion auslösen würden, sondern Zwischenstufen, bei denen die Führungskraft keinen unmittelbaren Handlungsdruck verspürt und die Ergebnisse der Einheit ebenfalls im Rahmen der Erwartungen liegen. Selbst die Mitarbeiter werden in den meisten Fällen miserable Organisationen akzeptieren, beispielsweise weil sie es eben seit Jahren so gewöhnt sind und aus diesem Grund kein

Änderungsdruck entsteht, oder sogar ungenügende Führungskräfte, weil es bei vielen Mitarbeitern üblich ist, sich darüber zu beschweren. Jeder Beteiligte fügt sich einer Situation, welche aus Sicht aller gerade noch ein Mindestmaß an Ergebnissen erzielt, jedoch bleibt daher meistens jeglicher Wille zur Verbesserung dieses Zustands auf der Strecke.

Damit bleibt, zu Recht, eine Hauptlast auf den Schultern der Führungskraft zurück, die ihrerseits in den meisten Fällen überlastet ist und keinerlei Zeit findet, nach Ideen oder Strategien zu suchen, welche einen Ausweg darstellen könnten. Fehlende Zeit kann auf ein schlechtes Zeitmanagement hindeuten, dieses alleine wird jedoch in den wenigsten Fällen die Ursache sein, sodass eine Verbesserung desselben alleine auch nicht weiterhelfen wird. Natürlich gibt es unzählige Bücher, welche sich anstatt Zeitmanagement einen anderen Schwerpunkt zur Verbesserung herauspicken, aber nur in den seltensten Fällen den Einfluss auf die Arbeitszeit der Führungskraft betrachten. Darüber hinaus sind die Empfehlungen verschiedener Autoren oftmals widersprüchlich, weil sie die Aspekte aus unterschiedlichen Blickwinkeln betrachten und umso schwieriger ist es zu entscheiden, welche Ratschläge zu befolgen sind. Änderungen an Strukturen oder Prozessen, dem eigenen Verhalten oder dem der Mitarbeiter ist jeweils mit Aufwand verbunden, der sich auszahlen sollte, sodass die Führungskraft den Nutzen hinsichtlich ihrer Arbeitszeit und oder der Leistungssteigerung der Einheit abschätzen können sollte.

Es wäre möglich, einfach alle denkbaren Maßnahmen zu bewerten und anschließend priorisiert umzusetzen, bis die gewünschte Mindestwirkung erreicht ist, zumal bereits kleine Änderungen große Auswirkungen im Ergebnis zur Folge haben können. Dafür muss sich die Führungskraft nur entscheiden, in welcher Richtung sie den größten Nutzen erwartet und das sollte zunächst die Leistungsoptimierung ihrer Einheit hinsichtlich Produktivität und Qualität sein. Denn nur aus einer Position der Stärke heraus kann sich die Führungskraft in Ruhe allen anderen Themen widmen, ohne befürchten zu müssen, unter Druck zu geraten und dadurch die Themen vorgegeben zu bekommen. Die Zufriedenheit der Wissensarbeiter wird ebenfalls mit der Organisations- und Prozessqualität steigen und ist außerdem Voraussetzung dafür, dass die Mitarbeiter motiviert sind und in den Bereich ihrer maximalen Leistungsfähigkeit kommen.

Erreicht werden kann dieses Ziel, indem die Tätigkeiten an sich so organisiert werden, dass diese so effizient wie möglich durchgeführt werden können, in dem Sinne, dass die Organisation der Tätigkeiten den Einsatz verschiedener, durchschnittlicher Mitarbeitertypen ermöglicht und trotzdem effizient ist. Denn es ist unrealistisch, nur von perfekten Mitarbeitern auszugehen, weil dies in der Praxis nur selten vorkommen wird. Gleiches gilt für die Führungskräfte, weshalb ein Führungsmodell anzustreben ist, welches mit durchschnittlichen Führungskräften hervorragende Rahmenbedingungen schafft und die Mitarbeiter bestmöglich unterstützt. Abgerundet werden kann dies durch eine Struktur der Mitarbeiter und Regeln für das Verhalten innerhalb dieser Struktur, welche die Organisation an sich gleichzeitig robust gegen Fehlverhalten macht und dennoch eine Weiterentwicklung der Personen unterstützt.

Aber jede Führungskraft muss selbst entscheiden, welche Ziele sie anstreben möchte und welche Mittel sie dafür einzusetzen gewillt ist. Geht es nur darum, auf der Karriereleiter voranzukommen, ist dieses Buch bestimmt nicht die lohnenswerteste Lektüre, zu-

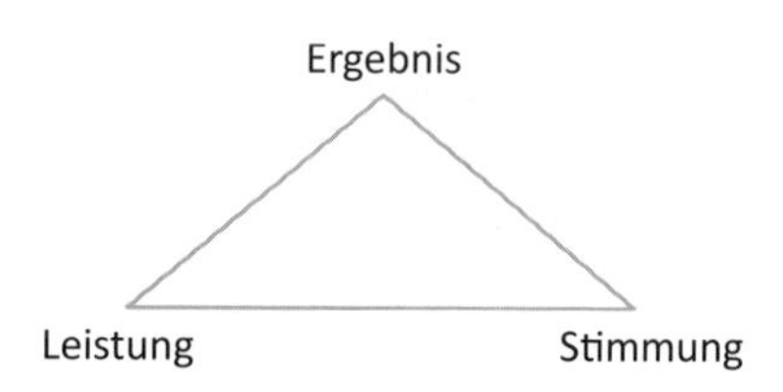

Abb. 1.2 Magisches Dreieck für die Führungskraft

mal der Zusammenhang zur Karriere in keinem Aspekt Berücksichtigung findet. Vielmehr geht es darum, die Arbeit und sich selbst in der Rolle als Führungskraft so zu organisieren, dass die Arbeitszeit minimiert wird und die Führungskraft die Kontrolle darüber zurückerhält sowie selbst entscheiden kann, wie sie diese bestmöglich einsetzt. Auf diesem Weg gilt es, die Zusammenarbeit im Büro angenehmer für alle zu machen und darum, als Führungskraft den eigenen Mitarbeitern Rahmenbedingungen zur Verfügung zu stellen, sodass diese mit Freude zur Arbeit kommen und praktisch von alleine hervorragende Ergebnisse erzielen. Und falls die Führungskraft dies schafft, wird sie garantiert nicht von der Arbeit zerrieben, sondern im Gegenteil sogar Zufriedenheit bei der Weiterentwicklung und Verbesserung ihrer Einheit erfahren. Gleichzeitig wird sie den Erwartungen des Vorgesetzten oder der Aufsichtsgremien entsprechen und den Nachweis erbringen, dass das Vertrauen in sie als Führungskraft gerechtfertigt und verdient war.

1.3 Komplettes Verständnis durch Kenntnis aller Details

Wir können nicht alles tun, aber wir müssen tun, was wir können. (Bill Clinton)

Selbstverständlich kann jede Führungskraft selbst entscheiden, wie sie sich weiterentwickeln möchte und welche Aspekte sie in die Betrachtung mit einbezieht, ebenso wie dies jeder Mitarbeiter entscheiden kann, den sie führt. Sie kann also ebenso in Betracht ziehen, nichts zu ändern und die Situation als gegeben hinnehmen, nur stellt sich dann für Außenstehende oder ihren Vorgesetzten die Frage, wie sie mit einem Mitarbeiter mit ähnlicher Einstellung umgehen würden. Dies wäre letztlich nur für eine Führungskraft akzeptabel, die optimale Ergebnisse mit ihrer Einheit erzielt, dabei eine hervorragende Stimmung vorfindet, nur motivierte Mitarbeiter beschäftigt und gleichzeitig die maximale Leistung aus den Mitarbeitern herausholt. Und bei dieser Aufstellung wird deutlich, wie unwahrscheinlich es ist, das magische Dreieck aus Stimmung, Ergebnis und Leistung langfristig in allen Bereichen optimal zu gestalten (Abb. 1.2).

Eine Führungskraft muss die Pyramide aus Struktur, Prozessen und Verhalten komplett im Auge behalten, weil sich alle Ebenen gegenseitig beeinflussen und nie nur eine alleine betrachtet werden kann. Zunächst einmal werden in diesem Buch besonders Führungskräfte betrachtet, welche Wissensarbeiter führen, weil diese Arbeiten bei Weitem noch nicht so häufig untersucht wurden und der Wissensstand dementsprechend unzulänglich ist. Außerdem haben sich die Tätigkeiten aufgrund der großen Veränderungen der letzten Jahre dramatisch gewandelt. Diese Tätigkeiten, welche geistig ausgeführt werden, haben im Gegensatz zu den körperlichen gänzlich andere Eigenschaften samt anderen Anforde-

Abb. 1.3 Aufbau des Buches

rungen an die Mitarbeiter und verlangen daher auch ein anderes Verhalten in der Führung und in der Struktur, in der die Wissensarbeiter organisiert sind. Jedes Unternehmen, selbst ein produzierendes Industrieunternehmen, hat dennoch eine mehr oder weniger große Anzahl an Wissensarbeitern, zumindest ab einer gewissen Größe hinsichtlich der Anzahl der Mitarbeiter. Für die Führung dieser Wissensarbeiter, besonders in Stäben, in denen die Tätigkeiten sehr heterogen sind und sich noch häufiger ändern als in Bereichen mit Sachbearbeitern, kommt dem Verhalten der Führungskraft eine noch größere Bedeutung zu, eben weil sich die Tätigkeiten schneller verändern und die Struktur diese Änderungen viel besser aufnehmen und verarbeiten können muss, wenn die Einheit fortwährend eine optimale Produktivität bei einer hohen Qualität sicherstellen soll.

Aus diesem Grund beginnt das Buch mit einer Auseinandersetzung der Einflussfaktoren einer Führungskraft auf die Produktivität der geführten Einheit, welche von der notwendigen Ausbildung über die Auswirkung verschiedener Eigenschaften und des Umgangs mit den Mitarbeitern bis hin zu systematischer Führungsarbeit reichen. Anschließend werden die Tätigkeiten von Wissensarbeitern dahin gehend analysiert, welche Hebel zur Steigerung der Produktivität existieren. Dies beginnt mit einer Betrachtung der verschiedenen Eigenschaften und Möglichkeiten, um die Produktivität überhaupt geeignet feststellen zu können, wenn keine Vergleichsmöglichkeiten vorhanden sind. Abgerundet wird dieses Kapitel durch den Einfluss der Prozesse, der Mitarbeiter und des Unternehmens auf die Aufgaben beziehungsweise die Produktivität, welche bei ihrer Durchführung erzielt werden kann. Mit diesem Wissen wird als letzter Punkt der Aufbau einer Organisation betrachtet, welcher mit dem beschriebenen Verhalten und den vorgefundenen Tätigkeiten zu optimaler Produktivität führen soll. Über den Einsatz der Vision und der Strategie folgt der exemplarische Aufbau einer Führungshierarchie, der durch die Platzierung der Mitarbeiter auf den geschaffenen Stellen abgerundet wird. Zuletzt werden durch ein System der Zielvereinbarung und ein Regelsystem Rahmenbedingungen geschaffen, welche besonders langfristig eine Leistungskultur etablieren und damit die maximale Produktivität erreichbar werden lassen. Als abschließendes Kapitel folgen noch Hilfestellungen zur praktischen Umsetzung, damit jede Führungskraft den Prozess der Verbesserung der eigenen Situation noch leichter beginnen kann und sich damit selbst in eine bessere Situation hinsichtlich ihrer Balance aus Arbeit und Privatleben bringt (Abb. 1.3).

2 Einflussfaktoren der Führung auf die Produktivität

Um es gleich zu Beginn deutlich zu sagen, es ist nicht Aufgabe einer Führungskraft, die Arbeit für ihre Mitarbeiter zu erledigen. Vielmehr besteht ein Großteil der Arbeit einer Führungskraft darin, für Rahmenbedingungen zu sorgen, innerhalb derer die unterstellten Mitarbeiter die Aufgaben der Einheit optimal erledigen können.

Daran allein wird deutlich, dass niemals der beste Mitarbeiter zu Führungskraft befördert werden muss, weil die Aufgaben einer Führungskraft gänzlich andere sind und die Eignung für beide Aufgaben in keinem Zusammenhang steht. Ein Mitarbeiter ist daher vor der Beförderung daraufhin zu evaluieren, ob er für die zukünftigen Aufgaben der geeignetste ist und nicht für die aktuellen. Offensichtlich kann dies der aktuell beste Mitarbeiter sein und in diesem Fall wäre dann die Beförderung gleichzeitig eine Belohnung für die zuvor geleistete Arbeit. Ist er es nicht, so ist mindestens ihm gegenüber diese Entscheidung ausreichend transparent zu machen, um im Optimalfall Verständnis bei diesem Mitarbeiter zu erreichen.

Ohne jetzt dieses Beispiel bis in alle Details auszudiskutieren offenbart sich bereits das Dilemma einer Führungskraft, es keinesfalls immer allen beteiligten Parteien recht machen zu können. Dies darf jedoch niemals Ausrede dafür sein, eine Entscheidung gar nicht oder anders zu treffen, als es für das Unternehmen am besten ist. Das oberste Ziel einer Führungskraft kann es nicht sein, beliebt bei den eigenen Mitarbeitern zu sein. Es ist nachvollziehbar und wünschenswert, dass es der Anspruch einer Führungskraft ist, anerkannt und respektiert zu werden. Eine Ausrichtung auf dieses Ziel käme bei vielen Entscheidungsprozessen jedoch zu anderen Ergebnissen, welche nicht im Sinne des Unternehmens wären. Im Laufe dieses Kapitels werden die Gründe dafür anhand mehrerer Beispiele näher beleuchtet.

Ebenso wie sich das Umfeld eines Unternehmens und die Aufgaben mit der Zeit verändern, so verändern sich dementsprechend ebenso die Tätigkeiten einer Führungskraft. Heute genießt beispielsweise Offenheit einen wesentlich höheren Stellenwert als früher, die Zusammenarbeit ist durch Hierarchiefreiheit und Wissensaustausch gekennzeichnet. Als Führungskräfte sind daher Personen gesucht, welche dem Wandel offen gegenüber-

D. Walther, *Die 38-Stunden-Woche für Manager*,
DOI 10.1007/978-3-658-02788-9_2, © Springer Fachmedien Wiesbaden 2013

stehen und diesen aktiv unterstützen. Ein Unternehmen hat dafür Sorge zu tragen, dass es weder im Bereich der Führungskräfte noch in dem der Mitarbeiter lohnenswert ist, untätig zu sein oder sich gegenüber Veränderungen zu sperren. Die meisten Prozesse oder Regeln wurden aus gutem Grund erstellt und haben zum Erfolg des Unternehmens beigetragen, daher werden sie in vielen Fällen berechtigterweise unangetastet bleiben. Jedoch darf es niemals in irgendeiner Weise nachteilig sein, etwas infrage zu stellen.

Wandel ist schwierig, nicht nur aus der Ursache heraus, weil der Mensch dazu neigt, seine Gewohnheiten beizubehalten. Eine andere Ursache ist, dass Wandel nicht angeordnet werden kann. Und in den meisten Fällen werden es die Mitarbeiter und Spezialisten sein, die am besten beurteilen können, welches die Chancen und Risiken einer Veränderung sind. Der Führungskraft, egal auf welcher Ebene, obliegt es insofern, ein Umfeld zu schaffen oder Rahmenbedingungen zu setzen, welche die Veränderung nicht nur zulassen, sondern sogar fördern. Die Mitarbeiter müssen von sich aus bereit sei, etwas zu riskieren und die Eigeninitiative an den Tag legen, etwas zu verändern. Sie dürfen nicht in ihrer Entfaltung gehindert werden, müssen ihre Stärken und Potenziale nutzen können und letztlich aus eigenem Antrieb dazu beitragen, Missstände anzusprechen und Ideen zu deren Beseitigung einzubringen.

2.1 Ausbildung von Führungskräften als Hauptaufgabe

Gebildet ist, wer Parallelen sieht, wo andere völlig Neues erblicken. (Anton Graff)

Es stellt sich die Frage, wie ein Unternehmen gute Führungskräfte in die Verantwortung bekommt. Während etablierte Führungskräfte anhand ihrer Arbeit bewertet werden können, gilt dies für Mitarbeiter vor der Übernahme ihrer ersten Führungsaufgabe leider nicht. Es besteht die Möglichkeit, diese in einer Spielsituation einer Bewertung zu unterziehen, dies wird jedoch niemals ein exakter Test für die Realität sein. Erfolgversprechender erscheint der Weg, sich intensiv mit den gewünschten Verhaltensweisen für Führungskräfte zu befassen und infrage kommende Mitarbeiter in diesen Verhaltensweisen zu unterrichten.

Der Führungskräfteausbildung kommt dabei die Rolle eines Standards zu. Durch eine gute Ausbildung werden nicht automatisch nur noch herausragende Führungskräfte produziert, jedoch wird die Bandbreite der Leistungen aller Führungskräfte deutlich reduziert. Während einige intuitiv vieles, wenn nicht gar alles, richtig gemacht hätten und dadurch nur noch gering von der Ausbildung profitieren, wird es diejenigen Führungskräfte, welche ohne Ausbildung weniger erfolgreich geworden wären, deutlich verbessern. Die Ausbildung sorgt daher dafür, dass die schlechten Leistungen deutlich abgemildert werden und seltener sind, was letztlich den gesamten Schnitt über alle Führungskräfte hebt.

An dieser Stelle kann nicht alles bewertet werden, was im Bereich der Führungskräfteausbildung angeboten wird. Es ist auch müßig darüber zu diskutieren, ob ein Kurs über gutes Benehmen oder Tischmanieren vom Unternehmen für die Führungskräfte angeboten werden muss oder ob es nicht vielmehr im Bereich der individuellen Verantwortung jeder Führungskraft liegt, selbst dafür zu sorgen, auch in diesen Bereichen Vorbild zu sein oder als Mindestanforderung zumindest nicht negativ aufzufallen. Im Folgenden werden wenige Punkte aufgeführt, die dafür essenziell für eine Führungskraft sind und daher ein absolutes Muss in jeder qualitativ hochwertigen Führungskräfteausbildung darstellen. Es ist jedoch Wert darauf zu legen, dass es sich nicht um Wissen handelt, welches an einem Nachmittag oder einer Seminarwoche vermittelt und anschließend auswendig gelernt werden kann. Die Führungskraft muss vielmehr ein Verständnis dafür entwickeln und sich intensiv damit befassen, was auf jeden Fall einen längeren Zeitraum erfordert. Es ist möglich, dies parallel mit der erstmaligen Übernahme einer neuen Führungsposition durchzuführen, jedoch besteht das Risiko, durch Fehler in der Anfangsphase Porzellan zu zerschlagen, welches in der Folge nicht oder nur schwer wieder zu kitten ist.

2.1.1 Sich selbst zu kennen ist der Schlüssel zu Verständnis

> Wer sich selbst recht kennt, kann sehr bald alle anderen Menschen kennenlernen. (Georg Christoph Lichtenberg)

Den größten Nutzen zieht eine Führungskraft aus der intensiven Beschäftigung mit sich selbst. Nur wenn sie sich damit auseinander setzt, welche Gedanken oder Gefühle sie haben würde oder hat, wenn sich jemand auf eine bestimmte Art verhält, ist dies die Grundlage dafür, die Reaktionen anderer auf das eigene Verhalten einschätzen zu können. Darüber hinaus ist es unbestreitbar von großem Vorteil, Eigenschaften der eigenen Persönlichkeit oder bevorzugte Verhaltensweisen in verschiedenen Situationen zu kennen und damit umgehen zu können. Denn erst die genaue Kenntnis ermöglicht die Bewertung und damit schlussendlich eine verlässliche Einschätzung der eigenen Stärken und Schwächen. Und für jede Führungskraft muss es, noch mehr als für jeden Mitarbeiter, ein innerer Antrieb sein, sich weiterzuentwickeln und insgesamt besser zu werden. Ob dies besser durch einen Ausbau vorhandener Stärken oder durch das Arbeiten an existierenden Schwächen erfolgt, ist individuell zu entscheiden. Auf jeden Fall ist es ratsam für jede Führungskraft, sich Feedback einzuholen. Hier bieten sich die eigene Führungskraft, Kollegen der gleichen Ebene und die eigenen Mitarbeiter an. Die Qualität der Rückmeldung hängt jedoch entscheidend von den Fähigkeiten der entsprechenden Personen auf diesem Gebiet ab. Auch die Offenheit im Unternehmen spielt eine große Rolle, weil sie einen erheblichen Einfluss auf die geäußerte Meinung hat. Inwiefern Anonymität bei den geäußerten Meinungen in einem 360° oder sonstigen Feedback eine Rolle spielt, soll an dieser Stelle nicht weiter betrachtet werden.

Des Weiteren ist es für die Beurteilung der eigenen Mitarbeiter unerlässlich, sich mit verschiedenen Fragestellungen rund um Eigenschaften und Verhaltensweisen intensiv auseinandergesetzt zu haben. Es muss das Ziel und der eigene Anspruch einer Führungskraft sein, die Mitarbeiter treffend zu bewerten und es ist außerdem die Grundlage für deren systematische Weiterentwicklung. Umso wichtiger ist dies für alle Führungskräfte, welche

Mitarbeiter nicht mehr direkt, sondern indirekt über weitere Führungskräfte führen. Denn nicht nur, dass die Kontakthäufigkeit mit den eigenen Mitarbeitern tendenziell abnimmt, je höher sich die Person in der Unternehmenshierarchie befindet, auch die Abschätzung der Auswirkungen von Eigenschaften oder Verhaltensweisen wird schwerer. Zusätzlich besteht immer die Gefahr, dass sich Personen in verschiedenen Situationen unterschiedlich verhalten, beispielsweise gegenüber der eigenen Führungskraft und den eigenen Mitarbeitern. Dies kann es erschweren, zu einem konsistenten Bild des Mitarbeiters zu gelangen und damit eine fundierte und valide Bewertung abgeben zu können.

Aus den geschilderten Überlegungen wird deutlich, dass die systematische Ausbildung der Führungskräfte bezüglich der Selbstreflexion einen wesentlichen Bestandteil der Führungskultur eines Unternehmens darstellen sollte. Es ist nicht unbedingt notwendig, sämtliche Mitarbeiter ebenfalls in diese Richtung auszubilden, jedoch sollte das betriebliche Bildungswesen oder die Personalabteilung wenigstens ein entsprechendes Seminar für Mitarbeiter anbieten, so dass Führungskräfte leicht darauf zugreifen können, wenn es im Verhalten einzelner Mitarbeiter zu Problemen kommen sollte.

2.1.2 Gesprächsführung ist ein erlernbares Werkzeug der Führung

Einen großen Anteil an den Tätigkeiten einer Führungskraft hat die Kommunikation, wiederum ein großer Teil davon sind Gespräche oder Besprechungen jeglicher Art. Selbstverständlich kann nicht nur nach der Anzahl der beteiligten Personen unterschieden werden, selbst bei gleicher Personenzahl ist eine Unterscheidung in verschiedene Gesprächstypen möglich. Werden beispielsweise die verschiedenen möglichen Gespräche zwischen einer Führungskraft und einem Mitarbeiter betrachtet, so könnten hier Gespräche zu fachlichen Entscheidungen oder zum persönlichen Verhalten des Mitarbeiters aufgeführt werden. Bei fachlichen Entscheidungen kann es sich unter anderem um reine Informationen der Führungskraft an die Mitarbeiter oder umgekehrt oder um notwendige Entscheidungen der Führungskraft für die Mitarbeiter handeln. Selbst Gespräche zum persönlichen Ergebnis des Mitarbeiters werden sich unterscheiden, je nachdem, ob es sich um Entwicklungsgespräche, Zielvereinbarungsgespräche, Meilensteingespräche zur voraussichtlichen Zielerreichung oder Zielergebnisgespräche handelt. Selbst Zielergebnisgespräche können sich deutlich unterscheiden, werden beispielsweise die gegensätzlichen Pole der deutlichen Zielübererfüllung und vollständigen Zielverfehlung betrachtet.

Es fällt auf, dass dieses Themengebiet leicht die Möglichkeit bietet, sich in Details zu verlieren. Je schwieriger und komplexer Sachverhalte jedoch sind, umso aufwändiger wird nicht nur die Ausbildung aller Personen in diesen Inhalten, auch die Aufrechterhaltung des Niveaus ist entsprechend aufwendiger. Daher muss es das Ziel sein, mittels Abstraktion die Komplexität so weit wie möglich zu reduzieren und einen pragmatischen Ansatz zu finden, welcher einen akzeptablen Standard für Gespräche innerhalb des Unternehmens bestmöglich sicherstellt.

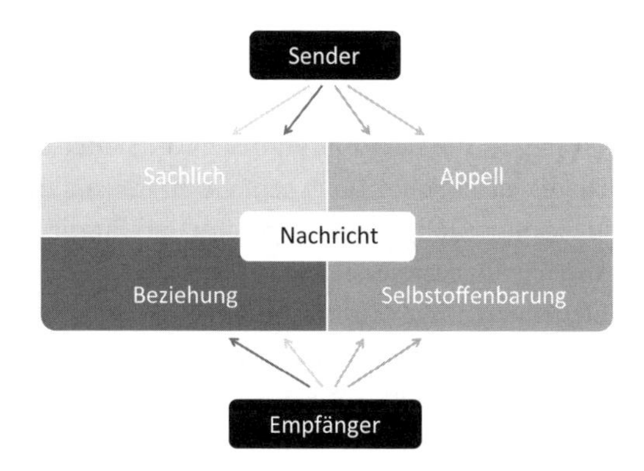

Abb. 2.1 4 Ebenen einer Nachricht (angelehnt an Schulz von Thun)

Die Grundlage jedes Gesprächs ist die Kommunikation. An dieser Stelle kann keine vollständige Auseinandersetzung erfolgen, jedoch sollte jedem bewusst sein, dass Kommunikation in Schritten und auf unterschiedlichen Ebenen erfolgt. Darüber hinaus gibt es verschiedene Kommunikationsmittel, beispielsweise die Sprache oder Körpersprache. Während bei der Körpersprache zum Beispiel Erscheinung und Auftreten wichtig sind, sind dies bei der Sprache die je vier Ebenen einer Nachricht beziehungsweise Arten der Wahrnehmung. In diesen Grundlagen der Kommunikation sollte ausnahmslos jeder Mitarbeiter ausgebildet sein, weil damit die Kommunikation im Unternehmen insgesamt verbessert wird und Konflikte abnehmen und gemildert werden (Abb. 2.1).

Darüber hinaus ist es eine große Hilfe für Führungskräfte, wenn nicht nur sie selbst, sondern auch die Mitarbeiter in der Bewältigung von Konflikten ausgebildet sind. Dafür ist es hilfreich, wenn jeder zwischen Ich- und Du-Botschaften sowie aktivem und passiven Zuhören unterscheiden kann. Außerdem besteht damit zumindest die Möglichkeit, dass im Falle eines Konfliktes die Mitarbeiter diesen selbst oder zumindest mithilfe eines Kollegen lösen können, ohne dass die Führungskraft aktiv eingreifen muss. Im besten Fall erfährt die Führungskraft je nach Schwere des Konflikts gar nichts oder nur den Grund des Konflikts und dass dieser bereits im besten Einvernehmen gelöst wurde. Damit hätte die Führungskraft die Chancen, dies in anderen Gesprächen zu thematisieren, Maßnahmen zur Verhinderung solcher Konflikte für die Zukunft zu ergreifen und sich von der vollständigen Ausräumung zu vergewissern.

Ein weiterer, nicht zu unterschätzender Vorteil für jede Führungskraft neben dem erwähnten Zeitvorteil, ist es, dass sich die Führungskraft in Gesprächen auf die Inhalte dieser Ausbildung beziehen oder darauf verweisen kann. Damit können Botschaften nicht nur effektiver vermittelt werden, auch die Nachhaltigkeit beim Empfänger wird deutlich gesteigert. Jeder Bezug erhöht darüber hinaus die wahrgenommene Bedeutung der entsprechenden Ausbildung und verdeutlicht damit die notwendige Auseinandersetzung mit diesen Themen.

Auf dieser Kommunikation aufbauend bietet es sich für das Unternehmen an, mindestens die Führungskräfte in der Gesprächsführung zu unterrichten. Auch mit dieser Thematik kann keine vollständige Auseinandersetzung erfolgen, jedoch sollen zumindest einige Punkte erwähnt werden, welche die Effektivität deutlich erhöhen und damit die

Produktivität des Unternehmens steigern. Als wichtigste Methode soll an dieser Stelle die Standardisierung des Gesprächsverlaufs erläutert werden. Dieser beginnt mit der Vorbereitung, in der sich die Führungskraft oder der Mitarbeiter mit dem zu besprechenden Thema auseinandersetzt, sein Gesprächsziel und gegebenenfalls Zwischenschritte festlegt sowie die benötigte Zeit insgesamt und für die Zwischenschritte abschätzt. Je präziser diese Abschätzung erfolgt, umso mehr Zeit kann eingespart werden und umso effektiver werden letztlich auch die Gespräche sein. Es spricht nichts dagegen, beim Planen der Gespräche mit Puffern zu arbeiten, jedoch muss sichergestellt werden, dass diese Puffer bei Nichtbedarf freigegeben und effektiv genutzt werden. Ansonsten wird eventuell wertvolle Zeit vergeudet, nur weil diese eingeplant und damit vorhanden ist. Es darf auch nicht unterschätzt werden, wie sehr eine vorher kommunizierte Dauer das Verhalten der Gesprächsteilnehmer während des Gesprächs verändert. Der Zeitbedarf sollte daher für jedes Gespräch gezielt geplant werden. Für regelmäßige Gespräche, beispielsweise turnusmäßige Rücksprachen, ist eine langfristige Planung von Vorteil, weshalb im Voraus eine sinnvolle Zeit für alle Gespräche festgelegt werden muss, die für möglichst viele Gespräche ausreicht. Umso wichtiger ist es jedoch, noch vor jedem Gespräch eine Planung vorzunehmen.

Das Gespräch selbst kann anhand eines Musters durchgeführt werden, welches so grob sein sollte, dass es für alle Gelegenheiten passt, dennoch gut anpassbar auf die verschiedenen Gesprächstypen ist. Anfangen wird es mit der Eröffnung und Einstimmung, wobei die Länge abhängig von dem zu behandelten Thema ist. Der Smalltalk sollte beispielsweise bei einem positiven Mitarbeiterentwicklungsgespräch vorhanden sein und nicht zu kurz ausfallen, während dieser in einem Kündigungsgespräch ganz oder nahezu ganz entfallen sollte. Die Einleitung in das Gespräch beziehungsweise Herleitung des Themas ist von der Komplexität oder Neuartigkeit des Themas für den Gesprächspartner abhängig, ebenso spielt gegebenenfalls der zu erwartende Widerstand eine große Rolle.

Für die Führungskraft sind die Gespräche nicht nur deshalb von großer Bedeutung, weil sie einen erheblichen Einfluss auf die Effektivität der eigenen Arbeit haben und die Arbeitszeit mitbestimmen, sondern auch weil die Vorbildfunktion nicht zu unterschätzen ist. Die beteiligten Mitarbeiter und Führungskräfte können auf Dauer gar nicht anders, als Strukturen zu übernehmen und werden dadurch ihre eigenen Gespräche ebenfalls verbessern und optimieren. Auf lange Sicht wird sich dadurch die Effektivität aller Gespräche erhöhen und die Zufriedenheit der Mitarbeiter zunehmen, weil wesentlich weniger Zeit unnötig verschwendet wird und die gefühlte Wirksamkeit deutlich steigt.

2.1.3 Mitarbeiterbewertung als Zünglein an der Waage

Von jeder Führungskraft wird neben der Erledigung der fachlichen Aufgaben auch die Weiterentwicklung der verantworteten Einheit erwartet, oder zumindest sollte ihr Vorgesetzter dies tun. Die Führungskraft hat verschiedene Möglichkeiten, dies zu erreichen. Eine Möglichkeit besteht darin, einzelne Mitarbeiter oder am besten alle, zu fördern, weiterzuentwickeln und letztendlich individuell zu verbessern. Andere bestehen darin, die

Halo-Effekt	Positives Merkmal überstrahlt andere(s).
Mistgabel-Effekt	Negatives Merkmal überstrahlt andere(s).
Vorrang-Effekt/erster Eindruck	Zeitlich frühere Informationen überlagern spätere.
Neuheits-Effekt	Stärker Berücksichtigung kürzlich gewonnener Informationen.
Kontrast-Effekt	Vorhergehende Leistung beeinflusst Bewertung (Positiv/Negativ).
Pygmalion-Effekt	Mitarbeiterentwicklung in Richtung eigener Erwartung.
Kontakt-Effekt	Beurteilungen werden mit Kontakthäufigkeit positiver.
Nikolaus-Effekt	Der Mitarbeiter strengt sich vor dem Termin der Beurteilung an.
Reue-Effekt	Fehler eingestehen führt zu milderer Bewertung.
Maßstabfehler	Orientierung am eigenen Anspruchsniveau führt zu Verzerrungen.
Implizite Persönlichkeitstheorien	Grundlegende implizite Annahmen verzerren das Urteil.
„Wegloben"	Positivere Beurteilung, um den Mitarbeiter loszuwerden.
„Schlechtmachen"	Negative Beurteilung, um den Mitarbeiter zu halten.

Abb. 2.2 Fehlerquellen bei der Mitarbeiterbeurteilung (angelehnt an Lueger)

Leistung insgesamt durch eine bessere Zusammenarbeit der Mitarbeiter untereinander oder durch eine andere Aufgabenverteilung innerhalb der Einheit zu verbessern. Letztlich gibt es noch weitere Möglichkeiten, beispielsweise die Änderung von Prozessen, das Verändern der Arbeitsweise oder die Umorganisation der Einheit, auf die an anderen Stellen eingegangen wird. Um die erstgenannten gut durchführen zu können, ist eine notwendige Voraussetzung sicherlich eine treffende und transparente Beurteilung der Mitarbeiter.

Dennoch kommt bei der Ausbildung von Führungskräften in vielen Fällen eine systematische Betrachtung der Bewertung von Mitarbeitern zu kurz. Dabei ist es zu allererst im besten Interesse des Unternehmens, wenn nicht nur alle Mitarbeiter regelmäßig beurteilt werden, sondern dies systematisch und anhand gleicher Kriterien erfolgt. Der subjektive Einfluss einer Führungskraft wird auf diesem Weg deutlich vermindert, auch wenn er nicht vollständig ausgeschlossen werden kann, und der Einfluss zahlreicher Fehlerquellen reduziert. Außerdem wird die unternehmensweite Vergleichbarkeit gefördert und die Akzeptanz der beurteilten Mitarbeiter durch die entstehende Transparenz unterstützt. Dafür ist es neben der Ausbildung der Führungskräfte ebenso notwendig, dass ein einheitliches Bewertungssystem existiert und dieses den Mitarbeitern bekannt ist. Der stetige Einsatz eines Systems erleichtert nicht nur dessen Handhabung, sondern führt automatisch dazu, dass das Verständnis der Kriterien und Begrifflichkeiten mit der Zeit verbessert wird. Mit der Verankerung in der Unternehmenskultur wird darüber hinaus deutlich gemacht, dass dem Unternehmen Leistung nicht gleichgültig ist, dies durch die regelmäßige Beurteilung zum Ausdruck gebracht wird und diese gleichzeitig eine Basis für Personalentscheidungen darstellt (Abb. 2.2).

Für Mitarbeiter hat ein solches System ebenfalls große Vorteile. Das Unternehmen legt sich mit dem System fest, welche Kriterien bei der Personalbewertung mit welchen Prioritäten zu berücksichtigen sind und lenkt Mitarbeiter und Führungskräfte in die entsprechende Richtung. Daher ist es relativ einfach, das Verhalten anzupassen und insgesamt eine bessere Beurteilung zu erhalten. Ohne ein System wären die Mitarbeiter gezwungen, das gewünschte Verhalten aus dem Verhalten anderer Mitarbeiter abzuleiten. Dies wäre jedoch mit großer Unsicherheit verbunden, weil aus dem Verhalten nicht erkenntlich ist, ob dieses auch so gewünscht wird oder nicht. Das Dienstalter mag eine Hilfestellung geben, weil dienstältere Mitarbeiter nahezu immer einen entsprechenden Anpassungsprozess durchlaufen haben, jedoch eben nicht in allen Fällen. Wissen die Mitarbeiter genau, wie sie von ihren Führungskräften beurteilt werden und wie sie mit entsprechenden Beurteilungen umzugehen haben, so können sie sich daran gewöhnen und leichter in die vom Unternehmen gewünschte Richtung entwickeln. Sie haben außerdem die Möglichkeit, in Zweifelsfällen nachzufragen und damit Unklarheiten zu beseitigen.

Das Unternehmen erhält ein Steuerungsinstrument, welches das Verhalten der Mitarbeiter und Führungskräfte nachhaltig beeinflusst, ohne dass dafür nennenswerte monetäre Aufwände anfallen. Die Kosten der Erstellung sind zu vernachlässigen und die Weiterentwicklungen beziehungsweise Anpassungen sollten vergleichsweise gering sein, um die Stabilität zu betonen. Selbst wenn die Mitarbeitergespräche aufgrund dieses Beurteilungssystems umfangreicher werden, was hoffentlich mit einer Steigerung der Qualität in Form der Tiefe und Erkenntnis einhergeht, so führt das durch das System gewonnene Verständnis aller zu einer gesamten Zeitersparnis, welche den Mehrumfang mehr als ausgleichen sollte. Es ist offensichtlich, dass weder das System, noch die Kriterien und Prioritäten für jedes Unternehmen gleich sind, sondern individuell angepasst werden müssen. Welche grundsätzlichen Elemente generell enthalten sein sollten wird im Kapitel über die Organisation näher betrachtet. An dieser Stelle reicht aus, dass das Instrument an sich für jedes Unternehmen unverzichtbar sein sollte.

2.1.4 Positionierung von Feedback als Chance

> Man verdirbt einen Jüngling am sichersten, wenn man ihn verleitet, den Gleichdenkenden höher zu achten als den Andersdenkenden. (Friedrich Wilhelm Nietzsche)

Ebenso verhält es sich mit der Einführung von Feedback. Die Mitarbeiter, und auch die Führungskräfte, können sich umso besser weiterentwickeln, je präziser und qualifizierter die Rückmeldung zu ihrer Arbeit und ihrem Verhalten ist. Dafür ist es essenziell, dass ebenfalls Regeln existieren, welche das Geben von Feedback standardisieren und sicherstellen, dass es nicht destruktiv sondern konstruktiv ist.

Natürlich bekommt jeder mindestens im Rahmen seiner Mitarbeiterbeurteilung, welche wenigstens jährlich erfolgen sollte, Rückmeldungen. Allerdings würde dies die Weiterentwicklung auf eben diesen Turnus reduzieren. Daher bietet es sich an, durch einen qualitativen Feedbackprozess, diesen Zeitraum deutlich zu verkürzen, indem auch Kollegen die Chance nutzen, Positives oder Negatives anzusprechen. Damit dies jedoch qualitative Mindeststandards erfüllt und nicht nur durch leere Sätze Zeit verschwendet wird, sollte dem Feedback eine Form gegeben werden, welche dies bestmöglich sicherstellt.

Beinhalten sollte die Form beispielsweise, in welchen Fällen Feedback angebracht wäre. Es geht nicht darum, nach jedem Gespräch seinem Gesprächspartner Rückmeldung zu geben, wie das Gespräch verlaufen ist oder welche Gefühle im Einzelnen ausgelöst wurden. Vielmehr muss jedem bewusst sein, dass es einem Kollegen sehr weiterhelfen könnte, wenn ihm klar ist, dass er etwas bestimmtes, sei es fachlich, arbeitstechnisch oder in seinem Verhalten liegendes, gut oder weniger gut gemacht hat. Damit dies konstruktiv bleibt, bietet sich an, nicht das konkrete, aus eigener Sicht ungünstige beziehungsweise falsche, Verhalten zu thematisieren, sondern in die Zukunft zu blicken und gewünschtes oder vorteilhaftes zukünftiges Verhalten zu beschreiben und den Mitarbeiter damit zur Verhaltensänderung zu motivieren. Ebenso kann es sinnvoll sein, wenn weniger gute Verhaltensweisen erst nach wiederholter Beobachtung angesprochen werden, weil jeder mal einen Fehler machen kann. Es bietet sich an, etwas Negatives durch andere positive Aspekte zu verpacken, um deutlich zu machen, dass eine intensive Auseinandersetzung mit der anderen Person stattgefunden hat und nicht nur etwas kritisiert wird. Da es allein für diesen Punkt viele verschiedene Techniken gibt, beispielsweise die Sandwich Technik mit positiv-negativ-positiv, sei hier auf geeignete Sekundärliteratur zur Vertiefung des Themas verwiesen.

An dieser Stelle soll lediglich zum Abschluss betont werden, dass jedes qualitative Feedback eine Chance darstellt, sich mit der Rückmeldung und sich selbst zu beschäftigen. Es wird niemand gezwungen, das Feedback anzunehmen und sich oder etwas anderes zu ändern. Es besteht sogar die Möglichkeit, dass der Geber des Feedbacks irrt oder aufgrund mangelnder Informationen zu einem falschen Schluss kommt. Es kann jedoch ebenso sein, von verschiedenen Personen zu verschiedenen Aktionen und verschiedenen Zeitpunkten ähnliches oder unterschiedliches Feedback zu erhalten, so dass es in einem Fall verstärkt und im anderen Fall abgeschwächt wird. Selbst wenn der Nehmer des Feedbacks eigentlich anderer Ansicht wäre, ist es im ersten Fall ratsam, die eigene Einstellung und die ursächlichen Gründe dafür zu überprüfen und zu überdenken, ob es nicht sinnvoll wäre, den eigenen Standpunkt zu ändern. Im Zweifel bietet es sich an, eine Person des Vertrauens darauf anzusprechen, um mehr Klarheit zu erhalten.

Aus den genannten Gründen ist es für die Mitarbeiter und besonders für die Führungskräfte von großem Vorteil, wenn Regeln zum Verhalten Feedback betreffend im Unternehmen kommuniziert sind und allen Mitarbeitern bewusst ist, dass das Geben von Feedback zum einen ein Geschenk für den Empfänger darstellt und zum anderen dieser es nicht annehmen muss. Eine gelungene Implementierung dieses Prozesses im Unternehmen ist damit die große Chance, die Weiterentwicklung der Mitarbeiter deutlich zu beschleunigen und den Führungskräften die Arbeit gleichzeitig zu erleichtern, weil sie nicht als einzige Feedback geben, auch wenn sie natürlich ein entsprechend gewichtiges darstellen und die Mitarbeiter mehr daran gewöhnt sind, ein solches zu erhalten. Dies erhöht nicht nur die

Akzeptanz, sondern vor allem die Einsicht, wenn jemand nicht nur von seiner Führungskraft, sondern auch von einem Kollegen auf den gleichen Sachverhalt angesprochen wird. Führungskräfte sollten daher in diesem Sachverhalt ausgebildet werden, damit sie einerseits als Vorbild dienen und andererseits die Vorzüge des Prozesses klar kommunizieren können. Und die Führungskraft muss sich permanent bewusst machen, dass die Mitarbeiter ein gutes Gespür dafür haben, ob sie selbst Feedback wirklich hören und annehmen möchte, oder nicht.

2.1.5 Essenziell: Anlehnung an die Werte des Unternehmens

Es ist offensichtlich, dass die beschriebenen Prozesse und Systeme nur wirksam werden können, wenn sie mit den Werten des Unternehmens übereinstimmen. Es ist daher wichtig, dass die Führungskräfte diese Werte nicht nur kennen, sondern vorleben und dafür Sorge tragen, dass diese insgesamt die Grundlage des Umgangs und des Verhaltens darstellen. Es gibt sicherlich Werte, wie Wertschätzung, welche grundsätzlich positiv belegt sind und daher in jedem Unternehmen eine Rolle spielen sollten. Allerdings ist auch hier die Fokussierung auf wenige Werte entscheidend, die mit einer Priorisierung verbunden und damit eventuell einzigartig für dieses Unternehmen sind.

Die Werte sind daher keine Fähigkeit oder Kenntnis an sich, welche einmal erlernt werden muss. Vielmehr ist es Aufgabe des Unternehmens, nicht nur die Werte festzulegen, sondern ebenso die Führungskräfte in diesen Werten auszubilden und auf diese zu verpflichten. Bei klarer Kommunikation derselben erhält damit jeder die Chance, seine eigenen Werte mit diesen abzugleichen und selbst zum Schluss zu kommen, wie gut diese in Einklang zu bringen sind und damit zu bewerten, ob das Unternehmen einen optimalen oder wenigstens geeigneten Arbeitgeber darstellt.

Gleichzeitig wird durch die Werte und deren Interpretation eine Definition von akzeptablem Verhalten kommuniziert, sei es in Gesprächen, Konflikten, in Meetings oder vielen anderen Situationen. Dies führt dazu, dass die Bewertung derselben einheitlicher wird und viele Probleme damit vermieden werden. In Konsequenz ergibt sich daraus eine höhere Produktivität und Effizienz des gesamten Unternehmens, welche schwer messbar ist, sich jedoch beispielsweise in einer deutlich höheren Termintreue niederschlagen sollte. Es muss aus diesen Gründen ein deutliches Warnsignal für das Topmanagement sein, wenn die kommunizierten Werte mehr oder weniger sichtbar von den erlebten oder gefühlten Werten abweichen.

2.2 Eigenschaften effektiver und effizienter Führung

Eine gute Ausbildung führt dazu, dass Fehler in der Führung und bei Entscheidungen vermieden werden. Dies liegt im Wesentlichen daran, dass nicht einfach der Führungsstil eines Vorgesetzten kopiert werden darf, sondern dass es das Ziel sein muss, seinen eigenen, zu dem eigenen Charakter passenden, selbst zu entwickeln. Eine Alternative könnte sein, sich durch die große Masse an Literatur durch zu kämpfen, welche verfügbar ist, und daraus ganz abstrakt die Dinge zu extrahieren, die angemessen erscheinen. Die Gefahr ist dabei jedoch sehr groß, dass Dinge in der Praxis anders laufen, weil entweder der Überblick fehlt oder schlicht nicht vollständig beschrieben wurde.

An dieser Stelle sollen daher Eigenschaften der Führung dargestellt und näher erläutert werden, welche universell gültig sind. Es bleibt jeder Führungskraft selbst überlassen, sich ein eigenes Urteil zu bilden und zu entscheiden, welche Prioritäten gesetzt werden. Am Ende verfügt jede Führungskraft über die Freiheit, das eigene Verhalten zu bestimmen und entsprechend mit den Konsequenzen zu leben. Es besteht beispielsweise durchaus die Möglichkeit, an unterschiedlichen Adressaten verschiedene Botschaften oder sogar Fakten zu kommunizieren. Sprechen diese jedoch anschließend miteinander, so wird im bestmöglichen Fall nur Verwirrung entstehen, die wiederum gelöst werden muss. Aus diesem Grund werden im Folgenden die Standpunkte für eine Führungskraft vertreten, welche die Führung effektiv und effizient machen. Dies führt bei der Führungskraft zu maximaler Produktivität hinsichtlich der betrachteten Eigenschaften und minimiert damit das einzusetzende Zeitbudget.

Jede Führungskraft, ganz gleich welcher Ebene, ist für die Rahmenbedingungen ihrer Einheit verantwortlich und fungiert gleichzeitig als Beschützer und Richter. Dies sollte jeder bedenken und als Maßstab anlegen, weil mit der Macht auch die Verantwortung wächst. Und je höher sich die Führungskraft in der Hierarchie befindet, umso größer sind die Auswirkungen des eigenen Führungsverhaltens. Die Folgen, welche beispielsweise ein einzelner Satz oder eine simple Handlung eines Vorstandsvorsitzenden bis auf Mitarbeiterebene über mehrere Führungsebenen hinweg haben kann, sind für diesen kaum noch abzuschätzen. Und auch die Rückkoppelung über Feedback fällt vermutlich eher spärlich aus, weshalb eine genaue Kenntnis des Ursache-Wirkungs-Zusammenhangs sowie umfangreiche Erfahrung und Auseinandersetzung mit demselben in der Praxis die beste Gewähr darstellt, verheerende Fehler weitestgehend zu vermeiden.

2.2.1 Vertrauen als Grundlage der Effektivität

Die Schwierigkeit der Fehlervermeidung liegt in der Tatsache begründet, dass ein Risiko immer durch die Kombination von Eintrittswahrscheinlichkeit und Schadenausmaß definiert wird. Beides ist in der Praxis nicht immer einfach zu bestimmen und daher ist die exakte Kategorisierung nicht möglich. Es ist jedoch wichtig zu erkennen, dass Fehler innerhalb eines Prozesses ein Unternehmen selbst auf lange Sicht nicht ernsthaft gefährden werden. Es ist wesentlich gefährlicher, wenn auf hoher Ebene Entscheidungen getroffen werden, ohne die Tragweite der Auswirkung innerhalb des Unternehmens in Gänze überblicken zu können und über keinerlei systematische Rückkoppelung zu verfügen, um Probleme zu erkennen und beheben zu können.

2.2.1.1 Umgang mit Fehlern von Mitarbeitern und der Führungskraft

Fehler zu bestrafen führt nur dazu, dass niemand mehr etwas wagt. (Jack Welch)

Im Endeffekt ist als Schlussfolgerung daher möglich, auftretenden Fehlern keine große Beachtung zu schenken, weil sie nur in den seltensten Fällen überhaupt gravierende Auswirkungen haben werden. Niemand ist fehlerfrei und selbst den Besten wird ab und an ein Fehler unterlaufen. Der Umgang mit diesen oder anderen in der verantworteten Einheit auftretenden Fehlern ist Teil der Kultur und hat großen Einfluss auf die Produktivität. Im Bewusstsein sollte stattdessen der persönliche Umgang der Mitarbeiter und Führungskräfte mit diesen Fehlern und die daraus folgende Weiterentwicklung auf fachlicher und menschlicher Ebene sein, welche wiederum eine Anregung und einen Anstoß für andere bietet. Die Weiterentwicklung und die Fortschritte der gesamten Einheit hängen in großem Maß von diesem Umgang ab.

Für Führungskräfte ist es aus diesem Grund alternativlos, eine Führungssituation zu schaffen, in der die Auswirkungen von Fehlern so gering wie möglich bleiben. Denn Fehler lassen sich niemals gänzlich verhindern und die Kosten zur Vermeidung von Fehlern steigen exponentiell mit der Prozessqualität an. Der optimale Punkt, an dem es sich wirtschaftlich nicht mehr lohnt, die Prozessqualität zu steigern, ist offensichtlich in jeder Branche oder Industrie unterschiedlich, es seien an dieser Stelle exemplarisch die Dienstleistungs- und Raumfahrt-Industrien erwähnt. Dennoch ist die Fehlerkultur entscheidend für die Konsequenzen eines Fehlers, weil diese beispielsweise den Entdeckungs- beziehungsweise Behebungszeitpunkt beeinflussen und damit unabhängig von der Industrie sind.

Ein Schlüssel, eine Fehlerkultur herzustellen, welche dies gewährleistet, liegt im Bewusstsein der Mitarbeiter. Niemand macht gerne einen Fehler und erst recht wird niemand gerne zugeben, einen Fehler gemacht zu haben. Gleichzeitig ist es jedoch umso einfacher einen Fehler zu beheben und die Auswirkungen zu begrenzen, je früher dieser erkannt wird. Ein Ziel muss daher darin bestehen, keinerlei Anreiz zu bieten, einen Fehler zu vertuschen. Positiv formuliert muss vielmehr als gewünschtes Verhalten kommuniziert und durchgesetzt werden, dass auf Fehler aufmerksam gemacht wird und diese schnellstmöglich korrigiert werden. Es bietet sich beispielsweise an, in solchen Situationen nicht rückwärts betrachtet den Fehler zu thematisieren, sondern vorwärts betrachtet die Verhinderung dessen durch Änderung des Prozesses oder des Ablaufes. Ist dies nicht möglich, weil es sich beispielsweise um schlichtes menschliches Versagen handelt, so kann die Führungskraft immer noch positiv die Behebung des Fehlers und die Eindämmung der Konsequenzen hervorheben, anstatt den Fehler an sich zu betonen.

Einen Fehler zu machen darf daher in keiner Weise negativ stigmatisiert werden, weil ansonsten nur die Vertuschungsgefahr steigt. Um aber nicht in den gegenteiligen Effekt zu laufen, dass das Bewusstsein für Fehler dramatisch abnimmt und regelmäßige Korrekturen die Produktivität absinken lassen, sollte ebenfalls Teil der Fehlerkultur sein, keinen Fehler mehr als einmal zuzulassen. Je nach Industrie oder Branche ist es daher notwendig, unterschiedliche Regeln für den Umgang mit Fehlern zu kommunizieren und durchzusetzen und vor allen Dingen diesen Regeln die notwendige Bedeutung zukommen zu lassen.

Damit lassen sich Fehler weitestgehend in den Griff bekommen, zumal die Konsequenzen meistens nicht gravierend sind. Fehlentscheidungen treten dagegen wesentlich seltener auf, haben jedoch größere Auswirkungen und werden entsprechend von höheren Hierarchieebenen getroffen. Sie werden in der Regel von Mitarbeitern vorbereitet und weil damit automatisch mehrere Personen mit der Sache betraut sind, sinkt die Wahrscheinlichkeit einer Fehlentscheidung. Dennoch treten diese auf, weshalb unbedingt Prozesse gebaut werden müssen, welche dies verhindern. Wie solch ein Prozess aussehen sollte, damit er maximal fehlertolerant ist, wird in einem späteren Kapitel detailliert betrachtet. Hier soll es nur um mögliche Ursachen für Fehlentscheidungen gehen, sofern diese in Zusammenhang mit der Fehlerkultur des Unternehmens stehen.

Eine Möglichkeit, dass ein Fehler unentdeckt bleibt, obwohl viele Mitarbeiter sich mit einem Vorgang beschäftigt haben, ist, dass sich niemand außer der vorbereitenden Person mit der Entscheidung auseinandergesetzt hat. Dieser Sachverhalt wäre dramatisch, muss jedoch an dieser Stelle ebenfalls nicht bedacht werden, weil dies prozedural verhindert werden kann beziehungsweise ein Fehlverhalten ist, welches geahndet werden muss.

Eine andere Möglichkeit ist, dass der Fehler mangelnder Zeit geschuldet ist. An dieser Stelle ist darauf zu achten, dass es geduldet werden muss, wenn ein Mitarbeiter oder eine Führungskraft Bedenken äußert, dass ein Ergebnis innerhalb der zur Verfügung stehenden Zeit geliefert werden kann. Es ist im besten Sinne des Unternehmens, wenn in zeitkritischen Situationen alle Ressourcen mobilisiert werden, um Termine einzuhalten. Eine Führungskraft kann ohne weiteres zusätzliche Ressourcen zuteilen, damit der Termin eingehalten wird, sofern diese in der benötigten Qualität zur Verfügung stehen. Ein Mitarbeiter benötigt diese Option in der Regel nicht, weil er ansonsten arbeitsfreie Zeiten vor diesem Termin nutzen kann, beispielsweise am Abend oder durch eine entfallende Pause. Ist dieses Zeitkontingent jedoch nicht ausreichend so bleibt ihm nur noch die Möglichkeit den Umfang zu reduzieren oder die Ansprüche an die Qualität zu senken, etwa indem Kontrollen unterlassen werden. Einer Führungskraft muss dies bewusst sein, wenn sie eine Termineinhaltung fordert.

Dennoch kann es in einer Vorstandssitzung zur der Situation kommen, das ein Fertigstellungstermin aufgrund einer geänderten Situation nach vorne gezogen werden soll. In den seltensten Fällen werden die Mitarbeiter in dieser Sitzung die Gelegenheit haben eventuelle Bedenken zu äußern, welche mit der Umsetzung des Auftrags betraut sind. Daher wird der Beschluss automatisch unter dem Vorbehalt stehen, dass gewichtige Gründe dagegen sprechen. Sollte es sich nach Weitergabe des Auftrags an die entsprechenden Mitarbeiter herausstellen, dass es Gründe gibt, den Beschluss zu revidieren, so muss dies über die Führungskräfte eskaliert werden. Der entsprechende Mut muss bei jeder Führungskraft vorhanden sein, andernfalls besteht die Gefahr, dass das Unternehmen Schaden nimmt.

Es ist müßig darüber zu diskutieren, wer genau den Fehler verursacht hat und ob dies nicht an der einen oder anderen Stelle hätte verhindert werden können. Es ist ebenfalls zu wünschen, dass solche Situationen nicht oft eintreten. Es ist jedoch unbedingt notwendig, dass neue Erkenntnisse zu den Folgen einer Entscheidung sorgfältig bewertet werden und entsprechende Handlungen auslösen, anstatt sich weiter stur auf die entsprechende Entscheidung zu beziehen. Dies gilt analog für die Einhaltung von Meilensteinen. Bei Verzögerungen kann es verlockend sein, an der einen oder anderen Stelle aufgetretene Probleme durch Kompromisse zu vertuschen. Es ist jedoch ratsam, dass die Fehlerkultur im Unternehmen dafür Sorge trägt, so etwas zu verhindern. In diesem Fall erhält die Führungskraft die Chance, weniger offensichtliche und eventuell dramatische Konsequenzen durch ein rechtzeitiges Eingreifen zu verhindern. Vielleicht ist es notwendig, wenn in aufgetretenen Problemen beispielsweise das Fehlverhalten eines Mitarbeiters zu Grunde liegt, dieses zu sanktionieren. Dennoch muss am Ende die Botschaft stehen, dass es für die Mitarbeiter und für das Unternehmen lebenswichtig ist, wenn entsprechend gehandelt wird. Daher sollte bei allen resultierenden Folgen immer berücksichtigt und entsprechend in die Entscheidung mit einbezogen werden, wie umfassend und vor allem frühzeitig Maßnahmen ergriffen wurden, die aufgetretenen Probleme wieder zu beseitigen beziehungsweise die Folgen zu mildern.

2.2.1.2 Robuste Führungssituation schaffen und erhalten

Das Leben ist ein Bumerang, man bekommt zurück was man gibt. (Dale Carnegie)

Ein möglicher Beweggrund für einen Mitarbeiter, einen Fehler nicht zuzugeben, könnte Angst vor drohenden Konsequenzen sein. Der Mitarbeiter muss daher darauf vertrauen können, dass dies seiner Führungskraft bewusst ist und diese dementsprechend handelt. Es ist verständlich, dass dieses Vertrauen nicht leicht aufzubauen ist und entsprechend Zeit benötigt. Aus diesem Grund kann es eine Führungskraft nicht oft genug betonen und als Beispiel verwenden, so dass jeder Mitarbeiter sich ermutigt fühlt, so zu handeln. Tritt der Fall irgendwann einmal ein, ist umso mehr darauf zu achten, sich für das entgegengebrachte Vertrauen zu bedanken und entsprechend der kommunizierten Art zu handeln.

An dem beschriebenen Beispiel wird deutlich, wie sehr zum einen die Führungskraft davon abhängig ist und den Mitarbeitern vertrauen muss, die benötigte Information zu erhalten und zum anderen, dass auch der Mitarbeiter seiner Führungskraft vertrauen muss und selbst eine eigene Abwägung vornimmt, welche Konsequenzen der Fehler haben könnte und wie groß das Risiko einer Zurückführung auf ihn bei Entdeckung ist. Beide Seiten müssen offensichtlich Vertrauen haben, weshalb es auch im besten Interesse beider Seiten ist, im Voraus Vertrauen zu schenken und von Vertrauen auszugehen.

Für eine Führungskraft ist dieses Vertrauen in die Mitarbeiter essenziell, weil diese die Arbeit machen und eine Führungskraft es gar nicht kompensieren könnte. Liegen der Führungskraft noch keinerlei Informationen zur Leistungsfähigkeit eines Mitarbeiters vor, beispielsweise weil die Führungskraft oder der Mitarbeiter neu in der Einheit ist, so muss die Führungskraft davon ausgehen, dass es sich um einen guten Mitarbeiter handelt. Anhand der ersten Arbeitsergebnisse gilt es dann, sich einen Eindruck zu verschaffen, welchen Leistungsstand der Mitarbeiter hat, im besten Vertrauen darauf, dass es in seinem eigenen Interesse ist, eine gute Leistung zu bringen und daher sein Bestes zu geben. Bei der Bewertung der Arbeitsergebnisse muss berücksichtigt werden, welchen Auftrag die Führungskraft explizit vergeben hat und welche impliziten Erwartungen außerdem vorlagen. Der Mitarbeiter wird eine schlechte Bewertung seiner Arbeit nur akzeptieren, wenn der explizite Auftrag verständlich war und er von den impliziten Erwartungen der Führungskraft wusste. Letzteres kann nur der Fall sein, wenn diese unmissverständlich und widerspruchsfrei kommuniziert wurden. Andernfalls wird der Mitarbeiter das Urteil als willkürlich ablehnen und sein Vertrauen in die Führungskraft verlieren.

Es kann daher für die Führungskraft nichts Wichtigeres geben, als für eine vertrauensvolle Zusammenarbeit zu sorgen. Dafür ist nicht nur ein Grundvertrauen in jeden Mitarbeiter notwendig, es ist außerdem sehr genau darauf zu achten, dass niemals Vertrauen in Zweifel gezogen oder gar zerstört wird. Das notwendige Verhalten, um dies zu erreichen, wird im nächsten Kapitel ausführlich diskutiert. Gelingt es einer Führungskraft, dieses Vertrauen zu erhalten, so wird sie im Gegenzug mit einer sehr robusten Führungssituation belohnt, weil die Mitarbeiter gelegentliche Fehler verzeihen werden. Diese Fehler sind menschlich, werden passieren und gerade der Umgang mit ihnen wird den Mitarbeitern zeigen, wie es um die Fehlerkultur bestellt ist. Denn in der Rolle als Richter ist es für die Führungskraft ein leichtes, eigene Fehler auf die Mitarbeiter abzuwälzen, anstatt sie einzugestehen. Dieser Machtmissbrauch ist jedoch maximal entfernt von einer vertrauensbildenden Maßnahme, so dass eine entsprechend handelnde Führungskraft keine Grundlage mehr haben wird, Vertrauen von den Mitarbeitern einzufordern.

2.2.1.3 Vertrauensmissbrauch scharf sanktionieren

Eine Katze in Handschuhen fängt keine Mäuse. (Benjamin Franklin)

Aus diesem Grund muss Vertrauen höchst sensibel gehandhabt werden. Wie dargelegt gilt dies für das Verhalten der Führungskraft, diese muss jedoch ebenfalls das gewünschte Vertrauen von den eigenen Mitarbeitern einfordern. Daraus resultiert, dass der Missbrauch von Vertrauen keinesfalls geduldet und auf jeden Fall sichtbar sanktioniert werden muss. Analog dem Stellenwert von Vertrauen und der fehlenden rechtlichen Handhabe zur Sanktionierung eines solchen Verhaltens ist hier Fingerspitzengefühl gefragt, um einerseits das Gut an sich zu schützen und andererseits den Menschen nicht aus den Augen zu verlieren, mit dem noch weiter zusammengearbeitet wird. Jede Führungskraft muss für sich selbst entscheiden, inwiefern es sich bei dem Missbrauch um einen einmaligen Ausrutscher gehandelt hat oder die Grundlage für Vertrauen komplett zerstört wurde. Es sollte jedoch in jedem Fall ein Gespräch mit dem betroffenen Mitarbeiter geführt werden, in dem er die Tragweite seines Fehlverhaltens erkennt und die Konsequenzen daraus akzeptieren muss. Andernfalls gibt es keinen rationalen Grund davon auszugehen, dass eine solche Situation nicht wieder auftreten wird.

Kommt eine Führungskraft, beispielsweise durch einen heftigen oder wiederholten Vertrauensbruch, zu der Einschätzung, dass mit einem Mitarbeiter keine vertrauensvolle Zusammenarbeit mehr möglich ist, so führt an einer Trennung kein Weg vorbei. Die Kündigung eines Mitarbeiters, in Unternehmen ab einer gewissen Anzahl von Mitarbeitern beim Vorliegen eines unbefristeten Arbeitsverhältnisses, ist nach dem deutschen Arbeitsrecht jedoch nicht ohne weiteres und nicht aus diesem Grund möglich. Diese Schutzfunktion des Arbeitsrechts ist vom Gesetzgeber gewollt. Es liegt daher die unglückliche Situation vor, dass die Führungskraft nicht ohne weiteres konsequent handeln kann, sondern auf die Zusammenarbeit mit dem Mitarbeiter angewiesen ist. Möchte die Führungskraft nicht das Vertrauen aller verantworteten Mitarbeiter in die Sicherheit auf einen fairen Umgang verspielen, so gibt es keine Alternative zu einem offenen Gespräch mit dem Mitarbeiter, indem die Führungskraft deutlich den eigenen Wunsch nach einer Veränderung des Mitarbeiters kommuniziert.

Es besteht die Hoffnung, dass gemeinsam eine Lösung gefunden werden kann, welche mit den Interessen beider Parteien in Einklang zu bringen ist. Der Wechsel des Mitarbeiters in eine andere Einheit des gleichen Unternehmens ist in den meisten Fällen ein Kompromiss, bei dem die Führungskraft ihr Ziel erreicht und der Mitarbeiter seinen Arbeitsplatz nicht verliert. Kommt dies nicht zu Stande muss an dieser Stelle darauf hingewiesen werden, dass nicht ohne Grund die Anzahl der psychisch bedingten Krankheiten stetig steigt, weil ein entsprechender Konflikt am Arbeitsplatz für beide Parteien nicht tragbar ist und somit eine ernsthafte Gefahr in diesem Sinne darstellt.

2.2.2 Hilfreiche Charaktereigenschaften einer Führungskraft

Prinzipiell kann eine Führungskraft auf viele verschiedene Arten erfolgreich sein und mit der verantworteten Einheit einen guten Job machen. In der Regel ist es jedoch sehr schwierig, die Arbeit einer Führungskraft objektiv zu bewerten oder ins Verhältnis mit dem bestmöglichen Ergebnis zu setzen. Unter dem Aspekt der maximalen Produktivität gibt es jedoch Charaktereigenschaften, welche definitiv zuträglich sind und daher gelebt werden sollten. Diese Eigenschaften führen auf lange Sicht dazu, dass Arbeitsabläufe effizienter ablaufen, weil eine vertrauensvolle Zusammenarbeit der Mitarbeiter untereinander und mit der Führungskraft entsteht.

Es darf nicht unterschätzt werden, welchen großen Vorteil es darstellt, wenn die Führungskraft einmal selbst als Mitarbeiter irgendeines Teams gearbeitet hat. Sie hat dann selbst erlebt, wie sich viel oder wenig Arbeitsbelastung auswirkt und wie es ist, wenn zusätzliche Arbeit oder Aufgaben verteilt werden müssen. Ebenso wichtig ist die Erfahrung einzuschätzen, wie der Vorgesetzte mit Druck umgeht und ob beziehungsweise wann und wie dieser dann an Mitarbeiter weitergegeben wird. Es geht dabei weniger darum, ob die Führungskraft vorbildlich ist, vielmehr können aus jeder Situation Dinge mitgenommen werden. Und ein Beobachter kann viel mehr Zeit zum Sammeln von Eindrücken verwenden und sich auf verschiedene Eigenschaften konzentrieren, um deren Wirkung einschätzen zu lernen. Eventuell lernt er sogar wesentlich besser aus Fehlern, welche in der Führung gemacht werden, weil diese besser sichtbar sind und es leichter ist, diese konkret zu vermeiden. Macht eine Führungskraft dagegen alles richtig, was aus Sicht der Mitarbeiter wünschenswert ist, besteht die Möglichkeit oder Gefahr, das komplette Verhalten dieses Vorgesetzten zu kopieren. Dies macht jedoch aller Wahrscheinlichkeit nach nur Sinn für Personen, die über einen ähnlichen Charakter verfügen, weil es sich ansonsten eher nachteilig auswirkt.

Ähnliche Beispiele können für die Erfahrungen in der direkten Führung von Mitarbeitern und für die indirekte Führung über Führungskräfte angegeben werden, so dass vieles dafür spricht, eine gewisse Zeit auf jeder Ebene zu verbringen und genügend Zeit zu haben, sich Gedanken über die eigene Einstellung bezüglich wichtiger Charaktereigenschaften und damit zusammenhängender Verhaltensweisen zu machen. Das wird von den meisten Nachwuchsführungskräften nicht gern gehört werden, soll es doch am besten direkt im nächsten Jahr auf einen Vorstandsposten gehen. Dennoch sind es Erfahrungen, welche die Führungskraft gemacht haben sollte, bevor ab einer gewissen Position eben nur noch gefilterte Rückmeldungen zu erhalten sind. Wie lang die einzelnen Stationen sein sollten, um den bestmöglichen Lerneffekt zu erzielen, hängt von der zukünftigen Führungskraft ab. Dabei ist entscheidend, ob sie einen Eindruck davon hat, welche Beobachtungen möglich sind, welche Beobachtungs- und Auffassungsgabe vorhanden ist und nicht zuletzt wie sie sich mit den verschiedenen Situationen auseinandersetzt.

Auf das gesamte Berufsleben betrachtet ist es sicherlich keine verschenkte Zeit, neben der akademischen Ausbildung noch ein paar Jahre unterschiedliche Erfahrungen im Berufsleben zu machen. Es bleiben immer noch genügend Jahre in hohen Führungspositionen übrig, in denen dann nicht nur die Führungskraft sondern vor allem die verantworteten Mitarbeitern davon profitieren können.

2.2.2.1 Glaubwürdigkeit als Voraussetzung für Geschwindigkeit

Es ist besser, für das was man ist, abgelehnt zu werden, als für das was man nicht ist, geliebt zu werden. (Andre Gide)

Eine Führungskraft führt viele Gespräche, in denen es darum geht, was zu tun ist und wer welche Aufgaben zu erledigen hat. Sehr oft wird in diesen Gesprächen nicht schriftlich festgehalten, was die Abmachung war und es ist schwer für den Mitarbeiter, dies einzufordern. Daher muss er sich auf das gesprochene Wort verlassen und entsprechend ist er darauf angewiesen, dass dies bei der späteren Beurteilung seiner Arbeit berücksichtigt wird. Eine Führungskraft muss sich dessen bewusst sein, weshalb neben vielen anderen Gründen Unklarheiten bei der Auftragserteilung immer der Führungskraft anzulasten sind.

Kann ein Mitarbeiter sich nicht auf seine Führungskraft verlassen oder hat Zweifel, dass diese hinter ihren Aussagen beziehungsweise dem Mitarbeiter steht, so wird er sein Verhalten anpassen. Er wird den Mangel an Vertrauen versuchen zu kompensieren, in dem er sich entweder Aufträge schriftlich bestätigen lässt oder versucht, bis ins letzte Detail zu klären, wie ein Auftrag zu verstehen ist. Wenn ihm dies nicht möglich ist, so wird er mindestens ein schlechtes Gefühl haben und sich mehr Gedanken als nötig machen. In jedem Fall hat jedoch das Unternehmen den Nachteil, weil im Zusammenspiel Führungskraft und Mitarbeiter nicht die maximal mögliche Produktivität erzielt wird. Daher ist es im besten Interesse des Unternehmens und der Führungskraft, diese Bedenken durch ein vorbildliches und glaubwürdiges Verhalten aller Führungskräfte auszuräumen.

Noch gefährlicher für eine Führungskraft ist es, durch ein Versprechen eine Erwartungshaltung aufzubauen und dieses anschließend, aus welchen Gründen auch immer, nicht zu erfüllen. Es wurde mit dem Versprechen jemand überzeugt und diese Grundlage wird nun im Nachhinein entzogen, wodurch sich die betreffende Person entsprechend betrogen fühlt. Die Führungskraft verliert unmittelbar die Glaubwürdigkeit und auf diese Art lässt sich Gefolgschaft und Führungsanspruch nicht begründen, wenn die Führungskraft nicht zu ihrem Wort steht. Jeder wird sich fragen, ob eine Aussage oder Abmachung Gültigkeit hat oder nicht und dies hat wiederum zur Folge, dass zumindest in einigen Fällen notwendige Folgehandlungen unterbleiben oder mindestens aufgeschoben werden, weil auf eine schriftliche und damit wirklich nachweisbar verlässliche Bestätigung gewartet wird. Daraus wird ersichtlich, dass es bereits ein ernstzunehmendes Warnsignal ist, wenn ein Mitarbeiter in irgendeiner Situation eine Bestätigung möchte. In diesem Fall ist bereits Glaubwürdigkeit verloren gegangen und keine Führungskraft wird auf Dauer ernst genommen werden, wenn diese nicht in der Lage ist, ihrem Wort die absolute und unzweifelhafte Verbindlichkeit zu verleihen.

Noch schlimmer ist nur, wenn die Mitarbeiter keiner Führungskraft mehr vertrauen, weil insgesamt die Kommunikation im Unternehmen nicht glaubwürdig ist. Die Führungskraft kämpft dann gegen dieses Problem an und muss ihre eigene Glaubwürdigkeit immer wieder auf das Neue verteidigen. Hier hat sie nur die Chance, mit Transparenz deutlich zu machen, in welchen Fällen es um ihr eigenes Wort innerhalb der eigenen Entscheidungskompetenz geht und in welchen Fällen sie auf die Zustimmung eines anderen Entscheidungsträgers, beispielsweise des Vorgesetzten, der Personalabteilung oder des Betriebsrats, angewiesen ist und ihre Zustimmung daher noch nicht final umsetzungsrelevant ist. Damit steht die Führungskraft mit jedem Vorbehalt in der Zwickmühle, die eigene Kompetenz einzuschränken und letztlich als nicht handlungs- beziehungsweise entscheidungsfähig zu gelten, weshalb dies in möglichst wenigen Fällen explizit genannt werden sollte.

2.2.2.2 Authentizität, Ehrlichkeit, Integrität, Loyalität als Basis

> Wir müssen das was wir denken auch sagen, wir müssen das was wir sagen auch tun, wir müssen das was wir tun dann auch sein. (Alfred Herrhausen)

Gerade weil Glaubwürdigkeit so wichtig ist, gilt dies ebenso für die Authentizität einer Führungskraft. Denn wenn diese nicht als authentisch wahrgenommen wird, bedeutet dies, dass etwas nicht als echt oder die Wahrheit wahrgenommen wird und führt über kurz oder lang dazu, dass an anderen Dingen ebenfalls gezweifelt wird. Daher ist es nur in den seltensten Fällen ratsam, andere Personen in Gänze oder auch nur in Teilen zu kopieren. Überhaupt sollte es nur nach reiflicher Überlegung erfolgen und nach sorgfältiger Abschätzung, was dieses Verhalten auslöst und wie es zu einem selbst passt. Ratsamer ist es, die Wirkung des Verhaltens genau zu betrachten und anschließend Überlegungen anzustellen, ob diese ausschließlich positiv sind oder in besonderen Situationen eventuell negativ sein können und zuletzt nach eigenen Verhaltensweisen zu suchen, welche die gleiche positive Wirkung haben. Auf diese Art gerät die Führungskraft nicht in Gefahr, unecht zu wirken oder einfach nur eine andere, negativere Wirkung mit einem kopierten Verhalten zu erzielen.

Authentizität an sich ist jedoch nur dann ein Problem für eine Führungskraft, wenn diese Charaktereigenschaften oder Verhaltensweisen aufweist, welche negative Konsequenzen auf die Arbeit haben. In diesem Fall ist eine Wahl zu treffen, ob es besser ist, authentisch zu sein oder bewusst nicht, damit aber entsprechende Probleme an anderer Stelle zu verursachen. Diese Entscheidung kann nur im Einzelfall getroffen werden, jedoch ist es ein weiterer Beleg, weshalb eine Führungskraft sich intensiv mit sich selbst und der Wirkung ihres Verhaltens generell auseinandergesetzt haben sollte.

Kurzfristig mag es an der einen oder anderen Stelle für eine Führungskraft leichter sein, es mit der Wahrheit nicht so eng zu sehen. Eventuell kann es in Einzelfällen sogar vorkommen, dass glatte Lügen verziehen oder diese nachträglich gerechtfertigt werden können. Langfristig gibt es jedoch nur den vermutlich steinigen Weg, ehrlich zu sein und offen mit seinen Mitarbeitern und Kollegen umzugehen. Jeder muss sich bewusst sein, dass eine Unwahrheit irgendwann von irgendwem entdeckt wird und entsprechende Konsequenzen für die eigene Glaubwürdigkeit hat. Es ist jedoch ohne Probleme möglich, jederzeit für sich zu vergleichen, ob getroffene Aussagen die erlebte Wirklichkeit wiederspiegeln oder nicht.

Dies ist bei Integrität schon wesentlich schwieriger, weil ein Vergleich der eigenen Handlungen mit dem Wertesystem eine gewisse Klarheit voraussetzt, die in Grenzfällen nur durch eine wirkliche und zeitintensive Auseinandersetzung erlangt werden kann. Außerdem ist dieses Wertesystem an verschiedenen Stellen kommuniziert worden und gegebenenfalls wurde es nicht immer genau so von den Empfängern aufgefasst, wie es adressiert wurde. Im besten Fall wird in einer offenen Kultur die Führungskraft damit konfrontiert werden, wenn jemandem eine Diskrepanz zwischen erwartetem und erlebtem Verhalten aufgefallen ist. Dies gibt der Führungskraft die Chance, eventuelle Missverständnisse auszuräumen oder sogar einen Fehler einzugestehen. Wer hier nicht versucht, mit Rechtfertigungen sich selbst in ein besseres Licht zu rücken sondern schlicht um Verzeihung bittet und gleichzeitig versucht, eventuelle Konsequenzen auszugleichen, wird an Glaubwürdigkeit gewinnen und gibt außerdem die Rückmeldung, dass es gut war, dieses Feedback zu erhalten und es sich lohnt, dem Vorgesetzten gegenüber auch kritische Themen anzusprechen.

Es ist sehr gebräuchlich, von seinen Mitarbeitern Loyalität einzufordern und dies entsprechend klar zu kommunizieren. Dies kann jedoch zu Konflikten führen, wenn die erwartete Verhaltensweise nicht deckungsgleich über alle Hierarchieebenen ist oder wenn dies mit dem Wertesystem der Mitarbeiter kollidiert. Auf diese Konflikte soll an dieser Stelle nicht weiter eingegangen werden, jedoch sei ausdrücklich erwähnt, dass mindestens das Recht wenn nicht sogar die Pflicht zum Ungehorsam des Mitarbeiters besteht, sofern die Anweisung übergeordnete Werte verletzten würde, wobei letzteres Vorliegen entsprechend kritisch zu prüfen ist. Dementsprechend intensiv sollte sich mit dem Thema auseinandergesetzt werden.

Der entsprechenden Treuepflicht des Mitarbeiters steht jedoch eine Fürsorgepflicht des Vorgesetzten gegenüber, die der Mitarbeiter einfordern kann und sollte. Dies hat zur Folge, dass jede Führungskraft diesen Loyalitätsgedanken mindestens gleichwertig kommunizieren sollte. Nämlich dass sie jederzeit hinter den Mitarbeitern steht und diese sich jederzeit darauf verlassen können, dass die Führungskraft versucht, ihrer Fürsorgepflicht optimal nachzukommen. Es ist das gute Recht jeder Führungskraft, Regeln aufzustellen und auf deren Einhaltung zu pochen, jedoch sollten dem immer die entsprechenden Pflichten gegenübergestellt werden. Und gerade die Einhaltung dieser Pflichten ist die Loyalität, welche die Führungskraft den Mitarbeitern gegenüber zeigen muss. Beispielsweise haben die verantworteten Mitarbeiter Anrecht auf den Schutz ihrer Ehre durch die Führungskraft, weil sie selbst nicht dazu in der Lage sind, dies selbst sicherzustellen.

Darüber hinaus muss die Führungskraft die Mitarbeiter erreichen und versuchen, diese für sich zu gewinnen. Dafür muss sie das entsprechende Umfeld schaffen und in vielen Punkten in Vorleistung gehen, bis die Mitarbeiter das Vertrauen bilden konnten. Aber gerade wenn die Führungskraft an der einen oder anderen Stelle mehr leistet oder bietet, als es die Mitarbeiter erwartet hätten, hat sie die Chance, von den Mitarbeitern ebenfalls mehr zu erhalten, als es die vertraglich vereinbarte Pflicht ist. Und dies ist die Leistung guter Führung, ein Vertrauensverhältnis aufzubauen, damit die Führungskraft in besonderen Situationen mehr einfordern kann und erhält, als eigentlich vereinbart ist und die Mitarbeiter dies durch immaterielle Werte honoriert bekommen. Außerdem können Führungskraft und Mitarbeiter in diesem Fall darauf bauen, dass der jeweils andere bereit ist, seine volle und erforderliche Leistung zu erbringen.

2.2.2.3 Courage entscheidet über die Gefolgschaft der Mitarbeiter

Wozu der Mensch den Mut hat, dazu findet er auch die Mittel. (Ernst Raupach)

Es gibt sicherlich viele Punkte, die dafür ausschlaggebend sind, ob es einer Führungskraft gelingt, die Mitarbeiter für sich zu gewinnen. Einerseits hilft es, wenn sie generell Menschen mag und andererseits, wenn es ihr ein Bedürfnis ist, anderen zu helfen und diese weiterzuentwickeln. Denn es ist wohl eher zutreffend, dass die verantworteten Mitarbeiter mehr Hilfe benötigen, als sie nachfragen.

Ein wichtiger Punkt ist jedoch die Courage, die eine Führungskraft an manchen Stellen zeigen muss. Es gilt beispielsweise, sich jederzeit schützend vor die Mitarbeiter zu stellen, besonders falls diese einen Fehler gemacht haben und immer hinter ihnen zu stehen und ihnen den Rücken zu stärken für eigene oder getroffene Entscheidungen. Wie an anderer Stelle ausgeführt, sollte die Führungskraft möglichst viele Entscheidungen delegieren und den Mut haben, der Entscheidungskompetenz der Mitarbeiter zu vertrauen. Wenn sich dennoch eine Entscheidung, ob im Nachhinein oder schon direkt, als falsch herausstellt, so gilt es diese gemeinsam mit dem entsprechenden Mitarbeiter zu korrigieren und dennoch dessen Entscheidungskompetenz nicht einzuschränken und darauf zu vertrauen, dass der Mitarbeiter daraus lernen und in Zukunft besser entscheiden wird. Ohne diesen Mut ist nicht vorstellbar, wie die Führungskraft behaupten könnte, dass sie den Mitarbeitern vertraut oder Vertrauen von den Mitarbeitern einfordern könnte.

Damit wird offensichtlich, dass Courage nicht nur in Entscheidungen gezeigt werden kann, bei denen es sprichwörtlich um Leben und Tod geht. Vielmehr sind es manchmal die kleinen Dinge, wie im Beispiel vorher, oder einen Auftrag abzulehnen, etwas nicht mitzumachen oder sich über etwas zu beschweren. Die verantworteten Mitarbeiter werden insbesondere zu schätzen wissen, wenn sich die Führungskraft für sie einsetzt und sich zum Beispiel gegen eine Mehrheit, ob nun relativ oder absolut, stellt. Es muss nicht immer gleich die eigene Karriere sein, welche die Führungskraft ins Risiko setzt, aber der Mut, Einsatz zu zeigen, wird den Respekt der Mitarbeiter zur Folge haben und das Zusammengehörigkeitsgefühl stärken.

2.2.3 Vorbildliches Verhalten als Orientierung unerlässlich

Es ist mehr wert, jederzeit die Achtung der Menschen zu haben, als gelegentlich ihre Bewunderung. (Jean-Jacques Rousseau)

Führungskräfte sind Vorbilder und definieren mit ihrem Verhalten nicht nur das erwünschte Verhalten in ihrer verantworteten Einheit, sondern repräsentieren ebenso das Unternehmen. Es ist nicht realistisch anzunehmen, jede Führungskraft könnte in jeder Hinsicht als Vorbild dienen, dieser Anspruch wäre an jeden Menschen der Welt vermessen. Jedoch sollte sich jede Führungskraft bemühen, wenigstens in einigen Teilbereichen als Vorbild zu dienen. Denn die Mitarbeiter orientieren sich daran und entsprechend multipliziert sich das Verhalten. Dies umso mehr, wenn die Führungskraft nicht Mitarbeiter direkt führt, sondern andere Führungskräfte und damit insgesamt mehr Einfluss ausübt.

Allerdings ist die Vorbildfunktion kein Selbstzweck und es kann sinnvoll sein, sich im Einzelfall bewusst anders zu verhalten. Die Führungskraft muss in der Lage sein, diese Abwägung vorzunehmen, um beispielsweise ein Exempel zu statuieren und dabei nach reiflicher Überlegung Härte zu zeigen oder ein wenig zu überziehen. Insgesamt muss dies jedoch in eine große Linie einzuordnen sein und diese von der Führungskraft transparent gemacht werden, damit die Mitarbeiter sich daran orientieren können.

Es ist nicht erstrebenswert, in allen Bereichen Vorbildfunktion zu erreichen, selbst wenn jede Führungskraft kontinuierlich in jedem Bereich eine Weiterentwicklung anstreben sollte. Die Priorität der Weiterentwicklung kann beispielsweise hinsichtlich der Auswirkungen auf die Produktivität vorgenommen werden, um den Hebel der Wirkung zu optimieren.

2.2.3.1 Disziplin für Berechenbarkeit und Glaubwürdigkeit notwendig

Ein wichtiger Bereich für Erreichung der maximalen Produktivität ist die Disziplin aller Mitarbeiter, beispielweise bei der Befolgung von Regeln. Dies hängt im Wesentlichen von den existierenden Regeln ab und wird gewährleistet durch eine fähige Führungskraft, welche mit der Schaffung von klaren Regeln und, falls notwendig gerechter Anwendung von Sanktionen, diese durchsetzt. Dabei ist insbesondere zu beachten, dass das strikte Befolgen der Regeln mehr zählt als der Inhalt der Regeln selbst und dieses Verständnis bei den Mitarbeitern erreicht werden muss, am leichtesten durch einfache Nachvollziehbarkeit und Verständlichkeit.

Die Einhaltung von Regeln beinhaltet insbesondere, dass eine voraussichtliche Verfehlung gemeldet werden muss und zwar spätestens zu dem Zeitpunkt, ab dem dies mit Sicherheit feststeht. Es gilt hier, dass die Meldung umso wertvoller ist, je früher sie erfolgt, jedoch muss dies immer in Zusammenhang mit der Eintrittswahrscheinlichkeit und der Wertigkeit beziehungsweise Priorität stehen. Bei einem sehr wichtigen Projekt kann schon die Möglichkeit der Terminverfehlung eine Information sein, welche die Führungskraft interessiert, weil sie entsprechend reagieren möchte, beim Verfehlen eines internen Service Levels ohne Konsequenzen im Gegensatz wird erst der sichere Eintritt, wenn überhaupt, notwendigerweise zu kommunizieren sein.

Es darf jedoch keinesfalls so sein, dass der Zeitpunkt der Meldung verschleppt wird, weil noch eine geringe Wahrscheinlichkeit besteht, es zu schaffen. Denn wenn eine Aufgabe, eine Regel oder ein Termin nicht eingehalten werden kann, ist dies eine wichtige Information, welche der Führungskraft die Chance des Eingreifens und damit der Milderung der Folgen und des Schadens gibt. Wird zu lange gewartet, bis die Wahrscheinlichkeit eines Eintritts noch weiter gestiegen ist oder gar feststeht, verstreicht unter Umständen wertvolle Zeit, welche schon anderweitig genutzt hätte werden können. Sofern die Mitarbeiter selbst die Möglichkeit der Schadenbegrenzung haben und davon Gebrauch machen, sind die Auswirkungen deutlich geringer, jedoch darf nie unterschätzt werden, dass der Vorgesetzte oder gegebenenfalls dessen Vorgesetzter über andere Mittel verfügen und daher andere Möglichkeiten der Schadenreduzierung haben. Als letztes ist immer zu bedenken, dass sicher öfter der Satz zu hören ist, dass eine Information früher hätte bekannt sein sollen, jedoch äußerst selten, dass eine Information besser erst später hätte kommuniziert werden sollen.

Für den Vorgesetzten ist Disziplin ein zweiseitiges Schwert. Auf der einen Seite hilft es, über Regeln und allgemeine Vorgaben Einfluss auf die kleinsten Details zu nehmen, ohne dabei allzu viel Zeit investieren zu müssen. Auf der anderen Seite ist er jedoch gefordert, die Disziplin einzufordern und auf deren Einhaltung zu bestehen, weil er ansonsten seine Glaubwürdigkeit verliert. Dies führt bei den Mitarbeitern in großen Organisationen zuweilen zu Frustration, weil die Notwendigkeit der Einhaltung nicht immer direkt ersichtlich ist, beispielsweise bei Fehlen eines direkten Einflusses auf das Arbeitsergebnis. Dennoch muss die Führungskraft auf einer Einhaltung bestehen, weil ansonsten eine Regel aufgeweicht wird und es sich die Frage stellt, wo die Toleranzgrenze für akzeptables beziehungsweise nicht akzeptables Verhalten der Mitarbeiter liegt und diese ausgelotet wird. Eine Akzeptanz eines Verstoßes im Kleinen setzt daher die Akzeptanz des Ganzen ins Risiko. Die Verhinderung einer Diskussion über die Grenze für akzeptable Toleranz ist aus diesen Gründen oberstes Interesse der Führungskraft und führt zu einer Steigerung der Berechenbarkeit und Glaubwürdigkeit, ebenso zur Erhöhung der Verbindlichkeit der Aussagen der Führungskraft.

Des Weiteren ist es Aufgabe der Führungskraft, nicht nur Disziplin einzufordern, sondern genauso die daraus resultierenden Vorteile den Mitarbeitern gegenüber zu kommunizieren und damit die Akzeptanz zu steigern. Ein Mitarbeiter gewinnt durch transparente Regeln und klare Vorgaben Sicherheit und kann wesentlich leichter beurteilen, in welcher Qualität er eine Aufgabe erledigt hat. Dies kommt dem beidseitigen Ziel entgegen, dass jeder Mitarbeiter die ihm übertragenen Aufgaben in der Regel gut und gewissenhaft erledigen möchte, sofern er dazu aufgrund seiner Ausbildung in der Lage ist. Es ist daher unwahrscheinlich und in Folge dessen auch nicht anzunehmen, dass Führungskräfte sich alleine durch die Forderung nach strenger Einhaltung von Regeln unbeliebt machen.

2.2.3.2 Transparenz und Klarheit als Grundvoraussetzung

Klarheit ist so einfach wie möglich, aber nicht einfacher. (Albert Einstein)

Vorbildliches Verhalten schließt unbedingt Transparenz und Klarheit ein. Zum einen ist es notwendig, dass die erforderliche Klarheit herrscht und keine Zweifel über die richtige Vorgehensweise aufkommen. An diesem Punkt kommt es ansonsten zu Diskussionen, welche Zeit kosten und verhindert werden müssen. Die Führungskraft muss deshalb ihr Möglichstes tun, deutlich zu sprechen und die Worte sowie Sprache daran auszurichten, dass die Empfänger die Botschaften richtig aufnehmen können. Zum anderen hilft die Transparenz, dass die Empfänger der Botschaften diese besser in den allgemeinen Kontext einbinden können und die Führungskraft dadurch vorhersehbarer und berechenbarer wird. Dies verhindert ebenfalls Missverständnisse und erhöht die Klarheit der Aussagen.

Die Botschaft beider Eigenschaften ist jedoch mindestens ebenso bedeutend, weil ein starkes Signal gesetzt wird, dass dieses Verhalten auch von den Mitarbeitern erwartet wird. Die Führungskraft profitiert damit nicht nur davon, dass die Mitarbeiter mit ihr ebenso umgehen, sondern auch, dass die Gespräche der Mitarbeiter untereinander an Klarheit und Transparenz zunehmen, was wiederum der Produktivität und der Ergebnisqualität zu Gute kommt.

Ebenso gilt es sich als Führungskraft klar zu positionieren, weil Neutralität am Ende nichts bringt. Es führt lediglich dazu, dass der Zeitpunkt, zu dem Konflikte auftreten in die Zukunft verschoben wird und an unterschiedlichen Stellen geäußerte unvereinbare Positionen Zweifel an der Klarheit wecken. Daher ist es wichtig, sich früh eine eigene Meinung zu bilden und diese entsprechend zu vertreten. Dies wird sicherlich bereits früher zu Konfliktsituationen und entsprechend schwierigeren Gesprächen führen, jedoch kommt anderenfalls dennoch mit Sicherheit irgendwann der Zeitpunkt, an dem der Konflikt gelöst oder zumindest angesprochen werden muss. Es lässt sich nicht gänzlich vermeiden, dass eine Führungskraft ihre Meinung ändert oder aufgrund geänderter Rahmenbedingungen wechseln sollte. Letzteres ist bei transparenter Kommunikation sicherlich weniger ein Problem und selbst bei ersterem wird der Sinneswandel in den meisten Fälle begründbar sein, beispielsweise aufgrund eines neuen Argumentes oder eine Umwertung von Kriterien, so dass dies ebenfalls erklärt werden kann und entsprechend nicht negativ ausgelegt werden wird. Es ist vielmehr eher ein Risiko für die Glaubwürdigkeit einer und das Vertrauen in eine Führungskraft, wenn dies ohne Begründung oder gar nicht kommuniziert würde oder wenn eine Führungskraft immer den letztmöglichen Zeitpunkt abwartet, bevor Position bezogen wird. Denn dies bietet den Mitarbeitern keine Orientierung und verschlechtert damit die Rahmenbedingungen für die tägliche Arbeit.

Es empfiehlt sich, die Klarheit nicht zu überziehen und die Mitarbeiter auf jeden Fall gut zu behandeln, nicht nur weil alles andere kein vorbildliches Verhalten mehr wäre. Vielmehr muss Hass und Verachtung auf Seiten der Mitarbeiter unbedingt vermieden werden und dies führt im Gegenzug zu Respekt. Mitarbeiter sind in Entscheidungen einzubeziehen und nicht willkürlich hin- und herzuschieben, denn besonders die Nachvollziehbarkeit entscheidet letztlich über die Akzeptanz und damit die Umsetzungsgeschwindigkeit. Offenheit, Ehrlichkeit, Klarheit und Transparenz sind dafür die entscheidenden Kriterien in Führungsfragen.

Dennoch ist besonders bei kritischen oder negativen Aussagen wichtig, durch klare Aussagen Position zu beziehen und nicht auszuweichen. Dies beinhaltet nicht nur die präzise und vollständige Nennung der Fakten, weil das bewusste Zurückhalten von Informationen kontraproduktiv sein kann. Der entstehende Widerstand kostet Zeit, im Gegenzug sind dafür die Fakten sofort auf dem Tisch und die Mitarbeiter können sich damit auseinander setzen und diese verarbeiten. Geschieht dies nicht, entstehen über kurz oder lang Gerüchte, die wesentlich mehr Zeit fressen und deren Bekämpfung die Aufmerksamkeit der Führungskraft erfordern. Es ist davon auszugehen, dass nahezu alles irgendwann ans Licht kommt und daher jeder Versuch etwas zu verstecken vergeudete Energie ist. Außerdem entsteht eventuell verdeckter oder offener Widerstand, weil versucht wird, Dinge zu verhindern oder zu boykottieren, besonders wenn sich Befürchtungen der Mitarbeiter tröpfchenweise bewahrheiten.

Es ist auf Dauer unglaubwürdig, nur positive Nachrichten zu kommunizieren. Und selbst wenn dies der Fall sein sollte, dann verleitet es die Mitarbeiter nur dazu, sich in Sicherheit zu wiegen und den Ansporn zu verlieren. Das Engagement zu verlieren und den Status quo als ausreichend anzusehen ist eine Gefahr und der erste Schritt zum Leistungsverlust. Aus diesem Grund sollte aktuellen Problemen oder Gefahren auf jeden Fall Platz eingeräumt werden, damit die Mitarbeiter einen gegebenen Zustand keinesfalls als Selbstverständlichkeit betrachten. Außerdem kann sich die Führungskraft darauf beziehen, wenn sich ein Problem vergrößert oder eine Gefahr schlagend wird, so dass die Mitarbeiter darüber hinaus eine Kontinuität in den Inhalten der Kommunikation erkennen können.

Die Bedeutung der Kommunikation im Change Management unterstreicht dies und es ist Ausdruck der Stärke einer Führungskraft, dass diese sich die Wahrheit leisten kann, weil die Mitarbeiter ihr und ihrer Kompetenz vertrauen. Dies erhöht zweifelsohne die Akzeptanz und schafft Freiraum, die begrenzte zur Verfügung stehende Energie für andere Dinge einzusetzen.

2.2.3.3 Geschwindigkeit und Qualität der Kommunikation beeinflussen die Produktivität

> Ein Redner kann sehr gut informiert sein, aber wenn er sich nicht genau überlegt hat, was er heute diesem Publikum mitteilen will, dann sollte er darauf verzichten, die wertvolle Zeit anderer in Anspruch zu nehmen. (Lee Iacocca)

Bei der Kommunikation von Informationen durch die Führungskraft geht es nicht nur um die Wissensvermittlung, sondern auch um die Abschaffung und Verhinderung von Wissensmonopolen auf Seiten der Führungskraft. Kopfmonopole auf Seiten der Mitarbeiter werden an anderer Stelle besprochen und müssen ebenfalls bekämpft werden. Jeder Mitarbeiter sollte eigenständig handeln können, wozu er den größtmöglichen Entscheidungsspielraum und zudem eben alle verfügbaren Informationen benötigt. Nur dann ist er in der Lage mitzudenken und wirklich im Sinne der Führungskraft zu handeln und zu entscheiden. Und an selbstständige Verbesserungen von Prozessen durch die Mitarbeiter ist ebenfalls nicht zu denken, wenn die Mitarbeiter nur unzureichend informiert sind und daher im Zweifel gar nicht alles berücksichtigen können, was für eine fundierte Analyse aber zwingend erforderlich wäre.

Die Führungskraft kann daher fast gar nicht genug kommunizieren, wobei die Kommunikation jedoch immer zielführend und knapp sein sollte. Eine große Bedeutung kommt hier dem Kommunikationsmittel zu, welches einen großen Anteil an der Effektivität der Kommunikation hat.

Generell ist eine Kommunikation per E-Mail schneller, weil sie asynchron erfolgen kann, jedoch wird ihr in der Regel nicht die gleiche Aufmerksamkeit geschenkt wie einem Gespräch und mit steigender Komplexität der Inhalte steigt ebenso die Gefahr von Unklarheiten, welche im Anschluss mühsam geklärt werden müssen und was aufgrund der Asynchronität viel Zeit kosten kann. Der Wahl des Kommunikationsmittels kommt daher eine große Bedeutung bei und für jedes Kommunikationsmittel sollten Regeln aufgestellt werden, um die Produktivität zu erhöhen. Durch Vorgaben zur Gesprächsführung kann die Effektivität von Gesprächen deutlich gesteigert werden, außerdem wird Missverständnissen vorgebeugt und die Qualität der Ergebnisse gesteigert, beispielsweise durch verbindliche und konkrete Vereinbarungen am Gesprächsende. Genauso kann die Anzahl der versandten E-Mails reduziert werden, indem Regeln für den Empfängerkreis vorgegeben oder die Lesbarkeit und Qualität gesteigert werden, indem der Aufbau oder der Inhalt für Standardfälle konkret beschrieben und optimiert wird. Selbst wenn zu Beginn nicht jedem unmittelbar die Notwendigkeit des Einsatzes eines solchen Regelwerkes einleuchtet, so ist die Zeitersparnis immens und wird sich gerade in großen Einheiten durch die Multiplikation über alle Mitarbeiter enorm auswirken und zum Produktivitätsgewinn beitragen.

Gerade die Entpersonalisierung von E-Mails durch den Einsatz von Gruppenpostkörben oder von Telefonanrufen über eine Sammelnummer kann zu einer großen Steigerung der Produktivität beitragen, wenn dieser gut organisiert ist. Abwesenheiten der Mitarbeiter fallen in diesen Fällen weniger ins Gewicht und Mehrfach-Anfragen werden reduziert, weil die Service-Levels zumindest theoretisch immer eingehalten werden können. Außerdem sind durch die zentrale Bündelung von Anfragen bessere und leichtere statistische Auswertungen möglich, so dass durch qualitativere Analysen im Ergebnis zielgerichtetere und effektivere Optimierungen erfolgen können und die Produktivität der Bearbeitung steigt. Es entfallen viele Weiterleitungen von E-Mails, beispielsweise aufgrund eines Stellenwechsels oder des Ausscheidens eines Mitarbeiters, Fehladressierungen werden vermieden und die Struktur der Einheit zur Adressierung der Mails muss ebenfalls nicht erneut kommuniziert werden. Des Weiteren kann die Bearbeitung effektiver erledigt werden, zum Beispiel durch die Zuteilung zu Mitarbeitern nach Komplexität oder anderen Inhalten, je nachdem welche Einteilung sich aufgrund der Themen oder der Mitarbeiter anbietet. Je nach Ausbildungsgrad der Mitarbeiter ist eventuell gar keine Vorgabe nötig, weil die Mitarbeiter selbst ein großes Interesse an einer effizienten Abarbeitung haben und auf diesem Wege sogar persönliche Vorlieben in der Bearbeitung abbilden können.

Nicht zu unterschätzen ist ebenfalls, dass bereits die Kommunikation eines Service-Levels für E-Mails von einem oder zwei Tagen dazu führt, dass die Anzahl der Nachfragen zum Zeitpunkt einer Erledigung drastisch zurückgeht und die verbleibenden mit einem Hinweis auf das Service-Level leicht mit einem Standardtext beantwortet werden können. Die Einheitlichkeit der Bearbeitung und die Sicherstellung von Qualitätsleveln kann über Gruppenpostkörbe sowie Sammelrufnummern für die Telefonie ebenfalls wesentlich besser sichergestellt werden als über eine dezentrale, individuelle Abarbeitung, bei dem zudem immer noch die Klippe der individuellen Leistungserfassung zu umschiffen ist. Dies umso mehr, als es sich bei den betrachteten Wissensarbeitern in der Regel nicht um Mitarbeiter handelt, welche nach ihren Tarifverträgen einer mehr oder weniger ausgeprägten individuellen Leistungskontrolle unterliegen, wie beispielsweise Akkord-Arbeiter oder Mitarbeiter von Call-Centern.

2.2.3.4 Auswirkungen verschiedener negativer Verhaltensweisen

Nachdem in den vorherigen Unterkapiteln eine Betrachtung von positiven Verhaltensweisen erfolgt ist, von welchen sich die Führungskraft einen entsprechend positiven Beitrag zur Produktivität erwarten kann, sollen zum Abschluss noch Auswirkungen von Verhaltensweisen untersucht werden, welche mindestens langfristig negative Auswirkungen haben, selbst wenn es in Einzelfällen sogar kurzfristig zu einer Produktivitätssteigerung kommen sollte. Aus diesem Grund ist es umso wichtiger, der Verlockung zu widerstehen und entsprechend zu handeln, damit die Weiterentwicklung der Einheit und der Mitarbeiter nicht erschwert wird.

Es kommt beispielweise vor, dass die Führungskraft mit einem aufgetretenen Problem konfrontiert wird und gebeten wird, dieses zu lösen. Es wird ihr vielleicht sogar leicht fallen oder ihr fällt auf die Schnelle die eine oder andere Option ein, welche den Mitarbeitern hilft. Dennoch wäre ein solches Verhalten kontraproduktiv, weil die Mitarbeiter lernen, dass der Chef ihnen ihre Probleme löst und entsprechend dieses Verhalten beibehalten würden. Nach einer gewissen Zeit sänke die Hemmschwelle sogar, den Chef mit einem problematischen Sachverhalt zu kontaktieren und immer mehr würde auf die Weise an die Führungskraft rückdelegiert, mit einem Ergebnis der Steigerung der Arbeitszeit für die Führungskraft. Selbst wenn es also dadurch einmalig oder mehrmalig zu einem Zeitgewinn für die Einheit käme, so ist dem auf jeden Fall zu widerstehen, um nicht dauerhaft einem falschen Verhalten Vorschub zu leisten.

Im Umkehrschluss könnte daraus gefolgert werden, dass die Führungskraft ihren Mitarbeitern in keinem Fall helfen sollte. Dies ist so pauschal auf jeden Fall nicht gemeint, vielmehr muss klar sein, welche Hilfe die Mitarbeiter zu welchen Gelegenheiten erwarten können. Es geht darum, den Mitarbeitern zu helfen, sich selbst zu helfen. Dies kann durch Hinweis auf eine Methodik, ein Nachschlagewerk oder ähnliches sein, aber keinesfalls eine auf den Einzelfall bezogene und nicht übertragbare Hilfe. Ansonsten würde die Führungskraft zum Flaschenhals, an die sich jeder wenden kann, der ein Problem bei seiner Arbeit hat. Es führt sogar dazu, wenn beispielsweise die Ansprache der Führungskraft über E-Mail erfolgt, dass die Mitarbeiter nicht mehr an einem Problem weiterarbeiten, bis die Führungskraft geantwortet hat. Dies macht erneut deutlich, weshalb es klare Regeln aus Sicht der Führungskraft geben muss, welche Kommunikation in welchen Fällen und wie zu erfolgen hat. Andernfalls kommt es zu einem Zeitverlust, welcher besonders in zeitkritischen Themen dazu führt, dass die Führungskraft viel mehr selbst erledigt, als sinnvoll wäre.

Dies klingt vielleicht geringfügig und harmlos, ist es aber nicht und sollte keinesfalls so betrachtet werden. Eine Führungskraft hat nicht die Aufgabe, überhaupt irgendetwas zu tun, sondern dafür zu sorgen, dass die Arbeit von den verantworteten Mitarbeitern getan wird. Um hier für Klarheit zu sorgen ist jede Arbeit zu delegieren, auch wenn die Führungskraft diese in wenigen Sekunden selbst erledigen könnte und es vielleicht sogar einfacher wäre, als es in Auftrag zu geben. Aber genau dies führt dann eben Stückchen für Stückchen dazu, dass die Grenze verschoben wird, am Anfang vielleicht bis zu dem Punkt, an dem es insgesamt für die Abteilung schneller geht, wenn es die Führungskraft mal eben erledigt oder weil der Mitarbeiter so in Zeitnot ist. Wenn wir beispielweise die Fertigstellung einer Präsentation mit einem simplen Tippfehler betrachten, welcher der Führungskraft auffällt, gibt es mindestens die Optionen, diesen selbst zu korrigieren oder die Behebung zu beauftragen. Im Falle eines Sekretariats oder einer Assistenz kommt dazu, dies vom Sekretariat erledigen zu lassen oder dort die Behebung durch den Mitarbeiter zu veranlassen. Dies wäre dann entsprechend der zweiten Option mit dem Vorteil, dass die Beauftragung komfortabler und schneller geht. In jedem Fall sollte jedoch der Mitarbeiter den Fehler selbst beheben, weil der Lerneffekt nicht zu vernachlässigen ist, dass der Führungskraft der Fehler aufgefallen ist und sie nicht gewillt ist, diesen zu akzeptieren. Beim nächsten Mal wird der Mitarbeiter dies durch eine extra Kontrolle hoffentlich verhindern, falls nicht, sollte die Führungskraft direkt ein ernstes Gespräch führen, welche Gründe dazu geführt haben.

Wenn eine Führungskraft Aufträge erteilt, delegiert sie damit Arbeit. Es ist jedoch ganz wesentlich, wie die Aufträge vergeben werden. Ein Auftrag sollte niemals erteilt werden, in dem der Mitarbeiter vorgegeben bekommt, wie er einen Auftrag zu erledigen hat. Zum einen liegt dem Mitarbeiter eine andere Herangehensweise vielleicht eher oder Rahmenbedingungen haben sich geändert, so dass eine andere Vorgehensweise sogar produktiver

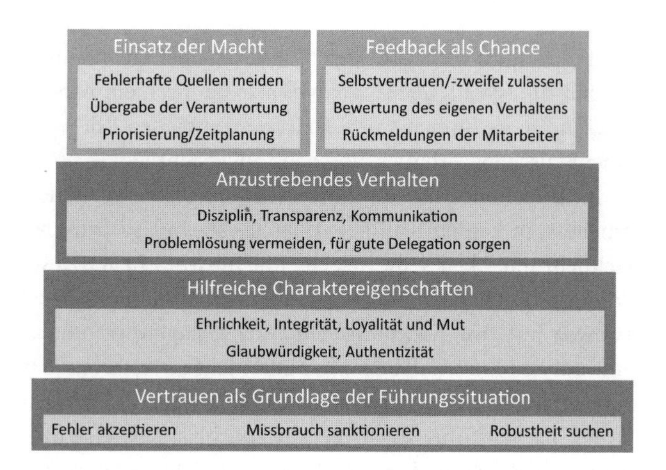

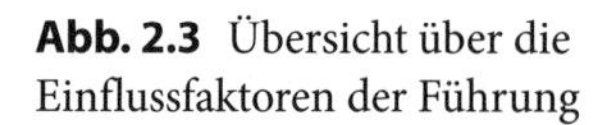
Abb. 2.3 Übersicht über die Einflussfaktoren der Führung

ist und zum anderen ist dies eine Erwartungshaltung, welche an Wissensarbeiter gestellt werden kann und muss. An dieser Stelle wird davon ausgegangen, dass die Einarbeitung bereits erfolgt ist und außerdem niemals durch die Führungskraft erfolgen sollte. Außerdem sollte es das Ziel jeder Führungskraft sein, die Mitarbeiter an gewisse Prinzipien zu gewöhnen, welche bei der Auftragserteilung gelten, so dass dieser Vorgang mit jeder Wiederholung knapper und schneller durchgeführt werden kann und zusätzlich die Robustheit gegen Fehler oder Missverständnisse steigt. Diese Eigenschaften eignen sich gleichzeitig hervorragend als Messkriterien, mit denen die Führungskraft ihren eigenen Fortschritt bewerten kann (Abb. 2.3).

2.2.4 Einsatz der Macht zur Steigerung der Produktivität

Jede Führungskraft bekommt mit ihrem Amt Rechte und Pflichten und die Rechte verleihen eine mehr oder weniger große Macht, welche dabei hilft, die Pflichten zu erledigen. Es ist wünschenswert für die Führungskraft, wenn auf die Rechte nicht explizit hingewiesen werden muss, damit Arbeiten erledigt werden oder Anweisungen Folge geleistet wird. Jedoch werden vermutlich die Meisten ihre damit erlangte Macht über kurz oder lang verlieren, wenn sie nicht ab und an davon Gebrauch machen. Daher werden im folgenden Einsatzgebiete und Quellen der Macht hinsichtlich ihrer langfristigen Auswirkungen auf die Mitarbeiter und die Produktivität untersucht, um daraus Ableitungen zur optimalen Verhaltensweise einer Führungskraft bei der Ausübung von Macht ableiten zu können.

Außerdem fängt die Ausübung von Macht bereits bei der Bewertung von Ergebnissen an, wenn ein Direktor beispielsweise eine völlig andere Qualität erwartet als ein Referatsleiter. Hier muss die Führungskraft eine Gratwanderung vollbringen, weil ihr Urteil einerseits eine große Wirkung beim Mitarbeiter hinterlässt und andererseits ungenügende Qualität zu einem Zeitverlust führt. Wenn die Qualität daher nicht ausreichend ist, so muss die Führungskraft dies sachlich ansprechen und die Qualität einfordern, welche sie erwartet. Es ist keine Option, an dieser Stelle zu verständnisvoll oder sanft zu sein, weil das ausgesendete Signal eben doch ist, dass das Ergebnis noch akzeptabel war. Eher schon, im Zweifel zu hart zu agieren und langfristig die Qualität deutlich zu erhöhen, weil sich überhaupt kein Mitarbeiter oder keine Führungskraft mehr trauen würde, mit Zwischen- oder Vorabversionen auf gut Glück vorbeizuschauen. Wenn die Führungskraft dies tut und dabei dennoch fair bleibt, werden die Mitarbeiter zwar betroffen sein, jedoch am Ende Verständnis haben, wenn die Kritik berechtig war.

2.2.4.1 Fehlerhafte Quellen der Macht erkennen

Wer Macht demonstriert, offenbart seine Ohnmacht. (Andreas Tenzer)

Es bestünde für eine Führungskraft beispielsweise die Möglichkeit, auf ihren eigenen Status zu verweisen und damit rangniedrigere Mitarbeiter oder Kollegen zur Ausführung einer Arbeit oder Änderung einer Verhaltensweise zu bringen. Dieser Zwang ist jedoch schlechter Stil und beweist letztlich nur, dass das eigentliche Ziel nicht mit anderen Mitteln erreicht werden konnte. Ein betroffener Kollege, der sich durch die implizite Herabsetzung mehr oder weniger persönlich getroffen fühlt, wird sich gut überlegen, ob und wie er den verlangten Auftrag ausführt oder ob er nicht über seine Führungskraft Widerstand zu leisten versucht. Es hängt sicherlich von der Person und der Unternehmenskultur ab, wie dieser Konflikt am Ende gelöst wird, jedoch bestehen zumindest Risiken hinsichtlich der Produktivität, die für die langfristige Zusammenarbeit beachtet werden müssen. Der betroffene Mitarbeiter hingegen ist direkt weisungsgebunden und hat keinerlei Möglichkeit, Widerstand zu leisten, wenn er nicht arbeitsrechtliche Konsequenzen riskieren möchte. In Konsequenz daraus werden Führungskräfte nur in den seltensten Fällen Rückmeldungen zu ihrem Verhalten erwarten können und aus diesem Grund langfristig Mitarbeiter haben, welche nur formell Gefolgschaft leisten, aber emotional bereits keinerlei Bindung mehr verspüren. Dies kann so weit gehen, dass Mitarbeiter nur noch Dienst nach Vorschrift versehen oder sogar Anweisungen bewusst missverstehen, wenn sich die Gelegenheit dazu ergibt, nur um dem Vorgesetzen gegenüber ein Zeichen zu setzen. Es ergibt sich von selbst, dass in einem solchen Umfeld die Produktivität nur weiter sinkt und keinesfalls ihr Optimum erreichen wird. Als kurzes Fazit lässt sich sagen, dass wer die Macht hat, dies nicht zu zeigen braucht.

Ein weiterer Punkt ist, dass jede Führungskraft einen Wissensvorsprung vor den Mitarbeitern besitzt, weil sie andere Informationen bekommt und es letztlich ihre Aufgabe ist, diese Informationen an die Mitarbeiter weiterzugeben. Aus dieser Tatsache resultiert die Pflicht, dies auch zu tun, und zwar so schnell und so umfassend wie möglich. Andernfalls wird es für die Mitarbeiter schwer mitzudenken und alles zu berücksichtigen, was für Entscheidungen notwendig ist. Kommt es vor, je öfter desto schlimmer, dass beispielsweise bei der Präsentation eines Entscheidungsvorschlags durch den Mitarbeiter eine noch nicht kommunizierte Information zu einem anderen Ergebnis führt, wird dies den Mitarbeiter frustrieren. Er hat zum einen für die Mülltonne gearbeitet und er wird sich zum anderen gut überlegen, wie er sich zu verhalten hat, dass dies nicht mehr passiert. Er wird bei der nächsten Gelegenheit nachfragen, ob er wirklich über alle Informationen verfügt oder sogar das eigene Denken nach Optionen beziehungsweise Handlungsalternativen reduzieren oder einstellen. Beides verschlechtert sicher die Produktivität und führt in der Regel sogar noch zu schlechteren Ergebnissen. Die Führungskraft sollte daher jede Anstrengung unternehmen, den eigenen Wissensvorsprung aus der Funktion jederzeit so gut und so schnell wie möglich durch zielgerichtete Kommunikation an die Mitarbeiter abzubauen. Dazu gehört, dass die Mitarbeiter nicht nur Arbeitsaufträge erhalten, sondern zusätzlich begleitende Informationen, so dass sie ihre Arbeit besser einordnen können und nach und nach einen besseren Überblick über ihr Thema und die betreffenden Rahmenbedingungen im Unternehmen und im Markt erhalten.

Ebenso schlimm ist es, wenn die Mitarbeiter die eigene Führungskraft erleben, wie sie ihre größere Kompetenz ausspielt oder die Akzeptanz derselben gar von den Mitarbeitern einfordert. In diesem Fall werden die Mitarbeiter frustriert und sie haben keinen Ausweg, dieser Situation zu entrinnen. Nicht nur das Wissen an sich sondern auch die Anwendung kann einen Vorsprung darstellen, den die Führungskraft jederzeit versuchen sollte abzubauen und an die Mitarbeiter weiterzugeben. Diese Coachings der Mitarbeiter zur Weiterentwicklung sind der Einsatz, den die Führungskraft bringen muss, um in der Zukunft von einer besseren Delegierbarkeit an die Mitarbeiter profitieren zu können.

Eine Unterstützung der Arbeit einer Führungskraft sind Regeln, weil diese die Grundlage des gemeinsamen Verständnisses erhöhen und den Aufwand der Auftragserteilung senken. Je detaillierter Regeln vorgeben, wie Aufgaben eines gewissen Typs zu erfüllen sind, desto allgemeiner können Aufträge erteilt werden und dennoch ist das Ergebnis unter Umständen sehr präzise festgelegt. Regeln sorgen für Ordnung, indem sie Qualitätsstandards setzen und damit in gewissem Maße Schlechtleistungen verhindern oder zumindest abschwächen. Es lässt sich mit ihnen Ordnung in eventuell vorhandenes Chaos bringen, aber es besteht die Gefahr, den Mitarbeitern das eigene Denken abzugewöhnen, weil alles vorgeschrieben ist. Die Regeln müssen daher auf jeden Fall so weit gefasst werden, dass zum einen ein gewisses Maß an eigenständigem Handeln erhalten bleibt und der Mitarbeiter gefordert wird und zum anderen, dass keine Bürokratie entsteht, welche lediglich Frust erzeugt. Eine Führungskraft hat die Möglichkeit, Regeln aufzustellen und deren Einhaltung einzufordern. Die Begründung der Macht auf Regeln und dementsprechend der häufige Einsatz und die Einführung vieler Regeln ist jedoch kontraproduktiv und gehört somit auf jeden Fall zu einer Verhaltensweise, welche die Führungskraft unbedingt vermeiden sollte.

Regeln sollten daher unbedingt achtsam eingeführt werden, weshalb sich eine saubere Kommunikation, beispielsweise schriftlich in einem zentral abgelegten Dokument, dafür anbietet. Daraus folgt, dass einerseits eine gute Kontrolle besteht, Regeln vor der Einführung gründlich zu überdenken und deren Folgen abzuschätzen, andererseits Führungskräfte davor bewahrt werden, durch Wörter wie „üblich" oder „immer" informell in Gesprächen Regeln einzuführen, deren Auswirkungen nicht bedacht werden können und welche durch die Kommunikation der Mitarbeiter untereinander weitreichende Konsequenzen haben. Zuletzt sei an dieser Stelle noch angemerkt, dass jeder Führungskraft Mitarbeiter zu wünschen sind, deren einzige benötigte Regel es ist, jederzeit nach bestem

Gewissen und Ermessen zum Wohle des Unternehmens zu entscheiden. Mit solchen Mitarbeitern kann eigentlich nichts mehr schiefgehen und jede Führungskraft sollte versuchen, diese zu bekommen und oder dorthin zu entwickeln.

Eine Führungskraft hat die Möglichkeit, Mitarbeiter zu belohnen und dieses Recht hängt unmittelbar damit zusammen, dass die Mitarbeiter von ihr beurteilt werden müssen. Die Macht der Belohnung darf von einer Führungskraft jedoch niemals benutzt werden, um beispielsweise Verhaltensweisen zu ändern oder in einem direkten Zusammenhang Leistungen einzufordern. Andernfalls erreicht die Führungskraft nichts anderes als bei der Dressur von Tieren, dass die Mitarbeiter daraus lernen und in Zukunft die Änderung von Verhaltensweisen oder ähnlichem nur noch von Belohnungen abhängig machen. Es ergibt sich von selbst, dass außergewöhnliche Leistungen im Nachhinein selbstverständlich belohnt werden dürfen und selbst die Ankündigung einer Belohnung für das Erreichen eines Ziels die Motivation steigert und damit ein akzeptables Mittel der Führungskraft ist, um die eigenen Ziele zu erreichen. Es muss jedoch jederzeit Transparenz und Klarheit darüber bestehen, welche Bedingungen der Belohnung zu Grunde lagen und es muss Chancengleichheit zwischen den Mitarbeitern bestanden haben. Ausgenommen hiervon sind Belohnungen innerhalb von Gehaltsbestandteilen, weil diese Grundlage des Arbeitsvertrages sind und vor Arbeitsbeginn ausgehandelt wurden.

Als letzte fehlerhafte Quelle der Macht soll die Zugehörigkeit oder Identifikation betrachtet werden. Es bietet sich vielleicht in gewissen Situationen an, besonders wenn eine Führungskraft Leistungen einfordert oder benötigt, die über das normale Maß hinausgehen und aus diesem Grund Zugeständnisse des Mitarbeiters darstellen. Dennoch sind die Auswirkungen deutlich negativ, weshalb es unbedingt erforderlich ist, dem zu widerstehen. Aus Sicht der Mitarbeiter liegen der Zugehörigkeit nämlich keine transparenten und nachvollziehbaren Vorgaben zu Grunde, weshalb diese ohnmächtig der Güte der Führungskraft ausgeliefert sind. Dies führt bei den Mitarbeitern zu Unsicherheit und senkt damit die Produktivität, was insbesondere kontraproduktiv ist, weil die Führungskraft bestrebt ist, den Mitarbeitern Sicherheit zu geben. Wenn überhaupt Zugehörigkeit genutzt werden soll, dann allerhöchstens, um nach klaren, festgelegten Kriterien eine erbrachte Leistung eines Mitarbeiters zu honorieren. Ausnahmen von diesen Regeln könnten damit nur die Macht und daher Abhängigkeit vom Wohlwollen einer Führungskraft demonstrieren, womit aber umso deutlicher wird, weshalb es sich dabei um einen Irrweg handelt, der nicht beschritten werden sollte (Abb. 2.4).

Nach der inhaltlichen Auseinandersetzung mit den verschiedenen fehlerhaften Quellen der Macht soll an dieser Stelle jedoch zum Abschluss noch die positive Ausnahme genannt werden. Die einzig wahre Quelle der Macht für jede Führungskraft ist, begründbar und nach dem Ausschlussverfahren hergeleitet, die innere Autorität, die eine Führungskraft haben und ausstrahlen muss. Sie gibt das Recht, Aufträge zu erteilen und deren Erledigung einzufordern.

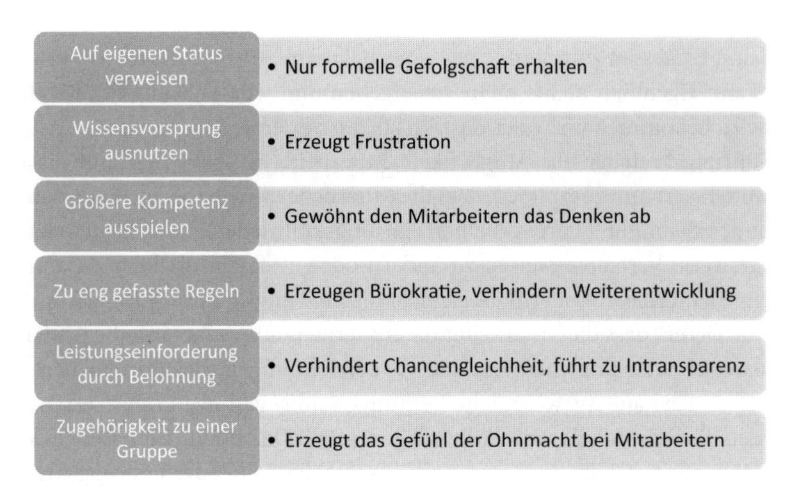

Abb. 2.4 Fehlerhafte Quellen der Macht

2.2.4.2 Die Übergabe von Verantwortung entscheidet über die Produktivität

Wer Menschen führen will, muss hinter ihnen gehen. (Laotse)

Für eine Führungskraft stellt sich dennoch die Frage, wie sie ihre vorhandene Macht am effektivsten zur Steigerung der Produktivität einsetzen kann. Hier bietet sich die Übergabe der Verantwortung an, die jedoch vollständig und wirksam sein muss. Es versteht sich von selbst, dass die Führungskraft sich dabei nicht selbst aus der Verantwortung nehmen kann, sondern diese immer trägt. Der beauftragte Mitarbeiter muss die Verantwortung jedoch annehmen und damit ein eigenständiges Interesse an einer zeitgerechten und qualitativ hochwertigen Erledigung haben. Er trägt vor der Führungskraft die Verantwortung für die zu erledigende Aufgabe und wird entsprechend von dieser zur Rechenschaft gezogen, falls die Aufgabe nicht ordentlich erledigt wird, ebenso wie die Führungskraft vor ihrem Vorgesetzen dafür gerade stehen muss.

In dieser Situation wird die Führungskraft die Schuld für den Fehlschlag gemäß der Verantwortung übernehmen, ohne den Mitarbeiter zu erwähnen oder sich in irgend einer anderen Weise aus der Verantwortung zu stehlen, weil schon die Auswahl des Mitarbeiters für die Aufgabe Ursache des Fehlers sein kann und alleinig von der Führungskraft entschieden wurde. Aus diesem Grund ist es wichtig, dass der Mitarbeiter die Aufgabe annimmt und keine Vorbehalte oder sonstigen Zweifel an der Fähigkeit zur Lieferung des gewünschten Ergebnisses hat. Er hätte damit einen moralischen Grund vor sich selbst, die Schuld für einen möglichen Fehlschlag von sich zu weisen und damit fühlte sich niemand mehr in der Verantwortung, den Auftrag zu erledigen.

Gerade bei Wissensarbeitern mit entsprechend komplexen Aufgaben und Tätigkeiten ist die Gefahr groß, durch zu detaillierte Vorgaben oder unpassende Einmischung der Führungskraft in die Erledigung der Arbeiten die Qualität der Ergebnisse deutlich negativ zu beeinflussen. Wissensarbeiter sollten so viele Freiheiten wie möglich erhalten, um frei zu denken und durch Selbstmanagement eigenständig die bestmögliche Arbeitsqualität unter den gegebenen Rahmenbedingungen abliefern zu können. Dafür muss der Wissensarbeiter jedoch nicht nur die Verantwortung für die Erledigung seiner Arbeiten sondern zusätzlich für seine eigene Produktivität übertragen bekommen. Ein guter Wissensarbeiter wird jede zusätzliche Freiheit bei der Arbeitsgestaltung in bessere Ergebnisse umsetzen und sollte er dabei Probleme haben, so ist es Aufgabe der Führungskraft, ihn auf diesem Weg zu unterstützen.

Zuletzt zeigt sich in der wirklichen Übertragung der Verantwortung auch das Vertrauen der Führungskraft in die verantworteten Mitarbeiter. Ab dem Moment, in dem die Mitarbeiter die Werkzeuge zur Erledigung ihrer Arbeit vollständig und uneingeschränkt zur Verfügung haben, werden sie dieses Vertrauen spüren und sich entsprechend der Führungskraft verpflichtet fühlen, dieses Vertrauen über einen verantwortungsvollen Umgang zurückzugeben. Im Zweifel werden die wenigsten Mitarbeiter, sei es aus Vorsicht oder sogar Furcht, ihre Kompetenzen überschreiten und daher eher zu oft als zu selten die Führungskraft um Rückendeckung bitten. Umso deutlicher wird, welche Steigerung der Produktivität möglich ist, beispielsweise durch die Einstellung der Führungskraft, es zu bevorzugen, die Mitarbeiter aufgrund einer Überschreitung der Kompetenz sanktionieren zu müssen als diese darauf hinzuweisen, dass der Kompetenzrahmen nicht vollständig ausgenutzt wurde. In diesem Fall wurde unnötige Zeit verschwendet und zusätzlich der Engpassfaktor Führungskraft belastet, was niemals im Interesse einer selbstbewussten und starken Führungskraft sein kann.

2.2.4.3 Priorisierung und Zeitplanung für die Umsetzung ausschlaggebend

> Deine Prioritäten entscheiden über deinen Erfolg. Wenn du Erfolg willst, entscheide über deine Prioritäten. (Aleksander Kostic)

Die Produktivität der Führungskräfte und der verantworteten Einheit korreliert sehr stark mit der Priorisierung und Zeitplanung. Es ist jedoch wichtig zu erkennen, dass beides gemeinsam zu einer hohen Produktivität führt und keines von beiden getrennt betrachtet werden kann. Vielmehr kann sogar jeweils der Einfluss des einen auf das andere so groß sein, dass dessen Nutzen komplett entfällt.

Zunächst muss mit der Priorisierung begonnen werden, also welche Arbeiten den größten Nutzen für das Unternehmen haben. Es ist dabei für die Führungskraft wichtig im Auge zu behalten, dass das Unternehmen in jedem Fall Vorrang vor den Einzelinteressen der Leitung und der Mitarbeiter haben muss und entsprechend vorbildlich zu handeln ist. Hierbei ist zu beachten, dass die Aufgaben unabhängig ihrer Dringlichkeit einsortiert werden, wie es in der Zeitmanagement-Literatur beschrieben wird. Erst nach der vollständigen Sortierung der Aufgaben ist eine Beurteilung des Zeit- und Ressourcenbedarfs sowie der Dringlichkeit vorzunehmen. Anschließend sind alle Aufgaben entsprechend der Priorisierung einzuplanen und entsprechend alle zu streichen, für welche kein ausreichendes Zeit- oder Ressourcenbudget vorhanden ist. Es kann dabei sein, dass eine Aufgabe mit niedriger Priorisierung und nur einem geringen Bedarf an Zeit und Ressourcen nachrücken kann, dies sollte jedoch nur wohlüberlegt geschehen und wenn die freien Ressourcen an Zeit noch groß sind. Denn nach der Priorisierung gibt es keinen Grund dafür, weil bereits eine wichtigere Aufgabe nicht durchgeführt wird und die Zeit kann bestimmt an anderen Stellen gut investiert werden, um die Routine-Tätigkeiten zu verbessern oder nach Weiterentwicklungsmöglichkeiten zu suchen.

Auf diese Weise wird sichergestellt, dass Effektivität und Effizienz maximal sind, in dem erst das richtige getan wird und anschließend dafür gesorgt wird, dass dies richtig geschieht. Hierbei ist es Aufgabe der Führungskraft, dass sie selbst und alle Mitarbeiter absolut klar wissen, warum das Unternehmen und die betrachtete Einheit erfolgreich sind und welche Gründe dafür verantwortlich sind. Dies muss sich in der Priorisierung transparent und nachvollziehbar wiederspiegeln, damit sich die Mitarbeiter daran orientieren können und Diskussionen vereinfacht und abgekürzt werden.

Die Priorisierung wird umso komplizierter, je heterogener die verantworteten Mitarbeiter sind. Dies kann dazu führen, dass beispielsweise keine Ressourcen mehr für bestimmte Aufgaben zur Verfügung stehen, während noch andere Ressourcen frei sind. Daraus kann eine sehr unterschiedliche Belastung verschiedener Mitarbeiter entstehen, die letztlich zu Spannungen führt. Es ist jedoch keine Lösung, die freien Ressourcen mit niedriger priorisierten Aufgaben auszufüllen, weil in diesem Fall zwar Aufgaben erledigt werden und hoffentlich auch noch gut, jedoch sind es eben nicht die richtigen Aufgaben. Daher ist dies unbedingt als Warnsignal aufzufassen, dass die Ressourcenausstattung der Einheit nicht mehr optimal ist und angepasst werden muss. Dies kann im einfachsten Fall durch kurzfristige Weiterbildungen gelöst werden, womöglich sind aber auch langfristigere Entwicklungen der Mitarbeiter oder sogar ein Personalwechsel notwendig. Für letztere Fälle muss gründlich untersucht werden, ob es sich nur um eine vorübergehende Situation handelt oder sich die Schwerpunkte der Tätigkeit verändert haben, was die Begründung für die folgenreichen Schritte sein sollte.

Für die Führungskraft ist es daher immer eine gute Orientierung, sich mit der Auslastung der Mitarbeiter zu beschäftigen und diese zu steuern. Gleiches gilt mit der eigenen Auslastung, ebenso wie mit der individuellen Auslastung jedes einzelnen Mitarbeiters. So wie die Einheit an sich zuerst die Aufgaben entsprechend der Prioritäten abarbeitet, muss gleiches für die Führungskraft sowie für alle Mitarbeiter in der individuellen Betrachtung gelten. Daraus ergibt sich jedoch auch, dass Störungen Vorrang haben, weil sie daran hindern, entsprechend den Prioritäten zu handeln.

Eine Führungskraft darf unter keinen Umständen Angst davor haben, eine Aufgabe gar nicht zu machen, wenn sie entsprechend der Priorisierung keine Ressourcen mehr zugeteilt bekommen kann. Sollte es Aufgaben geben, bei welchen die Bewertung zweifelhaft ist, so kann die Priorisierung immer noch mit dem Vorgesetzten geklärt werden, jedoch ist die Entscheidung darüber in der Regeln klar und die Kommunikation der zu erwartenden Konsequenzen verbleibt als Aufgabe, welche dem Vorgesetzten die Möglichkeit der Intervention einräumt. Es kann dabei ruhig im Hinterkopf behalten werden, dass nach Pareto 80 % der Ergebnisse bereits mit 20 % des Einsatzes erzielt werden und damit ein Ausreizen der Ressourcen bis auf die letzte Sekunde keine große Ergebnisverbesserung mit sich bringen wird.

Es ist weiterhin klar, dass je eigenverantwortlicher ein Mitarbeiter arbeitet, umso mehr zeitliche Freiheit er erhalten sollte, um zum einen effizienter werden zu können und zum anderen Zeit für Investitionen in die Suche nach effektiveren Wegen zu haben. Es reicht daher völlig, Mitarbeiter zu 80 % zu verplanen, weil es genügend Unvorhergesehenes gibt, welches von ihnen erledigt werden kann. Für Führungskräfte gilt, dass sogar nicht mehr als 60 % der Arbeitszeit ausgeplant werden sollte, wobei jede Führungskraft selbst entscheiden muss, ob sich dies auf eine 35 h-Woche oder eine 60 h-Woche bezieht, ersteres jedoch eher das Ziel sein sollte. Die restlichen 40 % können für Unerwartetes und Spontanes je hälftig verwendet werden und in Krisensituationen wird dieser Zeitpuffer ein genauso großer Vorteil sein wie das Angehen von spontanen Ideen, welche die Führungskraft und die verantwortete Einheit deutlich nach vorne bringen können. Die geplante Senkung der Produktivität wird in den meisten Fällen, zumindest wenn es sich bei den geführten Mitarbeitern um Wissens- und nicht Akkordarbeiter handelt, durch die dadurch erzielten Verbesserungen mehr als kompensiert, so dass im langfristigen Ergebnis mit Sicherheit eine bessere Produktivität erzielt wird.

Eine andere Hilfestellung für den Einsatz der eigenen Zeit kann die Einteilung in Tätigkeiten sein, welche selbst durchgeführt, delegiert oder gestrichen werden sollten. 65 % des Ergebnisses können mit 15 % der Zeit selbst erreicht und weitere 20 % des Ergebnisses können durch Delegation mit 20 % der Zeit erbracht werden, so dass eine Führungskraft 65 % ihrer Zeit gewinnt, wenn sie die restlichen 15 % der Arbeit streicht. Die Investition dieser Zeit in Führung und die Weiterentwicklung der Mitarbeiter anhand dieser Kriterien ist wesentlich sinnvoller, auch wenn dies gegenüber dem eigenen Vorgesetzten zwar kurzfristig argumentiert, aber erst langfristig belegt werden kann.

2.2.5 Feedback als unverzichtbare Orientierungshilfe ansehen

> Nur wenige Menschen sind klug genug, hilfreichen Tadel nichtssagendem Lob vorzuziehen.
> (François de la Rochefoucauld)

Es ist die Aufgabe jeder Führungskraft, die Mitarbeiter und die Einheit als Ganzes weiterzuentwickeln und davon ist sie selbst ebenfalls nicht ausgenommen. Auf der einen Seite gibt es eventuell noch einen Vorgesetzten, welcher die Aufgabe der Weiterentwicklung seiner Führungskräfte ernst nimmt und diesen durch aktives Coaching und gezielte Schulungen Anregungen zur Verbesserung oder Entwicklung gibt. Auf der anderen Seite ist es Aufgabe jeder Führungskraft, sich mit sich selbst zu beschäftigen und Hinweise von allen Seiten zur Weiterentwicklung anzunehmen. Dieses Feedback wird für Führungskräfte seltener werden, je höher sich diese in der Hierarchie befinden, aber umso wertvoller kann dieses sein. Und umso wichtiger ist es, nicht nur Mitarbeiter zu haben, die der Führungskraft nach dem Mund reden, sondern welche, die sich kritisch mit den Entscheidungen und dem Verhalten der Führungskraft auseinander setzen und ehrliche Rückmeldungen geben.

Viele junge und talentierte Menschen haben den Wunsch, selbst Vorstand zu werden und das am besten so schnell wie möglich. Sie fühlen sich bereit und wenn sie sogar noch als Assistent eines Vorstands in dessen Nähe arbeiten sieht es noch viel einfacher aus, die Arbeit mindestens genauso gut zu erledigen. Aber gerade die Schwierigkeit, die Verantwortung zu tragen, Entscheidungen zu treffen und die Stärke zu demonstrieren, damit diese von der Organisation nicht nur unterstützt sondern auch umgesetzt werden, können die wenigsten Menschen in jungen Jahren einschätzen. Daher bietet es sich an, vielleicht etwas mehr Zeit als gefühlt notwendig in tieferen Ebenen als in Vorstandsebene zu verbringen, um Feedback zu bekommen und sich eine eigene Meinung bilden zu können. Nicht umsonst scheitern viele Vorstände, die es in jungen Jahren bereits geworden sind, gerade an der Menschlichkeit, weil sie nie echtes und kritisches Feedback erhalten haben und erhalten werden. Dabei kann Feedback helfen, sich mit den eigenen Stärken und Schwächen auseinanderzusetzen und damit produktiver zu werden, als Führungskraft und mit der verantworteten Einheit als Ganzes.

2.2.5.1 Selbstvertrauen wichtig, Selbstzweifel erlaubt

Um sich überhaupt mit Feedback auseinander setzen zu können ist es von großer Bedeutung, einerseits über ein ausreichendes Maß an Selbstvertrauen zu verfügen, um Mut für Entscheidungen aufzubringen und andererseits ein adäquates Maß an Selbstzweifeln zu haben, um auch Kritik annehmen zu können. Es ist schwierig, die genaue Balance zu finden und sicherlich korreliert beides, so dass ein höheres Selbstbewusstsein größere Selbstzweifel sinnvoll erscheinen lassen. Eine Führungskraft mit einem hohen Selbstbewusstsein sollte ab und an Selbstzweifel haben, um nicht abzuheben, wohingegen eine Führungskraft mit einem geringeren Selbstbewusstsein unbedingt weniger Selbstzweifel haben sollte, um noch genügend Stärke ausstrahlen zu können.

An Profisportlern lässt sich gut beobachten, dass beide Eigenschaften keinesfalls feststehen, sondern mehr oder weniger großen Schwankungen unterliegen. Dabei werden sie durch jedes erzielte Ergebnis beeinflusst und je mehr Ergebnisse die Führungskraft bereits erzielt hat, umso geringer ist der Einfluss jedes neuen Ergebnisses. Alleine daraus kann abgeleitet werden, dass das Selbstbewusstsein beeinflusst werden kann und vor allen Dingen nicht absolut sondern relativ gebildet wird.

Manche Menschen oder sogar Unternehmen strotzen geradezu vor Selbstbewusstsein und glauben an sich und an die Möglichkeit alles zu schaffen, weil sie in der Vergangenheit einfach noch nie gescheitert sind beziehungsweise die Erfolge die Misserfolge deutlich übertroffen haben. Dies ist jedoch unabhängig von der absoluten Schwierigkeit der Aufgaben, welche bewältigt wurden. Eine bessere Person, die bei schwierigeren Aufgaben eine durchschnittlich schlechtere Zielerfüllung als eine schlechtere Person bei leichteren Aufgaben erzielt, wird über ein geringeres Selbstbewusstsein verfügen, zumal die wirkliche Schwierigkeit von Führungsaufgaben nicht gut zu bestimmen ist. Während bei der einen Funktion eine große Zahl von Mitarbeiter zu führen sind, liegt bei einer anderen eine hohe

Komplexität der Materie vor. Und selbst bei der gleichen Funktion, muss die eine Führungskraft eventuell die Einheit aufbauen, während eine andere diese nur verwaltet. Oder die eine übernimmt eine geordnete, gut geführte Einheit, während die andere chaotische Zustände vorfindet. Es ist daher Aufgabe der Kultur des Unternehmens, Leistungen zu relativieren und insbesondere den Führungskräften, wie allen Mitarbeitern, die richtigen Aufgaben zuzuweisen und damit deren Selbstvertrauen aufzubauen.

Damit Selbstbewusstsein aufgebaut werden kann, müssen die Aufgaben einerseits zu bewältigen sein, andererseits sollte sich der Mitarbeiter aber anstrengen müssen, die Ziele zu erreichen, um nicht überheblich zu werden und keinerlei Selbstzweifel mehr zu haben. Am Ende kann natürlich auch eine Einschätzung der absoluten Leistung durch den Vorgesetzten oder die Führungskraft selbst dazu beitragen, beide Eigenschaften noch zu beeinflussen. Ziel muss es aber letztlich sein, den Blick für die eigene Leistungsfähigkeit so realistisch wie möglich zu halten, um nicht eine Aufgabe anzunehmen, die deutlich über die eigenen Fähigkeiten hinausgeht und damit ein Scheitern vorprogrammiert ist. Sicherlich gibt es immer wieder Leistungen, bei denen konstatiert wird, die Person sei über sich hinausgewachsen, jedoch darf keinesfalls unterschätzt werden, dass es entsprechend selten vorkommt und die scheiternden Personen eben einfach keine Beachtung mehr finden. Es ist erste Aufgabe jeder Führungskraft, sich der eigenen Stärken und Schwächen bewusst zu sein und nicht nur nach dem möglichen Ertrag in Form von Macht, Status oder Geld zu schielen, sondern vor allen Dingen eine ehrliche Betrachtung der Einschätzung möglicher Ergebnisse vorzunehmen.

Gerade bei Führungskräften aus hohen Hierarchieebenen ist nicht zu unterschätzen, dass diese sehr oft Reden halten müssen, in denen die verantworteten Mitarbeiter motiviert oder andere Einheiten über eigene Ergebnisse unterrichtet werden müssen. Es liegt in der Natur der Sache, dass dazu Ergebnisse mindestens positiv dargestellt werden, wenn nicht sogar mehr oder weniger geschönt. Dabei können negative Umstände sogar gänzlich außen vor bleiben, besonders wenn die Führungskraft dabei Ergebnisse vorbereitet bekommt und gar nicht selbst den Überblick über alle Details hat oder nur in Briefings wichtige Informationen zur Ergebnispräsentation erhält. In diesem Fall kann bei ständiger Wiederholung die Kraft der Autosuggestion dazu führen, dass die Führungskraft irgendwann davon überzeugt ist, dass eine Situation exakt wie selbst präsentiert vorliegt und die nicht genannten Einschränkungen in Vergessenheit geraten, obwohl dies objektiv betrachtet keine realistische Bewertung darstellt. Insgesamt verschiebt sich dadurch die Wahrnehmung der eigenen Leistung ins positive, was zu einem erhöhten Selbstbewusstsein führt und die eigene Leistungsfähigkeit positiv überzeichnet.

2.2.5.2 Einschätzung von Mitarbeitern hinterfragen

Eine Führungskraft muss gelernt haben, das eigene Verhalten und die Wirkung desselben einschätzen zu können. Nur dann kann sie sich selbst die Frage beantworten, ob die Reaktion der Mitarbeiter nachvollziehbar ist und was aus der Reaktion gelernt werden kann. Dies ist bereits der erste Ansatz, Feedback von den verantworteten Mitarbeitern zu erhalten, um daraus zu lernen. Nicht nur, dass dies einfach, sehr früh und nahezu permanent verfügbar ist, wenn die Führungskraft sensibel genug ist, um es wahrzunehmen, es kann bereits die erste Rückmeldung sein, welche auf Kommunikationspannen oder sonstige Fehler hinweist und die Chance zum Eingreifen und Nachjustieren gibt. Die Führungskraft muss sicherstellen, dass es keine zu großen Abweichungen zwischen Eigen- und Fremdbild gibt, weil ansonsten die Einschätzung von Wirkungen sehr fehlerhaft ist und die Führung entsprechend erschwert.

Nicht jeder Mitarbeiter gibt gleich gutes Feedback und die Qualität des Feedbacks muss ebenfalls nicht mit der Arbeitsqualität des Mitarbeiters korrelieren. Dies macht es für jede Führungskraft schwierig, die Rückmeldungen der Mitarbeiter einzuschätzen, und notwendig, öfter Feedback einzuholen, um die eigene Einschätzung zu verbessern und damit noch mehr davon zu profitieren. Generell muss leider festgestellt werden, dass die Rückmeldungen untergebener Mitarbeiter in der Tendenz zu positiv ausfallen und diese Abweichungen ebenfalls von der Führungskraft berücksichtigt werden müssen sowie die Einschätzung nicht erleichtern. Dies darf den Mitarbeitern jedoch keinesfalls negativ ausgelegt werden, schließlich wird ihre Beurteilung von dem Vorgesetzten vorgenommen und sie müssen berechtigterweise so viel Vertrauen haben, dass eine negative Äußerung nicht ihnen ebenfalls negativ ausgelegt wird.

Dennoch sollte jede Führungskraft vor Schmeichlern auf der Hut sein, nicht nur weil jeder gerne Lob und Zustimmung hört. Aber langfristig zählt nur die wahre, offene Meinung, denn nur diese bringt die Führungskraft weiter. Dies gilt nicht nur für Feedback, auch oder gerade bei zu treffenden Entscheidungen spielt dies eine wichtige Rolle. Die Führungskraft ist daher aufgefordert, nichts anderes einzufordern und anschließend intensiv zuzuhören. Gerade die Art des Zuhörens sowie der Umgang mit Einwänden und die Vermeidung von rhetorischen und Suggestivfragen bestimmen zu großen Teilen die Qualität und die Offenheit der Mitarbeiter.

Des Weiteren überschätzen sich Führungskräfte in ihrer Fähigkeit, Mitarbeiter einzuschätzen. Nicht nur, weil mit höherer Hierarchieebene die Kontakte seltener werden und vor allen die Gelegenheiten deutlich abnehmen, die Führungskräfte und Mitarbeiter in verschiedenen Situationen und Tätigkeiten zu erleben. Außerdem muss jeder mit der menschlichen Eigenschaft leben und umgehen, dass jeder sehr oft das sieht, was er sehen will und daher versucht, die erste Einschätzung permanent zu bestätigen, unabhängig davon, ob diese nun richtig oder falsch war. Sowohl für die Arbeitsqualität als auch für die Feedbackqualität ist es daher wichtig, permanent oder zumindest öfter die eigene Meinung zu hinterfragen. Nur wenn die Führungskraft bereit ist, dies jeden Tag auf das Neue zu tun und gleichzeitig nicht davor zurückschreckt, ein Urteil zu revidieren und sich damit selbst einen Fehler einzugestehen, wird sie am Ende mit einem guten Bild belohnt und kann davon profitieren.

Bleibt die Frage, wie eine Führungskraft Rückmeldungen erhält und wie sie die Menge beeinflussen kann. Letztlich ist es Aufgabe der Führungskraft, regelmäßig bei ihrem Vorgesetzten und bei den Mitarbeitern Feedback einzufordern und damit deutlich zu machen, welchen Wert sie diesem beigemisst. Dafür sollte jede Gelegenheit genutzt werden und es gehört zur Erfahrung einer Führungskraft dazu, einen eigenen Weg dazu gefunden zu haben, dies elegant zu tun. Es ist ein wenig analog dem Vorgehen erfolgreicher Außendienstmitarbeiter, welche immer daran denken, nach Empfehlungsadressen zu fragen und dafür einen Weg finden müssen, dies in einen guten Gesprächsabschluss einzuflechten.

Den Stellenwert von Rückmeldungen im Allgemeinen kann die Führungskraft und ebenso das Unternehmen mit einem Fragebogen demonstrieren und auf diesem Weg sehr viele Informationen generieren. Dies hat Vorteile, weil der Personenkreis selbst beeinflusst werden kann und viele verschiedene Aspekte gelichzeitig erfragt werden können. Auch die Anonymität der Mitarbeiter sorgt eventuell für ein realistischeres Bild, weil die Mitarbeiter offener antworten können. Nachteilig ist jedoch, dass aufgrund der Anonymität keine direkten Nachfragen möglich sind und die Ergebnisse noch interpretiert werden müssen. Aber als Ansatz für eine weitere intensive Auseinandersetzung, um eine Orientierung über die Sicht der Mitarbeiter oder von den eigenen Kollegen zu bekommen, ist es allemal ein gutes Instrument. Die Akzeptanz, gerade von den befragten Personen, wird jedoch auch dadurch bestimmt, wie mit den Ergebnissen umgegangen wird. Neben der Bewertung der Beteiligungsquote ist nicht nur eine offene und ehrliche Kommunikation der Ergebnisse von entscheidender Bedeutung, ebenso sind die Schlussfolgerungen der Führungskraft und darauf aufbauend die Ableitungen und geplanten Änderungen im Verhalten wichtig. Zum einen profitiert die Führungskraft von den Verbesserungen im Führungsverhalten und zum anderen gewinnt sie an Glaubwürdigkeit und Umsetzungsstärke, wenn sie Veränderungen im Verhalten der Mitarbeiter eingefordert.

Nicht nur die Mitarbeiter müssen sich ihr Leben lang weiterbilden, gerade für Führungskräfte ist diese Weiterentwicklung von grundlegender Bedeutung, zumal sich die zu verantworteten Mitarbeiter zwangsläufig weiterentwickeln und damit einhergehend die Art, wie sie geführt werden wollen und müssen. Und neben der theoretischen Weiterbildung zum Thema Führung ist regelmäßiges Feedback ein Weg, die Umsetzung in die Praxis zu bewerten.

2.3 Auswirkungen des Mitarbeiterumgangs auf die Geschwindigkeit

Eine Führungskraft erledigt die ihr übertragenen Aufgaben nicht selbst, sondern muss dafür sorgen, dass diese von den verantworteten Mitarbeitern erledigt werden, weil genügend zusätzliche Aufgaben verbleiben, welche nicht delegiert werden können. Daher kommt dem Umgang zwischen ihr und den Mitarbeitern eine entsprechend große Bedeutung zu, welche die Produktivität der Einheit maßgeblich beeinflusst. Es ergibt sich von selbst, dass dies zu jeder Zeit freundlich geschehen muss, wenn die Mitarbeiter motiviert und mit Hingabe an ihren Aufgaben arbeiten sollen. Die Mitarbeiter werden es mit Loyalität belohnen, wenn die Führungskraft durch Warmherzigkeit und Gerechtigkeit dafür sorgt, dass beide Seiten auf Augenhöhe agieren (Abb. 2.5).

Darüber hinaus ist es jedoch notwendig, die wiederkehrenden Situationen zu optimieren und durch Regeln sowie Verhaltensweisen einen Rahmen zu schaffen, der eine hohe Produktivität nicht nur erlaubt, sondern unterstützt. Dafür ist es nicht nur notwendig, die

1. Planung/Koordination/Durchführung
- Setzen von Zielen
- Festlegen von Terminen für Mitarbeiter, Zeitpläne
- Delegation

2. Personalarbeit
- Beschreibung der Arbeitsaufgaben für neue Stellen
- Auswahlentscheidung
- Aus-/Weiterbildung, Weiterentwicklung
- Klären von Rollen, Pflichten, Stellenbeschreibungen

3. Entscheidung/Problemlösung
- Definieren von Problemen
- Entscheidung zwischen Alternativen/Strategien

4. Austausch von Routineinformationen
- Bearbeitung von Telefon, E-Mail, Post
- Beantwortung von Verfahrensfragen
- Entgegennahme und Weitergabe von Informationen

5. Überwachung/Kontrolle der Leistung
- Inspektion der Arbeit/Dokumentation/Hilfsmittel
- Kontrolle/Weiterentwicklung der Prozesse

6. Disziplinarische Maßnahmen
- Mitteilung der Wertschätzung, Belobigungen
- Zuerkennung von formellen Belohnungen/Strafen
- Geltendmachung von Regeln und Grundsätzen
- Beförderung, Degradierung

7. Konfliktbewältigung
- Erkennen von Konflikten
- Bewältigung von interpersonellen Konflikten

8. Gesellschaftliche/politische Aktivitäten
- Rundgänge
- Public Relations, Kundentermine
- Ungezwungenes „Scherzen"
- Gespräche über Gerüchte, Gerede, Gemunkel

Abb. 2.5 Aufgaben einer Führungskraft (angelehnt an Steyrer)

entscheidenden Situationen zu kennen, sondern auch sich bis ins Detail mit dem passenden Verhalten auseinandergesetzt zu haben, um es einerseits geeignet anpassen zu können und andererseits die Auswirkungen von Abweichungen einschätzen und darauf reagieren zu können.

2.3.1 Erwartungsmanagement als Investition

Menschen erwarten zu viel und tun zu wenig. (Allen Tate)

Neben der Einführung von Regeln, welche das Verhalten der Mitarbeiter im Wesentlichen direkt über die Sachebene beeinflussen, bietet sich das Erwartungsmanagement an, um das Verhalten zusätzlich über verschiedene andere Ebenen zu beeinflussen. Die Kommunikation der Erwartung ist aufwendig und benötigt dementsprechend Zeit, die gerade am Anfang bei kleinen Aufträgen sicherlich nicht durch eine verbesserte Qualität aufgewogen wird. Langfristig wird sich diese Investition jedoch auszahlen, weil die Kommunikation mit jeder Wiederholung kürzer ausfallen kann und dennoch umso präziser Einfluss auf das Ergebnis nimmt. Es darf ebenso keinesfalls unterschätzt werden, dass die Kommunikation der Mitarbeiter untereinander dafür Sorge tragen wird, dass alle Mitarbeiter die einem Mitarbeiter gegenüber geäußerte Erwartungshaltung mitbekommen und darauf reagieren werden. Dies wird mit einer gewissen Verzögerung geschehen und umso größer die Distanz der Führungskraft zu den Mitarbeitern ist beziehungsweise umso mehr Ebenen zwischen beiden liegen, desto größer wird der Zeitversatz zwischen der Kommunikation der

Erwartungshaltung und dem Ertrag daraus aufgrund des geänderten Verhaltens der Mitarbeiter sein.

Aus diesem Grund kommt der Kommunikation der Erwartungshaltung und dem Management der Erwartung eine so große Bedeutung bei. Letztlich ist dies vergleichbar mit dem Management der Erwartung des Vorgesetzten, bei dem jeder Mitarbeiter, gleich ob Führungskraft oder nicht, Orientierung sucht und versucht, Überraschungen zu vermeiden. Beides ist aus Sicht der Führungskraft nur akzeptabel, wenn ein unvorhergesehenes Ereignis zu einer Veränderung der Situation führt. Ansonsten muss es sich die Führungskraft ankreiden lassen, wenn der Mitarbeiter nicht über die notwendige Klarheit verfügt, um die Aufgabe mit Sicherheit und Gewissheit erledigen zu können. Eine Führungskraft übernimmt hier die Initiative, wenn sie frühestmöglich ihre Erwartung anspricht und dadurch dem Mitarbeiter Orientierung gibt.

Besondere Vorteile hat es, wenn die Führungskraft nicht nur klare Erwartungen bezüglich des konkreten Verhaltens eines Mitarbeiters äußert, sondern insbesondere wenn sie klare Ziele hinsichtlich eines optimalen Verhaltens oder einer Einstellung kommuniziert. In diesem Fall können andere Mitarbeiter besser von Information profitieren und es entfällt der schwierige und fehleranfällige Transfer der Anweisung für einen bestimmten Mitarbeiter auf einen anderen, zumal dieser von den Mitarbeitern selbst in Unkenntnis aller Fakten und Hintergründe vorgenommen werden muss. Allerdings ist es dafür notwendig, dass dem aktuellen Stand der Mitarbeiter Rechnung getragen wird und die Mitarbeiter nicht durch zu große Veränderungen auf einmal überfordert werden. Zumindest ein Großteil der Mitarbeiter, alle sind zwar wünschenswert, aber in den meisten Fällen nicht zu erreichen, muss in der Lage sein, den aktuellen Stand bezüglich der erwarteten Verhaltensweisen beurteilen zu können und daraus die notwendigen Veränderungen abzuleiten, welche notwendig sind.

Je nach Stand der Mitarbeiter muss die Führungskraft darüber nachdenken, eventuell die Kommunikation der Erwartungshaltung in mehrere Zwischenschritte zu unterteilen, um den Mitarbeitern die Veränderung zu erleichtern. Gerade für Führungskräfte, die Führungskräfte führen und damit die Mitarbeiter nur indirekt, kommt dieser Abschätzung eine große Bedeutung zu, um nicht die verantwortete Einheit im Ganzen zu überfordern und damit überhaupt keinen Effekt zu erzielen. Der Produktivitätsfortschritt, der durch dieses Erwartungsmanagement zu erzielen ist, darf jedoch keinesfalls unterschätzt werden und es sollte jede mögliche Verbesserung im Verhalten der Mitarbeiter zu erreichen versucht werden, weil dies langfristig die Arbeitszeit der Führungskraft und der verantworteten Mitarbeiter reduziert und damit zu einer besseren Work-Life-Balance beiträgt.

2.3.2 Ergebnisfokussierung genügt nicht

Für einen Mitarbeiter kann es ausreichen, alleine das Ergebnis zu betrachten und die Art und Weise des Zustandekommens komplett zu ignorieren. Dies gilt zumindest, wenn die Arbeit keinen Einfluss auf andere hat und vollständig autark durchgeführt wird. Bereits für Wissensarbeiter ist dies höchstwahrscheinlich nicht mehr der Fall, schon gar nicht aus Sicht der Führungskraft. Alleine im Vertretungsfalle, beispielsweise bei Urlaub oder Krankheit und zur Vermeidung eines Kopfmonopols, kommt der Vorgehensweise bei der Erledigung eine größere Bedeutung zu. Dennoch ist es erforderlich, als Führungskraft stets die bestmögliche Leistung einzufordern, weil die Mitarbeiter es wert sind, es zu schätzen wissen werden und alles andere mittelfristig zur Konsequenz führen würde, dass sie ihre Bemühungen reduzieren und gar nicht mehr die bestmögliche Leistung anstreben.

Bei Führungskräften scheint es oberflächlich ausreichend zu sein, sich auf die Ergebnisse zu konzentrieren. Besonders in der Sicht von außen ist oftmals nichts anderes zu sehen, weshalb dem Ergebnis eine solch große Bedeutung bei der Bewertung der Arbeitsleistung zukommt und es nahe liegt, nichts anderes zu betrachten. Unterscheidet sich beispielsweise ein Arbeitsergebnis nur durch den Abgabezeitpunkt, welcher in beiden Fällen rechtzeitig, in einem Fall jedoch kurz vor dem vereinbarten Termin, im anderen rechtzeitig mit einem Puffer von einem Tag abgegeben wurde, so ist in ersterem Fall unbedingt darauf zu achten, ob dies öfters vorkommt. Denn wenn es am laufenden Band passiert, dass Ergebnisse erst in der letzten Sekunde fertig werden, dann spricht vieles dafür, dass mit der Organisation und oder mit den Arbeitsabläufen etwas nicht stimmt. Es wird daher irgendwann passieren, dass ein Ergebnis nicht rechtzeitig fertig wird oder mit minderer Qualität und dies ist nur ein Frage der Zeit und nicht unvorhersehbar. Aus Sicht der Führungskraft, welche das Ergebnis empfängt, sollte daher bereits zu diesem Zeitpunkt gehandelt werden, in der Gewissheit, dass sich ein Problem umso einfacher und schneller beseitigen lässt, je eher sich demselben gewidmet wird.

Eine mögliche Ursache könnte sein, dass im Prozess der Ergebnisgenerierung ein Flaschenhals ist, welcher regelmäßig zum Tragen kommt. Dies kann ein Spezialist sein, oder ein Vorgesetzter, der an den Arbeiten der Mitarbeiter regelmäßig den letzten Feinschliff oder sogar größere Korrekturen vornimmt. In beiden Fällen liegt es jedoch in der Verantwortung der betroffenen Führungskraft, für Abhilfe zu sorgen, bei ersterem durch eine Maßnahme zur Abschaffung des Kopfmonopols des Spezialisten und bei letzterem durch eine Weiterentwicklung der Mitarbeiter, welche die Abschlusskorrekturen überflüssig macht.

Aus den geschilderten Konsequenzen heraus ist es daher notwendig sicherzustellen, dass ein Ergebnis jederzeit aus der Struktur heraus ohne Rücksicht auf besondere Umstände erreicht werden kann. Besonders die Abwesenheit einer Führungskraft muss vollständig kompensiert werden können, weil ansonsten immer ein Flaschenhals besteht, welcher früher oder später zu Problemen führen wird. Und eine nachhaltige, funktionale Struktur ist die beste Grundlage dafür, Ergebnisse in benötigter Qualität und rechtzeitig zu erhalten. Aus diesem Grund sollte der Vorgesetzte der Führungskraft auf alle Fälle sicherstellen, dass die Situation behoben wird, unabhängig von den tatsächlichen Ursachen, wenn er die optimale Produktivität innerhalb seiner verantworteten Einheit herstellen oder dieser nahe kommen möchte.

2.3.3 Delegation als Mittel der Verantwortungsübergabe

> Ich arbeite nach dem Prinzip, dass man niemals etwas selbst tun sollte, was ein anderer für einen erledigen kann. (David Rockefeller)

Dabei wird deutlich, dass es nicht direkt die Aufgabe der Führungskraft ist, dieses Problem zu lösen. Es liegt jedoch auf jeden Fall innerhalb ihres Aufgabengebietes, dies zu erkennen und ihrer Führungsverantwortung gerecht zu werden, in dem sie auf Abhilfe dringt. Besonders wie sich die Führungskraft dieser Aufgabe widmet und die Aufträge delegiert entscheidet über die Produktivität der Einheit und vor allem über den notwendigen Zeitaufwand der Führungskraft selbst. Es ist daher von großer Bedeutung, sich mit dem Arbeitsschritt der Delegation zu befassen und im Detail zu untersuchen, an welchen Stellen Zeit gewonnen oder verloren wird.

Wichtig ist ebenso, dass der Mitarbeiter, auf den die Arbeit delegiert wird, nur von einem, und zwar seiner Führungskraft, Anweisungen entgegen nimmt. Alles andere führt zu Verwirrung und Unzufriedenheit und ist daher zu vermeiden, besonders strukturell. Dennoch kann es dazu kommen, dass der Vorgesetzte der Führungskraft direkt auf einen Mitarbeiter zugreift und einen Auftrag erteilt. Für diesen Fall sollte die Führungskraft vorsorgen und vereinbaren, dass der Mitarbeiter den Auftrag, wenn möglich, mit ihr bespricht und ihr damit die Chance gibt, den Auftrag mit dem Mitarbeiter oder dem eigenen Vorgesetzten zu klären, zu verändern oder eventuell sogar anders zuzuteilen.

2.3.3.1 Weiterentwicklung der Mitarbeiter in Delegation einbauen

Der erste Schritt bei der Delegation einer Aufgabe ist die Auswahl eines verantwortlichen Mitarbeiters. Dabei ist nur ein Mitarbeiter zu wählen, keinesfalls mehrere, und selbst wenn mehrere Mitarbeiter an der Aufgabe arbeiten werden, so ist dennoch darauf zu achten, dass nur an einen Mitarbeiter delegiert wird und die anderen Mitarbeiter diesem zuarbeiten.

In den meisten Fällen wird die Auswahl des Mitarbeiters keine Probleme bereiten, weil nur wenige Mitarbeiter infrage kommen. Gerade bei Wissensarbeitern mit einer sehr ausgeprägten Spezialisierung ergibt sich fast zwangsläufig der Mitarbeiter, an den die Aufgabe am besten zu delegieren ist. Daher ist die Auswahl des Mitarbeiters umso wichtiger, je gewöhnlicher die Aufgabe ist. Dennoch sollte vom Prinzip her immer eine Wahlmöglichkeit bestehen, weil ansonsten ein Kopfmonopol eines Mitarbeiters vorliegt. Bei besonderen Aufgaben bietet sich in vielen Fällen sofort ein Mitarbeiter an, der die Aufgabe erfüllen könnte. Dennoch lohnt es sich für eine Führungskraft gründlich zu überlegen, ob nicht ein anderer Mitarbeiter die Aufgabe ebenso erfüllen könnte. Denn erst wenn eine Auswahl besteht, erfolgt wirklich eine Auseinandersetzung mit den Stärken und Schwächen der Mitarbeiter in Bezug auf die zu erfüllende Aufgabe und es kann zusätzlich berücksichtigt werden, welche Weiterentwicklung dies für den Mitarbeiter bedeuten würde.

Es gilt selbstverständlich zu berücksichtigen, welcher eigene zeitliche Aufwand mit der Mitarbeiterauswahl einhergeht. In der Regel wird ein Mitarbeiter, für welchen die Aufgabe eine größere Weiterentwicklung darstellt, mehr Zeit von der Führungskraft beanspruchen.

Hier sollte die Entscheidung jedoch nur dann von der eigenen Arbeitszeit bestimmt werden, wenn hier wirklich ein Engpass vorliegt, denn ansonsten wird die Weiterentwicklung der verantworteten Einheit vernachlässigt. Außerdem gibt es vielleicht Mitarbeiter, die für positive Überraschungen sorgen, weil sie deutlich bessere Ergebnisse als erwartet abliefern, und sich damit für weitere Aufgaben anbieten. Ebenso kann es leider zu Enttäuschungen kommen, die einerseits zu vermeiden sind und andererseits der Führungskraft die Chance geben, nach den Ursachen zu forschen und das eigene Bild in Frage zu stellen.

In jedem Fall ist jede Delegation eine hervorragende Chance, den Mitarbeiter durch die übertragene Aufgabe weiterzuentwickeln. Die verwendete Zeit für die Förderung und Beratung des Mitarbeiters ist in jedem Fall gut investiert, weil durch jede Verbesserung der Mitarbeiter eine Steigerung der Produktivität erfolgt, auch wenn diese Fortschritte manchmal sehr klein und schlecht sichtbar sind. Die Anzahl wird langfristig den Unterschied ausmachen und es gilt alle Möglichkeiten zu nutzen, die Weiterentwicklung auszureizen.

Es bietet sich beispielsweise an, bei der Delegation mit verschiedenen Tiefen der Detaillierung zu arbeiten. Einerseits hat der Mitarbeiter die Gelegenheit, mit geeigneten Fragen der Führungskraft Sicherheit zu geben, dass er das Problem wirklich verstanden hat, andererseits lernen die Mitarbeiter mitzudenken. Dem erhöhten Aufwand für Rückfragen, welche nicht alle direkt bei der Delegation sondern unter Umständen erst danach auftreten und nicht selbstständig vom Mitarbeiter beantwortet werden können, stehen Mitarbeiter gegenüber, die mitdenken und damit an anderer Stelle viele Probleme selbstständig zu lösen lernen und die Führungskraft zeitlich entlasten. Und für jede Führungskraft sollte es ein lohnenswertes Ziel sein, irgendwann eine Einheit zu verantworten, welche auf bloßen Zuruf von Aufträgen alles Bedenkenswerte berücksichtigt und hervorragende Ergebnisse liefert. Dies schließt ein, dass vieles gar nicht mehr über den Tisch der Führungskraft läuft und sich die Arbeitszeit in dieser Hinsicht maximal reduziert.

2.3.3.2 Aufgaben übergeben und Ergebnisse vereinbaren

Eine Führungskraft ist dazu da, dass die Anderen die Arbeit tun. (Morton Nolan)

Nach dem sich die Führungskraft entschieden hat, wer die Aufgabe übernehmen soll, ist der nächste Schritt, dem Mitarbeiter die Aufgabe und den Abgabetermin sowie eventuelle Meilensteine zu nennen. Gleichzeitig erhält der Mitarbeiter den Auftrag, sich bereits zu diesem Zeitpunkt auf alle Termine festzulegen, an denen das Ergebnis oder Zwischenergebnisse übergeben oder präsentiert werden. Falls der Mitarbeiter dafür zusätzliche Zeit benötigt sollte ihm diese gewährt werden, sofern es möglich ist, weil damit die Sicherheit der Termineinhaltung und die Verbindlichkeit aus Sicht des Mitarbeiters steigen. Dies hat weiterhin den Vorteil, dass auf den Terminkalender und mögliche Engpässe der Führungskraft frühzeitig Rücksicht genommen werden kann und keine vermeidbare Hektik entsteht, worunter die Qualität später leiden könnte.

Es ist unbedingt darauf zu achten, dass nur die Ergebnisse beauftrag werden, keinesfalls jedoch der Weg oder die dafür einzusetzenden Hilfsmittel. Dies ist einzig und alleine Aufgabe des Mitarbeiters und es widerspricht dem Ziel, dass jede Führungskraft ersetzbar sein muss, wenn die Mitarbeiter Hilfen dieser Art erwarten. Außerdem hat jeder Mensch seine eigene Vorgehensweise und die der Führungskraft ist vielleicht für sie selbst die beste, dass muss jedoch keinesfalls bedeuten, dass dies ebenso für den Mitarbeiter gilt.

Je nachdem, wie gut beziehungsweise wie selbstständig der Mitarbeiter ist und welches Vertrauen die Führungskraft in die fehlerfreie und rechtzeitige Erledigung hat, kann die Führungskraft noch Fragen zur geplanten Vorgehensweise stellen. Wichtig ist es hierbei jedoch, den Mitarbeiter nicht einfach auf einen bestimmten Weg zu führen, sondern sich mit den Antworten auseinander zu setzen und dem Mitarbeiter als Sparringspartner und Coach zu helfen. Es gilt dabei den schmalen Grat im Auge zu behalten, einerseits das eigene Vertrauen zu stärken und andererseits das Selbstvertrauen des Mitarbeiters anzugreifen, weil er spürt, dass nicht genügend Vertrauen von Seiten der Führungskraft vorhanden ist.

Neben den Informationen, die unbedingt zur Erledigung der Aufgabe gehören und entsprechend übergeben werden müssen, tragen Hintergrundinformationen zum Verständnis des Kontextes bei und helfen dem Mitarbeiter, Entscheidungen für seine Führungskraft und im besten Sinne des Unternehmens zu treffen. Gerade langfristig hilft dies dem Verständnis enorm, daher ist diese zeitliche Investition auf jeden Fall zu empfehlen. Außerdem ist es die einzige echte Chance für den Mitarbeiter, die Arbeit so zu erledigen, als wäre er auf der Ebene der Führungskraft und damit eine Möglichkeit für die Führungskraft, den Mitarbeiter in dieser Rolle zu beobachten. Aus den gleichen Gründen sind neue Informationen oder veränderte Sachstände ebenso schnellstmöglich an den Mitarbeiter zu kommunizieren, eine ausführlichere Diskussion gab es bereits weiter vorne in diesem Kapitel.

Zuletzt ist jedoch sicherzustellen, dass der Mitarbeiter die Verantwortung für die übertragene Aufgabe vorbehaltlos annimmt. In diesem Fall wird er alles daran setzen, die Aufgabe bestmöglich zu erfüllen und wird sich ein entsprechendes Scheitern selbst ankreiden. Andernfalls könnte sich der Mitarbeiter hinter Gründen verstecken, die er nicht zu verantworten hat und entsprechend bei Schwierigkeiten eventuell bereits frühzeitig wichtige Kräfte darauf verwenden, die Argumentation für das Scheitern aufzubauen. Dies bedeutet keinesfalls, dass die Führungskraft keine Verantwortung mehr trägt. Sie trägt diese Verantwortung gegenüber ihrem Vorgesetzten und kann diese nicht an den Mitarbeiter delegieren, insofern wird sie immer für ein Scheitern verantwortlich sein, unabhängig von den Gründen. Genau deshalb ist es jedoch so wichtig, dass der Mitarbeiter die Verantwortung annimmt, weil ansonsten sein Scheitern ausschließlich das Problem der Führungskraft wäre. Außerdem werden die Mitarbeiter Verantwortung nur lernen können, wenn sie diese übertragen bekommen, so dass eine Führungskraft, deren Mitarbeiter dies nicht können, vielleicht nie wirklich Verantwortung überträgt.

2.3.3.3 Kompetenzrahmen als Grenze begreifen

> Der Weg zum Ziel beginnt an dem Tag, an dem du die hundertprozentige Verantwortung für dein Tun übernimmst. (Dante Alighieri)

Mit der Übernahme der Verantwortung muss dem Mitarbeiter der eigene Kompetenzrahmen bewusst sein, innerhalb dessen er frei entscheiden kann. Dieser Rahmen hat entscheidenden Einfluss auf die Produktivität und den notwendigen Zeitbedarf der Führungskraft. Hat der Mitarbeiter die volle Freiheit, Entscheidungen zu treffen, so kann er einerseits die Aufgabe sehr schnell vorantreiben, andererseits könnte er diese Freiheit sogar nutzen, den Kompetenzrahmen seiner Führungskraft zu überschreiten.

Aus diesem Grund ist es unbedingt erforderlich klar zu definieren, für welche Entscheidungen der Mitarbeiter auch außerhalb vereinbarter Termine um Rücksprache bitten muss. Solche Termine kosten Zeit, sind jedoch notwendig, damit die Führungskraft ihrerseits die Verantwortung übernehmen kann. Die größte Gefahr besteht darin, dass innerhalb dieser Rücksprachen Entscheidungen oder Probleme an die Führungskraft rückdelegiert werden, mit einer katastrophalen Auswirkung auf die Arbeitsgeschwindigkeit und die zukünftige Verhaltensweise der verantworteten Einheit. Aus diesem Grund muss die Führungskraft solche Versuche abwehren und bei zu treffenden Entscheidungen auf den vereinbarten Kompetenzrahmen verweisen. Für Probleme ist die Führungskraft beispielsweise nie zuständig, wie bereits vorher besprochen, daher ist hier der Verweis auf eine Aufarbeitung als Entscheidung ausreichend. Die Untersuchung des Entscheidungsprozesses sowie der optimalen Ausgestaltung unter Aspekten der Produktivität wird im nächsten Kapitel untersucht.

Mit dem Kompetenzrahmen sollte eine klare Grenze gezogen werden, zwischen den Entscheidungen des Mitarbeiters und denen der Führungskraft. Dies bedeutet aus Sicht der Führungskraft, dass sie sich auf der einen Seite entlasten kann, wenn sie den Rahmen möglichst groß wählt, auf der anderen Seite dann aber dem Mitarbeiter ein entsprechend großes Vertrauen entgegenbringen muss, wenn er diese Entscheidungen alleine trifft. Aus Sicht des Mitarbeiters ist es schön, Entscheidungen treffen zu dürfen, ohne nachfragen zu müssen, jedoch sind solche Entscheidungen dann auch zu treffen und die daraus resultierenden Konsequenzen zu tragen. Der Mitarbeiter erlebt dafür in diesen Situation wirklich was es heißt, Verantwortung zu tragen und kann nicht in jeder Situation spontan nach Bequemlichkeit entscheiden, ob er die Entscheidung selbst treffen möchte oder sich lieber an seine Führungskraft zur Rückversicherung wendet.

Die größte Zeitersparnis für die Führungskraft ergibt sich aus der Tatsache, dass die Teilnahme an Sitzungen, welche Projekte oder Aufgaben betreffen, die an Mitarbeiter delegiert wurden, damit implizit geregelt ist. Sind in der Sitzung Entscheidungen zu erwarten, welche den Kompetenzrahmen des Mitarbeiters überschreiten, so ist eine Teilnahme erforderlich, ansonsten handelt es sich um eine reine Arbeitssitzung, über die sich die Führungskraft bei Interesse kurz berichten lassen kann, ohne dafür Anwesend sein zu müssen. Für den Mitarbeiter hat dies ebenfalls Vorteile, weil er nicht nur in Sitzungen sondern während seiner kompletten Arbeit jederzeit souverän auftreten kann. Er kann in jeder Situation frei entscheiden und sollte er an einer Stelle an seinen Kompetenzrahmen stoßen, so kann er auf diesen verweisen und dies eskalieren.

Es muss an dieser Stelle allen beteiligten Parteien bewusst sein, dass eine Eskalation keinen Fehler darstellt und auch keine Führungskraft Probleme lösen muss, zu deren Lösung die beteiligten Mitarbeiter nicht in der Lage waren, sondern schlicht der Kompetenzrahmen einer Verhandlungsseite nicht ausreichend war, zwischen existierenden Lösungsoptionen zu wählen. Solche Situationen müssen vorausgesehen werden und durch eine entsprechende Kommunikation vorbereitet werden, falls Zweifel daran bestehen, dass

Vorbereitung	Alternative Mitarbeiter zur Auswahl finden
	Beurteilung des Zeitbedarfs und deren Weiterentwicklung
	Beurteilung hinsichtlich eigenem zeitlichen Aufwand
	Auswahl des Mitarbeiters
Delegation	Aufgabe und Termin übergeben, evtl. mit Meilensteinen
	Ergebnisse und evtl. Zwischenergebnisse vereinbaren
	Weg oder Hilfsmittel nicht vorgeben, höchstens besprechen ⚠
	Sicherstellen der Verantwortungsübernahme durch den Mitarbeiter
Nachbg.	Sicherstellung der Einhaltung des Kompetenzrahmens
	Notwendige Entscheidungen und Teilnahmen an Sitzungen

Abb. 2.6 Vorgehen bei der Delegation von Aufgaben

dies von jedem Mitarbeiter so gesehen wird. Andernfalls könnte eine drohende Eskalation das Verhalten der Mitarbeiter beeinflussen und zu suboptimalen Ergebnissen führen. Für die Führungskraft dagegen bedeutet eine solche Situation eine willkommene Gelegenheit selbst zu überdenken, ob der Kompetenzrahmen wirklich geeignet gewählt wurde.

Es kann vorkommen, dass eine Entscheidung eines Mitarbeiters von anderen Einheiten in Frage gestellt wird, beispielsweise aus politischen oder sachlichen Gründen oder weil sie den Kompetenzrahmen des Mitarbeiters anzweifeln. Ebenso kann eine Überschreitung des Kompetenzrahmens des Mitarbeiters der anderen Einheit zu einer Eskalation führen, welche die Teilnahme der Führungskraft aus Sicht der Führungskraft der anderen Einheit erfordert. Dies ist jedoch auszuhalten und kein Grund an dem vergebenen Kompetenzrahmen zu zweifeln und schon gar nicht, sich dadurch die eigene Arbeitszeit beeinflussen zu lassen. In allen Fällen ist für die Führungskraft nur zu überprüfen, ob der Mitarbeiter innerhalb seines Kompetenzrahmens gehandelt hat. In diesem Fall kann sich die Führungskraft ohne Kenntnisse der Details der Entscheidung ihres Mitarbeiters anschließen und dies kommunizieren. Dafür ist Vertrauen in den Mitarbeiter notwendig, belohnt wird die Führungskraft jedoch mit einer reduzierten Arbeitszeit und die verantworteten Mitarbeiter werden es danken, weil es ihre Arbeit und ihren Stellenwert deutlich aufwertet und sie dieses Vertrauen direkt spüren können (Abb. 2.6).

2.3.4 Entscheidungsprozess ist der Schlüssel zu mehr Geschwindigkeit

Der Schwache zweifelt vor der Entscheidung; der Starke danach. (Karl Kraus)

Neben der Delegation ist eine weitere, oft vorkommende Tätigkeit einer Führungskraft das Treffen von Entscheidungen. Daher müssen diese ebenfalls als Prozess verstanden werden und es ist von großer Bedeutung, dass dieser effektiv und effizient durchgeführt wird.

Dies betrifft sowohl die Arbeitszeit der Führungskraft und der Mitarbeiter, als auch die Qualität der getroffenen Entscheidungen. Einen bedeutenden Anteil an der Produktivität der verantworteten Einheit hat die Geschwindigkeit, mit der Entscheidungen getroffen werden, durch den Einfluss, den sie auf die Arbeit der Mitarbeiter hat. Die Zeit, in der die Mitarbeiter nicht weiterarbeiten können, weil sie auf die Entscheidung warten, wird nicht effektiv für andere Dinge verwendet. Es gibt den Mitarbeitern sogar die Gelegenheit, gar nichts zu tun, mit dem Verweis, dass sie auf eine Entscheidung warten. Damit übernimmt die Führungskraft nicht nur die Aufgabe, Entscheidungen zu treffen, sondern im gleichen Zug die Verantwortung für die fehlende Produktivität der Einheit.

Um nicht der Flaschenhals der eigenen Einheit zu sein ist es daher unabdingbar für jede Führungskraft, so viele Entscheidungen wie möglich bereits von den Mitarbeitern treffen zu lassen. Daraus ergibt sich die Anforderung an den Entscheidungsprozess, genau dies zu unterstützen. Außerdem ist sicherzustellen, dass jede Entscheidung von der in der Hierarchie niedrigsten Ebene getroffen wird, welche die Kompetenz dafür besitzt. Daher ist es sehr wichtig, erst festzulegen, wer welche Entscheidung zu treffen hat und erst im Anschluss daran, für eine richtige Entscheidung Sorge zu tragen. Im Folgenden wird aus diesem Grund der Prozess eine Entscheidung zu treffen dahingehend untersucht, welcher Einfluss sich auf die Produktivität der Einheit und der verantworteten Mitarbeiter nehmen lässt.

2.3.4.1 Gründliche Problembestimmung und Rahmenbedingungen zu Beginn

In den wenigsten Fällen wird die Führungskraft bestimmen, welche Entscheidungen zu treffen sind. Vielmehr werden sich aus den erteilten Aufträgen an die Mitarbeiter oder aus besonderen Vorkommnissen bei Routinetätigkeiten Situationen ergeben, welche einer Entscheidung der Führungskraft bedürfen, zumindest aus Sicht des bearbeitenden Mitarbeiters. Dafür ist es essenziell, dass exakt herausgearbeitet wird, welche Situation vorliegt und davon abgeleitet, welche Entscheidung oder Entscheidungen zu treffen sind. Diese Ausarbeitung hat der Mitarbeiter gründlich zu erledigen, bevor er die Führungskraft davon unterrichtet, damit diese dann zuerst entscheiden kann, wer diese Entscheidung zu treffen hat.

Dabei ist zunächst zu untersuchen, ob es sich um ein einmaliges oder ein wiederkehrendes Problem handelt. Die Unterscheidung ist wichtig, weil nur ein einmalig auftretendes Problem, beispielsweise aufgrund eines Ressourcenengpasses und der weiteren Priorisierung innerhalb eines Projektes, entschieden werden sollte. Für sich wiederholende Probleme, sind Regeln aufzustellen, welche den Mitarbeitern, und damit auch der Führungskraft, die Entscheidung abnehmen. Diese Regeln können grundsätzlich sehr unterschiedlich sein, je nachdem in welchem Aspekt sich die vorkommenden Probleme ähneln. Die Regeln sollten jedoch unbedingt so aufgestellt werden, dass es so wenige wie möglich aber so viele wie nötig sind. Ziel muss es sein, dass es für die Mitarbeiter einfach ist, die Regeln im Kopf zu behalten und entsprechend anzuwenden.

Im Vertriebsinnendienst kann es beispielsweise vorkommen, dass eine Regel über eine gewisse Grenze erwünscht ist, welche nicht überschritten werden soll, wenn eine Führungskraft im Außendienst das Gehalt eines einzustellenden Mitarbeiters verhandelt. Dennoch gibt es regelmäßig Fälle, welche darüber liegen und dennoch akzeptabel sind, weil sich dahinter entsprechendes Potenzial verbirgt. In diesem Fall gibt es mehrere Optionen, die Grenze tiefer zu belassen und abzulehnen, die Grenze zu erhöhen und mehr Fälle anzunehmen oder Fälle über der Grenze aber noch innerhalb eines definierten Rahmens im Einzelfall zu entscheiden. Alle Konstellationen haben Nachteile, welche die Arbeit mühsam machen. Im Fall einer niedrigen Grenze, wird es oft Diskussionen über die Höhe geben, im Fall einer höheren Grenze führen zu viele Annahmen zu einem erhöhten Risiko. Im schlimmsten Fall, der Einführung von Einzelfallentscheidungen, führen diese zu einer erhöhten Arbeitslast, Intransparenz und Diskussionen, falls in zwei Fällen unterschiedlich entschieden wurde.

In der langfristigen Betrachtung obiger Alternativen sind die beiden erstgenannten Fälle möglich, wenn die Führungskraft bereit ist, die Konsequenzen zu akzeptieren und auf Dauer auszuhalten. Im dritten Fall bietet es sich nach den vorgenannten Ausführungen an, wiederum Regeln einzuführen, die diesen Fall weiter detaillieren, womit die Intransparenz zu Gunsten der Nachvollziehbarkeit aufgehoben würde und die Arbeitslast sinkt. Allerdings würde das Regelwerk stark anwachsen und die Komplexität langfristig deutlich erhöht, so dass die Arbeit der Mitarbeiter erschwert würde. Es kann daher eine einfache Lösung sein, eine Zwischenstufe einzuführen, für welche besondere Anforderungen gelten. Diese könnten beispielsweise sein, dass der Antragsteller schriftlich begründen muss, weshalb er die Chancen und Risiken anders beurteilt und daher eine Einstellung befürwortet. Dies verlagert die Verantwortung auf die Führungskraft im Außendienst und stellt damit eine ausreichend große Hürde dar, weil sich der Mitarbeiter langfristig für seine getroffenen Entscheidungen rechtfertigen muss. Übergroßem Optimismus wird damit ein Riegel vorgeschoben und die Führungskraft hat die Chance, sich als Unternehmer im Unternehmen zu bewähren und in diesem Sinne zu handeln.

Der Mitarbeiter muss daher nicht nur die zu treffende Entscheidung klar spezifizieren, er muss weiterhin festlegen, welche Art von Entscheidung zu treffen ist, ob es sich um einen Einzelfall handelt oder die Einführung einer neuen Regel. Des Weiteren hat er die Rahmenbedingungen zu dokumentieren, welche die Entscheidung beeinflussen. Damit kann zum einen im Nachhinein leichter ermittelt werden, weshalb eine Entscheidung getroffen wurde und ob dies für Dritte nachvollziehbar ist oder nicht, zum anderen kann für sich stark verändernde Rahmenbedingungen festgelegt werden, in welchen Konstellationen die Entscheidung anders ausfallen könnte. Für diesen Fall kann eine Wiedervorlage geplant werden, zumindest ist aber dokumentiert, dass auch solche Konstellationen bedacht wurden.

2.3.4.2 Suche nach Alternativen verbessert die Qualität der Entscheidung

Der zusätzliche Aufwand dafür ist nicht so groß, weil der Mitarbeiter neben der zu treffenden Entscheidung wie vorher beschrieben auch die möglichen Entscheidungsalternativen finden und ausarbeiten muss. Dabei gilt, dass sofern es die Zeit zulässt, sämtliche Alternativen zu berücksichtigen und zu bewerten sind. In der Regel wird es nicht viele gleichrangige Alternativen geben, so dass viele durch eine kurze Argumentation ausgeschlossen werden können. Dennoch ist es wichtig, sich mit allen Alternativen beschäftigt zu haben, weil veränderte Rahmenbedingungen leicht zu einer anderen Alternative führen können. Dabei ist zu bemerken, dass sehr oft die Alternative vergessen wird, einfach nichts zu tun und beim Status Quo zu bleiben. Der Einfachheit halber sollte dies, wenn es eine zulässige Alternative ist, immer als erstes untersucht werden. Nur bei Vollständigkeit kann die Führungskraft davon ausgehen, die richtige Entscheidung zu treffen und nicht sehr gewissenhaft die falsche.

Neben einem methodischen Vorgehen, welches bestmöglich sicherstellt, keine Alternative zu vergessen, ist es wichtig, die zu treffenden Entscheidungen dahingehend zu analysieren, ob diese weitest möglich aufgeteilt sind. Ist in einer Alternative beispielsweise die Rede davon, dass zwei Dinge getan werden sollen, so muss herausgearbeitet worden sein, dass beide wirklich zusammenhängen und es sich nicht um zwei getrennte Entscheidungen handelt, welche unabhängig voneinander abgehandelt werden könnten. Es mag von der Konsequenz her identisch sein, wenn anstatt zwei Entscheidungen mit jeweils zwei Optionen eine Entscheidung mit vier Alternativen präsentiert wird, jedoch ist die Komplexität in letzterem Fall wesentlich höher und daher der erstgenannte zu bevorzugen und von der Führungskraft einzufordern. Zumal bereits bei mehr als zwei Alternativen einer Entscheidung oder sogar mehr als zwei getrennten Entscheidungen der Lösungsraum für Alternativen exponentiell steigt und der Aufwand der Betrachtung entsprechend zu verringerter Produktivität aufgrund der Redundanzen führt.

Es ergibt sich von selbst, dass jede Alternative hinsichtlich ihrer Chancen und Risiken oder generell der langfristigen Folgen zu untersuchen ist. An dieser Stelle dürfen keine voreiligen Schlüsse gezogen werden, weil Vorurteile oder Erfahrungswerte eventuell trügen. Es hilft daher den Mitarbeitern, wenn es Regeln oder Checklisten gibt, wie eine Alternative zu prüfen ist und welche Fragen hilfreich sind, um zu einer möglichst objektiven und vollständigen Bewertung zu gelangen. Genauso ist jedoch Sorgfalt gefragt, dies auch zu tun und offen dafür zu sein, dass sich Dinge verändert haben könnten und nicht von vorne herein davon auszugehen, dass etwas schon immer so war oder noch nie so gehandhabt wurde. Beide Sätze müssen verboten sein, weil sie inhaltsleere Totschlagargumente sind und selbständiges Denken verhindern.

Innerhalb einer Entscheidung oder bei der Bewertung der Alternativen kann es Informationen geben, welche neu oder essenziell für die zu treffende Entscheidung sind. An dieser Stelle ist es deshalb unverzichtbar, dass die Führungskraft die Informationen und deren Quelle überprüft, um Fehler weitestgehend auszuschließen. Es ist hier offensichtlich eine Frage des Vertrauens in den aufbereitenden Mitarbeiter, welches die Führungskraft bewerten muss, jedoch ist das fälschliche Akzeptieren einer unkorrekten Information eine der mit Abstand größten Fehlerquellen. Dies ist deshalb so problematisch, weil eine fehlende Information sofort auffällt und gesucht oder mindestens durch Experten bestmöglich geschätzt werden kann. Eine Führungskraft, welche hier darauf verzichtet, sich dies bewusst zu machen, geht immer ein Risiko ein, egal wie groß dieses konkret ist.

Es stellt sich für die Führungskraft daher die Frage, wie hier einerseits Sensibilität geschaffen und andererseits zusätzlich vorbeugend gehandelt werden kann, um dieses Risiko zu minimieren oder bestmöglich auszuschließen. Dafür gilt es den Mitarbeitern glaubhaft zu machen, gut im Bilde zu sein, auch wenn es für keine Führungskraft möglich ist, jedes Detail einer verantworteten Einheit zu kennen. Eine Option diese Situation zu verbessern ist es, das eigene Büro zu verlassen und sich so oft wie möglich, überraschend und sporadisch bei den Mitarbeitern in deren Büro zu zeigen. Zum einen signalisiert die Führungskraft, dass sie sich um die Mitarbeiter kümmert und diese ihr nicht egal sind und zum andern, dass sie im Bilde ist, wer was tut und sich mit welchen Informationen beschäftigt. Dies wird umso schwerer, je größer die Anzahl der verantworteten Mitarbeitern ist, kann jedoch recht einfach durch die Besuchsfrequenz angepasst werden.

Die Aufbereitung der Entscheidung, der Alternativen und damit des kompletten Entscheidungsprozesses kann als integrierte Kontrolle genutzt werden. Je besser die Qualität ist, umso sicher kann die Führungskraft sein, nicht nur richtig sondern vor allem auch das Richtige zu entscheiden. Und auf diese Weise ist bereits das größte Hindernis für die Erreichung der maximalen Qualität und Produktivität beseitigt. Außerdem lassen sich Fehler bei den Annahmen oder Veränderungen der Rahmenbedingungen, welche zu einer Veränderung der Entscheidung führen, wesentlich leichter feststellen und korrigieren, als wenn generell die falsche Entscheidung getroffen worden ist. Womöglich kann dies für immer oder zumindest für lange Zeit gar nicht auffallen, wodurch dem Unternehmen ein großer Schaden entstehen würde.

2.3.4.3 Entschluss vereinfacht sich mit steigender Prozessqualität und Empfehlung

Der schlimmste Weg, den man wählen kann, ist der, keinen zu wählen. (Friedrich II., der Große)

Als letzter Punkt der Entscheidungsvorlage muss zwingend eine Empfehlung für eine und genau eine der dargelegten Alternativen gefordert werden, welcher die Führungskraft einfach folgen kann. Die Führungskraft trifft daher die Entscheidung nur noch in dem Sinne, als sie die Verantwortung explizit übernimmt. Daraus ergibt sich ebenfalls, dass es einzig und alleine der Führungskraft überlassen bleibt, bis in welches Detail sie sich in die Entscheidung einarbeitet und je nach Art der Übergabe der Information zur Entscheidung dies noch nicht einmal den Mitarbeitern kommunizieren muss. Bekommt sie die Informationen beispielsweise per Mail, so lässt eine Antwort ebenfalls per Mail, in der sie der Empfehlung des Mitarbeiters folgt, vollständig offen, ob die Führungskraft sich gründlich eingearbeitet oder den Sachverhalt nicht einmal angeschaut hat. Die Führungskraft kann und sollte hier die eigene Einschätzung zur Grundlage nehmen, welche Priorität sie dem Sachverhalt widmen möchte und welche Zeit zur Verfügung steht. Ersteres sollte den Mitarbeitern jedoch transparent dargelegt werden und bei sehr niedriger Priorität kann die Entscheidung direkt delegiert werden. Mit der Offenlegung und der Kommunikation derselben führt sich nicht nur die Führungskraft die Priorität deutlich vor Augen, selbst der Mitarbeiter könnte bei einer niedrigen Priorität selbst die Entscheidung treffen, dass dies damit in seiner eigenen Entscheidungskompetenz liegt und er die Führungskraft lediglich über die getroffene Entscheidung informieren muss.

Auf jeden Fall bedeutet Entscheiden und Führen, unter verschiedenen Alternativen eine Auswahl zu treffen. Wenn sich bei der Ausarbeitung und Bewertung der Alternativen herausstellt, dass nur eine Alternative vernünftig ist, so ist folglich keine Entscheidung mehr notwendig. Hier wird lediglich eine Veränderung der Parameter oder der Rahmenbedingungen nachvollzogen, so dass eine Einbeziehung der Führungskraft ebenfalls nicht notwendig ist. Dies führt dazu, dass die Führungskraft Zeit spart und lediglich in Abhängigkeit der Tragweite der Änderung von den Mitarbeitern über die Anpassung informiert werden sollte. Damit können die Mitarbeiter ohne Verzögerung weiterarbeiten und die Produktivität wird gesteigert, weshalb der Prozessqualität zur Sicherstellung der Entscheidungsqualität eine entsprechend große Rolle zukommt.

Ist von der Führungskraft eine Entscheidung zu treffen und ist diese wie dargelegt aufbereitet, so kann dies schnell und ohne Verzögerung geschehen. Dies kann jedoch unter Ungewissheit geschehen, wenn es hinsichtlich mindestens einer Alternative Zweifel gibt und dies wiederum sowohl hinsichtlich der Faktenlage oder der Entscheidungskompetenz der Führungskraft. Eine Bewertung dieser Situation kann zu Verzögerungen führen, welche von der Führungskraft gegenüber den Mitarbeitern, welche auf die Entscheidung warten, begründet werden kann. Dennoch sollte sich die Führungskraft bewusst sein, welche Konsequenzen ein solches Zögern in der Wahrnehmung der Mitarbeiter nach sich zieht.

Ein Zögern bei der Entscheidung bedeutet immer Schwäche und diese richtet sich nach Einschätzung der Mitarbeiter, wie gravierend die Auswirkungen der Entscheidung sind. Langfristig bedeutet dies, dass Führungskräften, welche nicht in der Lage sind, Entscheidungen zu treffen, diese abgenommen werden. Die Kompetenz zu besitzen, eine Entscheidung zu treffen muss dabei zwingend mit Willen einhergehen, dies zu tun und dem Wissen, es zu dürfen. Eine Führungskraft, welche obige Kriterien nicht komplett vereinigt, gibt damit nicht nur die Entscheidung sondern auch die Führung ab. Damit erhalten Berater, Gremien, Arbeitsgruppen oder anderen Personen die Entscheidungsgewalt und die Führungskraft ordnet sich selbst diesen unter. Aus diesem Grund ist es unerlässlich, dass deutlich sein muss, dass die Entscheidungen von der Führungskraft getroffen werden und es ihre Absicht ist, welche exekutiert wird, selbst wenn diese von Mitarbeitern vorbereitet wurden.

Hinsichtlich der Entscheidung kann in vielen Fällen nur im Nachhinein beurteilt werden, ob diese richtig oder falsch war. Eine Führungskraft muss sich dessen bewusst sein und es stellt sich nur noch die Bewertung der Option, nicht zu entscheiden. Dies hat zur Konsequenz, dass die Mitarbeiter nicht weiterarbeiten können, bis die Entscheidung steht, dies der Führungskraft als Schwäche ausgelegt wird und bei vollständiger Faktenlage die Entscheidung mit der Zeit eher schwerer wird als leichter. Die Lösung dieses Dilemmas kann nur lauten, die Entscheidung auf die eine oder andere Weise so schnell wie möglich zu treffen und damit Führungsstärke zu demonstrieren. Gute Führung bedeutet nicht, alle Entscheidungen in jedem Fall richtig getroffen zu haben und eine Führungskraft, welche es nicht aushalten kann, wenn sich eine davon als falsch herausstellt, muss für sich selbst beurteilen, ob sie an der richtigen Stelle sitzt, wenn es ihr nicht vom Vorgesetzten abgenommen wird. Außerdem ist es nur eine weitere Möglichkeit, bei veränderten Parametern oder Rahmenbedingungen die Entscheidung zu revidieren und damit Selbstbewusstsein und Sicherheit auszustrahlen.

2.3.4.4 Realisieren der Entscheidung in die Entscheidung einbauen

Entscheidend ist nicht, wer entscheidet, sondern wer handelt. (Daniel Mühlemann)

Mit der Entscheidung an sich ist in den meisten Fällen noch nichts gewonnen, weil sich die Erfolge erst mit der Umsetzung einstellen. Daher gewinnt eine Entscheidungsvorlage deutlich an Qualität, wenn die Umsetzungsplanung bereits dargelegt wird, weil die Umsetzung einen Teil der Entscheidung darstellt. Damit wird sichergestellt, dass nicht nur die Entscheidung getroffen wird, sondern dass die Umsetzung überhaupt und im besten Fall ohne Verzug geschieht. Außerdem macht es der Führungskraft deutlich, dass nur mit der Entscheidung die gewünschte Veränderung eben gerade noch nicht eingetreten ist, für die Umsetzung Zeit benötigt wird und die Mitarbeiter sich noch mit den Arbeiten beschäftigen müssen. Es ist von großem Vorteil und die Mitarbeiter werden es danken, wenn dies bei der Planung für weitere Veränderungen von der Führungskraft berücksichtigt wird, gerade weil es ebenso verständlich ist, dass es für eine Führungskraft prinzipiell nie schnell genug gehen kann.

Aus diesem Grund sollten die Maßnahmen, welche durch die Entscheidung notwendig werden, samt Verantwortlichkeit und Termin bereits dokumentiert sein, am besten mit den zu erwartenden Ergebnissen oder Zwischenergebnissen, welche es ermöglichen, eine erfolgreiche Umsetzung oder zumindest den Fortschritt derselben zu belegen. Für die Führungskraft hat dies den Vorteil, dass sie nicht nur bereits mit der Entscheidungsvorlage ein gutes Bild über die Umsetzung und den dahinter liegenden Zeitplan erhält, sie kann des Weiteren zu den genannten Terminen leicht prüfen, ob die Umsetzung wie geplant verläuft beziehungsweise erfolgt ist.

Eine erfolgreiche und zeitnahe Umsetzung von Entscheidungen ist für jede Führungskraft wichtig, weil ansonsten ihre Glaubwürdigkeit darunter leidet und sich die Umsetzung weiterer Entscheidungen erst recht hinziehen wird. Schon alleine daher muss jede Führungskraft sicherstellen, dass getroffene Entscheidungen schnell und wie geplant umgesetzt werden. Dafür ist es notwendig, dass sie die Ergebnisse prüft und gegebenenfalls Maßnahmen ergreift, falls das geplante Ergebnis nicht termingerecht oder gar nicht erreicht wird. Gleichzeitig muss bei dieser Gelegenheit die Arbeit des verantwortlichen Mitarbeiters geprüft und bewertet werden. Einerseits ist dies nur unwesentlich mehr Aufwand als die Prüfung der Umsetzung an sich und die Führungskraft erhält mit dem gesamten Prozess der Entscheidungsvorbereitung, -Dokumentation und – Umsetzung ein sehr umfassendes Bild des Mitarbeiters, andererseits demonstriert die Führungskraft damit Nähe und schätzt die Arbeit des Mitarbeiters wert, was zweifellos nicht zu unterschätzen ist.

Langfristig wird dieses Verhalten nicht nur deutlich machen, welchen Wert die Führungskraft auf eine gelungen Umsetzung jeder Entscheidung legt, die Mitarbeiter werden ihr Augenmerk ebenfalls weg von einer schnellen Delegation einer Entscheidung zur Führungskraft und hin zu einer gründlichen Aufbereitung und Sicherstellung der anschließenden Umsetzung verschieben, zumal diese direkt mit der Entscheidung in ihre Verantwortung übergeht. Ebenso ist der Aufwand einer gründlichen Entscheidungsvorbereitung mit den daraus folgenden Auswirkungen auf das Verhalten der Mitarbeiter nicht zu unterschätzen. Die Mitarbeiter werden beispielsweise manche Entscheidungen selbst treffen,

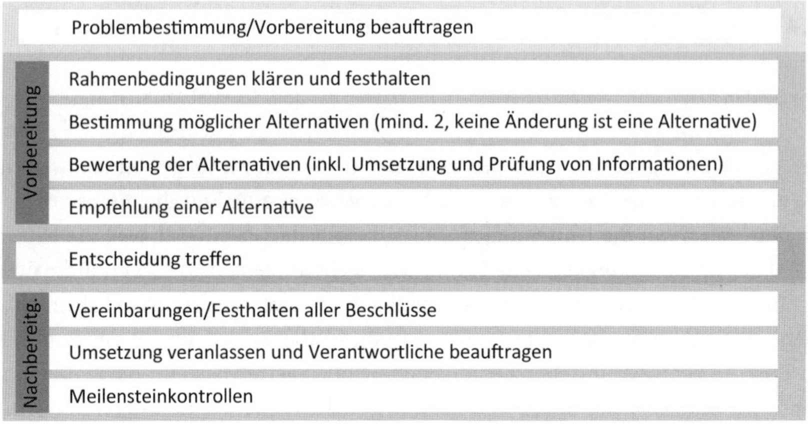

Problembestimmung/Vorbereitung beauftragen

Vorbereitung
Rahmenbedingungen klären und festhalten
Bestimmung möglicher Alternativen (mind. 2, keine Änderung ist eine Alternative)
Bewertung der Alternativen (inkl. Umsetzung und Prüfung von Informationen)
Empfehlung einer Alternative

Entscheidung treffen

Nachbereitg.
Vereinbarungen/Festhalten aller Beschlüsse
Umsetzung veranlassen und Verantwortliche beauftragen
Meilensteinkontrollen

Abb. 2.7 Darstellung eines effektiven Entscheidungsprozesses

bevor die Führungskraft unnötig eingebunden wird, weil sie sich damit der Kontrolle entziehen. Außerdem werden viele Entscheidungen durch die Aufbereitung an sich klarer und wesentlich leichter zu treffen, unabhängig davon, ob diese anschließend noch durch die Führungskraft getroffen werden müssen. Und zuletzt führt die Planung der Umsetzung dazu, dass keine Entscheidungen getroffen werden, welche anschließend an Details scheitern und gar nicht umgesetzt werden können. Dies würde letztlich dem Entscheider angelastet und unterminiert die Glaubwürdigkeit ganz erheblich.

Aus diesen Gründen ist die Zeit in eine gründliche Vorbereitung gut investiert und der kurzfristige Produktivitätsverlust wird sich auf lange Sicht in gestiegener Qualität und einem Produktivitätsgewinn niederschlagen. Der Zeitbedarf fällt außerdem nicht mehr bei der Führungskraft an, welche dadurch ihren Zeiteinsatz nicht nur minimiert, sondern weiterhin ihre Sicherheit erhöht und die Kenntnisse über die verantwortete Einheit steigert. Für die Führungskraft ist jede Zeit gut investiert, welche die Mitarbeiter einsetzen können, um der Führungskraft Zeit zu ersparen (Abb. 2.7).

2.3.5 Aufwand der Kontrolle bestimmen, um die Produktivität zu steigern

Stress ist ein Bazillus, der von unsicheren Menschen in leitender Stellung auf die Mitarbeiter übertragen wird. (Oliver Hassencamp)

Gerade bei Wissensarbeitern kommt der Qualität des Arbeitsergebnisses eine entscheidende Bedeutung zu. Im Zweifel ist es wichtiger, die benötigte Zeit für die Erledigung vollständig einzusetzen, als durch einen verkürzten Zeiteinsatz die Qualität des Ergebnisses zu verschlechtern und es womöglich wertlos werden zu lassen. Oft genug kommt es dennoch vor, dass nicht genügend Zeit zur Verfügung steht, um eine Aufgabe wie geplant durchzuführen. In dieser Situation ist es von unschätzbarem Wert, über eine genaue Kenntnis des Erstellungsprozesses zu verfügen und die mögliche Zeitersparnis durch den Wegfall von Prozessschritten und deren Auswirkung auf die Qualität exakt einschätzen zu können. Beispielsweise kann es einen Kontrollschritt geben, welcher nichts zur Wertschöpfung beiträgt und bei Zeitmangel entfallen kann, allerdings sollte dafür die Information vorliegen, ob und wenn wie viele Fehler üblicherweise in diesem Kontrollschritt gefunden werden.

Die Kontrolle von Arbeitsergebnissen oder von Umsetzungen der Entscheidungen hat einen großen Einfluss auf die Produktivität. Dabei geht es nicht nur um die eingesetzte Arbeitszeit der Mitarbeiter, sondern besonders um die knappe Zeit der Führungskraft. Es gilt daher für jede Führungskraft, sorgfältig die Balance herzustellen zwischen der Kontrolle, um die notwendige Qualität der Arbeitsergebnisse sicherzustellen und der Kontrolle, welche Zeit kostet und unnötigerweise die Produktivität senkt. Im Folgenden wird sich mit den verschiedenen Aspekten des Führungsverhaltens auseinandergesetzt, welche mit Vertrauen und Kontrolle zusammenhängen und den größten Einfluss auf die Produktivität der Einheit sowie die Arbeitszeit der Führungskraft haben.

2.3.5.1 Kontrolle minimieren

Einerseits ist Kontrolle von Wissensarbeiten sehr oft überflüssig, weil nur in den seltensten Fällen Fehler gefunden werden und daher meistens Arbeitszeit verschwendet wird, andererseits tauchen oft genug Fehler auf, weil doch irgendetwas schiefgelaufen ist und die Klärung des Sachverhalts kostet ebenfalls Zeit. Außerdem fällt auf, dass bei der Klärung von letzteren Sachverhalten höhere Hierarchieebenen betroffen sind und sich dabei ein Teufelskreis einstellen kann. Das Finden eines Fehlers führt zur Einführung von mehr Bewusstsein und Sorgfalt bei der Erstellung und zu mehr Kontrollen, welche allerdings weniger Fehler finden werden und damit mittelfristig lustloser durchgeführt werden. Dies wiederum führt dazu, dass irgendwann wieder ein Fehler auftaucht und der Teufelskreis kann von vorne beginnen.

Jede Führungskraft muss mit diesen Situationen umgehen und es hat großen Einfluss auf die Produktivität und die Stimmung in der verantworteten Einheit, wie sie dies tut. Wenn sie sich darauf verlassen kann, alles Notwendige und Sinnvolle unternommen zu haben, um das optimale Verhältnis von Qualität und Geschwindigkeit erzielt zu haben, ist kein besonderes Einschreiten im Fehlerfall nötig. Die Mitarbeiter müssen den Fehler korrigieren und werden sich selbst ärgern, dass er passiert ist. Ein Tadel ist nicht erforderlich und wenn es nicht oft oder bei den gleichen Mitarbeitern auftritt, bringt ein weiteres Einschreiten keine Vorteile und vergeudet daher nur Zeit. Gegenüber dem eigenen Vorgesetzten kann die Führungskraft den Fehler auf die eigene Kappe nehmen, sollte dieser nicht ebenso verfahren und den Sachverhalt thematisieren. Doch in diesem Gespräch wird die Führungskraft selbst merken, dass ein solches Verhalten nicht produktiv ist. Es ist zeitlich rückwärtsgewandt und es ergibt sich von selbst, dass die konstruktive Version des Gesprächs, wie sich entsprechende Fehler für die Zukunft ausschließen lassen, nur auf der direkten Mitarbeiterebene zu konkreten Maßnahmen führen kann.

Ist die Führungskraft dagegen nicht sicher, alles für einen fehlerfreien Ablauf notwendige unternommen zu haben, ist jedes Auftreten eines Fehlers ein Indiz für einen Fehler im System und sollte als Ausgangspunkt für eine Prüfung genommen werden. Es liegt im Ermessen der Führungskraft, die Schwere eines Fehlers zu bewerten oder wiederholtes Auftreten an gleichen oder verschiedenen Stellen zu bemerken. Es ist dabei zu unterscheiden, ob die Führungskraft Führungskräfte oder direkt Mitarbeiter führt, weil sie in ersterem Fall die Qualitätsüberprüfung beziehungsweise –Verbesserung sofort an ihre Führungskraft delegieren sollte und im letzteren Fall selbst dafür zuständig ist. Das beste Maß für Sicherheit über die Korrektheit von Informationen ist, wenn die direkte Führungskraft mit der besten Kenntnis der Prozesse und der beteiligten Mitarbeiter Zweifel kategorisch abweisen kann, weil sie nach bestem Wissen und Gewissen von der Richtigkeit überzeugt ist. Dafür sollte sie sich aber wirklich damit auseinandergesetzt haben und dies nicht blind annehmen, weil alles andere töricht und fahrlässig wäre.

Aus den genannten Überlegungen heraus wird deutlich, weshalb die Kontrolle von Arbeitsergebnissen fast immer Zeitverschwendung ist. Vielmehr sind die zu erzielenden Arbeitsergebnisse nach ihrer Relevanz zu bewerten und die Auswirkung möglicher Fehler abzuschätzen. Anschließend sind Maßnahmen zu ergreifen, welche das Auftreten von Fehlern reduzieren oder bestenfalls komplett ausschließen. Für die, hoffentlich wenigen, Fälle, in denen menschliche Fehler möglich sind, welche nicht offensichtlich vor der Kommunikation der Ergebnisse erkannt werden und welche gravierende Auswirkungen für die Einheit oder das Unternehmen haben, sind die Prozesse entsprechend anzupassen. Dies kann bedeuten, für einzelne Arbeitsschritte Plausibilitätskontrollen vorzusehen oder die Arbeiten komplett doppelt von verschiedenen Personen auszuführen, um Fehler aufzudecken. Auf jeden Fall muss dies im Prozess und auf der Arbeitsebene vorgesehen sein und ist nicht permanente Aufgabe der Führungskraft. Die Führungskraft muss sich darauf verlassen können, dass die verantwortete Einheit Ergebnisse produziert, welche qualitativ die an sie gestellten Anforderungen erfüllen, ohne dass weitere Eingriffe notwendig sind. Ist dies nicht der Fall und kann die Führungskraft dies auf Dauer nicht sicherstellen, so ist ihre Führungsfähigkeit in Frage zu stellen und sie sollte dies selbst tun, bevor sie von ihrem Vorgesetzten darauf angesprochen wird. Andernfalls wäre die Einheit ohne die Führungskraft nicht in der Lage, die Ergebnisse zu erzielen und es läge ein Kopfmonopol vor, welches eliminiert werden müsste.

2.3.5.2 Vertrauen als notwendige Voraussetzung

> Das Vertrauen ist eine zarte Pflanze. Ist es einmal zerstört, so kommt es so bald nicht wieder.
> (Otto Eduard Leopold von Bismarck)

Während es für eine Führungskraft von Führungskräften demnach eine Beurteilung der Führungsfähigkeit darstellt, wenn Fehler nicht dauerhaft vom System ausgeschlossen werden können, ist es für eine Führungskraft von Mitarbeitern eine Frage des Zusammenspiels von Vertrauen und Prozessen. In einer Welt von perfekten Mitarbeitern, welche mit den richtigen Aufgaben betreut wurden, dafür gut ausgebildet und niemals gestresst sind, sich immer die notwendige Zeit für ihre Arbeiten nehmen und nehmen können und diese konzentriert und gewissenhaft durchführen, sind die auftretenden Fehler mit hoher Wahrscheinlichkeit dem System oder den Prozessen geschuldet. Umgekehrt, in einem System mit perfekten und über Jahre hinweg optimierten Prozessen, welche dennoch regelmäßig dem veränderten Umfeld angepasst wurden, sind Fehler entsprechend mit hoher Wahrscheinlichkeit auf menschliches Versagen zurückzuführen. In der Praxis wird keines dieser Extreme vorliegen, sondern vielmehr eine Mischform aus beiden. Aus diesem Grund gilt es für die Führungskraft, das Vertrauen in Prozesse und Mitarbeiter aufzubauen und beides geeignet aufeinander abzustimmen, um im Zusammenspiel optimale Ergebnisse und die maximale Produktivität zu erzielen.

Eine Führungskraft sollte sich daher permanent mit der Arbeitsqualität der direkt geführten Mitarbeiter auseinandersetzen, um ein gutes Bild davon zu erhalten, zu welcher Arbeitsleistung jeder einzelne Mitarbeiter in der Lage ist, bezogen auf die Geschwindigkeit und die Qualität, hinsichtlich Inhalt und Fehlern. Es gibt Mitarbeiter, welche sehr zuverlässig selbst Routineaufgaben bearbeiten, während andere dies nur widerwillig und schlampig tun, weil sie sich lieber mit anderen Themen beschäftigen. Dies gilt es jeweils im Auge zu behalten, wenn Mitarbeiter mit Aufgaben betraut werden und natürlich besonders, wenn Fehler aufgetreten sind, die es zu analysieren gilt. Gleiches gilt für Prozesse, welche eine Führungskraft von mehr als einem Mitarbeiter bearbeiten lassen sollten, um wirklich die Qualität einschätzen zu können, weil ein guter Mitarbeiter vieles ausgleichen wird. Genauso, wie ein guter Prozess eben einen weniger guten Mitarbeiter ausgleichen und damit eine Mindestqualität setzen kann.

Für die Führungskraft ist es wichtig, über diese Kenntnis der Mitarbeiter und der Prozesse ein Vertrauen in die Qualität von Tätigkeiten aufzubauen, die keiner Kontrolle mehr bedürfen. Ziel muss es sein, dass dies für alle Mitarbeiter und Prozesse einer Einheit gilt und daher außer der in Prozessen vorgesehenen Kontrolle keinerlei zusätzliche Zeit aufgewendet werden muss. Dies wird jedoch in der Praxis nur sehr schwer zu erreichen sein, weil sowohl die Mitarbeiter einer gewissen Fluktuation und damit Veränderung unterliegen und die Prozesse aufgrund sich verändernder Rahmenbedingungen angepasst werden müssen. Aber selbst in den Umgang der Mitarbeiter mit solchen Veränderungen kann eine Führungskraft Vertrauen aufbauen und damit die eigene Arbeitszeit reduzieren.

Jeder Mitarbeiter wird in der Regel mit vollem Einsatz seiner Tätigkeit nachgehen und versuchen, jeden Auftrag zu erfüllen. Es kann dabei vorkommen, dass ein Mitarbeiter eventuell etwas übersieht oder vergisst und es ist Aufgabe der Führungskraft, darauf hinzuweisen und für Prozesse zu sorgen, welche solche Vorkommnisse verhindern oder mindestens reduzieren. Eine Ausnahme stellen hier Sonderaufträge dar, weil diese prozessual sehr schwierig zu behandeln sind. Kommen in einer Einheit häufig Sonderaufgaben vor, erleichtert sich dies deutlich, weil es aufgrund der Wiederholung möglich ist, Abläufe zu schaffen, welche wiederum Fehler verhindern. Dennoch ist es ein großes Plus, wenn eine Führungskraft die Sicherheit hat, dass erteilte Aufträge von den Mitarbeitern nicht vergessen und termingerecht erledigt werden. Wird die Führungskraft unaufgefordert über die Erledigung informiert, stärkt dies ihr Vertrauen in den Mitarbeiter. Des Weiteren kann sie außerdem die Qualität des Ergebnisses beurteilen und muss ihrerseits nicht nachfragen, ob etwas erledigt wurde.

2.3.5.3 Keine Aufträge vergessen und nie mehr Informationen einholen als nötig

Denn es sollte einer Führungskraft keinesfalls passieren, dass Aufträge erteilt werden, aber deren Ergebnisse niemals benötigt werden. Die Mitarbeiter haben dann, völlig zu Recht, das Gefühl, dass sie ihre Ergebnisse direkt vernichten können und dies wird ihre Motivation langfristig deutlich negativ beeinflussen. Es kann beispielsweise sein, dass sie sich weniger Mühe geben oder eventuell sogar den Arbeitsbeginn aufschieben, in der Hoffnung, dass die Arbeit entfällt, weil eben das Ergebnis nicht benötigt wird. Der Führungskraft kann dies an manchen Stellen auffallen, wenn die Mitarbeiter nicht mit bestimmten Tätigkeiten beginnen, jedoch werden sie mittels Ausreden in Form von zu klärenden Detailfragen oder ähnlichem ausweichen und damit ihr Verhalten vertuschen. An dieser Stelle muss betont werden, dass dies nie den Mitarbeitern vorzuwerfen ist, sondern diese lediglich auf ein Verhalten der Führungskraft reagieren und sich entsprechend anpassen. Daraus wird ersichtlich, dass die Mitarbeiter ebenso Vertrauen in ihren Vorgesetzten benötigen, damit sie ihre Arbeit bestmöglich erledigen können und warum es für eine Führungskraft essenziell ist, keine erteilten Aufträge zu vergessen, selbst wenn deren Ergebnis nicht mehr benötigt wird.

Es ist Aufgabe der Führungskraft, in solchen Situationen behutsam vorzugehen, um den Mitarbeiter wertzuschätzen und nicht zu brüskieren. Es kann beispielsweise ausreichend sein, dass Ergebnis mit dem Mitarbeiter kurz zu besprechen oder die geänderten Rahmenbedingungen zu kommunizieren und so von dem Mitarbeiter Verständnis zu erhalten. Dabei darf auch nicht die Sensibilität der Mitarbeiter unterschätzt werden, welche ein gutes Gespür dafür haben, ob selbst weitergerechte Informationen von den Empfängern benötigt und verwendet werden. Daher ist es in jedem Fall aus Sicht der Führungskraft zielführend, wenn der Mitarbeiter niemals das Gefühl erhält, manche Arbeiten schüfen keinen Mehrwert, weder für die Führungskraft noch für das Unternehmen. In Konsequenz kann das Bild operativer Hektik entstehen, welches kontraproduktiv für das Erscheinungsbild einer ruhigen und besonnenen Führungskraft ist.

Die Kontrolle sämtlicher erteilter Aufträge ist daher aus den geschilderten Konsequenzen für eine Führungskraft von großer Bedeutung und sollte keinesfalls unterschätzt werden. Eine Kontrolle des Ablaufs und des Ergebnisses gibt der Führungskraft darüber hinaus die Möglichkeit, die Qualität des Mitarbeiters noch besser zu beurteilen. Die gewonnenen Eindrücke und eine Einschätzung über die Weiterentwicklung des Mitarbeiters sind darüber hinaus eine gute Gelegenheit für Lob oder konstruktive Kritik, falls die Leistung in die eine oder andere Richtung besonders war. Spätestens bei der eigenen Bewertung muss die Frage beantwortet werden, wie objektiv diese ist und ob der Mitarbeiter über die gleichen Möglichkeiten und Maßstäbe verfügt, um seine Arbeit einschätzen zu können und damit das Rüstzeug, um sich selbst eigenständig realistisch zu bewerten. Dies ist die Grundlage für ein gemeinsames Verständnis und damit für die Akzeptanz des Mitarbeiters.

Für eine Führungskraft, welche direkt Mitarbeiter führt, ist es daher wichtig, bei der Zuteilung der Aufgaben ebenfalls zu berücksichtigen, welche Qualität im Einzelnen erforderlich ist. Nicht nur, dass die Mitarbeiter unterschiedlich hinsichtlich ihrer verschiedenen

Eigenschaften sind, sie unterscheiden sich ebenso hinsichtlich ihrer Entwicklungsfähigkeiten und ihrem Willen zur Weiterentwicklung. Eventuell sollte hier die Führungskraft einsehen, dass eine notwendige Entwicklung gar nicht oder zumindest nicht in einem akzeptablen Zeitraum zu bewältigen ist. In manchen Fällen ist beispielsweise ein Mitarbeiter aufgrund seiner Qualifikation bestens geeignet eine Tätigkeit auszuführen, und vor allem besser als die übrigen Mitarbeiter, allerdings arbeitet er zu wenig sorgfältig für die bestimmte Aufgabe. Je nach Umfang der Aufgabe kann es sinnvoll sein, den Prozess zu ändern und einen weiteren Mitarbeiter mit der Kontrolle der Arbeitsergebnisse zu beauftragen oder die Aufgabe komplett an einen anderen Mitarbeiter zu übergeben. Die Schwierigkeit liegt mit Sicherheit im Detail, aber dennoch lässt sich vieles durch präzise Kenntnisse der Mitarbeiter sowie Akzeptanz ihrer Individualität und genaue Kenntnis der Prozesse einschließlich eventueller kleinerer Prozessänderungen so organisieren, dass die Auswirkungen zugunsten der Qualität der Ergebnisse maximal sind und der Aufwand zur Kontrolle sowohl hinsichtlich der durch die Mitarbeiter aufgewandten Zeit als auch hinsichtlich der der Führungskraft minimal sind.

2.3.5.4 Eigene Ersetzbarkeit als lohnenswertes Ziel ansehen

Zu den wesentlichen Tätigkeiten einer Führungskraft gehört die Verarbeitung von Informationen. Besonders wenn diese nicht in persönlichen Gesprächen mit der Möglichkeit zur direkten Nachfrage mitgeteilt werden, sondern beispielsweise schriftlich, macht es einen großen Unterschied, wie Informationen aufbereitet sind und welche überhaupt enthalten sind. Daher sollte die Führungskraft nicht nur sehr präzise anfragen, wenn sie Informationen benötigt, sondern auch genau überdenken, welchen Kontext sie der Anfrage beifügt. Die Mitarbeiter sollen nicht nur die Informationen liefern, sondern sie müssen überhaupt die Chance haben mitzudenken, um eventuell nicht gefordertes, aber nützliches mitliefern zu können und damit der Führungskraft die Arbeit zu erleichtern und Zeit zu sparen. Ziel muss es sein, über die bestmöglichen Informationen zu verfügen und nicht nur Fragen beantwortet zu bekommen, die gestellt wurden. Gegebenenfalls, und nur wenn die Zeit ausreicht, kann eine Rückfrage für den Mitarbeiter sinnvoll oder notwendig sein, falls die Anfrage nicht verständlich ist oder Alternativen bestehen, obwohl dies für die Führungskraft mit Aufwand verbunden ist. Sollte nicht genügend Zeit vorhanden sein, empfiehlt es sich für den Mitarbeiter, alle oder zumindest die denkbarsten Alternativen aufzubereiten und damit der Führungskraft mit hoher Wahrscheinlichkeit das benötigte zu liefern. Die Ausführungen zeigen, wie wichtig es ist, selbst in einer solchen Kleinigkeit konsistent zu sein und die Mitarbeiter weiterzuentwickeln, weil es die Arbeit erleichtert und den Kontrollaufwand reduziert.

An diesem Beispiel wird außerdem deutlich, dass eine Führungskraft die eigenen Mitarbeiter, seien es selbst Führungskräfte oder Mitarbeiter, am besten jederzeit so weit einbindet, dass sie einen vollen Überblick haben und die zu treffenden Entscheidungen analog der Führungskraft im besten Sinne für das Unternehmen beurteilen und entscheiden können. Dies gibt der Führungskraft die Sicherheit, dass es auch ohne sie geht und die tägliche Arbeit sowie die Sonderfälle reibungslos von der verantworteten Einheit aufgefangen werden können. Zum einen kann der Urlaub dann wirklich zur Erholung genutzt werden, weil keine Hilfe notwendig ist, zum anderen können sogar unerwartete Abwesenheiten, beispielsweise aufgrund Krankheit, problemlos aufgefangen werden. Nicht zuletzt gibt dies dem Vorgesetzten die Gewissheit, dass die Arbeitsqualität und die Termintreue der Einheit nicht darunter leiden, wenn die Führungskraft abwesend ist.

Es ist unnötig zu erwähnen, dass Führungskräfte, welche sich selbst für unersetzlich halten, entsprechend selbst dafür verantwortlich sind und damit ihre eigenen Führungsfähigkeiten kritisieren. Vielleicht ist es in manchen Fällen die Strategie der Führungskräfte, durch vermeintliche Unersetzbarkeit den eigenen Job zu sichern. Dem sei jedoch gleich entgegengesetzt, dass an dieser Stelle die gleichen Maßstäbe wie an einen Mitarbeiter mit Kopfmonopol anzulegen sind. Entweder der Mitarbeiter, in diesem Fall die Führungskraft, sorgt dafür, dass es nicht zum Schaden des Unternehmens ist, wenn er unerwartet fehlt, oder der Vorgesetzte sollte diese Situation kontrolliert herstellen, in dem die Führungskraft geeignet ausgetauscht wird.

Die untergebenen Führungskräfte und Mitarbeiter müssen in der Lage sein, selbstständige Entscheidungen zu treffen und sich gegenseitig so zu unterstützen, dass ein Fehlen der Führung keinerlei Auswirkungen hat. Durch Weiterentwicklung der verantworteten Mitarbeiter, dem Verweis auf Regeln sowie deren strikte Anwendung und der Aufforderung, selbst an den Stellen eigenverantwortlich im Sinne des Unternehmens zu handeln, an denen keine expliziten Vorgaben bestehen, ist erforderlich, wenn der eigenen Verantwortungsbereich wirklich gut geführt und unter Kontrolle sein soll. Der Führungskraft gibt dies die Sicherheit, dass selbst in zeitkritischen Situationen die richtigen Handlungen erfolgen und Ergebnisse erzielt werden, falls sie nicht erreichbar ist und daher keine Weisungen erteilen kann.

Für die Führungskraft bedeutet dies, dass sie dies leicht erreichen kann und auf jeden Fall anstreben sollte. Zunächst kann die Führungskraft im ersten Schritt die Ergebnisse über ihren Tisch gehen lassen und gegebenenfalls sogar in mehreren Schleifen korrigieren lassen, bis diese ihren Erwartungen entsprechen. Es ist ein Kardinalfehler, wenn die Führungskraft selbst Veränderungen oder Korrekturen am Ergebnis vornimmt, weil in diesem Fall die beteiligten Mitarbeiter noch nicht einmal selbst mitbekommen, was schiefgelaufen ist beziehungsweise welche Fehler sie gemacht haben. Daher soll dies an dieser Stelle nicht weiter betrachtet werden und es stellt ansonsten einen zusätzlichen nullten Schritt noch vor dem Ersten dar, dies abzustellen. Im zweiten Schritt kann die Führungskraft erste Ergebnisse direkt kommunizieren lassen und nur noch darüber informiert werden. Dies gibt ihr Gelegenheit, bei Bedarf einzuschreiten und eventuell nachträglich rechtzeitig Schadensbegrenzung betreiben zu können. Anschließend kann die Führungskraft schrittweise immer mehr Ergebnisse auf diese Art generell frei geben und selbst bestimmen, ob und wie zeitnah sie die Ergebnisse noch kontrolliert und somit ihre eigene für diese Tätigkeit benötigte Arbeitszeit frei bestimmen. Wenn sie sich sicher genug fühlt, dass keine Kontrolle mehr notwendig ist, ist gleichzeitig der Zeitpunkt gekommen, an dem sie fachlich nicht mehr notwendig ist.

In der Natur würde ein perfekter Organismus selbst dann funktionieren, wenn keine Führung vorhanden ist oder diese, aus welchem Grund auch immer, nicht funktioniert. In der Praxis im Unternehmen wird es vermutlich immer wieder unvorhergesehenes geben, auf das reagiert werden muss. Hier kann nicht nur die verantwortete Einheit zeigen, wie gut sie ohne die Führungskraft reagieren würde, auch die Führungskraft kann ihre gewonnene Zeit und diese Gelegenheiten nutzen, um die Mitarbeiter weiterzuentwickeln, falls irgendetwas nicht so erledigt wird, wie gewünscht. Neben dem Produktivitätsgewinn ist die gewonnen Zeit vermutlich der größte Anreiz für die Führungskraft, dies anzustreben.

2.4 Begrenzte Zeit erfordert systematische Führungsarbeit

In der Physik ist die Leistung als Arbeit pro Zeit definiert. Und selbst in der unternehmerischen Praxis scheint in dieser Gleichung viel Wahres zu stecken, verlieren doch die meisten Aufgaben ihren Schrecken, wenn ausreichend Zeit zur Verfügung steht. Gerade aus diesem Grund ist ein wesentlicher Schlüssel zu einem guten Arbeitsergebnis eine Steigerung der Produktivität, um weniger Zeit zu benötigen und dennoch mehr erledigen zu können. Damit wird die eigene Zeit wertvoller und hilft, die restliche Arbeitszeit der verantworteten Einheit ebenfalls wertvoller zu machen und überhaupt zu erkennen, welch großer Hebel sich dahinter verbirgt.

Im Prinzip müsste es im besten Interesse jeden Unternehmens sein, die Produktivität der Wissensarbeiter nicht nur zu kennen, sondern in die Nähe des möglichen Optimums zu entwickeln. Weil dies über alle Bereiche des Unternehmens und unabhängig von den Führungskräften der Fall sein sollte, müsste diese Verantwortung in das Personalressort fallen. Es könnte durch Sicherstellung einer zielgerichteten Ausbildung für Mitarbeiter und Führungskräfte sowie mit der Unterstützung von Richtlinien und Regeln dafür sorgen, dass bei den Führungskräften in diesem Bereich eine solide Basis gelegt wird und diese von vielen Kernerarbeiten entlastet werden. Je besser dies getan wird, umso besser wird die Leistung des Unternehmens insgesamt sein und umso leichter kann ein Wechsel von Führungskräften vorgenommen werden.

In der Praxis sind die Grundlagen jedoch selten klar definiert und vorgegeben, so dass sich jede Führungskraft ihr eigenes Bild zusammensetzen muss und vor allen Dingen auch eigene Versuche unternehmen muss, die Produktivität der Wissensarbeiter zu steigern. Es bleibt ihr jedoch selbst überlassen, sich dieser Aufgabe überhaupt zu stellen oder die gegebene Produktivität einfach zu akzeptieren, weshalb die Produktivität der Wissensarbeiter bei weitem noch nicht so gut erforscht ist, obwohl bei der Steigerung der Akkordarbeiter bereits vor etlichen Jahren große Fortschritte erzielt wurden. Damit die Führungskraft dies jedoch überhaupt oder sogar optimal erreichen kann, muss sie die beschränkte Führungszeit bestmöglich einsetzen, weshalb in diesem Kapitel die dafür notwendige Führungsarbeit näher untersucht wird.

Wie im Kapitel zum Entscheidungsprozess bereits beschrieben kommt es beim Einsatz der eigenen Arbeitszeit darauf an, das richtige zu tun, anstatt nur irgendwelche Dinge rich-

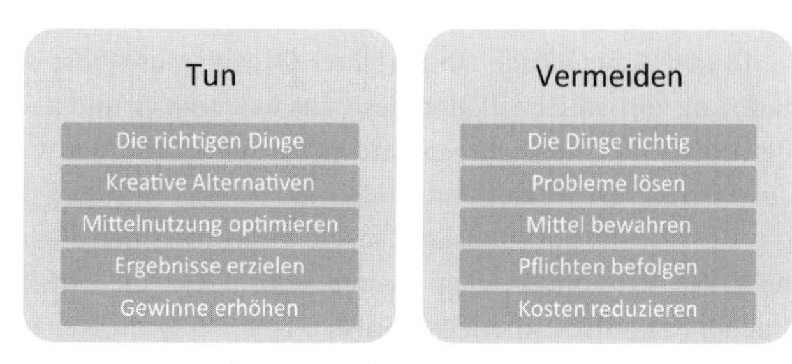

Abb. 2.8 Orientierung zwischen Tun und Vermeiden

tig zu tun. Ebenso geht es nicht um die Lösung von Problemen sondern um die Erarbeitung kreativer Alternativen, weil Stillstand schon immer Rückschritt war und Wissensarbeiter dies selbst erledigen können. Allerdings gehört es zu einem guten Selbstmanagement der Führungskraft, die wesentlichen Bedingungen des Wirtschaftens in einer Marktwirtschaft nicht aus den Augen zu verlieren. In vielen Bereichen haben sich Plattitüden bereits so weit etabliert, dass einige den Zusammenhang zwischen Ursache und Wirkung aus den Augen verloren haben. Es gilt für das Unternehmen immer, den Gewinn zu erhöhen, anstatt die Kosten zu reduzieren. Dies ist nicht nur aus Sicht der Shareholder von höchster Bedeutung, sondern sichert das Überleben des Unternehmens und damit die Arbeitsplätze der Mitarbeiter. Und dazu darf es nie genügen, nur Pflichten zu befolgen ohne selbstständig zu denken. Es kommt für jede Führungskraft und jeden Mitarbeiter darauf an, Ergebnisse zu erzielen, die ihren Beitrag dazu bringen. Die Mittel, welche dafür eingesetzt werden können, sind aus diesem Grunde ebenfalls nicht zu bewahren, sondern vielmehr muss deren Einsatz optimiert werden, wofür regelmäßige Überprüfungen notwendig sind und hin und wieder Entscheidungen zu überdenken und gegebenenfalls zu revidieren sind (Abb. 2.8).

2.4.1 Unerlässlich: Anpassung der Führungskraft an die Situation

Leider ist es keine triviale Regel, wie Führungskräfte ihre Arbeitszeit am besten einsetzen sollten, um optimale Ergebnisse zu erzielen. Nicht nur, dass jede Führungskraft anders ist und entsprechend andere Resultate erhalten wird, wenn einfach nur starr ein Schema kopiert würde, es existiert genauso eine extreme Abhängigkeit von der Situation, in der sich die Führungskraft befindet. Eine gute Führungskraft muss sich diesen Situationen anpassen und dies in einer Art und Weise, die zu ihrem Charakter passt. Während es für letzteres ebenso viele Anleitungen wie verschiedene Charaktere gibt und eine Auseinandersetzung mit allen Möglichkeiten daher wenig Sinn macht, können Führungssituationen grundsätzlicher unterschieden werden und bieten in der Betrachtung daher eine gute Hilfestellung. Im Folgenden werden aus diesem Grund die notwendigen Unterschiede in Verhaltensweisen näher betrachtet, wenn einerseits gerade ein Führungswechsel stattgefunden hat und andererseits die Führungssituation seit einer gewissen Zeit stabil ist.

Für eine Führungskraft, welche gerade neu in Funktion gekommen ist, gilt es zunächst ihre eigenen Ziele zu entwickeln. Je nach Vorgesetztem und Situation der verantworteten Einheit sind vielleicht bereits einige Ziele vorgegeben, dennoch gilt es sich selbst damit auseinander zu setzen, welche Ziele sich die Führungskraft selbst zu welchem Termin zu erreichen zutraut. Hier ist, wie bei vielem, eine gründliche Beschäftigung, welche entsprechend Zeit benötigt, einem Schnellschuss vorzuziehen, weil beispielweise unrealistische Ziele auf jeden Fall auf die Führungskraft zurückfallen und sie in einem schlechten Licht erscheinen werden lassen. Es gilt vielmehr Fragen zu stellen und ein Gespür zu entwickeln, welches Verhalten und welche Entscheidungen zu welchen Konsequenzen und welchen Reaktionen führen. Nach einer gewissen Zeit in der Führungsposition, beispielsweise ungefähr einem viertel Jahr, je nach Komplexität und Höhe innerhalb der Hierarchie des Unternehmens gegebenenfalls früher oder später, sollte die Führungskraft ihre Ziele gesetzt und wenigstens in Teilen kommuniziert haben, damit sich die Mitarbeiter daran orientieren können und es deren Arbeit erleichtert. Ebenso ist es dann an der Zeit, die aus den Fragen gewonnenen Erkenntnisse umzusetzen und Entscheidungen zu treffen.

Eine Führungskraft in einer neuen Führungsposition wird in der Regel nicht alles kennen, was in ihrer Einheit bearbeitet wird, selbst wenn sie die gleiche Funktion in einem anderen Unternehmen bekleidet hat. Daher gilt es neugierig zu sein, um nicht mit vorgefertigter Meinung Mitarbeiter zu brüskieren, und das vorhandene Wissen sorgfältig auf die neue Einheit zu transferieren. Dafür ist es ratsam, vieles zu beobachten und gegebenenfalls zu hinterfragen, ohne voreilige Schlüsse zu ziehen. Es kann durchaus rationale Gründe für das Verhalten der Mitarbeiter oder sogar Prozesse geben, die nicht auf den ersten Blick zu sehen oder gar leicht von jedem Mitarbeiter gegenüber seinem neuen Vorgesetzten zu erklären sind. Ist die Führungskraft doch bereits eine gewisse Zeit in ihrer Funktion, ist die Zeit des Handelns gekommen. Die Neugier muss einer Klarheit weichen, welche den Mitarbeitern die Rahmenbedingungen setzt und das Handeln im Sinne der Führungskraft beeinflusst und erleichtert. Es gilt hier für eine neue Führungskraft keinesfalls zu lange zu warten und damit den Status quo faktisch zu akzeptieren, weil die Veränderung für die Mitarbeiter damit nur erschwert wird. Außerdem zeugt es von Unentschlossenheit, wenn nicht sogar Entscheidungsschwäche oder anderen negativen Eigenschaften der Führungskraft, wenn sie nicht rechtzeitig dieser Aufgabe nachkommt.

Für eine neue Führungskraft ist es wichtig, in der Anfangszeit Akzeptanz für und durch ihr Verhalten zu erhalten, um darauf aufbauen zu können. Mit der Zeit wird alleine das Verhalten keine Akzeptanz mehr erzielen, wenn die Mitarbeiter nicht durch die Sacharbeit weiterhin und dauerhaft überzeugt werden. Dies bedeutet selbstverständlich nicht, dass deshalb dem Verhalten weniger Bedeutung beigemessen werden sollte. Ebenso kommt es während einem Führungswechsel zunächst auf die Gestaltung von Beziehungen an, für eine etablierte Führungskraft dagegen ist der Schwerpunkt das Management von Wissen und Prozessen. Wie bei allen Punkten ist hier ebenfalls kein Denken in Extremen angebracht, also zunächst das eine und anschließend das andere zu tun. Vielmehr geht es um einen sanften Übergang, bei dem zu Beginn das Augenmerk auf das Eine und nach einer gewissen Zeit auf das Andere gelenkt wird, ohne das Erste komplett zu vernachlässigen. Je nach Erfahrung und Kenntnissen der Führungskraft kann und sollte diese Zeitspanne und die Geschwindigkeit des Übergangs variieren.

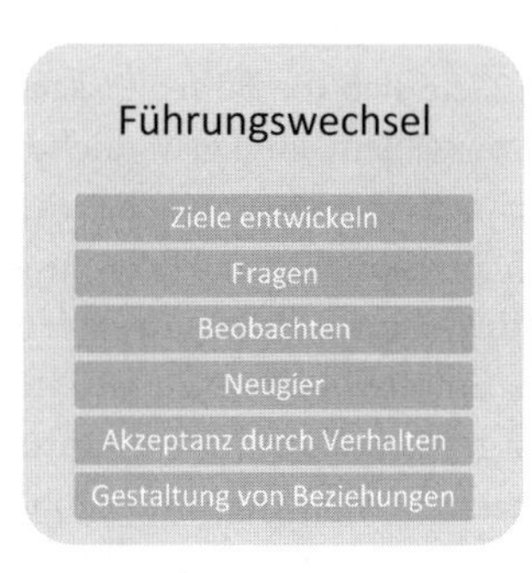

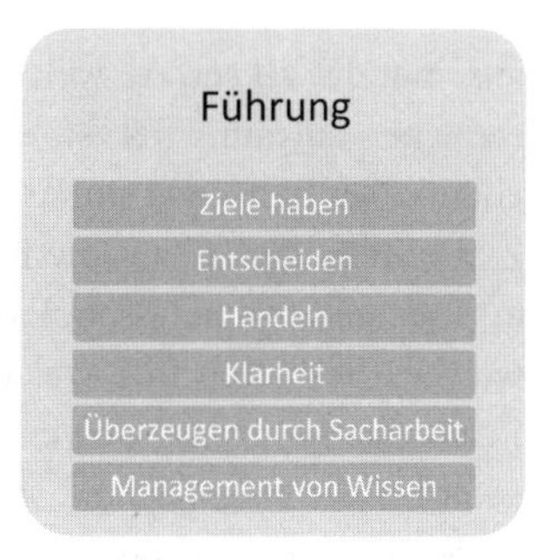

Abb. 2.9 Angemessenes Verhalten in verschiedenen Führungssituationen

Nicht nur dass ein anderes Verhalten von einer neuen Führungskraft erwartet wird, ebenso braucht sie auch eine gewisse Zeit, um sich in der neuen Funktion zurechtzufinden. Diese Zeit verlängert sich, wenn der Vorgänger nicht lange in der Funktion war, aufgrund von Veränderungen in letzter Zeit noch keine Stabilität hergestellt wurde oder die Einheit aus anderen Gründen in einem schlechten Zustand ist. Dabei ist zu beachten, dass eine häufige Fluktuation innerhalb einer Funktion zugleich Ursache und Wirkung eines schlechten Zustands der Einheit sein können. Die Führungskraft muss daher in jeder Situation zeigen, dass sie ihren Job macht und der besteht in der Hauptsache eben aus Führung und nicht in der Fachlichkeit, sonst wäre sie entsprechend Spezialist. In Phasen der Veränderung oder Umstrukturierung kommt es besonders darauf an, die Einheit zu führen und Orientierung zu geben. Die Führungskraft profitiert in diesen Zeiten davon, wenn sie ebenso in den ruhigen Zeiten Wert auf Führung gelegt und Grundlagen geschaffen hat, bei sich selbst und den Mitarbeitern, auf die sie sich nun verlassen kann (Abb. 2.9).

Bei Veränderungen ist zu unterscheiden, ob diese durch die Führungskraft selbst oder durch deren Vorgesetzte veranlasst wurden. In ersterem Fall ist sie als Verursacher für den Wandel für die Begründung und die Kommunikation verantwortlich und es liegt daher im Wesentlichen an ihr selbst, ob die Mitarbeiter diesen überzeugt und motiviert begleiten. In letzterem ist sie im wesentlichen Multiplikator für die Botschaften ihres Vorgesetzten und entsprechend von dessen Strategie und Argumentation abhängig. Die Führungskraft muss dabei ein besonderes Augenmerk auf ihre Führungskräfte legen, weil diesen eine ebenso bedeutende Rolle als Multiplikator zukommt und sie die Veränderung unterstützen oder blockieren können. Dabei sollte die Führungskraft die zu erwartende Unterstützung durch ihre Führungskräfte und Mitarbeiter nicht aus ruhigen oder spannungsfreien Zeiten aus der Vergangenheit ableiten, weil dies täuschen kann. Es hilft daher sehr, in Zeiten der Veränderung noch näher an den Mitarbeitern zu sein und sehr sensibel auf Verstimmungen zu achten, um frühzeitig reagieren und gegensteuern zu können.

2.4.2 Aufwand für Führung realistisch einschätzen und einplanen

Letztlich kostet Führung Zeit und diese Zeit muss jede Führungskraft entweder übrig haben oder an anderer Stelle abzweigen. Daher entscheidet sie permanent, welche Zeit sie für Führung einsetzen will und welche anderen Dinge dafür kürzer kommen. Es ist dabei zu berücksichtigen, dass es einfach ist, die Zeit für Führung zu reduzieren, weil dies kurzfristig nahezu keine Auswirkungen hat, im Gegenteil sogar ab und an Zeit sparen kann. Diese Gelegenheiten sind jedoch Pyrrhussiege, weil sie dazu führen, immer wichtigere Dinge oder Aufgaben mit höherer Priorität zu finden, welche bearbeitet werden können anstatt sich der mühsamen Führungsarbeit zu widmen. Langfristig wird deshalb die Entwicklung in der verantworteten Einheit stagnieren und die Führungskraft wird sich bei vielen Gelegenheiten fragen, warum das eine oder andere immer noch nicht automatisch funktioniert, obwohl sie doch jetzt schon lange in Funktion ist und die Mitarbeiter eigentlich wissen müssten, was gefordert ist. Aber genau diese Führung fehlt eben und die Ergebnisse stellen sich nur ein, wenn regelmäßig ein gewisser Teil der Arbeitszeit für Führung eingesetzt wird. Letztlich muss sich jeder auf dem Weg zur Führungskraft oder bereits in Funktion die Frage stellen, ob Führungskraft die richtige Aufgabe ist, wenn für Führung keine Zeit aufgebracht beziehungsweise eingesetzt wird.

Es bietet sich daher für eine Führungskraft an, die benötigte Zeit für Führungsarbeit abzuschätzen und regelmäßig einzuplanen. Es ist nicht notwendig, diese Zeit für immer konstant zu halten und beispielsweise aufgrund dringender fachlicher Probleme ist es ratsam, in diesen Situationen an dieses Zeitbudget zu gehen, anstatt anderweitige Risiken einzugehen. Dabei ist jedoch zu berücksichtigen, dass eine Umplanung wertschätzend erfolgt, beispielsweise konkrete Termine mit bestimmten Mitarbeitern höhere Prioritäten haben als allgemeine und kommunizierte Termine höhere als nicht kommunizierte. Allerdings darf es eben nicht dazu führen, die Führungszeit dauerhaft zu kürzen oder gar zu streichen, zumal sich Erfolge nur einstellen, wenn kontinuierlich ein gewisses Maß an Zeit dafür aufgewendet wird. Für die Führungskräfte, die dies besonders in den ersten Wochen in einer neuen Funktion berücksichtigen, wird die notwendige Führungszeit langfristig abnehmen, ohne dass die Wirkung nachlässt, während es umgekehrt bei Vernachlässigung dieser Zeit dazu führt, dass noch mehr Zeit eingesetzt werden muss, um die gleichen Ergebnisse zu erzielen.

Für eine Führungskraft gilt es daher, sich genau zu überlegen, welche Führung notwendig ist und welche Zeit wie am sinnvollsten eingesetzt werden kann, um die optimale Wirkung zu erzielen. In der direkten Führung von Führungskräften und Mitarbeitern ist es von großer Bedeutung, ob und welche Zeiten für Rücksprachen mit den Mitarbeitern eingesetzt und welche Aufteilung der Zeit hinsichtlich fachlicher und persönlicher Arbeit eingeplant wird. Bei der Führung von Führungskräften sind eventuell zusätzliche Zeiten einzuplanen, in denen sich die Führungskraft ein eigenes Bild davon verschafft, wie die Führungskraft führt und wie sich dies auswirkt. Ebenso können Zeiten eingeplant werden, in denen die Führungskraft sich ein Bild über die Stimmung in der Einheit oder verschiedenen Teilen der Einheit zu verschaffen versucht, schlicht Präsenz zeigt, um die Mitarbeiter zu motivieren oder sich in einigen Bereichen mit den Mitarbeitern tiefer in die Materie einarbeitet. Es wird deutlich, dass hier sehr viel Zeit verbraucht werden kann und dass sich die Führungskraft aufgrund ihres begrenzten Zeitbudgets sehr genau überlegen sollte, an welcher Stelle sie welche Zeit einsetzen möchte und welche Wirkung sie damit beabsichtigt. Dies wird sie davor schützen, einerseits zu wenig Zeit für Führung einzusetzen und andererseits die geplante Zeit schlecht einzusetzen, auch wenn es Führungskräfte geben mag, welche intuitiv den golden Mittelweg treffen, ohne sich damit auseinandergesetzt zu haben.

Der Zeitaufwand für Führung ist für Zeiten zu planen, in denen keine besonderen Vorkommnisse auftreten oder die nicht aus einem anderen Grund außergewöhnlich sind. In letzteren Fällen muss jeder Führungskraft bewusst sein, dass die Mitarbeiter mehr Orientierung und mehr Führung benötigen und sich damit der Zeitbedarf erhöht. Findet beispielsweise eine Führungswechsel innerhalb der Einheit der Führungskraft statt, so erfordert dieser mehr Aufmerksamkeit und Zeit. Wenn solch ein Führungswechsel altersbedingt oder aufgrund der Weiterentwicklung eines Mitarbeiters stattfindet ist der Zeitbedarf wiederum geringer als bei einem Austausch mangels Leistung. Hier sollte die Führungskraft besonders wachsam sein, um einerseits Verstimmungen schnell zu erkennen und eventuelles Missverhalten der abgesetzten Führungskraft zu verhindern. Dies erfordert jedoch Nähe zu den Mitarbeitern und damit Zeit, welche vorhanden sein muss.

Neben der für die Führung benötigten Zeit ist die Zeit für die strategische Arbeit zu planen. Ebenso wie bei der Führungszeit hat das Fehlen von Zeit für die strategische Arbeit keine unmittelbaren Auswirkungen auf die Arbeit der verantworteten Einheit. Je nach Position der Führungskraft innerhalb der Hierarchie des Unternehmens kann es sogar sein, dass eine fehlende strategische Ausrichtung selbst langfristig keine Konsequenzen hat und die Arbeit der Mitarbeiter nicht beeinflusst. Es empfiehlt sich dennoch unabhängig von der Position für jede Führungskraft, Zeit für die strategische Arbeit einzuplanen und zwar umso mehr, je höher sie sich in der Hierarchie befindet. Nur wenn die Führungskraft eine mittel- oder langfristige Strategie hat, kann sie sich sicher sein, die richtigen Dinge zu tun und durch die Kommunikation von langfristigen Zielen den Mitarbeitern eine Orientierung zum eigenverantwortlichen Handeln im Sinne des Unternehmens zu geben.

Die übrige Zeit der Führungskraft kann für die fachliche Arbeit eingeplant werden. Dabei ist zu berücksichtigen, dass zu dieser Arbeit auch repräsentative Pflichten und Sitzungen gehören, welche das Zeitbudget umso mehr belasten, je höher die Führungskraft wiederum in der Hierarchie des Unternehmens ist. In den höchsten Führungsebenen kann dies einzig und allein dadurch korrigiert werden, dass die Delegation schneller und umfänglicher erfolgen muss, doch selbst dann wird sich das Arbeitspensum selten auf die gewünschte Zeit drücken lassen. Doch in den mittleren und unteren Führungsebenen macht diese Rückwärtsbetrachtung auf die Zeitverteilung deutlich, wie groß die Diskrepanzen zwischen Wunsch und Wirklichkeit sind. Denn es ist sicherlich für die meisten Führungskräfte keine Problem, alleine mit fachlicher Arbeit die Arbeitszeit vollständig zu füllen oder sogar noch darüber hinaus zu gehen. Dies liefert dann nebenher noch die Begründung, warum für Führung und Strategie keine Zeit vorhanden ist, fesselt die Führungskräfte allerdings in einer Situation, welche sie nur schwer verbessern können (Abb. 2.10).

Aus diesem Grund sollte unbedingt mit der Planung der Führungszeit begonnen werden, wobei neben dem angestrebten Optimum auf jeden Fall noch ein notwendiges Minimum definiert wird, welches im Schnitt keinesfalls unterschritten werden sollte. Gleiches ist für die strategischen Aufgaben vorzunehmen, weil diese für die langfristigen oder

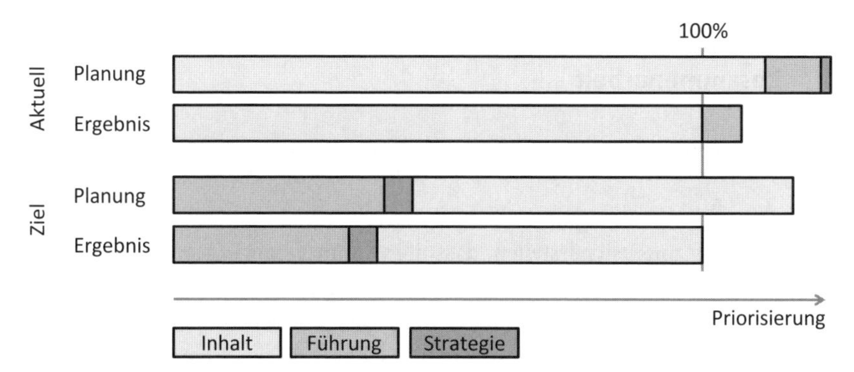

Abb. 2.10 Priorisierung der Arbeitszeit für mehr Effektivität

großen Entwicklungsschritte der Einheit wichtig sind. Gerade weil die Zeit begrenzt ist, geht es an dieser Stelle für die Führungskraft nicht darum, ein perfektes Maß anzustreben, welches in der Realität nicht erreicht werden kann. Vielmehr ist ein realistisches Maß zu suchen, innerhalb dessen die Führungskraft versucht, ihren Zielen entsprechend das Beste herauszuholen. Urlaube, Krankheit, Reisen oder sonstigen Abwesenheiten sind in dieser Planung ebenfalls zu berücksichtigen, weil in dieser Zeit die Mitarbeiter nicht nur auf sich alleine gestellt sind und die Aufstellung der Einheit grundsätzlich einer Prüfung unterzogen wird, auch werden sich vor oder nach solchen Abwesenheitstagen fachliche Aufgaben stauen, welche erledigt werden müssen. Und das, obwohl gerade aufgrund der Abwesenheit mehr Führungszeit notwendig wäre, was wiederum nur auf den Spagat verweist, den die Führungskraft zu leisten im Stande sein muss.

2.4.3 Erforderlich: Permanente Optimierung von Besprechungen

Wie bereits erwähnt nehmen Sitzungen, Besprechungen und Rücksprachen zu, je höher die Führungsebene innerhalb der Hierarchie des Unternehmens angesiedelt ist. Jeder Mitarbeiter, der seinen Vorgesetzten für einen Termin präparieren musste wünscht sich einen Termin zur Nachbereitung, bei dem er durch den Vorgesetzten möglichst ausführlich über den Termin informiert wird. Für den Vorgesetzten selbst sind dies jedoch bereits zwei zusätzliche Termine, bei denen der letztere gerne gestrichen wird, zumal hier der Nutzen weit mehr bei dem Mitarbeiter als bei der Führungskraft liegt. Dennoch kann hier ein großer Beitrag zur Führung und der Orientierung der Mitarbeiter geleistet werden, wenn diese Zeit investiert wird, zumal sich diese Termine ebenso für die strategische Arbeit nutzen lassen. Gerade weil diese Termine so häufig sind, ist nicht nur eine detaillierte Betrachtung der verschiedenen Arten sinnvoll, sondern vor allem eine auf die Führungskraft zugeschnittene Optimierung, welche ihre Arbeitszeit minimiert und den Nutzen optimiert, ohne die Last einseitig auf die Mitarbeiter abzuwälzen.

2.4.3.1 Einsatz von Einzelrücksprachen zur Beschleunigung der Zusammenarbeit

Ein Abend, an dem sich alle Anwesenden völlig einig sind, ist ein verlorener Abend. (Albert Einstein)

Eine Führungskraft muss sicherstellen, dass die von ihr verantwortete Einheit die Aufgaben erledigt, für die sie verantwortlich ist. Die dafür notwendigen Aufträge zu delegieren ist vergleichsweise einfach, weil sowohl der Zeitpunkt als auch die Art und Weise von der Führungskraft bestimmt werden kann. Wird anschließend das Ergebnis ohne Rückfrage vor oder zum vereinbarten Zeitpunkt durch den Mitarbeiter in der gewünschten Qualität geliefert, ist der Zeitaufwand für die Führungskraft minimal. Dies wird jedoch nicht immer der Fall sein, beispielsweise weil dem Mitarbeiter Informationen fehlen oder zwischendurch Entscheidungen durch die Führungskraft zu treffen sind. In manchen Fällen wird das Ergebnis zusätzlich erklärungsbedürftig sein, so dass ebenfalls ein Termin notwendig ist, an dem die Übergabe stattfindet. Im Folgenden wird davon ausgegangen, dass die Anzahl der benötigten Interaktionen zwischen Führungskraft und Mitarbeiter durch die Art der Delegation und Führung der Führungskraft minimiert wurden und sämtliche Entscheidungen bestmöglich aufbereitet sind. Dennoch bleiben Interaktionen, welche von der Führungskraft optimiert werden können, um die eigene Arbeitszeit zu schonen.

Für den Mitarbeiter, oder eine direkt geführte Führungskraft, wäre es optimal, wenn er sich für jede Frage direkt an seinen Vorgesetzten wenden könnte, weil er in diesem Fall nicht in seinem Arbeitsfluss gestört wäre. Dafür wäre jedoch der Arbeitsfluss der Führungskraft massiv gestört, wenn dies jederzeit passieren könnte. Bereits hier bietet sich daher an, beispielsweise keine Anrufe zuzulassen beziehungsweise diese wenn möglich durch das Sekretariat filtern zu lassen. Unterbrechungen des Arbeitsflusses sollten nur bei wirklich wichtigen und zeitkritischen Vorfällen zugelassen werden und die Entscheidung, was in diese Kategorie fällt, bleibt alleine der Führungskraft überlassen. Dennoch ist es im Interesse der Führungskraft, wenn die Mitarbeiter ihre fehlenden Informationen oder Entscheidungen schnell erhalten, weil ansonsten deren Arbeitsfluss gestört ist und die Produktivität sinkt. Es bieten sich daher Rücksprachen mit den Mitarbeitern in regelmäßigem Turnus an, bei denen diese Gelegenheit haben, ihre Fragen zu adressieren. Die Führungskraft selbst hat den Vorteil, dass die Themen eines Mitarbeiters oder einer Führungskraft dabei gebündelt sind, zeitlich und thematisch, und sich nicht über die ganze Einheit erstrecken. Und gleichzeitig kann sie diese Zeit für Führungsthemen verwenden, beispielsweise in dem sie Entscheidungen rückdelegiert oder sich grundsätzlich zu Themen äußert, um die Effektivität der Rücksprache über die Zeit zu verbessern und den Mitarbeiter weiterzuentwickeln.

Für verschiedene Themen, Ergebnisse oder zu treffende Entscheidungen, wird es notwendig sein, separate Termine anzusetzen, um diese zu besprechen. Für alle anderen wird sich mit der Zeit herauskristallisieren, welcher Turnus und welcher Zeitumfang für die Rücksprachen angesetzt werden sollte, wobei diese mit jedem Mitarbeiter und betreuten Thema variiert. Grundsätzlich werden direkt geführte Führungskräfte mehr Zeit als Mitarbeiter benötigen, zumal deren Themengebiet größer ist und sie bereits eine Bündelung der Arbeit verschiedener Mitarbeiter darstellen, über die informiert wird.

Als Inhalt einer Rücksprache gibt es grundsätzlich Themen, welche der Mitarbeiter ansprechen und welche die Führungskraft ansprechen möchte. Für letztere kann der Zeitbedarf zumindest einigermaßen abgeschätzt werden, was der Führungskraft die Möglichkeit gibt, einschätzen zu können, welche Zeit dem Mitarbeiter für seine Themen bleibt und ihn mit seinen Themen beginnen zu lassen. Wenn der Mitarbeiter seine Themen ordentlich priorisiert hat, was bereits wieder einen angenehmen Lerneffekt darstellt, ist die Zeit optimal genutzt, um ihn wieder bestmöglich arbeitsfähig zu machen.

Für die Themen, welche die Führungskraft ansprechen möchte, kann sie außerdem bestimmen, wie gut sich der Mitarbeiter darauf vorbereiten kann. Sie kann dem Mitarbeiter vorab darüber informieren, welche Themen sie in der Rücksprache anzusprechen plant oder sie kann Aufträge kurz und knapp delegieren und dem Mitarbeiter anbieten, die offenen Details anschließend zu klären. Dabei kann sie sich dann mündlich auf die beschränken, welche dem Mitarbeiter tatsächlich unklar sind, anstatt vorsorglich viel zu viel zu erläutern und damit unnötige Zeit zu verschwenden.

Ebenso kann und sollte die Führungskraft jedoch in ihrem Bereich von Zeit zu Zeit oder bei Gelegenheit die Chance ergreifen, den Mitarbeiter zu entwickeln und grundsätzliches zu Verhalten oder der Arbeitsweise zu besprechen. Es geht an dieser Stelle jedoch nicht darum, dies im Anschluss an die fachlichen Themen als Lückenfüller zu verwenden, um die übrige Zeit aufzubrauchen. Vielmehr sollte mit jedem Mitarbeiter mehrmals im Jahr über solche Themen gesprochen werden, damit seine Weiterentwicklung unterstützt wird. Außerdem gibt der tatsächliche Zeitbedarf der Rücksprache eine gute Rückmeldung, wie viel für die Zukunft eingeplant werden sollte. Ziel muss es immer sein, dass am Ende möglichst wenig Zeit übrig ist und keinesfalls überzogen wird. Die gewonnene Zeit kann für andere Dinge genutzt werden, während eine Überziehung den restlichen Zeitplan durcheinander bringt, sofern dem nicht durch Puffer vorgebeugt wurde.

2.4.3.2 Besprechungen mit einem oder mehreren Mitarbeitern

Führt eine Führungskraft direkt Mitarbeiter werden die meisten Themen von mehreren Mitarbeitern gemeinsam abgedeckt, schon alleine um Kopfmonopole zu vermeiden. Daher ist es notwendig, in regelmäßigen Abständen mit diesen Mitarbeitern gemeinsam darüber zu sprechen, wie sie ihre Themen bearbeiten. Auf diesem Wege kann die Einheitlichkeit in der Bearbeitung sichergestellt werden und es können Einarbeitungen überwacht oder notwendige Veränderungen eingespielt werden. Selbst wenn aus Sicht der Führungskraft keine Notwendigkeit besteht, über ein Thema zu sprechen, so können dennoch Probleme oder Situationen aufgetreten sein, welche die Mitarbeiter besprechen wollen. Daher bietet sich selbst in diesen Fällen eine regelmäßige Rücksprache an, damit die Mitarbeiter selbst zwischen dringenden und weniger dringenden Themen unterscheiden können und die nicht dringenden in die Rücksprachen verlegen. Andernfalls sparen sich die Mitarbeiter diese Unterscheidung und kommen immer direkt auf die Führungskraft zu, was bei dieser wiederum zu Unterbrechungen im Arbeitsablauf führt. Selbst ein monatlicher Rhythmus und nur ein Zeitfenster von 30 min können der Führungskraft daher insgesamt Zeit sparen und die Organisation wesentlich verbessern, zumal diese nicht vollständig benutzt werden muss und alle in diesem Fall die übrige Zeit gewinnen. Aber wie bei den Einzelrücksprachen wird sich der benötigte Zeitbedarf und Turnus von selbst ergeben. Die Führungskraft muss sich nur bewusst machen, dass wenn diese Sitzungen effektiv durchgeführt werden, sie auf jeden Fall durch die komprimierte Behandlung der Themen Zeit gegenüber der Einzelbearbeitung spart, egal wie lange und oft die Rücksprachen eingeplant sind.

Bei der Führung von Führungskräften kann es ebenfalls vorkommen, dass Führungskräfte mit ihren Einheiten sehr viele Schnittstellen haben und es für die Führungskraft sinnvoll ist, mit diesen zusätzliche gemeinsame Rücksprachen abzuhalten, um diese Schnittstellen und die Effektivität in der Bearbeitung dieser sicherzustellen. An diesen Stellen entscheidet sich die Qualität der Arbeit der gesamten Einheit und besonders der Führungskraft, weil niemand anderes in der Einheit für diese Thematik verantwortlich ist und es schwer ist, bei den anderen Führungskräften ein wirkliches Bewusstsein dafür zu schaffen. Völlig zu Recht werden sie im Zweifelsfall ihren Ansichten und Notwendigkeiten eine höhere Priorität einräumen und die Schnittstelle oder den Kollegen hinten anstellen, welcher sich aus guten Gründen ebenso verhalten kann. In extremen Fällen kann es dazu kommen, dass beide ihren jeweiligen Bereich optimieren, das Gesamtergebnis der Einheit aber suboptimal ist. Dies gilt es zu vermeiden und daher muss die Führungskraft schon rein organisatorisch dafür Sorge tragen, dass sie dies erkennen kann und sie überhaupt die Gelegenheit hat, solche Situationen aufzulösen und damit die Produktivität der verantworteten Einheit insgesamt zu steigern. Über den Teamgedanken wird dann tatsächlich dafür gesorgt, dass die Gesamtleistung besser ist als die Summe der Einzelleistungen der verantworteten Teileinheiten.

Es wäre von einer Führungskraft mindestens fahrlässig anzunehmen, dass solche Dinge nicht vorkommen, sofern es Schnittstellen gibt und die Wahrscheinlichkeit des Auftretens steigt mit der Anzahl der Schnittstellen sowie dem Druck oder zeitkritischen Prozessen.

Ebenso kann es zu Verstimmungen zwischen Führungskräften kommen, welche nicht mehr von diesen alleine gelöst werden können oder bei denen es sich zumindest anbietet, durch eine Moderation die Lösung zu katalysieren. Diese Termine sind nicht vorauszusehen, es bietet sich jedoch an, regelmäßig Zeitfenster zu haben, in denen solche oder andere Termine eingeschoben werden könnten, ohne dass die restliche Planung angepasst werden müsste. Bei diesen Moderationen oder anderen Terminen, wie beispielweise Personalgesprächen mit oder ohne Einbindung des Betriebsrats, Gesprächen vor Personalentwicklungsmaßnahmen oder Assessment-Centern, an denen verantwortete Mitarbeiter teilnehmen sowie Fach- oder Konfliktgesprächen mit Kollegen kann die Produktivität ebenfalls durch die Gesprächsführung und die Zeitplanung positiv beeinflusst werden.

Daher sollte sich die Führungskraft Gedanken machen, wie und in welcher Reihenfolge sie welche Themen ansprechen möchte und welche Interessen der oder die Gesprächspartner haben. Am effektivsten ist ein solcher Gesprächsplan, wenn schon vorher mit zeitlichen Messpunkten festgelegt wird, wie das Gespräch verlaufen sollte und entsprechend im Gespräch bereits reagiert werden kann, wenn der Zeitbedarf nicht auszureichen droht. Dies bedarf jedoch Zeit zur Vorbereitung, welche in der Praxis in vielen Fällen nicht vorhanden ist beziehungsweise von den Gesprächsinitiatoren nicht eingeplant wird. Aus diesem Grund ist es für die Führungskraft von großem Vorteil, wenn sie grundsätzliche Vorgehensweisen für verschiedene Gesprächssituationen hat, auf welche Sie in diesen Situationen zurückgreifen kann, um den Gesprächen dennoch Struktur zu geben und die Effektivität zu steigern. Auf Grund der Bedeutung solcher Vorgehensweisen werden sie in einem späteren Kapitel gesondert betrachtet.

2.4.3.3 Sitzungen mit Tagesordnung planen

> Ich habe die Anweisung gegeben, mich jederzeit aufzuwecken, wenn ein nationaler Notfall eintritt, selbst wenn ich in einer Kabinettsitzung sein sollte. (Ronald Reagan)

Bei allen Gesprächen macht sich eine gute Vorbereitung bezahlt, weil die Effektivität gesteigert wird und unnötige Diskussionen so weit wie möglich vermieden werden können, zum Beispiel in dem auf die geplanten Themen verwiesen wird. Dies wird umso wichtiger, je mehr Teilnehmer eine Sitzung hat und umso mehr erleichtert es der Führungskraft die Moderation und Führung in diesen Sitzungen. Es reicht jedoch nicht aus, einfach die zu besprechenden Themen aufzulisten, denn neben der Reihenfolge sollten zudem der geplante Zeitbedarf und der Hintergrund des Themas ersichtlich sein, beispielsweise ob es sich um eine Entscheidung, eine Information oder eine Diskussion zur Abstimmung handelt. Dies sollte nicht nur rechtzeitig festgelegt und kommuniziert werden, sondern auch die Unterlagen sind rechtzeitig einzufordern, um deren Qualität zu prüfen. Dies gibt der Führungskraft die Chance, Korrekturen vornehmen zu lassen, wenn der angemeldete Zeitbedarf nicht mit den Unterlagen übereinstimmt, Entscheidungen nicht ausreichend vorbereitet sind oder einfach die Qualität mangelhaft ist. Es kostet zwar im Vorfeld jeder Sitzung zusätzliche Zeit, kann jedoch an rangniedrigere Mitarbeiter delegiert werden und beschleunigt die Sitzung zum Nutzen von allen anwesenden Teilnehmern.

Ist eine Vorbereitung erfolgt und wurde die Sitzung so effektiv wie möglich durchgeführt, ist zwar ein wesentlicher Erfolg bereits erzielt, die Arbeit allerdings keinesfalls erledigt. Neben einem Protokoll, welches die Beschlüsse und vereinbarten Maßnahmen mit Verantwortlichkeit und Termin aufführt, muss die Umsetzung derselben sichergestellt werden. Dafür bietet es sich an, eine Liste mit offenen Punkten zu führen, die zu Beginn jeder Sitzung kontrolliert wird und bei der gemeinsam erledigte Punkte von der Liste gestrichen werden. Bereits in der Vorbereitung kann die Führungskraft kleinere Punkte selbst entfernen beziehungsweise entfernen lassen, die wichtigen Punkte sollten jedoch nur in Absprache mit dem Verantwortlichen entfernt werden, weil dieser damit deutlich mehr gebunden ist und seine Identifikation damit steigt. Außerdem haben andere Kollegen die Möglichkeit, auf Schwachstellen oder Probleme hinzuweisen, welche eventuell übersehen wurden und dadurch verbessert sich die Qualität zusätzlich. Dafür sollten es auf jeden Fall nicht zu viele Punkte sein, welche auf der Liste stehen und in der Sitzung kontrolliert werden, um nicht unnötig viel Zeit zu verbrauchen. Je nach Volumen kann die Führungskraft sich nur auf

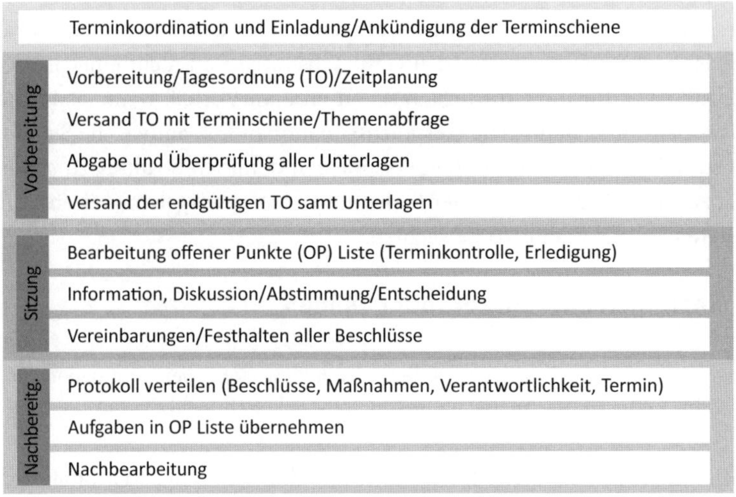

Terminkoordination und Einladung/Ankündigung der Terminschiene

Vorbereitung	Vorbereitung/Tagesordnung (TO)/Zeitplanung
	Versand TO mit Terminschiene/Themenabfrage
	Abgabe und Überprüfung aller Unterlagen
	Versand der endgültigen TO samt Unterlagen
Sitzung	Bearbeitung offener Punkte (OP) Liste (Terminkontrolle, Erledigung)
	Information, Diskussion/Abstimmung/Entscheidung
	Vereinbarungen/Festhalten aller Beschlüsse
Nachbereitg.	Protokoll verteilen (Beschlüsse, Maßnahmen, Verantwortlichkeit, Termin)
	Aufgaben in OP Liste übernehmen
	Nachbearbeitung

Abb. 2.11 Sitzungsvorbereitung standardisieren für Effektivität der Sitzung

die fälligen Termine beschränken, die Gesprächsdauer pro Punkt je nach Termin variieren oder Statusmeldungen zu laufenden Arbeiten einholen. Es dient damit auch als Gradmesser für die Führungskraft, wie es um die Auslastung oder die Organisation der Einheit bestellt ist, besonders im Hinblick auf die Umsetzungsgeschwindigkeit und die Termintreue.

Gleichzeitig kann die Liste der offenen Punkte dazu genutzt werden, die Tagesordnung auf Vollständigkeit zu prüfen. Zusätzlich sollten alle Sitzungsteilnehmer rechtzeitig vor der Sitzung nach zusätzlichen Themen abgefragt werden, um einerseits keine Themen zu vergessen, welche ansonsten zu unpassenden Gelegenheiten zur Sprache kommen, und andererseits eine Vorbereitung aller Teilnehmer zu ermöglichen. Der größte Zeitfresser in Sitzungen sind plötzlich aufkommende Themen, über die mangels Vorbereitung mit unzureichenden Fakten diskutiert wird. Enden diese Diskussionen dann ohne Beschluss, wurde eventuell nur unnötig Zeit verbraucht. Werden jedoch aus einer vermeintlichen Not heraus sogar Beschlüsse gefasst, sind noch viel schlimmere Szenarien denkbar. Diese können aufgrund der fehlenden Fakten unglücklich oder komplett falsch sein, so dass diese sogar noch kurzfristig korrigiert werden müssen. Dies wirft nicht nur ein schlechtes Bild auf das Entscheidungsgremium, es produziert darüber hinaus Arbeit und Hektik, welche sich leicht hätten vermeiden lassen (Abb. 2.11).

Aus diesen Gründen lässt sich ersehen, warum nicht alleine ein Entscheidungsgremium für schlechte Entscheidungen verantwortlich ist. Vielmehr entscheidet die Vorbereitung sowie die Aufarbeitung und Darlegung der Alternativen darüber, wie gut eine Entscheidung überhaupt sein kann. Für das Gremium bedeutet es allerdings ebenso, dass es keine Entschuldigung sein kann, aufgrund unzureichender Informationen eine Entscheidung getroffen zu haben, sondern die Verantwortung dafür klar zugeordnet ist. Jede Führungskraft muss sich dessen bewusst sein, entsprechend großen Wert auf die Vorbereitung legen und unnötige Diskussionen, falsche Fakten oder fehlende Alternativen einer Entscheidung zum Anlass nehmen, die Vorbereitung zu verbessern und dem Prozess der Vorbereitung mehr Aufmerksamkeit zu widmen. Die Qualität ihrer Arbeit wird am Ende damit in Verbindung gebracht und wesentlich dadurch beeinflusst, was als Motivation ausreichend sein sollte.

2.4.3.4 Gespräche ohne Tagesordnung als Investition in die Mitarbeiterbeziehung

Obwohl in den vorliegenden Absätzen von der Bedeutung der Planung oder der Tagesordnung für Gespräche und Sitzungen gesprochen wurde, sind dennoch Gespräche denkbar, welche ohne Tagesordnung auskommen. Als wichtigste Gespräche sind hierbei die Entwicklungsgespräche für die direkt geführten Mitarbeiter zu nennen, welche mindestens einmal pro Jahr stattfinden sollten. Es bietet sich dafür an, dies in den Zielvereinbarungsprozess zu integrieren und die einzelnen Zielerreichungsgrade für jedes Teilziel gründlich nach den Ursachen des realisierten Ergebnisses zu hinterfragen. Die detaillierte Beschreibung des Prozesses erfolgt in einem späteren Kapitel, an dieser Stelle soll genügen, dass es ausreicht, diesen Prozess hinsichtlich Qualität zu optimieren, weil die eingesetzte Zeit die Wertschätzung für den Mitarbeiter darstellt. Eine Führungskraft kann einen Mitarbeiter, der alle Ziele erfüllt hat, dies sicherlich in einer Minute mitteilen und wird wenige Probleme haben, neue Ziele zu vereinbaren. Aber dies spiegelt nicht die Leistung wieder, welche der Mitarbeiter erbracht hat und sicherlich wünscht, gewürdigt zu bekommen. Außerdem werden nur die wenigsten Mitarbeiter so perfekt sein, dass es nichts mehr zu verbessern oder zu besprechen gibt. Deshalb sollten diese Gespräche ausführlich und sorgfältig vorbereitet werden, um dies widerzuspiegeln und außerdem die Weiterentwicklung des Mitarbeiters und der Einheit bestmöglich zu unterstützen. Es geht nicht darum, die Zeit des Gespräches zu senken, allerdings sollte die geplante Zeit von ungefähr 90 min effektiv genutzt werden und dies lohnt sich durchaus zu optimieren. Falls Führungskräfte geführt werden ist dabei die Vorbildfunktion ebenfalls nicht zu unterschätzen, weil gleiches von ihnen mit ihren Führungskräften oder Mitarbeitern erwartet wird und das eigene Gespräch eine Anleitung ist, welche Erwartung die Führungskraft an sie und das Gespräch hat.

Als zusätzlich interessante Zielgruppe für Gespräche der Führungskraft ohne fachliche Tagesordnung bieten sich darüber hinaus Führungskräfte sowie besonders junge oder potenzialträchtige Mitarbeiter der verantworteten Einheit an. Nicht nur aus Gründen der Zeitersparnis wegen können diese Gespräche in Gruppengesprächen geführt werden, obwohl mit der Anzahl der Teilnehmer der Zeitaufwand der Vorbereitung steigt. Gleichzeitig erfährt die Führungskraft jedoch viel über das Verhalten der Mitarbeiter in Gruppen und bekommt ein Bild über die verdeckte Hierarchie beziehungsweise über das entstehen oder verändern der Hierarchie innerhalb der Gruppe. Die Gruppe kann außerdem über die Zeit angepasst werden, wenn entweder neue Mitarbeiter kommen oder gehen oder die Teilnahme an dieser Gruppe generell nur für einen gewissen Zeitraum vorgesehen ist. Die Führungskraft kann mit der Zusammensetzung der Gruppe Schwerpunkte setzen und beispielsweise Veränderungsprozesse begleiten und unterstützen.

Die Mitarbeiter können mit solchen Gesprächen nicht nur motiviert werden, die Führungskraft erhält außerdem wertvolle Rückmeldungen oder kann diese Personen als Multiplikator für Botschaften oder die Weiterentwicklung der gesamten Einheit nutzen. Dafür sollten zum Beispiel passende Themen gefunden oder sogar eine ganze Serie von aufeinander aufbauenden oder zusammenhängenden Themen für einen regelmäßigen Turnus geplant werden.

Während solche Gespräche langfristig geplant werden können gibt es darüber hinaus Gespräche, deren zeitliche Investition für Führungskräfte lohnenswert ist, selbst wenn es gilt, die eigene Arbeitszeit zu minimieren. Dazu gehören beispielsweise Gespräche mit neu eingestellten Mitarbeitern, deren Beweggründe für ihre Entscheidung interessant sein können. Außerdem gibt es der Führungskraft die Möglichkeit, über die Vision und die strategische Ausrichtung der Einheit zu sprechen und das eigene Führungssystem darzulegen, welches angewandt wird und mit dem der Mitarbeiter täglich in Berührung kommt. Die Führungskraft erhält darüber hinaus Informationen aus der Sicht des Mitarbeiters und kann daraus einiges über die eigene Einheit lernen. Es ist nicht verpflichtend, solche Gespräche zu führen, allerdings sollten solche Gespräche entweder mit keinem oder mit allen Mitarbeitern geführt werden, um keine Zwei-Klassen-Gesellschaft einzuführen, weshalb die Führungskraft ihre Entscheidung gründlich überdenken sollte.

Wenn ein Mitarbeiter die verantwortete Einheit verlässt kann dies ebenfalls ein guter Zeitpunkt sein, ein Gespräch zu führen. Während bei den Mitarbeitern, welche die Einheit in Richtung einer anderen Einheit des gleichen Unternehmens oder das Unternehmen extern verlassen, die Gründe des Ausscheidens für die Führungskraft sehr interessant sein können, ist dies jedoch bei Altersgründen vermutlich nicht der Fall. Allerdings darf nicht unterschätzt werden, dass scheidende Mitarbeiter weniger Hemmungen haben, Missstände anzusprechen und ehrlicher beziehungsweise direkter zu sein als Mitarbeiter, welche noch von den Bewertungen ihres Vorgesetzten abhängen. Es gibt sicherlich große Unterschiede zwischen den Mitarbeitern, jedoch bedeutet dies nicht, dass nicht besonders ein schon eher offener Mitarbeiter nicht noch viel deutlicher werden kann. Gerade bei guten Mitarbeitern ist ein angenehmes Gespräch zum Abschied, bei dem dem Bedauern über den Verlust Ausdruck verliehen werden kann, eine gute Möglichkeit, die Basis für eine Rückkehr des Mitarbeiters zu legen, falls dies gewünscht ist, oder zumindest die erbrachte Leistung noch einmal abschließend zu würdigen. Bei weniger guten Mitarbeitern oder solchen, von denen die Führungskraft sogar die Trennung initiiert hat, ist vielleicht ein Gespräch nicht mehr notwendig oder sinnvoll, zumindest aber kann die angesetzte Zeit reduziert werden, falls aus Gleichheitsgründen Gespräche mit allen Mitarbeitern geführt werden.

Ansonsten gibt es sicherlich noch eine Vielzahl von Gesprächsanlässen, welche von der Führungskraft genutzt werden können, wenn sie entweder gut vorbereitet sind oder nach einer Struktur erfolgen, die es ermöglicht, viele Informationen systematisch zu erhalten und damit das eigene Bild zu kontrollieren oder zu verbessern. Dazu zählen beispielsweise Geburtstage, Jubiläen, Rückkehr nach längeren Krankheiten, Vermählungen, die Geburt eines Kindes oder Trauerfälle in der Familie und viele mehr. Gerade aufgrund der begrenzten Zeit einer Führungskraft sollte diese es sich genau überlegen, welche Situationen sie nutzen möchte sowie auf welche Art und mit welchem Zeitbedarf dies geschehen soll. Je nach Anzahl der geführten Mitarbeiter muss hier die Strategie deutlich angepasst werden, von einer Führungskraft mit der direkten Führung eines Teams bis hin zu einer Führungskraft von Führungskräften, welche gar nicht mehr alle Mitarbeiter wirklich detailliert kennen kann. Diese kann dennoch solche Gespräche führen, wenn sie nicht die Mitarbeiterebene als Grenze wählt, sondern eine beliebige Führungsebene dazwischen, welche von der Anzahl der Personen und der geplanten Gesprächszeit pro Anlass sinnvoll erscheint.

Ebenso kann es für Führungskräfte sinnvoll sein, unabhängig von einem Anlass mit ausgewählten Personen Gespräche zu führen, um selbst ein Bild von der Stimmung einzuholen oder Meinungen zu relevanten Vorgängen zu erhalten. Die Auswahl kann dabei zufällig oder transparent nach vorgegebenen Kriterien sein, damit die Führungskraft keinesfalls riskiert, Mitarbeiter zu brüskieren, weil mit ihnen keine Gespräche geführt werden.

Bei allem ist zu berücksichtigen, ob die Mitarbeiter der Führungskraft am gleichen Ort arbeiten oder womöglich verteilt über ein mehr oder weniger großes Gebiet. Je nach Situation muss eine geeignete Lösung gefunden werden, wenn die Führungskraft den Kontakt zu einigen dieser Gelegenheiten wahrnehmen möchte. Neben der Gesprächsdauer, welche in Relation zum Thema und zur Anreisezeit stehen sollte, kann außerdem der Treffpunkt im Büro des Mitarbeiters oder der Führungskraft erfolgen oder auf direkte Gespräche verzichtet und auf das Telefon oder Videokonferenzen ausgewichen werden. Finden solche Termine ohne Terminvereinbarung statt, weil ohnehin nur wenige Minuten geplant sind und die Führungskraft eine große Chance sieht, den Mitarbeiter anzutreffen, kann die Führungskraft diese variabel in Lücken in der Terminplanung des Tages einstreuen und damit ihre Arbeitszeit optimieren und effizient gestalten. Selbst wenn diese Vorgehensweise insgesamt nicht direkt dazu beiträgt die Produktivität zu steigern, so wird die Nähe die Zusammenarbeit dennoch verändern und langfristig positive Wirkung erzielen.

2.4.4 Ausschlaggebend für Effektivität: strukturierte Gespräche

Ein Großteil der Arbeitszeit einer Führungskraft besteht aus Gesprächen, weshalb die Effektivität der Gesprächsführung ausschlaggebend für die Effektivität insgesamt ist. Diese Gespräche unterscheiden sich naturgemäß und es gibt dementsprechend mehrere Alternativen der Optimierung. Eine Möglichkeit ist es, die Gespräche nach Art und Situation zu klassifizieren und anschließend jede Art für sich zu strukturieren, um jeweils bestmögliche Ergebnisse zu erzielen. Dabei lässt sich die Strukturierung umso besser durchführen, je ähnlicher sich die einzelnen Gesprächstypen jeder Art sind, allerdings geht dies mit einer größeren Anzahl an Gesprächsarten einher. Und nicht zuletzt muss die Führungskraft die Ergebnisse noch anwenden, was mit steigender Anzahl unterschiedlicher Arten ebenfalls schwerer fällt.

Die entgegengesetzte Möglichkeit ist eine Kombination aller verschiedenen Gesprächsarten in eine Struktur, die leicht zu merken ist, aber gröber sein muss und über viele Va-

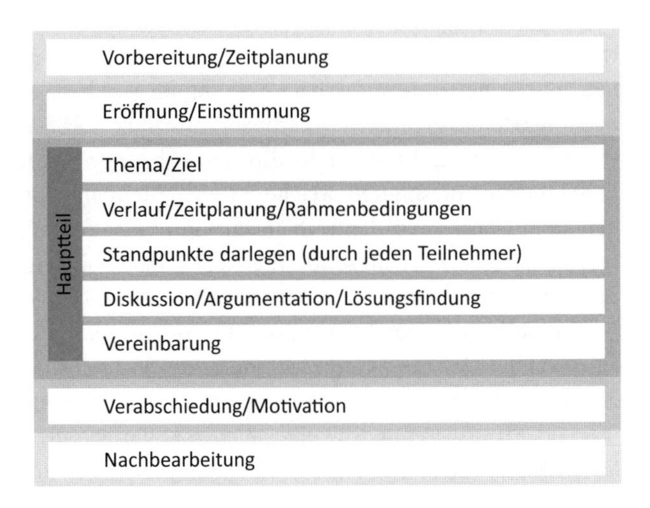

Abb. 2.12 Strukturierter Gesprächsverlauf sorgt für hohe Produktivität

riationsmöglichkeiten in der Anwendung verfügen sollte. Dennoch ist dies der erfolgversprechendere Weg für eine Führungskraft, zumal die Mitarbeiter dann viel eher die Chance haben, die Struktur zu übernehmen. Damit steigt nicht nur die eigene Effektivität und damit Produktivität, sondern besonders eine Verbesserung der Produktivität der Mitarbeiter durch die Steigerung der Effektivität in deren Gesprächen sorgt für eine deutliche Steigerung der Produktivität der gesamten Einheit (Abb. 2.12).

Ein gutes Gespräch beginnt mit einer guten Vorbereitung, welche sich mit den einzelnen Elementen des Gesprächs auseinandersetzt. Dazu gehören nicht nur die zu besprechenden Inhalte aus eigener Sicht, sondern auch mögliche andere Inhalte aus Sicht des Gesprächspartners oder der Gesprächspartner sowie eine Planung der veranschlagten Zeit. Dadurch ist mit der Planung aller Elemente auch die benötigte Zeit bestimmt, welche für das Gespräch angesetzt werden sollte. Ebenso hat die Führungskraft die Chance, zu jeder Zeit während des Gesprächs einen Abgleich mit der Planung vorzunehmen und gegebenenfalls nachzusteuern. Schneller als geplant zu sein ist dabei kein Problem, wird doch nur Zeit gewonnen, welche für andere Dinge eingesetzt werden kann. Bei Verzögerungen jedoch kann die Führungskraft reagieren, um dennoch innerhalb der geplanten Zeit das Gespräch sinnvoll zu beenden oder eventuell bewusst an einer geeigneten Stelle zu unterbrechen und das Gespräch zu einem anderen Zeitpunkt wieder aufzunehmen. Ein weiterer Vorteil der Planung ist, dass die Führungskraft ein Gefühl für die Dauer und die eigene Planungssicherheit gewinnt und dadurch bereits mittelfristig von den besseren Gesprächen und der Einhaltung der eigenen Terminplanung profitiert.

Zu Beginn des Gesprächs, im Einleitungsteil, erfolgt die Begrüßung, welche je nach Thema und Gesprächsdauer eventuell um Small-Talk erweitert werden kann, um die Gesprächsatmosphäre zu verbessern. Relativ kurz sollte anschließend das Thema einschließlich der Zielsetzung des Gesprächs sowie die Agenda samt Zeitplanung dargelegt werden, um alle Gesprächsteilnehmer abzuholen und für Orientierung im Gespräch zu sorgen. Eventuell gibt es Rahmenbedingungen, deren Mitteilung ebenfalls an dieser Stelle vorab genannt werden sollten, weil sie einem oder mehreren Teilnehmern nicht bekannt sind. Sehr oft wird bereits durch die Einladung und den Kontext das Meiste davon klar sein und muss nicht mehr kommuniziert werden, dennoch sorgt eine kurze und prägnante Zusammenfassung an dieser Stelle für eine Fokussierung der Teilnehmer und besonders die klare Nennung des Ziels bietet eine wertvolle Unterstützung für dessen Erreichung.

Der Hauptteil des Gesprächs beginnt im Anschluss an die Einleitung mit der Darlegung der Situation durch die Führungskraft, wobei zunächst die Fakten im Vordergrund stehen sollten. In dieser Phase kann es ja nach Komplexität der Situation zu Nachfragen kommen, welche mehr oder weniger verzögern und einen weiteren Grund darstellen, sich im Vorfeld Gedanken zu machen und sogar die Darlegung zu durchdenken. Im Anschluss daran sollte in beliebiger Reihenfolge die Sichtweise der Gesprächsteilnehmer eingeholt werden, wobei die Führungskraft selbst entscheiden kann, ob sie mit einer früheren Kommunikation eventuell beeinflusst oder aufgrund des Themas eine bestimmte Position bevorzugt. Dennoch sollte jeder unbedingt die Möglichkeit der Nennung seiner Sichtweise haben, nicht nur weil dies eine Form der Wertschätzung darstellt, sondern auch weil dies die anschließende Diskussion deutlich vereinfacht beziehungsweise wenigstens vereinfachen kann. In der Diskussion geht es darum, gemeinsam die Argumente zu besprechen, verschiedene Lösungsalternativen zu erarbeiten, deren Chancen und Risiken zu bewerten und letztendlich eine davon auszuwählen. Der Hauptteil sollte durch den Beschluss einer Lösung beziehungsweise des Ergebnisses beendet werden, wobei unbedingt von jedem Teilnehmer die Zustimmung dazu eingeholt werden sollte.

An dieser Stelle ist die Beschreibung des Hauptteils am Beispiel eines fachlichen Problems dargestellt worden, welches mit Hilfe von Mitarbeitern gelöst werden soll. Genauso ist es jedoch denkbar, ein Personalproblem in Form des Fehlverhaltens eines Mitarbeiters mit den genannten Komponenten zu besprechen. Die Führungskraft legt zunächst die objektiven Fakten der rechtlichen Lage dar, bevor sie selbst ihre Einschätzung der Situation beschreibt. Anschließend bekommt der Mitarbeiter die Gelegenheit, seinerseits Stellung zu den Vorwürfen zu beziehen und sein Verhalten gegebenenfalls zu rechtfertigen. Anschließend erfolgt ebenfalls die Diskussion der verschiedenen Sichtweisen, wobei die Länge stark von der Unterschiedlichkeit der Standpunkte abhängt, bevor die Führungskraft ihren Entschluss treffen kann, ohne einen Konsens mit dem Mitarbeiter erzielen zu müssen. Sie sollte dies begründen, um mehr Verständnis zu erhalten und weil es den Schlussteil des Gespräch erleichtert. Es wird deutlich, wie einfach die Grundstruktur auf verschiedene Gesprächssituationen anpassbar ist, wobei sich eventuell die Betonung und der Zeitbedarf ändern, nicht jedoch die Reihenfolge der Elemente.

Der Schlussteil des Gesprächs beginnt mit der Zusammenfassung der Vereinbarung, welche noch einmal klar sämtliche notwendigen Maßnahmen samt Verantwortlichem und Termin nennt. Dies ist ebenfalls zu dokumentieren, damit die Kontrolle auf Einhaltung erfolgen kann und erfolgt, im besten Fall ohne weitere Eingriffe der Führungskraft. Im Beispiel des Mitarbeitergesprächs ist ebenfalls zur Klarheit eine Zusammenfassung angebracht, welche beispielsweise die Verhaltensänderungen des Mitarbeiters samt Kontrollterminen oder die Terminschiene für weitere Konsequenzen beinhalten sollte. Zuletzt erfolgt die Verabschiedung, in welcher es sich anbietet, die Mitarbeiter zu motivieren oder sonstigen Small-Talk zur Beziehungspflege einzusetzen.

Um es an dieser Stelle zu betonen, die meiste Zeit wird definitiv im Hauptteil des Gespräches verbraucht werden, dort wiederum in der Diskussion, welche durch die Darlegung der Standpunkte und die Zusammenfassung des Ergebnisses eingerahmt wird. Dabei ist zu beachten, dass die Darlegung der Standpunkte mit der Anzahl der Teilnehmer steigt, weshalb es hier wichtig ist, von vorne herein auf unnötige Wiederholungen zu verzichten beziehungsweise dies wenigstens konkret einzufordern. Hierbei wird deutlich, wie wenig Zeit tatsächlich für die eigentliche Hauptarbeit des Gesprächs bleibt und weshalb die Planung die Qualität des Ergebnisses unterstützt.

Letztlich können in einem Hauptteil mehrere Themen besprochen werden, wobei es der Führungskraft als Leiter des Gesprächs überlassen bleibt, den Hauptteil pro Thema zu wiederholen oder mehrere Themen kombiniert zu besprechen. Ausschlaggebend für die Entscheidung werden in den meisten Fällen die Komplexität und die Korrelation zwischen den möglichen Lösungen der Themen sein. Ein Vorteil der Hintereinanderreihung von kompletten Hauptteilen liegt in der möglichen Trennung auf mehrere Gespräche, sollte die Zeitplanung nicht eingehalten werden können. Die Agenda des kompletten Gesprächs bietet auf jeden Fall Gelegenheit, diesen Gedanken zu erläutern und die beteiligten Gesprächspartner mitzunehmen.

Besonders für unerfahrene Führungskräfte ist die Nachbearbeitung von Gesprächen sinnvoll, weil dann zum einen die Planung geprüft werden kann und sich zum anderen wertvolle Erkenntnisse über den Verlauf oder Verhaltensweisen gewinnen lassen, die noch optimiert werden können. Allerdings ist hierbei zu bemerken, dass jeder Mitarbeiter ebenfalls die Möglichkeit hat, Gespräche strukturiert durchzuführen und Erfahrungen zu sammeln. Es ist somit eher als Versäumnis einzustufen, wenn eine Führungskraft keine oder wenig Erfahrung mit strukturierten Gesprächen hat und daher unbedingt eine Führungsaufgabe für jede Führungskraft, die eigenen Mitarbeiter in der Gesprächsführung auszubilden oder ausbilden zu lassen. Immerhin kommt dies direkt der Arbeit der verantworteten Einheit zu Gute und steigert die Produktivität.

2.4.5 Mitarbeiter entwickeln und fördern

Systematische Führungsarbeit bedeutet unter anderem, der Entwicklung aller Mitarbeiter eine hohe Priorität zuzuordnen und dafür ganz bewusst Arbeitszeit zu verwenden. Wie bei allem folgt daraus für eine Führungskraft, sich nicht nur bestimmte Tätigkeiten vorzunehmen und diese zu wiederholen, sondern viel mehr sich eine Strategie zu überlegen und diese mit Maßnahmen zu unterlegen und langfristig umzusetzen. Der Lohn für diesen Aufwand wird sich dabei erst langfristig einstellen, jedoch wird die Arbeit der Führungskraft leichter, umso besser die Mitarbeiter sind, weil mit steigendem Reifegrad der Mitarbeiter eine zeitsparendere Zusammenarbeit möglich ist (Abb. 2.13).

Zu der Bewertung der Mitarbeiter, welche regelmäßig durchgeführt werden sollte und damit einen Eindruck über die Weiterentwicklung vermittelt, müssen zusätzliche Über-

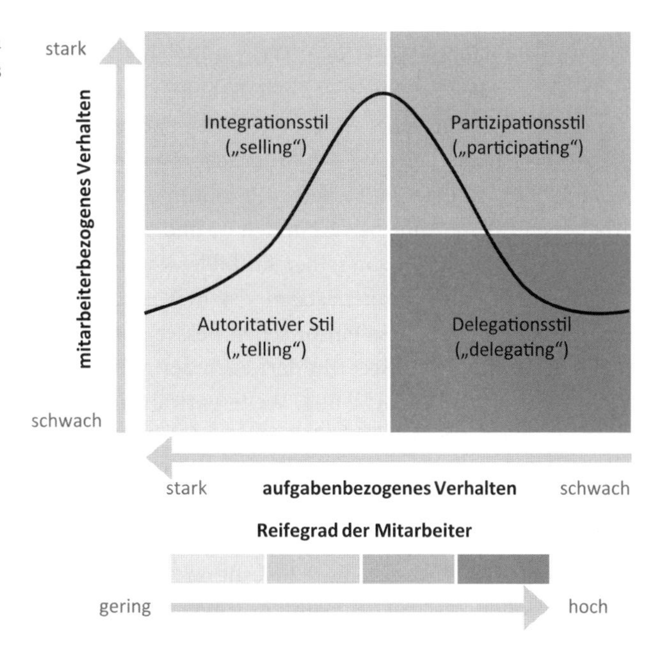

Abb. 2.13 Führungsverhalten nach Reifegrad des Mitarbeiters (nach Steyrer)

legungen angestellt werden, um ein gutes Gesamtbild der verantworteten Einheit zu erhalten. Sind alle Mitarbeiter entsprechend ihrer Stärken und Schwächen richtig eingesetzt muss dazu ebenfalls beantwortet werden, wie die Frage nach einem objektiven und über die ganze Einheit vergleichbaren Maßstab zur Leistungsmessung aussehen soll. Erst im Anschluss daran kann wirklich beurteilt werden, wie gut die Leistung insgesamt einzuschätzen ist und nur wenn jeder Mitarbeiter die richtigen Aufgaben bearbeitet, macht es Sinn, ihn weiterzuentwickeln, um diese auch richtig zu machen.

2.4.5.1 Positionsanforderungen mit dem Mitarbeitereigenschaften abgleichen

> Tausende von Kerzen kann man am Licht einer Kerze anzünden, ohne dass ihr Licht schwächer wird. Freude nimmt nicht ab, wenn sie geteilt wird. (Buddha)

Damit ein Mitarbeiter auf der für ihn richtigen Stelle eingesetzt werden kann, muss nicht nur eine intensive Auseinandersetzung mit seinen Stärken und Schwächen erfolgt sein, letztlich muss es ebenso den Zielen und Wünschen des Mitarbeiters entsprechen, weil er sonst sicherlich nicht dauerhaft motiviert ist und seine Leistung darunter leiden wird. Es ist daher mit dem Mitarbeiter eine gemeinsame Einschätzung zu finden, wie der Mitarbeiter am besten im Interesse des Unternehmens einzusetzen ist. Hier ist es Aufgabe der Führungskraft, aus der Sicht über alle Mitarbeiter den Einsatz in der Einheit zu planen, dem Mitarbeiter jedoch nur über die individuellen Gründe zu überzeugen und zu motivieren.

Bevor mit diesen Informationen eine Zuordnung der Mitarbeiter zu den Aufgaben erfolgen kann, müssen die Beschreibungen für jede Position innerhalb der Einheit samt Anforderungen dokumentiert sein. Dazu sollte eine Führungskraft ein Gefühl dafür haben, welche Prioritäten bezüglich der Eigenschaften auf einer Position notwendig sind und welche Qualifikationen eines Mitarbeiters dementsprechend die größten Auswirkungen auf die zu erwartende Leistung des Mitarbeiters auf dieser Position haben werden. Ebenfalls zu bedenken ist, dass ein Stellenwechsel immer mit dem Verlust der Erfahrung des Mitarbeiters für diese Aufgabe verbunden ist und ein neuer Mitarbeiter Einarbeitungszeit benötigt, in Abhängigkeit von seiner Ausbildung und den Vorkenntnissen für diese Position.

Daher ist es nicht immer ratsam, einem Mitarbeiter eine neue Stelle zuweisen zu wollen, nur weil er auf diese ein bisschen besser passt als auf seine aktuelle. Es ist Augenmaß angebracht und insgesamt darf auch der notwendige zeitliche Mehraufwand für die Führungskraft zur Veränderung, Weiterentwicklung und Einarbeitung nicht unterschätzt werden. Hier gilt es, als direkt Mitarbeiter führende Führungskraft sich selbst beziehungsweise als Führungskraft von Führungskräften diesen nicht zu viel auf einmal zuzumuten. Bei der Neustrukturierung einer Einheit wird es Widerstände geben, die mit einem guten Change Management zwar reduziert und abgebaut werden können, jedoch kostet beides Zeit. Langfristig wird sich diese Investition auszahlen, wenn nicht einfach die vorhandenen Positionen beschrieben werden, sondern gleichzeitig darauf geachtet wird, dass die Anforderungen an eine Organisation erfüllt sind, welche die Produktivität bestmöglich unterstützen. Trifft dies auf die aktuellen Positionen nicht zu, hilft eine bessere Besetzung durch die Mitarbeiter zwar weiter, dennoch wird die optimale Produktivität dann nicht erreichbar sein.

Letztlich ist es effizient, die Mitarbeiter auf einer für sie falschen Position weiterzuentwickeln und steigert die Produktivität, allerdings ist es nicht unbedingt effektiv. Ebenso ist es vielleicht nur effizient, die Mitarbeiter auf den aktuellen Positionen nach ihren Stärken und Schwächen zu versetzten, sind diese jedoch nicht richtig geschnitten, ist es wiederum nicht effektiv. Dennoch ist es im Umgang mit den Mitarbeitern ein wesentlicher Hebel, um die Produktivität zu steigern. Es ist aus den geschilderten Gründen unbedingt erforderlich, die Analyse gründlich und vollständig durchzuführen, weil ansonsten dem eingesetzten Aufwand kein vertretbarer Ertrag gegenüber stehen wird.

2.4.5.2 Aufgaben nach den Stärken der Mitarbeiter wählen

Einem Mitarbeiter eine Position zuzuordnen, wenn diese perfekt auf sein Profil von Stärken passt und die möglichen Schwächen des Mitarbeiters keine Rolle spielen, weil diese keine Relevanz haben, ist sicherlich die anzustrebende Lösung für die Führungskraft. Bei den meisten Menschen haben sich Stärken entwickelt, weil diese bei den Tätigkeiten mehr Spaß haben oder hatten und entsprechend mehr Zeit investiert haben. Es wird für die Mitarbeiter daher ebenfalls wünschenswert sein, auf eine solche perfekt passende Position zu wechseln, weil sie mehr Spaß erwarten und sicher sein können, eine gute Leistung mit einhergehender Produktivität bringen zu können.

Allerdings wird dies in den wenigsten Fällen zum Tragen kommen, weil es meistens ein Abwägen verschiedener Stärken und Schwächen ist, die mehr oder weniger gut für eine Position passen. Hierbei ist daher die Priorisierung der Führungskraft entscheidend, welche Eigenschaften wichtiger sind als andere, so dass mit dieser Sortierung mehrere Mitarbeiter verglichen oder ein Mitarbeiter absolut auf seine Eignung überprüft werden kann. Anschließend sollte der Mitarbeiter entwickelt werden, um sich besser auf die neue Position anzupassen. Diese Entwicklung hängt von den Entwicklungsmöglichkeiten des Mitarbeiters ab und muss beim Vergleich berücksichtigt werden, weil ein weniger gut passender Mitarbeiter über die Weiterentwicklung bereits nach kurzer Zeit einen besser passenden Mitarbeiter überflügeln kann. Für die Führungskraft ist an dieser Stelle der Blick in die Zukunft wichtiger als die reine Momentbetrachtung, weil ständige Veränderungen keine Ruhe aufkommen lassen und daher die Produktivität mehr behindern als erwünschten Steigerungen erzielen können.

Ein Hintergedanke bei der Suche nach der besten Position für einen Mitarbeiter sollte immer die Weiterentwicklung sein. Wenn ein Mitarbeiter Schwächen in einem Bereich hat, welcher essenziell für seine Position ist, müsste er diese in eine Stärke umwandeln, um eine akzeptable Leistung abrufen zu können. Genau dies wird jedoch nur sehr selten möglich sein. Es ist vielversprechender die Mitarbeiter so einzusetzen, dass sie ihre Stärken einsetzen können und die Weiterentwicklung auf die Schwächen zu konzentrieren, welche ihre Stärken behindern. Dies ist für die Mitarbeiter einfacher und angenehmer, daher werden sie auch eine höhere Motivation zur Veränderung haben. Wenn es möglich ist, können selbst Stärken noch leichter Weiterentwickelt werden, weil es nahezu unendlich viel Kraft kostet, eine Schwäche wirklich komplett auszumerzen. Aufgrund der begrenzten Zeit und Ressourcen sollte an dieser Stelle daher gut überlegt sein, was nützlich und möglich ist.

2.4.5.3 Weiterentwicklung als Investition

Eine Führungskraft darf keinesfalls unterschätzen, dass sie den wesentlichen Hebel für Weiterbildung in der Hand hält und beeinflusst, was die Mitarbeiter lernen, aber auch, was sie nicht lernen. Hier gilt es daher über eine langfristige Strategie nachzudenken und die Ziele insgesamt über die komplette Einheit festzulegen. Schon alleine aus der unternehmerischen Perspektive heraus ist Bildung dabei keine Selbstzweck, sondern sie sollte wie jede andere Investition eine Rendite abwerfen, welche langfristig positiv ist. Es sind daher Standards festzulegen, was jeder Mitarbeiter können beziehungsweise wissen und anwenden sollte und was lediglich nützliche Fortbildungen für bestimmte Position sind. Am Ende bestimmt dann das verfügbare Budget pro Mitarbeiter und Jahr, wie schnell die Fortbildungen erfolgen können. Aus Gründen der Gleichbehandlung sollte dieses festgelegt und transparent gehandhabt werden, am besten in einem Atemzug mit einer Begrenzung auf Fortbildungstage pro Jahr, damit nicht gerade junge oder neue Mitarbeiter zunächst lange Fehlzeiten deswegen aufweisen.

Die Rendite für die Standard-Ausbildung, beispielsweise in Gesprächs- oder Verhaltenstraining in verschiedenen häufig vorkommenden Situationen, muss positiv sein, ansonsten sind die Standards schlecht gewählt. Allerdings muss sich eine Führungskraft überlegen, wie produktiv eine Einheit arbeiten würde, würden alle Gespräche optimal geführt, Konflikte weitgehend schon aufgrund des Verhaltens der Mitarbeiter vermieden und die wenigen vorkommenden durch die Mitarbeiter selbst gelöst. Der Wert einer solchen grundsätzlichen Ausbildung wird daher eher unterschätzt. Dennoch sollte der Standard keinesfalls zu breit angelegt sein, weil nicht jeder Mitarbeiter lebenslang in einem Unternehmen bleibt. Es gilt hier einen Mittelweg zwischen der zu erwartenden durchschnittlichen Dauer eines Mitarbeiters im Unternehmen und der Kosten für die Ausbildung zu finden. Ebenso gilt es den Standard von Zeit zu Zeit aufzufrischen, sollte ein Mitarbeiter über mehrere Jahrzehnte in einem Unternehmen sein.

Eine Möglichkeit, die Rendite für die zusätzliche Weiterbildung zu bestimmen oder zumindest zu maximieren, ist, sie sehr individuell auf die Mitarbeiter abzustimmen. Schon alleine aufgrund der möglichen sehr unterschiedlichen Ausbildung der Mitarbeiter wird hier eine gleiche Förderung über alle Mitarbeiter nicht den gewünschten Erfolg bringen. Es wird auf einen Kompromiss hinauslaufen, bei dem sich die einen Mitarbeiter über- und die anderen unterfordert fühlen. Genauso wie es einen Mitarbeiter geben kann, für den sogar die Standardausbildung durch seine Ausbildung obsolet ist, ist bei jedem Mitarbeiter eine andere Situation anzutreffen. Diese gilt es für eine Führungskraft in den Entwicklungsgesprächen herauszuarbeiten und gemeinsam einen Weg zu vereinbaren, wie sich eine Weiterbildung für das Unternehmen durch bessere Leistung des Mitarbeiters und für den Mitarbeiter durch einen höheren Marktwert rechnet, wobei die Unternehmensinteressen im Vordergrund stehen und letzteres die Motivation des Mitarbeiters beeinflusst. Wichtig ist zu erkennen, dass jeder Mitarbeiter neben den Themen über unterschiedliche Vorlieben für die Wissensaufnahme verfügt. Vielleicht ist es an einer Stelle durch ein Kompaktseminar oder sogar ein Buch getan, was die Kosten drastisch senkt.

Es bietet sich für die Führungskraft an, Weiterbildung nicht als zusätzlichen Urlaub zu vermarkten, bei dem Mitarbeiter eine Woche in einem Wellness-Hotel verbringen, ohne das der Wert in irgendeiner Form für das Unternehmen messbar wird. Dies verführt nur dazu, dass Mitarbeiter Weiterbildung einfordern, ohne dass ihnen an der Weiterbildung gelegen ist, in dem Bewusstsein, dass die Führungskraft schwerlich gegen den Nutzen von Weiterbildung im Allgemeinen sein kann. Ein Weg ist es, jedem Mitarbeiter als Auflage bei einer Weiterbildung mitzugeben, dass im Anschluss daran eine Information der restlichen Mitarbeiter über die Inhalte zu erfolgen hat. Selbst wenn diese nur 15 min lang ist profitieren alle von dem kurzen Überblick, bekommen Anregungen und können bei Bedarf konkret bei dem Mitarbeiter nachfragen. Die Führungskraft bekommt ebenfalls ein Update über die Inhalte und kann damit besser beurteilen, wie sinnvoll und rentabel die Weiterbildung im konkreten Fall für das Unternehmen war. Außerdem ist es eine gute Gelegenheit, die Leistung des Mitarbeiters in verschiedenen Situationen zu beurteilen, wie dem Verständnis, der Lernbereitschaft, der Aufbereitung oder der Präsentation.

2.4.5.4 Bestmögliche Leistung als Maßstab

Sobald du sagst, dass du auch mit dem Zweitbesten zufrieden bist, wirst du es auch bekommen. (John F. Kennedy)

Generell ist für eine Führungskraft zu berücksichtigen, welche Leistung ein Mitarbeiter bringt und wie diese insgesamt und unter Berücksichtigung der Leistungsfähigkeit des Mitarbeiters einzuschätzen ist. Es ist verhältnismäßig einfach, das Arbeitsergebnis eines Mitarbeiters mit dem erwarteten Arbeitsergebnis einer Stelle zu vergleichen und zu einer Bewertung zu gelangen. Diese objektive Bewertung hat drei mögliche Zustände, deren Konsequenzen für die Führungskraft sehr unterschiedlich ausfallen. Erfüllt der Mitarbeiter die Anforderungen der Stelle, liegt prinzipiell kein Handlungsbedarf vor, denn es ist sowohl für das Unternehmen als auch den Mitarbeiter in Ordnung. Wenn die Leistung über den Anforderungen liegt, muss die Führungskraft ebenfalls nicht einschreiten, weil aus ihrer Sicht die Aufgabe mehr als erfüllt wird. Jedoch wird der Mitarbeiter mit dem Wissen der Übererfüllung andere Erwartungen an die Führungskraft haben als durchschnittliche Kollegen, so dass langfristig Handlungsbedarf für die Führungskraft besteht. Dieser wird umso größer, je länger die Führungskraft die Situation ignoriert und die Leistung stillschweigend hinnimmt. Noch schlimmer ist ein solches Verhalten der Führungskraft jedoch, wenn die Leistung unter den Anforderungen liegt. Die unterschwellige Aussage ist, dass es ohne Konsequenzen ist, wenn Anforderungen nicht erfüllt werden, weshalb der Mitarbeiter vielleicht froh ist, wenn es nicht angesprochen wird, aus Sicht der Führungskraft jedoch dringender Handlungsbedarf vorliegt. Über die konkreten Handlungsoptionen wird in einem späteren Kapitel näher eingegangen, an dieser Stelle reicht die Unterscheidung nach der Einschätzung der Dringlichkeit einer Handlung aus.

Diese grundsätzliche Einschätzung der Leistung ist Pflicht für jede Führungskraft, unabhängig davon, ob sie Mitarbeiter oder Führungskräfte führt. Eine Führungskraft von Führungskräften sollte sich vergewissern, dass ihre Führungskräfte dieser Aufgabe nachkommen, beispielsweise in dem sie sich die Ergebnisse der Mitarbeiterbeurteilungen zukommen lässt. Dabei sollte sie sich jedoch nicht mit schriftlichen, seitenlangen Bewertungen zufrieden geben, in dem sich mit den einzelnen Stärken und Schwächen auseinandergesetzt wird, weil es nur den Blick auf das wesentliche versperrt und eine Einschätzung der Leistung der Führungskraft in der Bewertung der Mitarbeiter auf diese Weise nur sehr mühsam gewonnen werden kann. Zielführender ist ein Gespräch, bei dem schlicht eine Einteilung aller Mitarbeiter in obige drei Klassen gefordert wird und dies begründet werden muss. Vorsicht ist dann angebracht, wenn zu viele oder gar alle Mitarbeiter angeblich die Anforderungen erfüllen und nahezu keine Differenzierung erkennbar ist. Dies kann seine Ursache darin haben, dass eine genaue Beurteilung gar nicht stattgefunden hat oder dass die Führungskraft ihre eigene Arbeit minimieren will und den entstehenden Handlungsbedarf scheut. Beides läuft jedoch den Interessen des Unternehmens und des Vorgesetzten entgegen und muss daher unterbunden werden, wenn die Produktivität optimiert werden soll. Außerdem ist es Aufgabe der Führungskraft sicherzustellen, dass nicht nur die Mitarbeiter sondern auch die Führungskräfte ihre Arbeit vollständig erledigen.

Komplizierter wird der Sachverhalt, wenn zusätzlich zu den reinen Anforderungen noch die Leistungsfähigkeit der Mitarbeiter einbezogen werden soll. Einerseits ist die Berücksichtigung ein Gebot der Fairness bei der Behandlung der Mitarbeiter, andererseits eine notwendige Voraussetzung, wenn wirklich Spitzenleistungen erbracht werden sollen oder sogar müssen, um die Wettbewerbsfähigkeit des Unternehmens jetzt und in Zukunft zu gewährleisten. Als Führungskraft sind in diesem Fall nur zwei grundsätzliche Möglichkeiten zu unterscheiden, ob ein Mitarbeiter seine bestmögliche Leistung bringt oder nicht. Darüber hinaus muss sie für sich selbst festlegen, wie oder besser wo der Graubereich dazwischen geteilt werden sollte, um die Mitarbeiter letztlich der einen oder anderen Seite einzuordnen. Die Erwartungshaltung ist klar zu formulieren, dass jeder Mitarbeiter aufgefordert ist, sein Bestes zu geben und nichts zurückzuhalten und für die Mitarbeiter, für welche dies der Fall ist, kann die Leistung entsprechend den Anforderungen bewertet und darauf folgend gehandelt werden. Bringt ein Mitarbeiter dagegen nicht die volle Leistung, zu der er im Stande ist, muss die Führungskraft sämtliche Anstrengungen unternehmen, ihn dazu zu bewegen. Die Differenz ist ein direkter Verlust an Leistung und Produktivität, der weder im Interesse des Unternehmens noch in dem der Führungskraft liegt und abgestellt werden muss.

Sofern mit Menschen und nicht mit Maschinen gearbeitet wird kann es vorkommen, dass vorübergehende Gründe vorliegen, weshalb die Leistung eines Mitarbeiters beschränkt ist, beispielsweise Probleme in der Familie oder Krankheiten. Hier ist es schon alleine die Fürsorgepflicht der Führungskraft, welche es notwendig macht, sich um den Mitarbeiter zu kümmern und aus Unternehmenssicht mögliche Hilfen anzubieten oder zumindest Verständnis zu signalisieren. Angenehmer Nebeneffekt dieser Situation ist, dass es in den meisten Fällen vorübergehend bleibt und damit die Leistung hoffentlich bald wieder auf das gewünschte Niveau zurückkehrt, so dass weitergehende Betrachtungen obsolet werden.

Liegen keine vorübergehenden Gründe für eine unzureichende Leistung vor, muss die absolute Erfüllung der Anforderungen berücksichtigt werden, um eine faire Behandlung des Mitarbeiters im Sinne des Unternehmens und der Kollegen zu gewährleisten. Dies muss der Anspruch der Führungskraft an sich selbst sein, weil alles andere langfristig die Führungsarbeit erschwert und die Glaubwürdigkeit erschüttert. Erfüllt der Mitarbeiter die Anforderungen nicht, kann die Führungskraft einfach auf die Steigerung der Leistung pochen und darauf verweisen, dass sie bei nicht Erfüllung handeln muss, um das Ergebnis der Einheit insgesamt nicht zu gefährden. Schwerer wird dies, wenn Mitarbeiter die Anforderungen erfüllen oder übererfüllen, ohne ihr Potenzial vollständig auszuschöpfen. Hier kann die Führungskraft mittels Perspektiven oder sonstige Anreizen versuchen, den Mitarbeiter zu motivieren, objektiv kann sich der Mitarbeiter jedoch auf die prinzipiell ausreichende Erfüllung der Anforderungen zurückziehen und ein Nachweis seiner Leistungszurückhaltung wird schwerlich zu führen sein. Argumentativ kann ebenfalls angeführt werden, dass kein Mitarbeiter eine teilweise Reduzierung des Gehalts akzeptieren würde, was einer Leistungsreduzierung aus Unternehmenssicht entsprechen würde. Besonders die Wirkung eines solchen Mitarbeiterverhaltens auf die Kollegen darf nicht unterschätzt werden, denn wenn mehrere Mitarbeiter die Leistung reduzieren hat dies insgesamt große Auswirkungen auf die Leistung der Einheit. Deshalb ist es wichtig, wie vorher beschrieben, gerade mit Leistungsträgern ins Gespräch zu kommen und die Leistung nicht stillschweigend zu akzeptieren, weil ansonsten die Gefahr besteht, dass sie ihre Leistung reduzieren oder sogar gehen.

2.4.5.5 Sparsames Loben für langfristige Wirkung

Um die Mitarbeiter weiterzuentwickeln und zu fördern ist die Bewertung ihrer Arbeit eine wesentlich Orientierung und daher von besonderem Interesse für die Führungskraft. Daher stellt sich die Frage, in welchen Fällen Lob oder Tadel angebracht ist, um langfristig die beste Wirkung zu erzielen. Dafür sollte eine Führungskraft zunächst unterscheiden, ob das gelieferte Ergebnis ausreichend ist oder nicht. Wenn es nicht ausreichend ist, muss nachgearbeitet werden, was für alle Beteiligten mit einem Zeitverlust einhergeht. Daher muss die Führungskraft wahrscheinlich öfters die Entscheidung treffen, ob sie ein Ergebnis akzeptiert, selbst wenn dieses nicht optimal ist, oder Korrekturwünsche zurückmeldet. Einerseits sind selbst fehlerhafte Kleinigkeiten ärgerlich, andererseits ist der entstehende Aufwand unverhältnismäßig hoch und hemmt dementsprechend die Produktivität.

Die Führungskraft sollte unbedingt jeden formalen Fehler ansprechen, weil es ansonsten als Signal verstanden werden könnte, diese Fehler würden toleriert. Dies liegt jedoch bestimmt nicht im Interesse der Führungskraft, zumal sie nicht jedes Ergebnis gründlich prüft und damit genug Fehler von ihr unentdeckt bleiben. Die Rückmeldung kann zumeist sehr kurz ausfallen, weil die Formalien bereits festgelegt sind oder dringend festgelegt werden müssen. Außerdem sollte sie immer grundsätzlich sein und den konkreten Einzelfall als Anstoß haben, damit dies besser verstanden und in der Zukunft umgesetzt werden kann.

Bei inhaltlich schlechter Arbeitsqualität, beispielsweise bei Formulierungen oder Darstellungen, ist diese Kritik schon deutlich schwieriger kurz und prägnant zu formulieren. Dadurch besteht die Gefahr, dass der Mitarbeiter dies als spezielle Kritik auffasst und für sich versteht oder verstehen will, dem Vorgesetzten sei nichts recht zu machen. Dies führt wiederum dazu, dass die Motivation ein perfektes Ergebnis abzugeben sinkt und Fehler gar nicht mehr gesucht werden, weil der Vorgesetzte selbst genügend Fehler oder Änderungswünsche finden wird. Offensichtlich muss jede Führungskraft dies vermeiden, weil sie sich letztlich die bereits delegierte Arbeit zurück auf den eigenen Tisch holt und dies sogar noch auf Kosten von demotivierten Mitarbeitern. Die Überlegung, was grundsätzlich inhaltlich zu bemängeln ist, hilft der Führungskraft daher bei der Unterscheidung, ob es geändert werden sollte oder ob es nur eine Frage des Geschmacks ist, weil sie es eben selbst anders gemacht hätte. Letzteres sollte akzeptiert werden und für ersteres kann ein Prinzip, eine strategische Ausrichtung oder eine grobe Orientierung genannt werden, nach der sich zu richten ist.

Der wesentlich angenehmere Fall ist, dass das Ergebnis ausreichend ist und es direkt verwendet werden kann, ohne das überhaupt eine Rückmeldung notwendig ist. Diese muss dann auch nicht erfolgen und der Mitarbeiter muss lernen, dies als Bestätigung zu nehmen. Dafür gebührt ihm kein besonderer Dank oder Lob, denn er hat einfach seine Arbeit getan, so wie es von jedem Mitarbeiter auf jeder Position erwartet wird. Ein Lob an dieser Stelle hätte zur Folge, dass die Mitarbeiter andauernd Lob bekämen und es entstünde fast der Eindruck eines dressierten Tieres, welches nur Handlungen ausführt, weil es dafür eine Belohnung erhält. Vielmehr ist die Arbeit dahingehend zu bewerten, ob der Mitarbeiter etwas Besonderes geleistet hat, weil es außergewöhnlich kompliziert oder langwierig war, oder er wesentlich mehr geliefert hat, als erwartet wurde. In diesen

Fällen, am besten in Zusammenhang mit guter Qualität, kann ein Lob erfolgen und der Mitarbeiter wird sich lange an dieses Lob erinnern und davon zehren. Es wird ein Signal an die Kollegen der Einheit senden, für welche Arbeiten es ein Lob gibt und wie die Erwartungshaltung bezüglich der Ergebnisse ist. Es ist keine andere Form des Einsatzes von Lob denkbar, welche ebenso dafür Sorge trägt, dass es langfristig seinen Wert behält und von der Führungskraft zur Steuerung und Führung eingesetzt werden kann. Andernfalls gibt die Führungskraft dieses Instrument aus der Hand beziehungsweise entwertet es.

An dieser Stelle ist für Führungskräfte von Führungskräften besonders darauf zu achten, dass kein negatives Feedback direkt an Mitarbeiter gehen sollte und damit eine oder mehrere Ebenen von Führungskräften überspringt. Zum einen wirkt eine solche Rückmeldung sehr stark, weshalb die Mitarbeiter noch wochen- oder monatelang von einem Lob zehren können, allerdings kann sie ein Tadel vielleicht sogar noch länger deprimieren. Zum anderen stellt sich die Frage, wer die Verantwortung für das mangelhafte Ergebnis zu tragen hat, welches mit dem Feedback dem Mitarbeiter zugeschoben wird. Es besteht die Möglichkeit, dass der Mitarbeiter von einer dazwischen arbeitenden Führungskraft falsch instruiert wurde oder ein Missverständnis vorliegt, für welches der Mitarbeiter keinerlei Schuld trägt. In diesem Fall trifft es mit Sicherheit den Falschen und der richtige Adressat wäre eine Führungskraft gewesen, deren Aufgabe die Klärung solcher Aufträge mit ihrem Vorgesetzten ist, damit diese sich nicht darum kümmern muss. Ist dies nicht der Fall, weil die Führungskraft den Auftrag selbst direkt an den Mitarbeiter gegeben hat, ohne seinen oder seine Vorgesetzten davon zu unterrichten, trägt sie selbst die Verantwortung, weil sie offensichtlich falsch eingeschätzt hat, welches Ergebnis der Mitarbeiter mit ihren Instruktionen liefern kann.

Das Feedback daher immer über die Hierarchie an die entsprechende Stelle zu geben beugt damit den beschriebenen Fehlern vor und schützt die Führungskraft selbst, diese zu begehen. Außerdem ist der Multiplikatoreffekt auf diesem Weg wesentlich größer, weil die anderen Führungskräfte ihre Mitarbeiter ebenfalls unterrichten und helfen werden, diese Fehler in Zukunft zu vermeiden. Ein weiterer nicht zu unterschätzender Vorteil ist, dass die Führungskraft gewohnt ist, Fehler in einer Art und Weise sowie in einem Tonfall anzusprechen, welcher für ihre Hierarchieebene passend ist, jede Führungskraft darunter aber über die Möglichkeit verfügt, dies entsprechend anzupassen, falls es erforderlich ist. Daher sollte es für jede Führungskraft ein Tabu sein, Kritik vom Vorgesetzten einfach weiterzugeben, sei es per Weiterleitung der Mail oder per Zitat. Sie drückt sich auf diesem Weg vor der eigenen Verantwortung und setzt sich nicht mit der Ursache des Fehlers auseinander, der möglichweise vollständig bei ihr und nicht beim letztlich bearbeitenden Mitarbeiter lag. Dies kann kein fairer Umgang sein und der Mitarbeiter wird auf diese Art nie das Gefühl haben, dass der Vorgesetzte wirklich hinter ihm steht. Dies sollte für die Führungskraft bereits einen ausreichenden Grund darstellen, das Verhalten zu ändern. Weiterhin sind außerdem die Einbußen in der Produktivität dramatisch, weil Mitarbeiter und Führungskräfte Strategien nutzen werden, um am Ende nicht für Dinge gerade stehen zu müssen, welche sie nicht zu verantworten haben. Langfristig werden beispielsweise scheinbar sinnlose Bestätigungen gefordert oder Auftragsklärungen bis ins letzte Detail durchgeführt, die nur Zeit kosten ohne einen produktiven Mehrwert zu bringen, außer eine Nachweismöglichkeit für alle beteiligten Personen zu schaffen.

2.4.5.6 Positiv Denken als Einstellung etablieren, Abhängigkeiten vermeiden

In solch einem Arbeitsumfeld wird das Misstrauen immer größer werden, mit den einhergehenden Nachteilen für die Stimmung und die Leistung der Mitarbeiter. Besonders die Motivation wird darunter leiden und insgesamt wird das Arbeitsumfeld nicht dafür sorgen, dass der Arbeit mit Spaß nachgegangen wird. Dabei ist es nicht nur beim Sport der Fall, dass die Einstellung über die Leistung und den Erfolg entscheidet. Eine Führungskraft muss daher versuchen, positives Denken zu unterstützen und als Einstellung zu etablieren. Dies bedeutet zum Beispiel, dass die Mitarbeiter dazu angehalten werden, nach Lösungen zu suchen und nicht nach Problemen. Es gibt noch zahllose weitere Möglichkeiten, mittels Regeln und Vorgehensweisen die Einstellung grundsätzlich zu verändern beziehungsweise zum Positiven zu beeinflussen.

Dazu gehört ebenfalls, dass es niemals darum geht, wer einen Fehler verursacht hat oder warum dieser entstanden ist, sondern nur darum, diesen zu beheben und in der Zukunft sicherzustellen, dass dieser nicht mehr auftritt. Es braucht sich daher niemals ein Mitarbeiter zu rechtfertigen, warum etwas passiert ist, denn damit lässt sich die Vergangenheit nicht ändern. Es führt lediglich zu Diskussionen, welche nur Verlierer und in den seltensten Fällen Gewinner produzieren. Die Regel, dass Rechtfertigungen verboten sind, spart damit nicht nur Zeit, sondern schützt vor Betroffenheit und unnötigen Diskussionen, welche nur für negative Emotionen sorgen.

Ebenso verhält es sich mit der Frage nach eventuellen Schuldigen. Für eine Führungskraft ist es zur Bewertung der Leistung relevant, die genauen Ursachen zu kennen und den Beitrag der einzelnen Mitarbeiter zum Ergebnis einschätzen zu können. Dies ist jedoch in den meisten Fällen nicht besonders schwer und daher ist es nicht nötig, dies in der Öffentlichkeit zu tun. Es reicht, sämtliche Informationen einzuholen und dies geht umso besser, je weniger die Mitarbeiter das Gefühl haben, sich rechtfertigen zu müssen oder nach Ausreden suchen zu müssen, weshalb sie keine Schuld trifft und sie dabei im ungünstigsten Fall noch die Fakten mehr oder weniger verändern oder sogar wichtige Informationen verschweigen.

Ziel der Führungskraft muss es daher sein, mittels klarer Verantwortlichkeiten für Ergebnisse dafür zu sorgen, dass die Schuldfrage nachrangig wird. Außerdem schließt eine klare Verantwortlichkeit ein, dass keinerlei Abhängigkeiten bestehen und daher der Verantwortliche nicht nur für ein korrektes Ergebnis hätte sorgen können, sondern dass er ebenso den Fehler korrigieren beziehungsweise alles dafür Notwendige in die Wege leiten kann und er weiterhin sicherstellen kann und muss, dass dies in der Zukunft nicht mehr passiert.

Besonders vorsichtig muss eine Führungskraft im Umgang mit Leistungsträgern sein. Auf der einen Seite ist die Führungskraft von der Leistung dieser Mitarbeiter besonders abhängig und muss entsprechend dafür sorgen, dass dies so bleibt und die Mitarbeiter motiviert sind, auf der anderen Seite dürfen diese nicht anders behandelt werden, weil ansonsten eine Zweiklassengesellschaft entstehen kann sowie eine Abhängigkeit der Führungskraft von dem oder den Leistungsträgern, die sich auf Leistung und Verhalten bezieht. Im Verhalten ist es damit nicht mehr nur das eigene, welches als Vorbild den Mitarbeitern dienen und genügen muss, auch das des Leistungsträgers wird dahingehend bewertet werden und ist folglich mit Risiken für die Führungskraft verbunden. Es ist möglich, dass dies ohne Konsequenzen bleibt, weil der Leistungsträger neben einem vorbildlichen Verhalten ebenso herausragende Leistungen zeigt und jeder Kollege ebenfalls davon überzeugt ist. Jedoch selbst in diesem unwahrscheinlichen Fall kommt es über kurz oder lang zu Neid und Missgunst, ob durch das Verhalten des Leistungsträgers noch unterstützt oder nicht, so dass davon abzuraten ist, zumal die Einschätzung der Leistung von der Führungskraft vorgenommen wird und von den Mitarbeitern nur schwer einzuschätzen ist.

Die Führungskraft ist dann nicht mehr frei in ihren Entscheidungen und es können Konflikte auftreten, die kaum noch beherrschbar sind, gerade weil der Führungskraft keine Objektivität mehr zugetraut wird. Eine besondere Behandlung darf sich daher nicht auf Privilegien stützen oder gar andere Bewertungsmaßstäbe, sondern sollte sich im Bereich der persönlichen oder fachlichen Weiterentwicklung abspielen, um das Potenzial vollständig zu nutzen und dafür vom Leistungsträger eine Gegenleistung einzufordern. Dies und die besondere Leistung rechtfertigen einen besonderen Fokus durch die Führungskraft und helfen dabei, dass der Mitarbeiter nicht abhebt und in Versuchung gerät, seinen Status auszunutzen und damit die Führungskraft in Bredouille zu bringen.

2.4.6 Einsatz der Macht sorgsam abwägen

> Willst du den Charakter eines Menschen erkennen, so gib ihm Macht. (Abraham Lincoln)

Jede Führungskraft erhält mit der Position eine zu dieser Position gehörende Macht, die es ihr gestattet, Dinge durchzusetzen oder zu verändern. Es sollte jedoch unbedingt gut überlegt sein, in welchen Situationen diese genutzt werden sollte und welche Konsequenzen daraus für die Führungskraft resultieren. Eine Führungskraft kann für sich in Anspruch nehmen, eine Regel nicht zu befolgen, ohne die Folgen tragen zu müssen. Die Mitarbeiter werden daraus lernen, dass nicht alle gleich sind und dass die Einhaltung von Regeln nur dann notwendig ist, wenn die Konsequenzen nicht verhindert werden können. Schlimmer noch wird mindestens bei dieser Regel deutlich, dass es offensichtlich nicht essenziell für den Geschäftsbetrieb ist, weil es ansonsten im ersten Interesse der Führungskraft selbst gewesen wäre, die Regel einzuhalten.

Am Beispiel von Pünktlichkeit kann dieser Punkt näher konkretisiert werden. An dieser Stelle wird davon ausgegangen, dass es zu einer guten Erziehung und zum guten Benehmen gehört, generell pünktlich zu sein und gemeinsam Termine auszumachen, damit möglichst wenig Zeit mit Warten verschwendet wird. Dies muss für eine Führungskraft hohe Priorität haben, weil ansonsten die Produktivität der verantworteten Einheit darunter leidet. Dennoch ist es für sie leicht, zu spät zu Terminen mit den eigenen Mitarbeitern zu erscheinen oder Termine zu überziehen, ohne in irgendeiner Form dafür Konsequenzen fürchten zu müssen. Wenn die Führungskraft ihre Position jedoch dafür einsetzt, werden die Mitarbeiter ihrerseits lernen, mit diesem Verhalten umzugehen. Je nach Position in der Hierarchie werden sich die Mitarbeiter überlegen, selbst zu spät zu kommen, um nicht unnötig lange unproduktiv zu warten. Außerdem werden sie gezwungen, je nachdem, wie eng die eigenen Termine getaktet sind, nach Terminen mit dem Vorgesetzten eventuell Puffer einzubauen, weil mit Verschiebungen zu rechnen ist. Tun sie dies nicht können sie ihrerseits nicht pünktlich sein, was zwar mit Verweis auf den eigenen Vorgesetzten zu rechtfertigen ist, jedoch damit nicht entschuldigt ist und zu den genannten Konsequenzen führt. Gute Planung, und diesen Anspruch sollte jede Führungskraft an sich selbst haben, verlangt auch die Einhaltung des Plans in Ausnahmesituationen und daher müssen solche Fälle so weit wie möglich berücksichtigt werden, zumal es in dem genannten Beispiel nicht so unerwartet kommt.

Daraus ergibt sich, dass die eigene Macht niemals gegenüber den verantworteten Mitarbeitern eingesetzt werden sollte und es wird jeder Führungskraft sicherlich hoch angerechnet, wenn dies ebenfalls nicht gegenüber rangniedrigeren Mitarbeitern aus anderen Einheiten geschieht. Gegenüber Kollegen und in Projekten ist die Macht mittels der eigenen Position nicht gegeben, umso befremdlicher ist jeder Hinweis auf die eigene Position oder einen höheren Hierarchiestatus, weil dieser schlicht ignoriert werden kann. Damit stellt sich die Frage, ob und wann es sich überhaupt lohnt, die eigene Macht zu demonstrieren oder zu nutzen.

Eine gute Gelegenheit sind notwendige Veränderungen an Prozessen, Regeln oder Verhaltensweisen der Mitarbeiter, welche die Produktivität verbessern oder sogar den Mitarbeitern die Arbeit erleichtern. Dies entspricht einer Aufgabe der Führungskraft, für gute Rahmenbedingungen zu sorgen, weshalb die Führungskraft dankbar für jede solche Möglichkeit sein sollte, dabei jedoch ihre eigene große Linie nicht aus den Augen verlieren darf und gleichzeitig die langfristigen Auswirkungen bedenken muss. Nicht immer wird dies im Interesse der Mitarbeiter sein, falls beispielsweise die Qualität innerhalb eines Prozesses erhöht werden soll oder aus anderen Gründen Mehrarbeit entsteht. Gerade hier kann die Führungskraft daher erleben, wie durchsetzungsstark sie ist, wenn sie beobachtet, wie schnell ihre Veränderungswünsche umgesetzt werden.

Eine andere Möglichkeit Macht zu demonstrieren ist es, konsequent bei der Missachtung von Regeln oder bei geforderten Verhaltensweisen vorzugehen und die Mitarbeiter entsprechend zu sanktionieren. Hier kann es durchaus sinnvoll sein gegebenenfalls ein Exempel zu statuieren, um Nachahmer abzuschrecken und gleichzeitig der Bedeutung dieser einen und aller anderen Aussagen Nachdruck zu verleihen. Es ist durchaus akzeptabel für eine Führungskraft, wenn die eigenen Mitarbeiter ein wenig Furcht davor haben, dass sie ohne Rücksicht auf sonstige Errungenschaften der Mitarbeiter Sanktionen durchsetzt, weil es berechenbar ist und Gerechtigkeit signalisiert. Außerdem sichert es der Führungskraft ihre Macht gegenüber den verantworteten Mitarbeitern, wenn diese ab und an berechtigterweise sichtbar wird, ohne dass dies negativ ausgelegt werden kann.

Besonders interessant verhält es sich mit der Macht einer Führungskraft, direkt nachdem diese eine neue Position angetreten hat. Verantwortete Mitarbeiter und eventuell Führungskräfte werden in bestimmten Situationen die Grenzen ihres Verhaltens ausloten und nur die Reaktion darauf bestimmt, ob die Führungskraft ihre Macht behaupten kann oder sich bereits mittelfristig zum zahnlosen Tiger entwickelt. Gerade wenn starke Führungskräfte von einer Führungskraft mit der neuen Position übernommen werden, sind zu anfangs viele Situationen zu erwarten, die Fingerspitzengefühl verlangen und der Führungskraft Entscheidungen abverlangen, ob und wie sanktioniert wird und in welcher Form dies die Mitarbeiter der Führungskraft mitbekommen oder nicht. Gegenüber den eigenen Führungskräften ist es wichtig, die eigene Macht zu nutzen, um sie langfristig zu behalten, wohingegen schwächere Führungskräfte immer leicht zu führen und daher weniger problematisch sind. Dennoch sollte jeder nach starken Führungskräften suchen, weil schwächere ihrerseits weder starke Führungskräfte noch starke Mitarbeiter führen können und langfristig daher die Qualität der Einheit sinkt. Gerade bei Neueinstellungen werden schwächere Führungskräfte nach noch schwächeren Mitarbeitern oder Führungskräften suchen, weil sie mit den Starken nicht umgehen können und wollen, so dass nur starke Führungskräfte der Garant dafür sind, dass die Nachbesetzungen bestmöglich erfolgen.

Bei der Übernahme einer neuen Position wird jeder Führungskraft außerdem bewusst, wie abhängig sie von der Unterstützung durch die verantworteten Führungskräfte ist, weil diese durch ihre Funktion als Multiplikator wesentlich zur Meinungsbildung ihrer Mitarbeiter und damit innerhalb der eigenen Einheit beitragen. Daher gilt es, hier schnell deren Loyalität zu gewinnen und auf diese Weise das eigene Bild besser mitbestimmen zu können. Langfristig ist diese Abhängigkeit jedoch nachteilig, weshalb die Führungskraft durch Präsenz und Transparenz sich die Akzeptanz und das Wohlwollen aller Mitarbeiter sichern sollte und damit die geführte Führungskraft der Macht ihrer Multiplikator-Wirkung beraubt, weil die Mitarbeiter ihr eigenes Bild als Kontrollmöglichkeit nutzen können.

2.4.7 Projektarbeit als Methode für Wandel

> Es ist nicht gesagt, dass es besser wird, wenn es anders wird. Wenn es aber besser werden soll, muss es anders werden. (Georg Christoph Lichtenberg)

Eine Führungskraft muss sich immer mal wieder die Frage stellen, ob die Organisation aktuell bestmöglich aufgestellt ist, um die an sie gestellten Anforderungen zu erfüllen, sowohl hinsichtlich Qualität als auch Geschwindigkeit. Dies gilt umso mehr, wenn die Führungskraft eine neue Position angetreten hat oder sich die äußeren Rahmenbedingungen verändert haben, weil ansonsten eine realistische Einschätzung der Arbeitsbelastung und des Ressourcenbedarfs nicht möglich ist. Aber auch viele kleinere Veränderungen können mit der Zeit zu der Notwendigkeit führen, die Struktur mehr oder weniger anpassen zu müssen. Hierfür ist bei der Führungskraft Fingerspitzengefühl gefragt, weil die Abwägung zwischen dem mittel- beziehungsweise langfristigen Erfolgschancen und dem kurzfristigen Produktivitätsverlust einschließlich der Unruhe in den von der Veränderung direkt betroffenen Teilen sowie den mittelbar betroffenen, in denen Befürchtungen vor weiteren Veränderungen geschürt werden, erfolgen muss.

Damit wird direkt deutlich, warum Veränderungen niemals häppchenweise kommuniziert werden dürfen, sondern immer komplett, um genau solchen Befürchtungen und Gerüchten den Wind aus den Segeln zu nehmen. Dafür müssen die Mitarbeiter die Sicherheit bekommen, dass sie vollständig über die bevorstehenden Veränderungen informiert sind. Die meisten Mitarbeiter haben Angst vor Veränderungen und schon die Ankündigung einer Veränderung wird für Verunsicherung sorgen, welche ab diesem Punkt jedoch kontinuierlich abnehmen und keinesfalls zu einem oder mehreren Zeitpunkten wieder zunehmen sollte.

Dies stellt die Führungskraft vor die Aufgabe, nicht nur den Veränderungsbedarf zu erkennen, sondern anschließend auch noch sofort ein fertiges Bild zu haben, wie die neue Struktur in allen Details auszusehen hat. Während ersteres von der Führungskraft zu beurteilen und zu entscheiden ist, ist letzteres nur auf einer sehr groben Ebene von der Führungskraft zu lösen und die Feinheiten können in den meisten Fällen nur von den Mitarbeitern überblickt werden. Es bietet sich daher an, den festgestellten Veränderungsbedarf zu kommunizieren und die neue Struktur von den beteiligten Führungskräften und Mitarbeitern erarbeiten zu lassen. Dies sollte in Form eines Projektes geschehen und alle Anforderungen für ein gelungenes Change-Management erfüllen. Dazu gehört neben der Beteiligung der Betroffenen die regelmäßige Information der Mitarbeiter sowie eine faire Auseinandersetzung mit zu verändernden Gegebenheiten, um die Mitarbeiter mitzunehmen und Akzeptanz für die neuen Lösungen zu erhalten.

Je nachdem wie groß die Veränderung ausfällt, sind mehr oder weniger Mitarbeiter in das Projekt zu integrieren, welche nicht nur die notwendige Veränderungsbereitschaft mitbringen, sondern ebenfalls als Multiplikator dienen und Überzeugungsarbeit gegenüber den Kollegen leisten, um die Führungskraft in dieser Hinsicht ein wenig zu entlasten. Hier bieten sich die Leistungsträger an, wenn sie einerseits aufgrund ihrer Leistungen Akzeptanz genießen und andererseits die Motivation für die zusätzliche Arbeitsbelastung und Überzeugungsarbeit mitbringen. Gleichzeitig ist es wichtig, nicht stur konkrete Veränderungen umzusetzen, sondern die Zielsetzung als Botschaft zu nutzen, um auch in Zukunft darauf referenzieren zu können. Denn langfristig darf es nicht sein, dass nur die Führungskraft für Veränderungen zuständig ist und jede Idee praktisch selbst hat. Natürlich werden viele Probleme bei der Führungskraft aufschlagen und Situationen zur Eskalation kommen, aus denen sich die Notwendigkeit für Änderungen ergibt. Allerdings wird es noch wesentlich häufiger bei den verantworteten Führungskräften und Mitarbeitern der Fall sein, weshalb diese neben dem Bewusstsein für Verbesserungspotenziale auch die Bereitschaft zur selbstständigen Initiierung von Änderungen haben müssen.

Wenn es der Führungskraft gelingt, die Mitarbeiter für Veränderungen zu gewinnen, so werden sich deutliche Verbesserungen in der Produktivität und der Qualität gar nicht verhindern lassen. Es ist daher für die Führungskraft wichtig, diese Situation durch ein großes oder mehrere kleinere Projekte herbeizuführen und anschließend zu unterstützen, beispielsweise in dem Mitarbeiter Lob für das Erkennen von Potenzialen erhalten. Die Evaluation von möglichen Alternativen und die anschließende Entscheidung für und Umsetzungen einer davon ist leicht delegierbar und sollte kein Problem darstellen. Nach einer gewissen Zeit ist hier dennoch eine Weiterentwicklung der Mitarbeiter zu erkennen, so dass keinerlei Eingreifen mehr notwendig ist.

2.4.8 Zeitmanagement ist erlernbar

Eine wesentliche Komponente für die Produktivität und die eigene Arbeitszeit ist das Zeitmanagement der Führungskraft, nicht nur für sie selbst, sondern aufgrund der Vorbildfunktion auch für alle anderen Mitarbeiter. Es sollen an dieser Stelle nicht alle Komponenten des Zeitmanagements beleuchtet werden, jedoch gibt es einige, die in Zusammenhang mit dem Umgang der Mitarbeiter am erfolgversprechendsten zur Steigerung der Produktivität sind. Dazu zählen insbesondere alle Interaktionen, welche von den Mitarbeitern untereinander ebenfalls durchgeführt werden, ohne dass die Führungskraft teilnimmt und damit in diesen Fällen noch Einfluss nehmen könnte, um die Produktivität zu steigern.

Ein prägnantes und sichtbares Beispiel ist die Zeitplanung von Gesprächen und Sitzungen, welche sehr transparent ist und daher mit einer besonderen Vorbildwirkung einhergeht. Eine Führungskraft kann für jedes Gespräch pauschal 30 min oder eine Stunde ansetzen und ebenso für jede Sitzung eine Standard-Zeit reservieren, jedoch neigen die meisten Menschen dazu, einfach die eingeplante Zeit zu verwenden. Es ist in vielen angesetzten Terminen jedoch schnell zu merken, dass die Teilnehmer sehr wohl ein Gefühl dafür haben, ob der Zeitrahmen eng oder weit ist und ob dementsprechend Eile angebracht oder Gemütlichkeit möglich ist. Keines von beiden ist anzustreben, obwohl Eile die besten Ergebnisse hinsichtlich der Produktivität erwarten lässt, allerdings wird sich die Qualität damit auf Dauer nicht gewährleisten lassen. Es ist daher ratsam, die zu weiten Zeitrahmen zu vermeiden und dort die Zeit einzusparen, die zur Steigerung der Produktivität beiträgt.

Dazu ist es jedoch unerlässlich, jeden Termin im Voraus zu durchdenken und sich ein genaues Bild von dem zu erwartenden Zeitbedarf zu machen. Dies ist sicherlich nicht immer optimal möglich, mit der Erfahrung wird das Gefühl und die Treffsicherheit jedoch zunehmen und damit besonders in den verkürzten Terminen die gewonnene Zeit Belohnung genug sein und für Motivation sorgen. Gerade am Anfang ist es sinnvoll, mit eher kürzer gewählten Zeiten für Entspannung im Terminkalender zu sorgen und ebenso im Nebeneffekt eine effiziente Gesprächs- und Sitzungsmoderation zu trainieren. Allerdings wird auf diese Art jede Überschreitung zu einer Verschiebung der weiteren Termine führen, wenn diese bündig gesetzt sind, so dass die Einplanung von Pufferzeiten zwischen den Terminen die Ruhe bewahren lässt. Außerdem ist es höchstwahrscheinlich nicht notwendig, im Minuten-Takt zu planen, sondern es reichen Viertel-Stunden-Abschnitte, um zum einen eine Unterscheidung hinsichtlich des Zeitbedarfs vorzunehmen und zum anderen tatsächlich zu einer Ersparnis in Summe zu gelangen. Des Weiteren entscheidet der Puffer weit mehr über die tatsächliche Effektivität in der Nutzung der Arbeitszeit, als eine Pla-

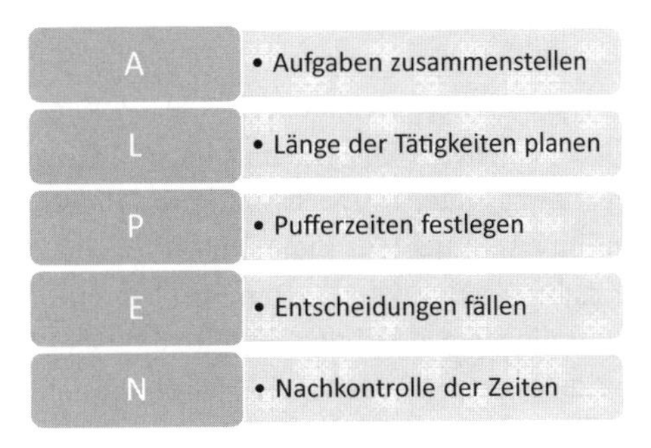

Abb. 2.14 ALPEN - Darstellung des Arbeitsprozesses (nach Wehling et al.)

nung der Gespräche in genaueren Einheiten als Viertel-Stunden, zumal eine mehr Genauigkeit mit einem größeren Zeitbedarf in der Planung einhergeht und ein Fünf-Minuten-Takt nur zu einer Verkürzung oder Verlängerung des Puffers um fünf Minuten führt. Jede Führungskraft sollte vielmehr überlegen, welches die ideale Pufferzeit ist, um diese sinnvoll für andere Themen nutzen zu können, weil sie bei einer treffenden Planung tatsächlich frei nutzbare Zeit ist. Dies könnte die Möglichkeit für Telefonate oder die Bearbeitung von E-Mails sein, um damit den Mitarbeitern Informationen für zügiges Weiterarbeiten zu geben oder andere Dinge voranzutreiben (Abb. 2.14).

Aus diesen Überlegungen heraus wird deutlich, wie wichtig Pufferzeiten insgesamt sind, nicht nur um die Verlässlichkeit des Terminplans zu steigern, sondern auch um die Produktivität zu verbessern. Aus diesem Grund empfiehlt es sich, jeden Tag zusätzlich einen Puffer von beispielsweise einer Stunde in der Arbeitszeit vorzusehen, welcher für Büroarbeit oder außergewöhnliches vorgesehen ist. Jede Führungskraft, die durch die Veränderungen einer Rahmenbedingung eine besondere Situation zu lösen hat, weiß, wie wertvoll in diesem Fall eine Stunde Zeit sein kann, welche außerdem bereits terminiert ist und auf die direkt zugegriffen werden kann. Außerdem ist es wertvoll für die Verlässlichkeit der Führungskraft, wenn dafür nicht ein anderer Termin kurzfristig gestrichen oder geschoben werden muss. Für die Arbeitszeit hätte dies meistens die Konsequenz, dass es sie verlängert, weil der Termin am Ende angefügt wird. Und selbst für die Bearbeitung von vielen Kleinigkeiten ist es für die Arbeitsgeschwindigkeit von Vorteil, wenn diese mit hoher Konzentration durchgeführt werden, weil kurze Tätigkeiten jeweils einen kompletten Wechsel des Kontextes erfordern.

Andererseits ist es eine Frage der Disziplin, ob solche Termine frühzeitig in den Kalender eingetragen werden und gegenüber allen anderen möglichen Terminanfragen dort überdauern, zumal die Priorität nicht durch die Bedeutung hoch ist. Die Führungskraft muss selbst die Priorität entsprechend hoch ansetzen und solche Termine zum Beispiel einfach niemals vom Tag entfernen oder entfernen lassen, sondern im ersten Versuch nur verschieben und damit so lange wie möglich erhalten. Und sollte eine Aufgabe mit höchster Priorität sehr kurzfristig auftreten und muss im Terminplan untergebracht werden, so kann der Puffer immer noch geopfert werden und ist mit Sicherheit bestmöglich eingesetzt.

Als Fazit lässt sich feststellen, dass es leider keine grundsätzlichen Regeln für die Planung von Gesprächsdauern oder Pufferzeiten gibt und daher jede Führungskraft selbst ihren eigenen Weg finden muss. Allerdings sollte eine Führungskraft dies nicht als Rechtfertigung nutzen, überhaupt keine Puffer zu verwenden und auf jedwede Gesprächsplanung zu verzichten. Vielmehr gilt es sich einfach für eine Version zu entscheiden und die Erfahrungen aus den ersten Wochen und Monaten zu benutzen, das System zu verfeinern und die eigene Arbeitsweise anzupassen. Für die Führungskräfte, welche über ein Sekretariat oder eine Assistenz verfügen, besteht hier nicht nur die Chance, dieses durch Regeln vollständig zu delegieren, zusätzlich können wertvolle Rückmeldungen eingeholt werden, die helfen, am System zu arbeiten. Eine Tagesrückschau oder eine anderweitige regelmäßige Selbstkontrolle, welche ergänzend die eigene Stimmung oder körperliche Verfassung mit einbezieht, hilft, Erkenntnisse zu gewinnen.

Durch ganztägige Abwesenheiten, beispielsweise Reisen oder Sitzungen, ergibt sich zwangsläufig Anpassungsbedarf. Anstatt täglich einen einstündigen Puffer vorzusehen, könnte ebenso mit verschiedenen Längen gearbeitet werden, wobei leicht auf den Puffer von einem Tag verzichtet werden kann und eine Verschiebung über Tage hinaus erlaubt ist. Ein anderer Weg könnte sein, eine Pufferzeit pro Woche oder Monat festzulegen, welche beliebig auf die verschiedenen Tage verteilt werden kann, wobei eine Mindestzeit pro Puffer angebracht ist, um diese vernünftig nutzen zu können. Egal, für welchen Weg die Führungskraft sich letztlich entscheidet oder welchen Weg sie im Laufe der Zeit entwickelt, es sollte sich um ein einfaches und klares System handeln, welches leicht anwendbar ist und wenn möglich, delegiert werden sollte. Und wenn es gelingt, den Umgang mit der Zeit in der eigenen Einheit insgesamt so verantwortungsvoll und effektiv zu gestalten, so werden die verantworteten Führungskräfte und Mitarbeiter mehr Zeit für ihre eigentliche Arbeit haben und damit ebenfalls Fortschritte in Produktivität und Qualität erzielen, von der die Führungskraft letztlich am meisten profitiert. Ob die Vorbildfunktion alleine ausreicht, eine enge Führung der Führungskräfte auf diesem Gebiet notwendig ist oder ergänzend die Einführung von Richtlinien oder verbindlichen Regeln für die gesamte Einheit zu einem noch besseren Umgang führt, ist von der konkreten Situation abhängig, insgesamt sind es jedoch zusätzliche Optionen für die Führungskraft, welche in Betracht gezogen werden sollten.

2.4.9 Optionen für eigene Entlastung regelmäßig überprüfen

Die letzten Möglichkeiten, welche in Zusammenhang mit dem Umgang mit Mitarbeitern die eigene Arbeit betreffend betrachtet werden sollen, um die Produktivität zu verbessern, sind Optionen zur eigenen Entlastung. Wenn die eigene Arbeitszeit auf ein Minimum reduziert wird, bleibt es jeder Führungskraft selbst überlassen, die freie Zeit zur Erholung zu nutzen oder bestmöglich für weitere Verbesserungen der Arbeitsleistung einzusetzen. Dazu sollte die Führungskraft mindestens hin und wieder die Zeit haben beziehungsweise sich die Zeit nehmen, sich generell und aus der Vogelperspektive mit der eigenen Arbeit zu beschäftigen und die Tätigkeiten im Einzelnen zu analysieren. Wichtig ist dabei, dass dies nicht nur für die Führungskraft selbst notwendig ist, sondern zumindest in Teilen für jeden Mitarbeiter ein wichtiges Element zur Steigerung der persönlichen Effektivität und Effizienz darstellt und aus diesem Grund gezielt gefördert und unterstützt werden muss.

Zunächst ist für jede Aufgabe zu prüfen, ob diese überhaupt notwendig ist. Eine Führungskraft kann durchaus für sich entscheiden, ob dies der Fall ist und gegebenenfalls direkt die Aufgabe streichen. Für einen Mitarbeiter kann es je nach Erfahrung sinnvoll sein, diese Entscheidung seinem Vorgesetzten zu überlassen, falls er sich nicht wirklich sicher ist, alle Auswirkungen zu überblicken. Wenn die Aufgabe weiterhin ausgeführt werden muss, so stellt sich dennoch die Frage, ob dies in der aktuellen Form am zielführendsten ist oder es noch Optimierungsbedarf in der einen oder anderen Art und Weise gibt. Dies ist bei einer Führungskraft mehr grundsätzlicher Natur, während es für Mitarbeiter wesentlich öfter Änderungen in Details der Rahmenbedingungen zu beachten gilt, welche zu Veränderungen bei der Bearbeitung der Aufgabe führen oder besser führen sollten. Ist zum Beispiel eine bessere oder geringere Qualität des Ergebnisses notwendig, erfordert oder erlaubt dies eine Anpassung des Prozesses. Oder eine weitere Standardisierung der Aufgabe ermöglicht eine weitergehende oder vollständige Automatisierung, so dass die Produktivität gesteigert wird.

Ebenso kann das Ergebnis in Form oder Inhalt eventuell verändert werden, um die Aussagekraft zu steigern oder die Bearbeitung zu erleichtern. Ersterer Fall kann als Anforderung von außen kommen oder eine Idee aus der Einheit selbst sein, während letzteres eine permanente und zwingende Überlegung jedes Mitarbeiters sein muss, um sich selbst eventuell die Arbeit zu erleichtern. Eine Führungskraft muss sich darüber hinaus die Frage stellen, wer die Aufgabe bearbeitet, und wenn sie selbst, dann ob nicht eine Delegation der Aufgabe möglich ist. Gute Anhaltspunkte sind an dieser Stelle, dass sich eine fachliche Aufgabe immer delegieren lässt und bei allen anderen die Betrachtung der notwendigen Kompetenzen nähere Anhaltspunkte ergibt, ob dies der Fall ist. Zuletzt stellt sich die Frage nach dem optimalen Zeitpunkt der Erledigung, weil nicht die Dringlichkeit sondern die Wichtigkeit für den bestmöglichen Erledigungszeitpunkt ausschlaggeben ist, wie bereits bei der Unterscheidung zwischen Effektivität und Effizienz geschildert.

Bei allen Betrachtungen ist jeweils die Analyse der Folgen und Konsequenzen zu empfehlen, um eine fundierte Entscheidung treffen zu können. Neben der Einschätzung der möglichen Fehler oder Qualitätsverluste sind ebenfalls die Eintrittswahrscheinlichkeiten zu kalkulieren, um der eigenen Verantwortung gerecht zu werden und die Risikoanalyse zu vervollständigen.

Eine weitere große Entlastungsmöglichkeit ist die sorgfältige Entscheidung der tatsächlichen Lesemenge und damit der Aufnahme von Informationen über diesen Weg. Während dies für eintreffende E-Mails sehr leicht mittels Regeln zumindest für die eigene verantwortete Einheit bestimmbar oder mittels eines Regelassistenten beherrschbar ist, ist es für andere Quellen deutlich aufwendiger. An dieser Stelle kann ein Sekretariat oder eine Assistenz wertvolle Dienste leisten, umso wichtiger ist die Aufgabe jedoch für die Führungskräfte oder Mitarbeiter, welche darüber nicht verfügen. Als erstes sollte der Le-

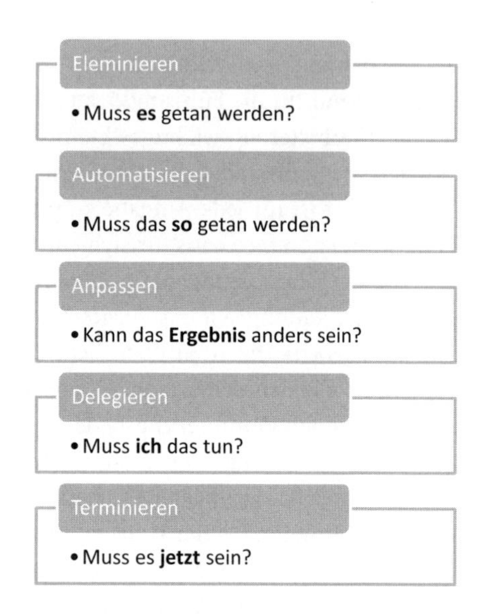

Abb. 2.15 Aufgabenüberprüfung zur Entlastung

sestoff selektiert werden, damit wiederum die Effektivität Vorrang vor der Effizienz hat. Damit sind bei weitem die größten Gewinne zu erzielen, entsprechende Bedeutung sollte eine Führungskraft dieser Tätigkeit widmen. Anschließend kann die Art des Lesens verbessert werden, hinsichtlich der Methodik und der Geschwindigkeit, wodurch ebenfalls große Fortschritte zu erzielen sind, solange das Verständnis nicht darunter leidet. Es ist mit Sicherheit kontraproduktiv, Dinge nur zu überfliegen und damit Informationen zu übersehen oder falsch aufzunehmen, so dass dies nur vorsichtig verbessert werden kann. Zuletzt sind die Ablage samt Dokumentation sowie die Markierung der entscheidenden Passagen zu betrachten, um das spätere Auffinden relevanter Informationen zu erleichtern. Und es gehört an dieser Stelle ebenso der Mut zur Lücke dazu, Informationen zu ignorieren oder wenigstens ab und an zu entscheiden, auf welche Informationen grundsätzlich zu verzichten ist, weil der Mehrwert nicht den zeitlichen Aufwand der Aufnahme rechtfertigt (Abb. 2.15).

3 Hebel zur Steigerung der Produktivität

Nach dem die Führungskraft ihr Führungsverhalten für eine bestmögliche Produktivität angepasst hat, gilt es die insgesamt von der verantworteten Einheit geleistete Arbeit ebenso zu optimieren. Dafür ist es notwendig, sich im Detail mit den Tätigkeiten auseinandergesetzt zu haben und ein Gefühl dafür zu entwickeln, welche Arbeit in welcher Zeit erledigt werden kann und welche Qualitätsstandards dabei erreicht werden können. Im Gegensatz zu klassischer Akkordarbeit, welche hinreichend untersucht und mittels Prozessanalyse optimiert wurde, indem die notwendige Qualifikation der Arbeiter fortlaufend reduziert wurde und dennoch kaum weitere Zeitersparnisse erzielbar sind, ist die Arbeit von Wissensarbeitern zum einen bei weitem nicht so gut vergleichbar und benötigt darüber hinaus eine bessere Ausbildung der Mitarbeiter. Zum anderen sind die Veränderungen in den Rahmenbedingungen, beispielsweise den wachsenden Möglichkeiten der Datenverarbeitung oder der Kommunikationswege, gravierend und häufig, so dass Anpassungen laufend erfolgen müssen, um die Produktivität gegenüber den Wettbewerbern nicht absinken zu lassen.

Eine weitere Motivation, sich detailliert mit der Arbeit an sich auseinanderzusetzen, sind notwendige Kosteneinsparungen, welche durch die Führungskraft umzusetzen sind. Weil das Streichen von Aufgaben immer mit einem Verlust des Ergebnisses einhergeht, sollte vorher immer überprüft werden, ob nicht durch andere Verbesserungen noch Einsparungen möglich sind. Für die Führungskraft bedeutet eine Einsparung von Arbeitskapazität dann natürlich noch keine realisierte Kosteneinsparung, weil die Mitarbeiterkapazität nicht ebenso einfach abgebaut werden kann und eine Reduzierung der Arbeitszeit von jeweils zehn Prozent bei zehn Mitarbeitern noch eine Reorganisation der Arbeit erforderlich macht, am besten nachdem ein Mitarbeiter ausgeschieden ist. Die strukturellen Überlegungen, welche auf dem Verständnis der Wissensarbeit aufbauen, erfolgen im nächsten Kapitel und beziehen sich ebenfalls auf das im vorherigen Kapitel eingeführte Führungsverhalten.

Aus diesen Gründen ist es unbedingt erforderlich, dass eine Führungskraft sich intensiv mit den zu leistenden Arbeiten ihrer Einheit auseinandersetzt und selbst, wenn sie

D. Walther, *Die 38-Stunden-Woche für Manager*,
DOI 10.1007/978-3-658-02788-9_3,

direkt Mitarbeiter führt, oder indirekt über ihre Führungskräfte ein System aufbaut, mit Hilfe dessen die Produktivität der Einheit transparent gemacht wird und ihr damit eine Steuerung ermöglicht. Im Folgenden soll sich daher sowohl mit den Mitarbeitern, welche Wissensarbeit leisten, und den Arbeitsschritten näher beschäftigt werden, um Leistungsverbesserungen erkennen und heben zu können. Dies betrifft nicht nur die gesamte Dienstleistungsindustrie, sondern beispielsweise auch die Stäbe, die Forschungs- und Entwicklungsbereiche oder die Personalbereiche aller Unternehmen unabhängig von ihrer Branche.

Die in diesem Bereich tätigen Wissensarbeiter schaffen mit Wissen oder Kreativität aus vorhandenen Informationen immaterielle Arbeitsergebnisse. An dieser Stelle ist es nicht notwendig sich mit einer exakten Definition zu beschäftigen, weil bereits aus dieser kurzen Beschreibung die Problematik ersichtlich wird. Im Gegensatz zu einem hergestellten Produkt ist die Qualität wesentlich schwerer zu beurteilen. Gleiches gilt für die Leistung des Mitarbeiters, der dieses Ergebnis erzielt hat, und die Zeit, welche er benötigt hat, um das Ergebnis zu erzielen.

Es ist schwer möglich, allgemein Qualität zu definieren, allerdings ist dies auch nicht notwendig, weil der Prozess die Qualität des Ergebnisses bestimmt. Dies ermöglicht es von einer hohen Produktivität auszugehen ohne die Qualität betrachten zu müssen, solange der Prozess qualitativ gut und effizient ist. Daraus folgt, dass zwei wesentliche Faktoren für die Produktivität die Tätigkeit und der Prozess sind. Daher werden beide zu Beginn des Kapitels betrachtet.

Dies allein führt jedoch zu ungenügenden Ergebnissen, denn die Tätigkeit, Wissensarbeit, ist nicht für alle Personen gleich. Vielmehr muss sehr deutlich zwischen den verschiedenen Personen unterschieden werden, beispielsweise nach Qualifikation oder Erfahrung. Für einen ungenügend qualifizierten Mitarbeiter kann eine bestimmte Tätigkeit herausfordernd sein und einen hohen innovativen Charakter beinhalten, während sie für einen überqualifizierten Mitarbeiter eine langweilige Routinetätigkeit darstellt. Aus diesem Grund werden verschiedene Eigenschaften von Mitarbeitern in Bezug auf die Erfordernisse untersucht, welche für die Tätigkeiten und Prozesse notwendig sind, um die bestmögliche Produktivität erreichen zu können.

Zuletzt werden die Rahmenbedingungen untersucht, welche das Unternehmen den Mitarbeitern für die Durchführung der Prozesse bietet. Hier geht es nicht um die Bewertung der Rahmenbedingungen eines Unternehmens, diese lassen sich selbst für einen Vorstandsvorsitzenden nicht schnell ändern, wenn verlangt wird, dass die Änderung im ganzen Unternehmen umgesetzt und wirksam wurde. Es gilt vielmehr zu berücksichtigen, dass verschiedene Unternehmenstypen verschiedene Anforderungen der Mitarbeiter hinsichtlich Zufriedenheit und der Vorstände hinsichtlich Produktivität haben. Zur Verdeutlichung seien hier ein klassischer Finanzdienstleister und ein Dienstleistungsanbieter im Internet genannt, für welche bereits sehr unterschiedliche Anforderungen und Qualitätsmerkmale gelten.

3.1 Erforderlich: Analyse der Tätigkeiten

Qualität ist, wenn der Kunde zurückkommt und nicht das Produkt. (Günther Schreiber)

Um die optimale Produktivität bei der Erledigung einer Aufgabe zu erreichen ist es erforderlich, sich ein genaues Bild von der Aufgabe zu machen. Während bei sich Fließbandtätigkeiten mittels kleinstmöglicher Unterteilung Handgriffe ergeben, welche jederzeit exakt identisch ausgeführt werden müssen und dadurch extrem schnell möglich sind, stellt sich dies bei Wissensarbeitern anders dar. Eventuell verändern sich Parameter und der Mitarbeiter muss dies alleine erkennen und darauf reagieren, es ist eine Transferleistung zu erbringen oder an gewissen Stellen eine Entscheidung zu treffen. Unabhängig davon, wie oft dies eintritt, muss sich mit solchen Situationen auseinandergesetzt werden. Denn der entscheidende Faktor für das optimale Ergebnis einer Aufgabe lässt sich weniger durch die einmalige oder mehrmalige Durchführung bestimmen und zusätzlich sind die langfristigen Konsequenzen existierender oder neu eingeführter Regeln zu berücksichtigen.

Dabei spielen die Fähigkeiten des Mitarbeiters eine große Rolle. Ein guter Mitarbeiter wird eine bestimmte Aufgabe schneller und mit einer besseren Qualität des Ergebnisses ausführen, als ein durchschnittlicher Mitarbeiter. Dies erleichtert die Arbeit und die Bewertung der Mitarbeiter, wenn diese die gleiche Arbeit ausführen. Ist dies nicht der Fall, weil beispielsweise in einer Stabsstelle die Tätigkeiten selbst in einem Team bereits deutlich variieren, gestaltet sich die Bewertung der Mitarbeiter bereits deutlich schwieriger. Hinzu kommt, dass der Mitarbeiter eventuell mit der falschen Aufgabe betraut ist und an anderer Stelle deutlich besser aufgehoben wäre. Dies ist nicht dem Mitarbeiter vorzuwerfen, selbst wenn dieser diese Aufgabe bearbeiten möchte, sondern der Führungskraft, und muss entsprechend berücksichtigt werden.

Aus den vorangegangenen Überlegungen wird deutlich, dass sich die optimalen Ergebnisse erzielen lassen, indem die zu erledigenden Aufgaben genau untersucht und anschließend sinnvoll gebündelt werden. Im Idealfall verfügt die Führungskraft darüber hinaus jeweils über Mitarbeiter, die gut sind und deren Stärken exakt in der Erledigung ihrer Aufgaben liegen. Wenn dem nicht so ist, und es wird vermutlich in wenigstens einigen Fällen so sein, müssen Abstriche vom optimalen Ergebnis in Kauf genommen werden. Um dies zu vermeiden kann es sich lohnen, die Aufgabe für den Mitarbeiter anzupassen und Aufgabenteile mit einem anderen Mitarbeiter zu tauschen. Jedoch sollte behutsam damit umgegangen werden, weil im Falle von Krankheit, Urlaub oder der Nachbesetzung dieses Mitarbeiters ein anderer Mitarbeiter mit anderen Stärken die Aufgaben ausführen wird. Bei zu großer Anpassung an den Mitarbeiter kann es in diesen Fällen zu einem gravierenderen Einbruch in der Qualität des Ergebnisses kommen. Es lohnt sich vorher noch einmal gründlich über die Zusammenstellung der Aufgaben und der Zuordnung zu den Mitarbeitern nachzudenken. Handelt es sich um einen sehr speziellen Mitarbeiter, für dessen Stärken sich keine Aufgabe richtig anbietet, wird die Führungskraft im Ergebnis in jedem Fall Abstriche hinnehmen müssen, so dass es auch für diese Aufgabe akzeptabel ist. Findet sich dagegen kein Mitarbeiter, für den diese Aufgabe passt, sollte sich die Führungskraft erneut mit der Aufgabe beschäftigen, weil sich diese Situation mit einem gänzlich anderen Zuschnitt der Aufgabe vielleicht beheben lässt. Und generell sollte beachtet werden, dass keine Strukturen oder Aufgaben auf Mitarbeiter zuzuschneiden sind, weil dies im Falle von Wechseln zu suboptimalen Ergebnissen führt, worauf in einem späteren Kapitel erneut und detaillierter eingegangen wird.

Während im vorherigen Absatz diese Situation aus Sicht einer Führungskraft der untersten Führungsebene beleuchtet wurde, verändert sich diese Sicht in höheren Führungsebenen deutlich. Ein Vorstand, der seine erste Führungsebene besetzt, wird der Organisation langfristig keinen Gefallen tun, wenn er die Bereiche den stärken seiner Führungskräfte angepasst. Zum einen ist die Fluktuation auf dieser Ebene deutlich höher, zum anderen hätte dies gravierende Folgen für die Struktur, weil nicht nur Mitarbeiter betroffen sind, sondern eventuell komplette Gruppen beziehungsweise Abteilungen. Für sämtliche Führungsebenen dazwischen, von denen zu hoffen ist, dass es nicht so viele gibt, ist die Situation zwischen den beiden geschilderten Extremen einzuordnen.

Es wird jedoch deutlich, dass nicht alleine die Aufgaben die Struktur der Organisation bestimmen, sondern auch die Qualität der Mitarbeiter. Es hilft nichts, eine optimale Aufgabenverteilung zu finden, für die drei Genies und zwölf Arbeitsbienen benötigt werden, wenn es unrealistisch ist, drei Genies zu haben oder überhaupt einstellen zu können. Daher ist bei der Zusammenstellung von Aufgaben zu einem Stellenprofil darauf zu achten, dass diese Stelle besetzt werden soll und bestenfalls ein durchschnittlicher Mitarbeiter ein optimales Ergebnis erzielen kann. Denn statistisch gesehen sind die Mitarbeiter eben genau der Durchschnitt und es wird nur schwer realisierbar sein, fortwährend überdurchschnittliche Mitarbeiter einzustellen und zu halten. Wie sich die Wahrscheinlichkeit dennoch zumindest erhöhen lässt, wird in einem anderen Kapitel im Abschnitt Leistungskultur behandelt.

3.1.1 Die Unterscheidung bestimmender Eigenschaften

Um sich bewusst zu machen, welche Eigenschaften einer Aufgabe entscheidend für die Geschwindigkeit und Qualität der Abarbeitung sind, bietet sich der Vergleich eines Menschen mit einem Computer an. Wie jeder Informatikstudent im ersten Semester lernt, ist ein Computer dumm, aber verdammt schnell. Neben der Geschwindigkeit ist das Gedächtnis des Computers dem des Menschen überlegen, weil er nichts vergisst. Andererseits verändert der Mensch Informationen, welche er in seinem Gedächtnis abgelegt hat, beispielsweise aufgrund nachfolgender Informationen. Er lernt dabei und ist in der Lage, dieses neue Wissen anzuwenden. Auch in der Wahrnehmung und der Kreativität ist der Mensch dem Computer überlegen.

In der Analyse der Ergebnisse eines Computers, führt dieser exakt die Aufgaben aus, für die er programmiert wurde. Der Programmierer entspricht demnach der Führungskraft, welche einem Mitarbeiter die Ausführung von Aufgaben überträgt. Hat der Computer die Aufgabe, ein und dieselbe Rechnung immer und immer wieder durch zuführen, so ist dies für den Programmierer ein leichtes. Bei jedem Sonderfall jedoch muss der Programmierer entscheiden, wie sich der Computer verhalten soll, denn der Computer ist nicht in der Lage, eigenständig zu denken oder zu handeln. Der Programmierer dagegen hat die Entscheidung zwischen dem Aufstellen und Programmieren einer Regel für jeden Sonderfall sowie dem Auslassen, mit dem Ergebnis dass der Computer diese Aufgaben nicht bewältigen wird und der Programmierer dies selbst erledigen muss. Eine Führungskraft, die dieses Kopfmonopol besitzt, könnte es sich nicht leisten zu fehlen, weil ansonsten Arbeit nicht bewältigt würde. Muss der Computer nicht eine, sondern zwei oder mehrere Aufgaben gleichzeitig ausführen, so braucht er für jede Aufgabe einen eigenen Prozessor, ein eigenes Gehirn, oder er verliert Zeit beim Wechsel zwischen den Aufgaben. Diese Wechselzeiten zwischen einzelnen Prozessen sind sicherlich sehr gering, jedoch kommt es dennoch ab und an vor, dass sich ein Computer aufhängt und nicht mehr reagiert, weil er nur noch mit dem Wechsel zwischen verschiedenen Prozessen beschäftigt ist. Gleiches kann, sicherlich nicht in diesem Ausmaß, bei Mitarbeitern passieren, selbst wenn es einige Mitarbeiter gibt, welche deutlich mehr Aufgaben parallel bearbeiten können als andere.

3.1.1.1 Abgrenzung der betrachteten Aufgabe

Als erste Aufgabe der Führungskraft ist daher zu prüfen, welche Aufgabe exakt zu erledigen ist. Es gilt sich auf die Aufgabe zu konzentrieren und diese bestmöglich zu definieren. Die Ausgangssituation ist aufzunehmen und das gewünschte Resultat festzulegen sowie Kriterien für die Beurteilung der Qualität zu bestimmen. Gerade bei einem Wissensarbeiter wird die Produktivität mindestens ebenso durch die Qualität bestimmt, wie durch die Quantität.

Jedoch muss auch die Wissensarbeit noch unterschieden werden, beispielsweise nach Routineanteil oder Komplexität. Entweder handelt sich die Tätigkeit zu einem Großteil um Routineabläufe oder der Mitarbeiter wird mit veränderten Parametern konfrontiert, so dass er nicht auf Erfahrungen zurückgreifen kann und gezwungen ist, kreativ beziehungsweise innovativ zu sein. Ob ein Mitarbeiter die Tätigkeit nach einer kurzen Einarbeitungsphase ausführen kann oder ein jahrelanges lernen und einarbeiten notwendig ist, hängt von der Komplexität der Arbeit ab. Für die Führungskraft ist dabei außerdem wichtig zu differenzieren, ob es sich bei der notwendigen Ausbildung um eine spezielle, für diese Arbeit zugeschnittene, handelt oder um eine allgemeine, methodische, welche die Mitarbeiter auch für andere Aufgaben vorbereitet. Dies hat Auswirkungen auf die Ersetzbarkeit und damit das zu zahlende Gehalt des Mitarbeiters, weil es den Wert des Mitarbeiters zumindest mitbestimmt. Von Interesse ist ebenfalls, ob sich die Aufgabe verändert und wenn ja, unter welchen Bedingungen. Die Anforderungen an den Mitarbeiter wiederum hängen davon ab, ob der Mitarbeiter diese Änderungen selbst erkennen muss oder ihm diese Information mitgeteilt wird. Ist die Aufgabe zu dem sehr groß oder sehr speziell kann es sein, dass diese nicht mehr von einem Mitarbeiter sondern nur noch von einem Team bewältigt werden kann, was entsprechende Folgen für die notwendige Struktur der Einheit hätte.

Die qualitative Bewertung einer Aufgabe, welche auf Wissensarbeit beruht, kann mit obigen Eigenschaften einfach durchgeführt werden. In der einfachsten Kategorie handelt es sich um eine Aufgabe, welche routiniert jederzeit identisch durchgeführt werden kann und sich nicht verändert. Gleichzeitig ist keine Ausbildung erforderlich und die Aufgabe ist von einer Person zu bewältigen. Jede Veränderung der obigen Eigenschaften erschwert die Aufgabe bis hin zur komplexesten Kategorie, bei der der Mitarbeiter permanent mit neuem konfrontiert wird, selbst wenn er jahrelang ausgebildet wurde. Dazu verändern sich die Rahmenbedingungen ebenso häufig und der Mitarbeiter ist gleichzeitig auf die Unterstützung von Kollegen angewiesen, um die Aufgabe überhaupt erledigen zu können.

Es wird deutlich, welche unterschiedlichen Typen von Mitarbeitern für die verschiedenen Kategorien notwendig sind und ebenso ist zu beachten, dass ein Mitarbeiter, welcher sich mit einer Aufgabe der einfachsten Kategorie wohl fühlt, mit einer Aufgabe der komplexesten Kategorie überfordert wäre. Umgekehrt wäre ein Mitarbeiter unterfordert und bestimmt nicht zufrieden, wenn er für die Aufgaben der komplexesten Kategorie ausgebildet worden wäre, aber nur Routinetätigkeiten der einfachsten Kategorie bearbeiten soll. Daher bietet es sich an, an beliebigen Stellen zwischen beiden Extremen Trennungen einzuführen und die Wissensarbeiter zu unterscheiden. Diese Art kann leicht von der Führungskraft dazu genutzt werden, eine unterschiedliche Behandlung zu begründen und umzusetzen.

3.1.1.2 Unterscheidung von Routine, Wiederhol- und Automatisierbarkeit

Es werden mehr Menschen durch Übung tüchtig als durch ihre ursprüngliche Anlage. (Demokrit)

Jeder Mitarbeiter wird, unabhängig vom Typ der Aufgabe, ein umso besseres Ergebnis erzielen, je öfter er die gleiche Aufgabe bereits erledigt hat. Dabei sinkt die Wahrscheinlichkeit einen Fehler zu machen mit jeder Wiederholung, allerdings niemals auf null, das heißt, es kann dennoch durchaus erneut einer vorkommen. Ist der Fehler offensichtlich, so wird ihn der Wissensarbeiter bemerken und mit wenig Zeitaufwand korrigieren. Abgesehen davon, dass nicht die maximal mögliche Produktivität erzielt werden konnte, kann dieser Fall aufgrund der minimalen Auswirkungen vernachlässigt werden. Jedoch bei Aufgaben, bei denen Fehler nicht leicht ersichtlich sind, können diese auftreten und unerkannt bleiben, wobei die Auswirkungen dramatisch sein können und von der Bedeutung der Aufgabe insgesamt abhängen. Daher sollte für diesen Typ von Aufgaben die Qualität des Ergebnisses über den Prozess sichergestellt und bestmöglich garantiert werden.

Es obliegt selbstverständlich zunächst jedem Wissensarbeiter, sich eigenständig darüber Gedanken zu machen, auf welche Arten er Fehler vermeiden und damit seine Qualität erhöhen kann. Genauso ist er aufgefordert, innovativ Veränderungen vorzunehmen um schneller oder besser zu sein. Dennoch werden nicht alle Mitarbeiter überhaupt ihr eigenes Tun reflektieren und selbstständig auf bestmögliche Veränderungen kommen. Daher ist es eine wesentliche Aufgabe der Führungskraft, Verbesserungen einzelner Mitarbeiter zu bemerken, zu belohnen und in der eigenen Einheit zu multiplizieren, gerade weil sie sich um die Aufgaben der anderen Mitarbeiter und deren mögliche Optimierungen selbst kümmern muss.

Die Verbesserungen der Qualität oder Steigerung der Geschwindigkeit in der Abarbeitung von wiederkehrenden Aufgaben kann auf vielfältige Weise erfolgen. Um die Qualität zu steigern könnten Fehler beispielsweise durch den Einsatz von Checklisten reduziert werden, ohne einen gravierenden Nachteil in der Produktivität zu erleiden. Reicht die damit zu erzielende Qualität jedoch nicht aus, können die Ergebnisse durch das 4-Augen-Prinzip zusätzlich qualitativ verbessert werden, wobei sich die Produktivität jedoch näherungsweise halbiert. Eine Alternative dazu ist, die Wiederverwendbarkeit von Arbeitsergebnissen des vorherigen Durchgangs zu ermöglichen, um damit Zeit einzusparen und Fehlerquellen auszuschließen. Je größer die Möglichkeiten der Unterstützung durch Technik sind, umso bessere Ergebnisse hinsichtlich Qualität und Geschwindigkeit können durch den Einsatz erzielt werden. Allein durch die heute in fast jeglicher Software verfügbaren Möglichkeiten der automatischen Fehlerkontrolle oder der exakten Wiederholung durch Makros kann die Aufgabe im Wiederholungsfall deutlich vereinfacht werden. Zusammen mit einer Anleitung zur Durchführung reduziert sich der Grad der Komplexität einer Aufgabe deutlich, sofern die Möglichkeiten intelligent genutzt werden.

Diese technische Unterstützung, genauso wie das Teilen von vorhandenen Informationen, Wissen oder Arbeitsergebnissen, ist ein wesentlicher Bestandteil der Arbeit. Es obliegt der Führungskraft, hier alle Möglichkeiten auszuschöpfen und die Mitarbeiter dabei zu unterstützen, durch Kreativität neue Wege zu entdecken. Der Königsweg besteht in der vollständigen technischen Automatisierung, welche Fehler zu 100 % ausschließt und gleichzeitig in minimaler Zeit durchgeführt werden kann. Allerdings ist der Preis einer vollständigen Automatisierung der hohe Einmalaufwand der Einführung. Gleichzeitig muss dieser Einmalaufwand über die eingesparte Zeit wieder amortisiert werden, so dass Anforderungen an die Konstanz der Aufgabe gestellt werden. Die Wahrscheinlichkeit dafür ist umso höher, je länger die Aufgabe ohne Veränderung durchgeführt wird oder je besser die Automatisierung mittels Parametern an die Veränderung angepasst werden kann. Aus diesem Grund wird es in der Praxis häufig bei einer Teilautomatisierung bleiben, bei der die Veränderung einzelner Parameter oder kurze, aber komplizierte Teilaufgaben weiterhin manuell durchgeführt werden. An dieser Stelle ist darauf zu verweisen, dass heute bereits Standardbürosoftware, beispielsweise die Microsoft Office Produktfamilie, über weitreichende Funktionalität hinsichtlich Anpassung und Programmierung verfügt. Damit ist der Grad der Automatisierung nur noch abhängig von dem Kenntnisstand des Mitarbeiters, welcher wiederum im Einflussbereich der Führungskraft liegt und daher verbessert werden kann.

Dabei werden, mindestens in der heutigen Zeit, die jüngere Mitarbeiter einen deutlichen Vorteil gegenüber den älteren Mitarbeitern haben. Dies kann jedoch in 20 Jahren bereits vollkommen anders aussehen, wenn nahezu alle Mitarbeiter mit den Möglichkeiten der aktuellen Technik aufgewachsen und in Berührung gekommen sind. Bis dahin ist es wichtig, das notwendige Wissen am besten in jeder Einheit verfügbar zu haben und über einen Grundstock von Mitarbeitern zu verfügen, welche ihr Wissen den Kollegen zur Verfügung stellen können und damit die Automatisierung der gesamten Einheit steigern können. Zum einen, um notwendige Anpassungen erkennen und vornehmen zu können, zum anderen, um die Weiterbildung und die Entwicklung der gesamten Einheit in diesem Bereich zu unterstützen. Denn es ist ein wesentliches Kriterium, welches über die langfristige Produktivität einer Einheit entscheidet und es sollte Teil der strategischen Ausrichtung der Führungskraft sein, auf diesem Gebiet voranzuschreiten und messbare Fortschritte zu erzielen.

Es versteht sich von selbst, dass der Automatisierungsgrad von Arbeiten zwischen verschiedenen Einheiten deutlich variieren kann. Die Aufmerksamkeit, welche dem Thema gewidmet wird, sollte mit diesen Möglichkeiten korrelieren. Selbst wenn die Führungskraft über keinerlei Kenntnisse in diesem Bereich verfügt und auch die Mitarbeiter keine Initiative ergreifen, so lässt sich dieses Wissen hervorragend einkaufen, beispielsweise über Beratungen. Jedes größere Unternehmen sollte die Möglichkeit in Betracht ziehen, über eine eigene Einheit der internen Unternehmensberatung zu verfügen, welche genau diese Funktionalität zu geringen oder wenigstens geringeren Kosten bereitstellt. Schon durch diesen Ansatz wird ersichtlich, dass wenn die Kosten des Einsatzes dieser Mitarbeiter durch die Einsparungen der Automatisierung aufgewogen werden, nicht nur die Einheit selbst kostenneutral für das Unternehmen ist, sondern auch langfristig die Produktivitätssteigerungen dauerhaft verankert sind.

Neben der Automatisierung der Arbeit an sich bietet sich darüber hinaus durch die Unterstützung mittels Werkzeugen eine mindestens ebenso große Chance der Optimierung. Bei Präsentationen können zum Beispiel durch Vorlagen und geeignete Makros für Inhaltsverzeichnisse oder die Platzierung von Textbausteinen enorme Produktivitätsfortschritte erzielt werden. Dies wird alleine durch den Markt deutlich, den Anbieter von Software-Produkten geschaffen haben, welche sich auf Add-Ins zur Unterstützung von Standardsoftware fokussieren. Haben die Mitarbeiter verstanden, welche Möglichkeiten es gibt und wie diese eingesetzt werden können, wird es an Ideen nicht mehr mangeln. Die Hauptaufgabe der Führungskräfte ist es dann, Ideen aufzugreifen, zu bewerten und gegebenenfalls umsetzen zu lassen. Dies gilt nicht nur für die eigene Einheit, sondern insbesondere für die Institutionalisierung der Verbreitung dieser Innovationen im gesamten Unternehmen.

Selbst wenn ein Unternehmen alle Möglichkeiten der technischen Unterstützung und Automatisierung ausgereizt hat, wird es immer Bruchstellen innerhalb der Prozesse geben, die nicht weiter automatisiert werden können. Dies ist unter anderem der Fall, wenn eine Entscheidung getroffen wird, die von sehr vielen Bedingungen abhängt. Hier hilft es dennoch, die Entscheidung genau zu betrachten und möglichst viele Fälle zu klassifizieren. Selbst wenn es nicht gelingt, vollständige Regeln zur Vorgehensweise anzugeben, so ist es vielleicht dennoch möglich, eine Übersicht über einen Großteil der Fälle zu erstellen und damit die Arbeit zu erleichtern und nahezu automatisch behandeln zu können.

3.1.1.3 Auswirkungen der Veränderung über die Zeit

> Veränderungen begünstigen nur den, der darauf vorbereitet ist. (Louis Pasteur)

Es mag Fälle geben, in denen sich die Aufgabe eines Wissensarbeiters auf absehbare Zeit nicht ändert. Diese sind jedoch sehr selten und es handelt sich dabei um Einzelfälle und

Ausnahmen, weil alleine die technischen Rahmenbedingungen einem sehr schnellen Wandel unterliegen. Kann eine Aufgabe automatisiert werden, verschwindet diese faktisch, weil sie ab diesem Zeitpunkt nur noch vollautomatisch durchgeführt wird und allerhöchstens noch eine Kontrolle der Ergebnisse vor der Weiterverarbeitung oder –Verteilung erfolgt. Es ist nicht mehr notwendig, den genauen Ablauf zu kennen, weil die Aufgabe ab diesem Zeitpunkt als Blackbox genutzt werden kann.

Es ist dennoch notwendig, eine gründliche Dokumentation vorzunehmen, einerseits für die Inhaltsbeschreibung der technischen Implementation, weil diese für die Beobachtung der Rahmenbedingungen ausschlaggebend ist, andererseits für die Automatisierung an sich, damit ein anderer Programmierer in der Lage ist, den Code zu verstehen und gegebenenfalls anzupassen. Ist eine Automatisierung nicht möglich, so ändert sich dennoch der Charakter der Aufgabe in der Hinsicht, dass es sich nicht mehr um Wissensarbeit handelt. Vielmehr um eine Hilfstätigkeit, welche ein ungelernter Arbeiter nach klarem Vorgaben ohne zu denken ausführen kann. Für beide Fälle ist die Optimierung der Produktivität jedoch trivial, so dass an dieser Stelle nicht weiter darauf eingegangen wird.

Ändert sich die Aufgabe eines Wissensarbeiters, so ist zu unterscheiden, worin die Änderung besteht. Zum einen kann es sich um regelmäßige oder unregelmäßige zeitliche Änderungen handeln, beispielsweise bedingt durch einen Jahreswechsel oder das Erreichen bestimmter Ziele oder Ergebnisse. In diesen Fällen sind die Änderungen wiederkehrend und es können wiederum die erstmaligen und die wiederholten Änderungen unterschieden werden. Während die erstmalige Änderung durch ihren Anteil an Innovation mehr oder weniger komplex ist, sinken die Anforderungen an die wiederholte Änderung deutlich. Durch Dokumentation, Anleitung oder Einführung verschwindet der innovative Charakter der Aufgabe und damit ein Großteil des notwendigen Verständnisses der übergeordneten Zusammenhänge.

Zum anderen gibt es Änderungen der Rahmenbedingungen einer Aufgabe, welche eine Anpassung erforderlich machen. In diesen Fällen kommt gerade dem Verständnis der Zusammenhänge und der Durchführung der Aufgabe eine große Bedeutung zu. Es ist eine Abschätzung des Einflusses der Rahmenbedingungen vorzunehmen und anschließend eine Änderung in dem Sinne vorzunehmen, dass die Aufgabe nicht nur wieder mit einem Ergebnis abgeschlossen wird, sondern dass dieses Ergebnis auch optimal im Sinne des Unternehmens ist. Die Verantwortung dafür liegt bei dem die Aufgabe ausführenden Wissensarbeiter. Führen ein oder mehrere andere Wissensarbeiter die gleiche oder eine ähnliche Aufgabe durch, so ist der Wissenstransfer sicherzustellen, damit Doppelarbeiten vermieden werden und es nicht zu Inkonsistenzen des Ergebnisses innerhalb eines Teams kommt.

Daraus ergibt sich, dass die kontinuierliche Innovation beziehungsweise Veränderung der Aufgabe ein fester und immer existierender Bestandteil jeder Aufgabe ist. Der Wissensarbeiter muss jederzeit in der Lage sein, die Notwendigkeit selbstständig zu erkennen und dementsprechend zu handeln. Weiterhin folgt daraus, dass ein ständiges Lernen ebenfalls integraler Bestandteil der Tätigkeit eines Wissensarbeiters ist. An dieser Stelle ist explizit darauf hinzuweisen, dass die Änderung von Rahmenbedingungen auch technischen Fortschritt in Form neuer Methoden oder Arbeitsgeräten beinhaltet. Gerade weil Wissensarbeit heutzutage größtenteils mithilfe von Computern durchgeführt wird und mit Computern nahezu jede Unterstützung denkbar ist, gilt es besondere Vorsicht walten zu lassen. Eine Veränderung, die bei der letzten Prüfung noch unrentabel war, kann durch sinkende Preise bald darauf wirtschaftlich sinnvoll sein. Es ist daher ebenso Teil der Tätigkeit von Wissensarbeitern und deren Führungskräften, von Zeit zu Zeit bewährte Arbeitsabläufe kritisch zu hinterfragen und sich auf dem Markt nach Neuerungen oder Erfolgsmethoden, best practice, umzuschauen.

3.1.1.4 Veränderungen der Analysetätigkeit durch die Technik

Besonders deutlich wird diese Veränderung an der fortschreitenden technischen Entwicklung im Bereich der Analysen. Während die Führungskraft vor wenigen Jahren auf Einschätzungen von Experten angewiesen war, deren Kompetenz durch jahrelange Erfahrung geprägt wurde, sind heute vielfach die benötigten Daten in EDV-Systemen des Unternehmens verfügbar, zumindest theoretisch. Es ist jedoch notwendig, dass der Wissensarbeiter sich diese Daten in auswertbarer Form verfügbar machen kann. Des Weiteren muss er in der Lage sein, die vielfach große Masse der Daten adäquat untersuchen zu können, um letztendlich zu vernünftigen Ergebnissen oder neuen Erkenntnissen zu gelangen. Dies erfordert neben einem hohen technischen Verständnis insbesondere eine methodische Ausbildung für die Herangehensweise an solche Probleme. Es ist zu erahnen, weshalb eine 20 oder mehr jährige Tätigkeit in einem Unternehmen an demselben Arbeitsplatz nicht mehr die Regel sein wird. Der alleine durch den technischen Fortschritt erzwungene Wandel der Tätigkeiten der Wissensarbeiter führt dazu, dass der Wechsel an einen anderen Arbeitsplatz in Relation geringere Auswirkungen hinsichtlich der Veränderung haben kann und entsprechend eine geringere Hemmschwelle darstellt. Umso wichtiger ist es für die Führungskräfte, die Mitarbeiter weiterzuentwickeln und auf diesen Wandel vorzubereiten, denn nur auf diese Weise ist es möglich, gute Ergebnisse mit einem stabilen Team von Wissensarbeitern über die Zeit zu erzielen. Ähnlich einer Fabrik ist es an dieser Stelle für das Unternehmen essenziell, in die Mitarbeiter zu investieren, damit diese nicht relativ an Qualität verlieren und weiterhin für die gleichen, sich verändernden Tätigkeiten einsetzbar sind.

Eine nicht erkannte Veränderung kann dazu führen, dass eine falsche Entscheidung getroffen wird. Hier ist zu ergänzen, dass weniger die Entscheidung als falsch zu erkennen ist, als vielmehr das Ergebnis, weil im Grundsatz eine nachvollziehbare Entscheidung auf Basis falscher Informationen getroffen wird. Der Anteil der Entscheidungen, die aufgrund falscher Informationen getroffen werden, ist schwer zu schätzen, dennoch kann von einem signifikanten Anteil ausgegangen werden. Daraus lässt sich wiederum die Verantwortung für den Wissensarbeiter ableiten, sämtliche benutzten Daten hinsichtlich ihrer Korrektheit beziehungsweise wenigstens ihrer Plausibilität zu prüfen. Denn eine falsche Annahme, welche nicht als solche erkannt und ungefragt verwendet wird, kann dramatische Konsequenzen zur Folge haben.

Der sich beschleunigende Wandel und die Etablierung neuer Medien, wie beispielsweise das Internet, führen zu einer Informationsflut, welche nur noch schwer zu bewältigen ist. Aus diesem Grund spielt Wissensmanagement im Unternehmen mittlerweile eine wichtige Rolle, weil die Ergebnisse und Innovationen von Wissensarbeitern gesichert und verbreitet werden müssen. Dies führt für den Wissensarbeiter jedoch zu der Möglichkeit, bei einem auftretenden Problem zwischen der eigenständigen Lösung sowie der Suche nach einer Lösung wählen zu können. Dies sollte er unter dem Gesichtspunkt von Zeit und Qualität tun, wobei genau diese Rahmenbedingungen für die Alternativen schwer abzuschätzen sind. Während ein hervorragend ausgebildeter und intelligenter Mitarbeiter über ein Gefühl für den Zeitbedarf einer eigenständigen Lösung verfügen wird, ist dies bei einem weniger guten Mitarbeiter geringer der Fall. Daher wird sich die Präferenz hin zur Suche nach einer Lösung verschieben, zumal diese Tätigkeit gedanklich wesentlich einfacher ist. Es gilt daher, sowohl für den Wissensarbeiter als auch für die Führungskraft, sich bewusst zu machen, welchen Anteil die Suche nach Informationen und Lösungen ausmacht. Von dem Ergebnis hängt in großem Maße ab, auf welche Weise die Arbeit organisiert werden muss und welchen Fokus die Weiterentwicklung der Wissensarbeiter haben sollte.

3.1.1.5 Klassifizierung der Wissensarbeiter erforderlich

Nach den vorangegangenen Überlegungen zur Automatisierbarkeit von Aufgaben ist offensichtlich, dass bei Wissensarbeitern Routinearbeiten ebenso zurückgehen, wie dies bereits vor längerer Zeit bei manuellen Tätigkeiten der Fall war. Dennoch lassen sich Wissensarbeiter hervorragend nach dem Anteil ihrer Routinetätigkeiten an der Gesamtarbeit unterscheiden. Auf der einen Seite sind die Wissensanwender, deren Tätigkeit reine Routine beziehungsweise die bloße Anwendung vorhandenen Wissens ist. Für den Fall, dass sie etwas nicht wissen, stehen ihnen entweder detaillierte Hilfesysteme oder eine Art Vorarbeiter als Ratgeber zur Verfügung. Auf diese Weise vervollständigen Sie innerhalb einer gewissen Zeit das notwendige Wissen, so dass ihre Tätigkeit noch mehr zur reinen Routine und Wiederholung von bekannten Tätigkeiten wird. Auf der anderen Seite des Spektrums befinden sich die Wissensproduzenten, welche durch Forschung oder eigene Lösungsfindung neues Wissen für sich, das Unternehmen oder andere Wissensarbeiter erzeugen und dies ausschließlich in ihrer Arbeitszeit machen, ohne auch nur die geringste Zeit mit der reinen Anwendung von Wissen zu verbringen.

Selbstverständlich ist zwischen diesen beiden extrem unterschiedlichen Typen von Wissensarbeitern jede Mischung aus Wissensanwender und Wissensproduzent möglich. Der Anspruch an die Wissensarbeiter und die notwendige Ausbildung steigen mit dem Anteil der Wissensproduktion an. Wie unterschiedlich dieser Anspruch sein kann, verdeutlicht die Betrachtung eines Sachbearbeiters einer telefonischen Hotline sowie eines Forschers im Bereich der theoretischen Physik. Während Ersterer vielleicht schon nach einer kurzen Schulung sowie einer hervorragenden technischen Unterstützung mittels eines IT-Systems in der Lage ist, die ihm zugewiesene Aufgabe zu erfüllen ohne eine spezielle Ausbildung erfahren zu haben, wird Letzterer erst nach einem Studium und jahrelanger Tätigkeit auf einem Gebiet an die Spitze der Forschung stoßen können. Dementsprechend groß können die Unterschiede bei den Menschen und daher ebenso in der Führung derselben sein.

Allen Wissensarbeitern jedoch ist gemein, dass sie fortwährend lernen müssen, um ihr Wissen auf dem aktuellsten Stand zu halten und damit für die tägliche Arbeit gewappnet zu sein. Darauf wurde bereits ausführlich im Unterkapitel über die Veränderung der Aufgabe mit der Zeit eingegangen. Eine weitere Anforderung an Wissensarbeiter, welche nicht zwangsläufig mit dem Anteil der Wissensproduktion korreliert, ist die Weitergabe oder die Vermittlung von Wissen. Neben Berufen, in denen die Wissensvermittlung von Informationen oder weithin bekanntem Wissen im Vordergrund steht, wie beispielsweise bei Journalisten, Trainern oder Lehrern, soll an dieser Stelle das Augenmerk auf die Weitergabe neu gewonnenen Wissens bezüglich Prozessen oder Arbeitsmethoden gelenkt werden, welches durch veränderte Rahmenbedingungen notwendig wird. Funktioniert dieser Prozess innerhalb eines Teams oder eines Unternehmens nicht reibungslos, so hat dies Ineffizienzen, Doppelarbeiten und Fehler zur Folge, die nicht nur die Produktivität dramatisch senken sondern darüber hinaus der Führungskraft anzulasten sind.

Die Führungskraft oder sogar das Unternehmen muss sicherstellen, dass jeder Wissensarbeiter zu jeder Zeit gedanklich in der Lage ist, geänderte Rahmenbedingungen zu erkennen und darauf zu reagieren. Dabei geht es weniger darum, ob der Wissensarbeiter eigenständig zu einer neuen Lösung kommt, sondern vielmehr, dass der Prozess zur Herbeiführung einer Lösung in Gang gesetzt wird. Es kann ausreichen, eine andere Person zu informieren, welche besser zur Durchführung dieses Änderungsprozesses geeignet ist, anstatt selbst die notwendigen Änderungen vorzunehmen. Dafür ist jedoch unbedingt erforderlich, dass der Wissensarbeiter die Kompetenz hat, eigenständige Entscheidungen zu treffen und eine mögliche Arbeitsteilung berücksichtigt, wenn sie aufgrund der Rüstzeiten möglich und insgesamt für die Einheit sinnvoll ist. Es wird bei diesen Entscheidungen hin und wieder zu Fehleinschätzungen kommen und es ist wichtig, richtig mit diesen umzugehen, weshalb auf Entscheidungen in einem eigenen Kapitel unter Berücksichtigung der Auswirkungen der Führung näher eingegangen wird.

Eine Möglichkeit, Fehler bei Entscheidungen zu vermeiden, ist es, die Entscheidung obsolet zu machen. Eine Entscheidung ist nicht mehr nötig, wenn es für konkret diesen Fall eine entsprechende Handlungsanweisung gibt. Da jedoch sehr viele unterschiedliche Fälle denkbar sind, müssen die Handlungsanweisung abstrakt formuliert werden, was wiederum Interpretationsspielraum zur Auslegung eröffnet und damit die Fehleranfälligkeit erhöht. Außerdem ist der Zeitaufwand bei der Erstellung der Handlungsanweisungen oder Regeln unbedingt in Relation zum Zeitgewinn der ersparten Entscheidung zu sehen. Es ist einleuchtend, dass dieser Punkt weitreichende Konsequenzen im Hinblick auf Effizienz und Wirtschaftlichkeit für das Unternehmen hat, weshalb dieser Punkt eine deutlich genauere Betrachtung verdient.

3.1.2 Stellenwert von Handlungsanweisungen oder Regeln

Auf je tausend, die an den Blättern des Übels zupfen, kommt einer, der es an der Wurzel packt.
(Henry Thoreau)

Dafür wird im Folgenden betrachtet, wie Situationen entstehen, in denen Regeln eingeführt werden können. Gleichsam soll untersucht werden, in welchen Fällen die Einführung einer Regel sinnvoll ist und wie die Regel beschaffen sein sollte, um insbesondere langfristig ein bestmögliches Ergebnis zu erzielen. Dafür ist jedoch nicht nur der einzelne Fall, sondern vielmehr die häufige Wiederholung ein und desselben Falles über einen längeren Zeitraum als Grundlage zu nehmen.

Der Grund dafür ist einfach dargelegt. Angenommen, es gibt einen Ermessensspielraum in der Handlungsanweisung des Wissensarbeiters und es obliegt ihm und seiner Beurteilung, eine Entscheidung zu treffen, die bestmöglich im Sinne des Unternehmens ist. Er wird den Sachverhalt vollständig und gründlich prüfen, um letztlich eine Entscheidung zu treffen. Spätestens mit der Verkündung der Entscheidung kann es jedoch sein, dass ein von der Entscheidung betroffener nicht mit dem Ergebnis einverstanden ist und versucht, um seine Interessen zu vertreten entweder den Wissensarbeiter direkt oder aber eine Führungskraft desselben umzustimmen. In dem gewählten Fall ist die Faktenlage bewusst nicht eindeutig, so dass es auf jeden Fall Begründungen und Argumente für die eine oder andere Seite gibt.

Wird nun, aus welchem Grund auch immer, ein Wissensarbeiter einmal durch eine nachträgliche Argumentation überzeugt, überredet oder von der Führungskraft überstimmt, so wird mindestens das Signal gesendet, dass die Entscheidung dieses oder jedes Wissensarbeiters nicht endgültig ist. Ab diesem Zeitpunkt wird jede Entscheidung, mit der ein Betroffener nicht einverstanden ist, in Zweifel gezogen und vom Betroffenen einer Abwägung unterzogen werden, welche Erfolgswahrscheinlichkeit ein begründeter Einspruch haben könnte. Die Wahrscheinlichkeit ist umso höher, je ähnlicher ein dem Betroffenen bekannter Fall ist, bei dem ein Widerspruch beziehungsweise eine nachträgliche Argumentation Erfolg hatte. Im Ergebnis ist auf jeden Fall eine Verlängerung des Prozesses und vermutlich darüber hinaus eine Demotivation des Wissensarbeiters zu beobachten, weil seiner Prüfung ein geringeres Gewicht beigemessen und seine Entscheidung nachträglich revidiert werden kann, obwohl kein Fehler vorlag.

Über einen längeren Zeitraum kann es daher vorkommen, dass der bearbeitende Wissensarbeiter aus den Vorkommnissen lernt und im gleichen oder ähnlichen Sachverhalt eine andere Entscheidung trifft, um diese Situation zu vermeiden. Dies ist nicht nur der Weg des geringsten Widerstandes, sondern ebenso mit Nachteilen für das Unternehmen verbunden, weil niemand etwas mitbekommt, auch nicht die Führungskraft. Im Falle von mehreren Wissensarbeitern, welche die gleichen Fälle bearbeiten, kann dies sogar zeitgleich passieren. Dies hätte eine fatale Außenwirkung zur Folge, weil unter anderem Betroffene versuchen könnten, durch mehrmaliges starten des Prozesses irgendwann das gewünschte Ergebnis zu erhalten, ohne selbst Einfluss auf die Entscheidung nehmen zu müssen. Je weniger Aufwand dabei die erneute Einreichung erfordert, desto größer der Anreiz dies zu tun, ganz abgesehen davon, dass die Einheitlichkeit der Bearbeitung schon nach kurzer Zeit nicht mehr gegeben ist (Abb. 3.1).

Aus diesem Grund ist es sinnvoll, Ermessensspielräume durch klare Regeln zu füllen, um die Mitarbeiter erst gar nicht in eine solche Situation kommen zu lassen. Es liegt in der Verantwortung der Führungskraft und die Konsequenzen sind deshalb einzig und allein der Führungskraft anzulasten. Jeglicher Versuch, die Einzelentscheidung des Wissensarbeiters als Ursache der Probleme hinzustellen ist eine missbräuchliche Verwendung der

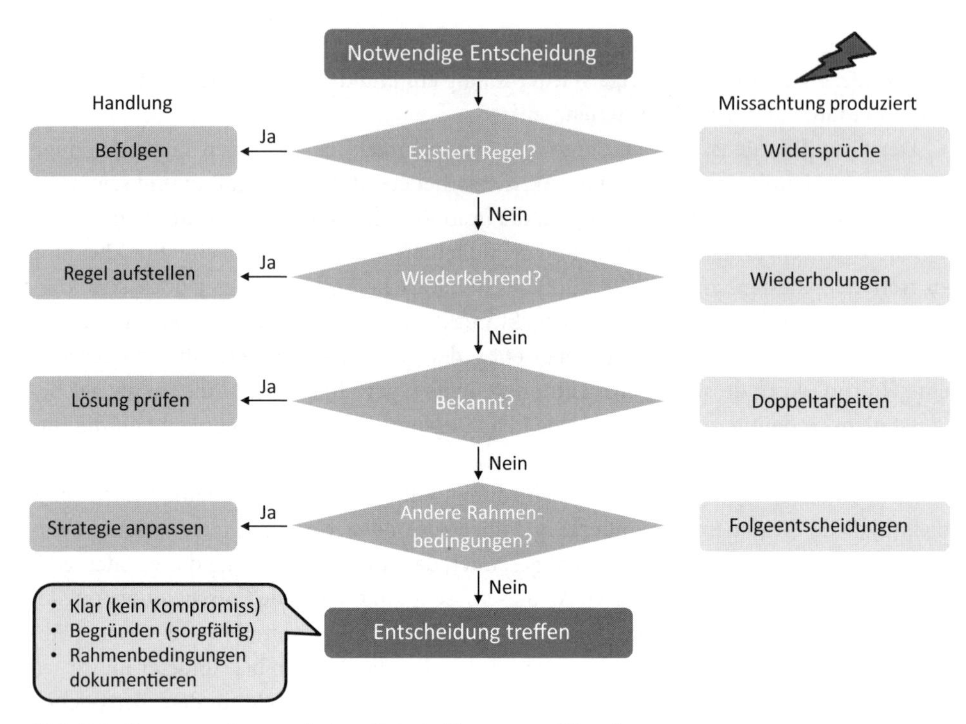

Abb. 3.1 Zusammenhang zwischen Entscheidungen und Regeln

Macht mit den negativen Konsequenzen, wie bereits in einem vorherigen Kapitel dargelegt. Diese Regeln sollten niemals auf Einzelfällen basieren, sondern abstrakt anwendbar sein, auch wenn dies mühsamer für die Wissensarbeiter ist und höhere Anforderungen an sie stellt. Jedoch hat dies zum einen den Vorteil, dass deutlich weniger Regeln definiert werden müssen, um sämtliche Fälle abzudecken, und zum anderen, dass die Einführung einer abstrakten Regel eine gründliche Auseinandersetzung mit der Materie erfordert, welche letztendlich zu einem besseren Verständnis und Ergebnis führt. Im Folgenden sollen nun Fälle dahingehend untersucht werden, ob die Einführung einer Regel notwendig beziehungsweise sinnvoll ist.

3.1.2.1 Wiederholbarkeit ist durch den Prozess sicherzustellen

Die Wiederholbarkeit eines Prozesses bedeutet, dass dieser jederzeit mit dem gleichen Ergebnis erneut durchgeführt werden kann und es ist zu klären, ob dies notwendig ist oder nicht, um gegebenenfalls den Prozess dahingehend zu ändern. Dies ist sorgfältig zu prüfen, weil die damit einhergehende Arbeit aufwendig ist und nicht leichtfertig vergeudet werden sollte. Das erste zu prüfende Kriterium, um dies festzustellen, ist, ob es sich um einen Einzelfall handelt oder nicht. Diese Unterscheidung scheint auf den ersten Blick trivial zu sein. Dem ist jedoch nicht unbedingt so, weil neben dem Ergebnis, dass es sich um einen Einzelfall handelt, sich ebenso das Ergebnis ergeben kann, dass der betrachtende Fall oft passiert beziehungsweise oft möglich ist. Es gibt sogar noch eine dritte Möglichkeit, bei der es sich allem Anschein nach um einen Einzelfall handelt, sich jedoch feststellen lässt, dass sich die Rahmenbedingungen des Falles geändert haben und es sich nur um den ersten Fall unter den veränderten Rahmenbedingungen handelt, welcher wiederum oft wiederholt wird und damit keinen Einzelfall darstellt. Im Folgenden soll daher der Einzelfall, der Mehrfach-Fall sowie der neue Mehrfach Fall im Hinblick auf die Unterschiede bezüglich des Umgangs mittels einer Regel genauer untersucht werden.

Am leichtesten ist die Entscheidung, wenn es sich um einen Mehrfach-Fall handelt. Ist erkannt, dass ein Sachverhalt mehrfach auftreten kann, so ist zu ermitteln, welche Entscheidung den größten Nutzen für das Unternehmen bringt. Bei der Betrachtung ist es wichtig, nicht nur den Einzelfall zu bewerten und anschließend das Ergebnis mit der geschätzten Fallzahl zu multiplizieren. Vielmehr ist ebenfalls abzuschätzen, welchen Effekt diese Entscheidung auf das Verhalten der Betroffenen hat und welche Optionen existieren, um Einfluss zu nehmen, weil dadurch entstehende Folgekosten oder sonstige Ergebnisse in die Entscheidungsfindung mit einzubeziehen sind. Erst nachdem eine bestmögliche Evaluierung erfolgt ist, ist eine neue Regel einzuführen, welche das Ergebnis herbeiführt und damit langfristig für das Unternehmen zu optimalen Ergebnissen führt. Je nachdem, wie gravierend die Auswirkungen der Regel für das Unternehmen sind, kann der Wissensarbeiter selbst die Entscheidung treffen oder diese an seine Führungskraft abgeben. Auf jeden Fall ist die Regel geeignet zu dokumentieren und über einen Standardprozess einzuführen, so dass sie anschließend allgemeinen verbindlichen Charakter hat und Beachtung findet.

Handelt es sich nicht um einen eben beschriebenen Mehrfach-Fall, so ist gewissenhaft zu prüfen, ob es sich um einen Einzelfall oder einen neuen Mehrfach-Fall handelt. In einer Situation, in der ein neuer Mehrfach-Fall auftritt, ist größte Vorsicht geboten. Bevor einfach nach der weiter oben beschriebenen Vorgehensweise für einen Mehrfach-Fall verfahren wird, ist dringend zu prüfen, welche Konsequenzen die geänderten Rahmenbedingungen insgesamt für das Unternehmen, die Abteilung oder die Einheit haben. Eventuell sind diese Konsequenzen deutlich weitergehend, als dass auf sie durch die Einführung einer simplen Regel reagiert werden könnte. In jedem Fall sollte der Wissensarbeiter darüber seine Führungskraft informieren, damit diese aufgrund ihres Informationsvorsprung oder besseren Gesamtverständnisses für das Unternehmen die richtige Verhaltensweise wählt. Und die Führungskraft muss diese Fälle mit der größtmöglichen Sorgfalt behandeln und entscheiden, um ihrer Verantwortung aufgrund der langfristigen Konsequenzen gerecht zu werden.

Kommt der Mitarbeiter oder die Führungskraft nach intensiver Prüfung zu dem Ergebnis, dass es sich tatsächlich um einen Einzelfall handelt, der wirklich einzigartig ist und dass es keine ähnlichen Fälle gibt, erleichtert dies die Vorgehensweise. Aufgrund der Einmaligkeit reicht eine Analyse der Situation und letztlich wird unter wirtschaftlichen Gesichtspunkten die optimale Lösung für das Unternehmen gewählt, wie bei jeder anderen Entscheidung. Aufgrund der Nähe der beiden letztgenannten Alternativen bei der Unterscheidung, ist die Einbindung der Führungskraft und oder eines beziehungsweise mehrerer Kollegen für diese Unterscheidung ratsam. Die Entscheidung über die Vorgehensweise im Einzelfall kann jedoch in der Regel dem Wissensarbeiter selbst überlassen werden, sofern die wirtschaftlichen Konsequenzen für das Unternehmen nicht gravierend sind. Aufgrund der Einmaligkeit der Situation wird dies nur äußerst selten der Fall sein, gleichzeitig ist dies auch die Begründung dafür, dass keine Regel geschaffen werden muss. Ansonsten würde es sich auch nicht mehr um einen Einzelfall handeln, was wiederum die Vorgehensweise einer beschriebenen Alternative erforderlich machen würde.

3.1.2.2 Umgang bei neuen Prozessen

Die eben beschriebenen Vorgehensweisen sind klar unterscheidbar und können problemlos angewendet werden, es ist jedoch besonders der Zeitpunkt der Einführung eines neuen Prozesses zu betrachten. In dieser Situation existieren noch überhaupt keine Regeln und der Handlungsspielraum der Wissensarbeiter, welche den Prozess einführen sollen, ist nahezu unbegrenzt. Es ist verständlich, dass kein Prozessverantwortlicher komplett ohne Regeln starten würde, um anschließend die Regeln Schritt für Schritt nach der Betrachtung des vorherigen Kapitels einzuführen. Vielmehr würde er vor der erstmaligen Durchführung versuchen, den Prozess theoretisch zu durchdenken und die Handlungsmöglichkeiten einschränken, um für das Unternehmen optimale Ergebnisse sicherzustellen. Es stellt sich die Frage, welcher Aufwand in diese Initialisierung von Regeln zu investieren ist, um die Balance zwischen einer schnellen Einführung und eines reibungslosen Durchlaufs des Prozesses zu finden. Hier empfiehlt sich eine pragmatische Herangehensweise, in der versucht wird, Regeln für einen gewissen Prozentsatz von Fällen aufzustellen. Dieser Prozentsatz ist individuell festzulegen und auch in diesem Fall kann Pareto mit seiner 80:20-Regel eine erste Orientierung sein, wobei allerdings eher 95 bis 99 % abgedeckt sein sollten und der Abdeckungsgrad von der Qualität der eingesetzten Wissensarbeiter abhängt. Die übrigen Fälle, welche noch nicht von den Regeln erfasst werden, können beim Auftreten im Prozess erkannt und entsprechend behandelt werden. Dadurch wird das Regelwerk permanent verbessert und weiterentwickelt und die beteiligten Wissensarbeiter trainieren gleichzeitig ihre Fähigkeit, sich an veränderte Situationen anzupassen.

3.1.2.3 Nur definierte Abweichungen sind erlaubt

> Ausnahmen sind nicht immer Bestätigung der alten Regel. Sie können auch Vorboten einer neuen Regel sein. (Marie von Ebner-Eschenbach)

Diese Veränderungsbereitschaft der Wissensarbeiter und die gleichzeitige intensive Beschäftigung mit der Materie trotz eines klar definierten Regelwerks von Verhaltensweisen versetzt den Wissensarbeiter in die Lage zu erkennen, wenn es zu einem bestimmten Zeitpunkt nicht mehr sinnvoll ist, aufgrund veränderter Rahmenbedingungen eine existierende Regel anzuwenden. In diesem Fall ist nicht nur die Regel auf den Prüfstand zu stellen und anschließend durch eine geänderte oder komplett neue Regel zu ersetzen, sondern vielmehr ist eine gründliche Prüfung durchzuführen, welche weiteren Auswirkungen daraus resultieren. Diese Prüfung muss so weit gehen, dass die Abschaffung der gesamten Aufgabe ebenfalls im Rahmen des Möglichen ist und dies ist als Chance zu sehen, nicht als Bedrohung.

Es liegt auf der Hand, dass jede Ausnahme Zeit kostet, und damit Geld, sowie weitere ungünstige Effekte zur Folge hat. Aus diesem Grund kann beim Mehrfach-Fall nicht nur eine Regelung eingeführt werden, es muss unbedingt geschehen, und das daraus entstehende Regelwerk bringt Klarheit und Transparenz. Die Wissensarbeiter können dadurch in der täglichen Arbeit Sicherheit gewinnen, was wiederum zu einer besseren Qualität der geleisteten Arbeit führt. Einwände und Nachfragen von Betroffenen werden in diesem Falle nicht zum Erfolg führen, weil die Wissensarbeiter das Regelwerk als Grundlage ihrer Entscheidung anbringen können.

Diese Regeln bilden das Interesse des Unternehmens ab und nur in seltensten Fällen ist ein Abweichen davon nach Prüfung aller Konsequenzen eine bessere Lösung als das Handeln nach dieser Regel. Daher ist es ein Gewinn, wenn die Möglichkeiten, einzelnen Betroffenen einen Gefallen zu tun, reduziert werden und die Einschränkung dieser Macht reduziert die Wahrscheinlichkeit von Vetternwirtschaft im Unternehmen, welche über kurz oder lang zum wirtschaftlichen Nachteil wird. Die schlimmste Form, in der Personen für Positionen bevorzugt werden, hat dabei die dramatischten Konsequenzen für das Unternehmen, weil nur die bestmögliche Besetzung einer Position das bestmögliche Ergebnis bringen kann. Darüber hinaus führen eingesparte Versuche der Reklamation oder der Beeinflussung des Ergebnisses von außen zusätzlich an anderen Stellen für Produktivitätsgewinne, die schwer messbar sind, aber das Unternehmen insgesamt verbessern und helfen, dass Energie in die richtigen Aktivitäten gesteckt wird, um Mehrwert zu erzeugen.

Dennoch kann es sein, dass das Regelwerk an einer Stelle bewusst Freiheiten lässt. Ein möglicher Grund ist eine aufwändige Erfassung aller Möglichkeiten, welche in keinem Verhältnis zu der Anzahl der vorkommenden Fälle steht, ein anderer ist die Abschätzung, dass dieser Fall in der Praxis nahezu ausgeschlossen ist. Dann ist es jedoch wichtig, diese Begründung zu dokumentieren und die Prämissen für diese Einschätzung abzulegen. Beim Auftreten kann damit und sollte entsprechend überprüft werden, ob diese Prämissen weiterhin gelten oder ob nicht die nachträgliche Einführung einer Regel oder einer Teilregel möglich ist und in Erwägung gezogen werden sollte.

Wie schwierig die Entscheidung für Standards sein kann und wie vielfältig die Interessenslagen selbst innerhalb eines Unternehmens sein können, soll mit folgendem Beispiel verdeutlicht werden. Jedes große Unternehmen fertigt Produkte mittels eigener Standards an. Diese Produkte werden an Kunden verkauft, die vielfältige und zum Teil divergierende Anforderungen haben und gerade kein Interesse an einem Standard, sondern zu einer individuell auf sie zugeschnittenen Lösung neigen. Der mit dem Verkauf der Produkte beauftragte Mitarbeiter hat ein großes Interesse, Umsatz zu machen und die Wünsche der Kunden zu erfüllen und vielfach wird er dabei sogar moralisch von einer Leitlinie des Unternehmens unterstützt, welche den Kunden ins Zentrum aller Bemühungen stellt, was auch nicht falsch ist. Ein Unternehmen, welches Abweichungen von Standards zulässt, muss jedoch bei der Verarbeitung in den EDV-Systemen und in der Produktion dafür sorgen, dass die Bearbeitung der Ausnahmen möglich ist, wodurch sich die Komplexität erhöht. Allein die Beschäftigung mit diesem Fall erzeugt einen solch hohen Aufwand, dass die Wirtschaftlichkeit der Annahme des Geschäfts kaum gegeben ist. Selbst eine begründete Ablehnung könnte allerdings den Verlust des Kunden zur Folge haben, mit eventuell weitergehenden Konsequenzen, beispielsweise dem Verlust anderer Geschäfte mit dem Kunden oder eines Schadens der Reputation. Dies klingt schlimmer als es in den meisten Fällen sein wird, zumal den obigen Ausführungen wirksam vorgebeugt werden kann, wenn bereits im Verkauf den Mitarbeitern bewusst ist, dass es zum Vorteil für das Unternehmen keine Ausnahme geben wird und ein entsprechender Versuch diese zu erwirken erfolglos ist sowie ein unerwünschtes Verhalten darstellt.

3.1.2.4 Unterstützung der Entscheidungsfindung ist zu prüfen

Selbst mit dem besten Willen, Ausnahmen weitestgehend zu verhindern, wird es an der einen oder anderen Stelle zu Problemen kommen, die gewollte Handlungsweise nachvollziehbar in Regeln zu gießen. Im Falle einer komplexen Entscheidung, bei welcher der Wissensarbeiter sehr viele unterschiedliche Größen betrachten muss, um letztlich zum Ergebnis zu gelangen, wird die Beschreibung der Handlungsweise entsprechend lang und ausführlich sein. Dies setzt beim Wissensarbeiter jedoch ein hohes Abstraktionsvermögen voraus, will er die entsprechende Regel anwenden, ohne jedes Mal nachschlagen zu müssen.

Hier bietet es sich daher an, beispielsweise mit einem Entscheidungsbaum die Anwendung der Regel zu unterstützen und damit zu erleichtern sowie die Qualität der Ausführung zu steigern. Ein guter Gradmesser ist in diesem Fall der Aufwand, den es kostet, diesen Entscheidungsbaum niederzuschreiben. Ist dies nicht intuitiv und in sehr kurzer Zeit möglich, so würde ein Verzicht der Dokumentation des Entscheidungsbaums bedeuten, dass jeder Wissensarbeiter, der diese Entscheidung zu treffen hat, nahezu vollständig mit den Teilentscheidungen des Entscheidungsbaums vertraut gemacht werden müsste, um handlungsfähig zu sein. Wird darüber hinaus berücksichtigt, dass derjenige, welcher mit der Erstellung der Regel beauftragt ist gegenüber dem Anwender über die bessere Qualifikation verfügt, sollte jeder Zweifel ausgeräumt sein, dass die Erstellung lohnenswert im Sinne des Unternehmens und der Führungskraft ist.

Bei der Arbeit von Wissensarbeitern sind Entscheidungen innerhalb der Handlungsanweisungen nicht vollständig zu vermeiden, daher stellt sich die Frage, wie mit diesen bestmöglich umzugehen ist. Es liegt auf der Hand, dass zunächst eine möglichst einfache Darstellung zu wählen ist, welche die Anwendung optimal unterstützt. Die Prozessmodellierung bietet vielfältige Möglichkeiten, von denen lediglich eine ausgewählt werden muss, welche dann als Standard für die Darstellung der möglichen Gründe, welche für die Entscheidung relevant sein können, zur Anwendung kommt. Je nachdem, wie oft ein bestimmter Entscheidungsbaum von Wissensarbeitern eingesetzt wird und wie viel Zeit die Anwendung verbraucht, kann eine Automatisierung sinnvoll sein. Hier ist die Spannweite möglicher Lösungen sehr groß, wird jedoch durch die Einbeziehung der Wirtschaftlichkeitsbetrachtung wieder eingeschränkt.

Sie reicht von einem kleinen Excel-Tool, in das der Wissensarbeiter selbst einige Kennzahlen eingeben muss, bis hin zu einer vollständigen EDV-technischen Lösung, welche auf die benötigten Kennzahlen über Schnittstellen zu anderen EDV-Systemen Zugriff hat. Es ist jedoch beim besten Willen nur schwer vorstellbar, dass es tatsächlich Ausnahmen gibt, die so häufig durchgeführt werden, dass die Kosten der Entscheidung den Einsatz eines solchen Systems rechtfertigen.

3.1.3 Produktivitätsbeurteilung über die Mitarbeiter

Der wichtigste Faktor für die Produktivität ist der Mitarbeiter an sich, in dieser Betrachtung der Wissensarbeiter. Im Gegensatz zu manueller Arbeit, die identisch von verschiedenen Personen ausgeführt wird und bei der sich die Geschwindigkeit und Qualität sehr leicht vergleichen lassen, kann die Produktivität von Wissensarbeitern nur in seltenen Fällen verglichen werden. Spätestens wenn die Produktivität einer Stabsabteilung mit vielen Mitarbeitern und sehr unterschiedlichen Aufgaben beurteilt werden soll, ist dies kaum noch möglich, ohne detailliert von den einzelnen Mitarbeitern nach oben zu aggregieren und somit zu einer Expertenschätzung zu gelangen. Und selbst wenn, die Vorgehensweise ist dabei keineswegs selbstverständlich und mit verschiedenen Fallstricken gepflastert, welche das Ergebnis korrumpieren können.

An dieser Stelle soll es noch nicht um die Qualität der Wissensarbeiter gehen, welche im Falle von Wissensarbeit nicht allein entscheidend sein muss. Unter der Annahme, dass ein Wissensarbeiter bereits als gut eingestuft wurde, weil er alle übertragenen Aufgaben schnell und in hervorragender Qualität abgeliefert hat, sollen damit Rückschlüsse auf die Produktivität gezogen werden. Allerdings ist zu bemerken, dass nur logisch aus der Vergangenheit geschlossen werden kann, dass er die Aufgabe mittels einer von ihm gewählten Vorgehensweise ebenso schnell lösen wird. Die Qualität hängt dabei von der gewählten Vorgehensweise ab und ist nicht absolut zu beurteilen, schon gar nicht ist festzustellen, ob die Vorgehensweise an sich richtig ist. Selbst ein Wissensarbeiter, welcher eher durchschnittlich arbeitet und nur durchschnittliche Qualität abliefert, könnte mit einer überlegenen Vorgehensweise schneller zu einem Ergebnis besserer Qualität gelangen.

Als mögliche Ursachen sind eine bessere Ausbildung oder spezielle Kenntnisse, die ihm genau bei dieser Aufgabe von Nutzen sind, zu nennen. Aufgrund der Annahme können wenigstens mögliche Veränderungen der Arbeitsqualität vernachlässigt werden, die durch den Wissensarbeiter oder Rahmenbedingungen hervorgerufen werden. Dennoch reichen die Bedingungen der Annahme nicht aus, um bei der Erledigung der Arbeit eine hohe Produktivität sicherzustellen. Die Bedingungen müssten demnach noch weiter verschärft werden, beispielsweise indem die Kenntnis der bestmöglichen Vorgehensweise für jede denkbare Aufgabe gefordert wird. Selbst wenn dies für sehr kleine Gebiete irgendwann einmal möglich gewesen sein sollte, in dem heutigen sich rapide veränderten Umfeld mit Sicherheit nicht mehr oder nur mit unverhältnismäßig hohem Aufwand oder für sehr überschaubare Teilaufgaben.

Aus den Überlegungen ergibt sich jedoch, welche enorme Bedeutung der Organisation der Wissensarbeiter zukommt. Nur mit ausreichenden Kenntnissen der Fähigkeiten und des Wissens der Mitarbeiter kann die Führungskraft damit zu einer guten Einteilung der Wissensarbeiter zu den Aufgaben gelangen. Für eine Führungskraft heißt dies aber, dass mit der Übernahme einer neuen Funktion zunächst keine Aussage über die Produktivität und damit die Leistung der Einheit möglich ist. Der Verbesserung der vorhandenen beziehungsweise dem Aufbau einer optimalen Organisation wird daher später ein eigenes Kapitel gewidmet. Zunächst soll es in diesem Kapitel darum gehen, dennoch einen Weg zur Beurteilung der Produktivität aufzuzeigen und damit die Grundlage zur Bewertung der Chancen und Risiken einer Umstrukturierung zur Verbesserung derselben zu schaffen.

3.1.3.1 Gleichartigkeit der Aufgaben kann ausgenutzt werden

Schon aus der Definition der Wissensarbeit heraus wird deutlich, dass nur in seltenen Fällen exakt identische Arbeiten denkbar sind. Ansonsten wären weder besonderes Wissen noch Kreativität notwendig, so dass es sich auch nicht mehr um Wissensarbeit handeln würde. Es gibt jedoch Wissensarbeiten, bei denen es nur auf Wissen und nicht auf Kreativität ankommt. Dieses Wissen ist auf unterschiedliche Situationen anzuwenden, welche sich von Fall zu Fall unterscheiden und eventuell an verschiedenen Stellen eine andere Vorgehensweise notwendig machen.

Es gibt jedoch, beispielsweise in der Sachbearbeitung, so viele Fälle, dass eine statistische Herangehensweise zur Messung der Produktivität denkbar ist. Die Wahl der Stichprobengröße entscheidet darüber, wie gut das Ergebnis ist. Sie muss umso größer sein, je größer die Spannweite der Bearbeitungszeit zwischen unterschiedlichen Fällen liegt. Werden diese im ersten Schritt vernachlässigt, so können Rückschlüsse aus der Anzahl bearbeiteter Fälle und der Arbeitszeit im betreffenden Zeitraum gezogen werden. Aufgrund der heutigen EDV-technischen Unterstützung werden beide Kennzahlen in den meisten größeren Unternehmen ohne Probleme von den Vorgesetzten abrufbar sein, ansonsten muss auf manuelle Erfassung zurückgegriffen werden, sofern dies durch bestehende Vereinbarungen mit dem Betriebsrat gedeckt ist. Ist dies nicht der Fall, sollte dringend in Verhandlungen mit dem Betriebsrat eingestiegen werden, damit die Wettbewerbsfähigkeit der Einheit oder des Unternehmens beurteilt und verbessert werden kann. Sich daraus ergebende Veränderungen in der Arbeitsgeschwindigkeit der Wissensarbeiter können vernachlässigt werden, weil die Effekte bei allen Mitarbeitern gleichmäßig auftreten und in der Regel nicht über einen längeren Zeitraum beibehalten werden.

Kann oder soll die Spannweite der Bearbeitungszeit berücksichtigt werden, ist es am einfachsten, diese durch eine entsprechende Aufteilung in disjunkte Gruppen zu verringern. Dafür muss eine entsprechend große Anzahl an Fällen und außerdem eine relativ einfache und schnell mögliche Unterteilung vorliegen, weil ansonsten die entsprechenden Zeitgewinne durch den Mehraufwand der Aufteilung aufgezehrt würden. Existieren leicht erkenntliche Kriterien, die für eine Aufteilung der Fälle genutzt werden können, so sollten diese auf jeden Fall eingesetzt werden. Selbst wenn die absolute Anzahl der Fälle am Ende nicht ausreicht, um diese in getrennten Gruppen bearbeiten zu lassen, so lässt sich die

Produktivität mit dieser Erkenntnis dennoch deutlich besser optimieren und überhaupt beurteilen.

Je gleichartiger die Aufgaben sind, umso besser lässt sich weiterhin die Produktivität messen und steigern. Daher sollten alle Möglichkeiten genutzt werden, die Gleichartigkeit der Aufgaben durch Unterscheidung beziehungsweise Unterteilung zu erhöhen. Sofern nicht genügend Fälle vorliegen, gibt es noch die Möglichkeit, fachlich andere Fälle, die jedoch nach der gleichen Systematik bearbeitet werden, mit den vorliegenden zu vermischen. Dabei ist jedoch größte Vorsicht walten zu lassen. Denn nicht nur, dass von den Wissensarbeitern eine deutlich höhere Komplexität verarbeitet werden muss, die Weiterentwicklung der Bearbeitung an sich kann nur noch unter der Maßgabe durchgeführt werden, für beide Fallarten möglich zu sein. Dies kann dazu führen, dass beispielsweise die technische Unterstützung nicht optimal ausreizbar ist und somit im Ergebnis langfristig nicht die maximale Produktivität erzielt und gegebenenfalls sogar kontraproduktiv gehandelt wird.

3.1.3.2 Beurteilung der Produktivität trotz verschiedener Aufgaben

Nicht die Genialen, die Zähen erreichen ihr Ziel. (Elsa Rentrop)

Es ist in vielen Fällen möglich, die Gleichartigkeit der Aufgaben zu erhöhen. Wenn diese Möglichkeiten jedoch ausgereizt sind, sollten weitere Überlegungen zur besseren Vergleichbarkeit und Messbarkeit der Mitarbeiterleistung angestellt werden. Als Anfang bietet sich an, jegliche Arbeiten gedanklich in verschiedene Teile zu zerlegen. Anschließend können die unterschiedlichen Teile aller Aufgaben strukturiert und in Gruppen zusammengefasst werden. Durch Vorgaben, welche für jede Gruppe von Aufgaben allgemein erstellt werden und anschließend bei der Durchführung jeder Aufgabe beachtet werden müssen, wird ebenfalls die Vergleichbarkeit gesteigert und damit die Beurteilung des Ergebnisses erleichtert. Eine beispielhafte Darstellung für die Zerlegung einer Aufgabe in Teile sowie die anschließende Einführung von Vorgaben ist im Kapitel über den Entscheidungsprozess ausführlich dargelegt, weshalb an dieser Stelle auf die konkrete Beschreibung verzichtet wird.

Während mit dieser Vorgehensweise die Gleichartigkeit der Aufgaben erhöht wird und damit sämtliche Möglichkeiten des vorangegangenen Kapitels in Betracht gezogen werden, kann die Führungskraft die Beurteilung des Ergebnisses ebenso anhand der Eigenschaften der Aufgabe vornehmen und damit die Qualität des Arbeitsergebnisses in die Bewertung mit einbeziehen. Vereinfacht dargestellt ist eine gute Qualität des Ergebnisses bei einer schweren Aufgabe höher zu bewerten, als bei einer leichten. Dies führt jedoch dazu, dass die schlechte Qualität einer sehr schweren Aufgabe noch höher einzuschätzen sein kann als die gute Qualität einer leichten, was im Ermessensspielraum der Führungskraft liegt und nur schwer transparent zu machen ist.

Zunächst ist daher zu vermeiden, dass Wissensarbeiter dauerhaft herausragende oder katastrophale Ergebnisse bei der Bewältigung einer Aufgabe erzielen. Denn in diesen Fällen sind die Wissensarbeiter entweder unter- oder überfordert, so dass die Ergebnisse keinen wirklichen Aufschluss über die Leistungsfähigkeit geben. In diesen Fällen sollten den Wissensarbeitern andere Aufgaben zugewiesen werden, im Falle der Unterforderung schwerere und im Falle der Überforderung leichtere, damit sich die Qualität der Ergebnisse im Durchschnitt um einen akzeptablen Standard einpendelt. Je nachdem, welches Vorwissen zur Bewältigung verschiedener Aufgaben nötig ist, erleichtert oder erschwert dies die Umverteilung der Aufgaben zu den verschiedenen Wissensarbeitern, so dass dies bei einer vorteilhafteren Zuteilung der Aufgaben für den Übergang zu berücksichtigen ist.

Damit wird deutlich, dass diese Vorgehensweise ein mühsamer und langwieriger Prozess ist, welcher jedoch schrittweise zu einer verbesserten Einschätzung der Qualität und Leistungsfähigkeit der Mitarbeiter führt und für die Führungskraft daher einen hohen Wert hat. Spätestens bei der Beurteilung der Mitarbeiter im Mitarbeitergespräch beziehungsweise bei der Zeugniserstellung können einige Früchte der mühsamen Arbeit geerntet werden. Des Weiteren hat diese Vorgehensweise den großen Vorteil, dass die Aufstellung der gesamten Einheit parallel verbessert wird, weil die richtige Platzierung der Mitarbeiter auf den verschiedenen Stellen einer Einheit zu den wichtigsten Aufgaben einer Führungskraft gehört und die Produktivität maßgeblich beeinflusst. Es ist bedauerlich, dass diese Leistung und Arbeit der Führungskräfte von deren Vorgesetzten selten gewürdigt und honoriert wird, weil diese von außen nur schwer zu sehen ist und nur langfristig wirkt. Dies darf jedoch keinesfalls als Ausrede genutzt werden, sie nicht zu tun.

Um es deutlich zu sagen: jede Führungskraft steht vor der Entscheidung, sich intensiv mit den Aufgaben der eigenen Einheit zu befassen und eventuell Konsequenzen aus den Ergebnissen zu ziehen oder einfach alles beim Alten zu belassen. Der zweite Schritt ist einfach, es ist wenig Arbeit erforderlich und der eigene Vorgesetzte verfügt bei weitem nicht über die notwendigen Informationen, um Fehler in der Beurteilung der eigenen Mitarbeiter zu entdecken. Sollte ein Mitarbeiter dennoch, aus welchem Grund auch immer, durch die Arbeitsqualität im Guten oder Schlechten dem eigenen Vorgesetzten auffallen, so kann die Kenntnis dessen einfach bei der Beurteilung mit einbezogen werden. Gerade bei häufigem Wechsel der Position bietet sich dieses Verhalten an, weil nicht genügend Zeit besteht, den anderen Weg zum Erfolg zu führen und insgesamt die Ergebnisse der Einheit maßgeblich zu verändern.

Dennoch muss an dieser Stelle objektiv festgestellt werden, dass es der falsche Weg ist und die Führungskraft schlicht einen Teil der ihr übertragenen Aufgaben nicht erledigt. Für diejenigen, die sich daher für den richtigen Weg entscheiden, ist es notwendig, zusätzliche Arbeit in die Dokumentation der Vorgehensweise und die gewonnenen Ergebnisse zu stecken, um damit für Transparenz zu sorgen. Wird dieser Transformationsprozess beispielsweise innerhalb eines Projektes nach den Richtlinien einer anerkannten Instanz durchgeführt, welche quantitative Messungen beinhaltet, können diese als Nachweis der eigenen Leistung verwendet werden. Dies gibt der übergeordneten Führungskraft die Möglichkeit, die Arbeit an sich und die damit erzielten Ergebnisse in die Bewertung der Leistung der Führungskraft mit einzubeziehen.

Als weitere Kriterien der Beurteilung bieten sich die Spannweite und die Verantwortung der Aufgabe an. Je größer die Spannweite ist, umso größer ist das Wissen des bearbei-

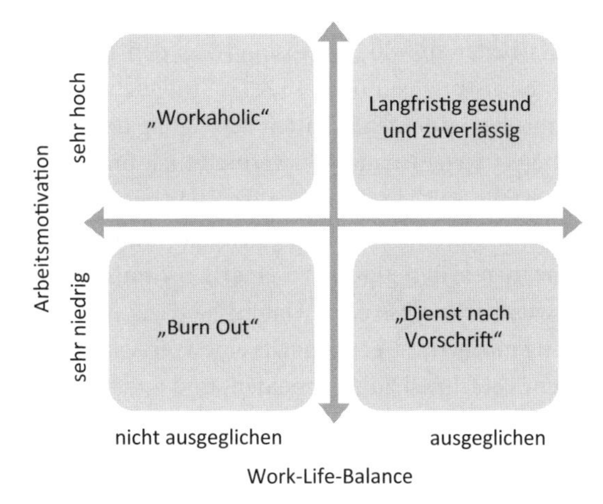

Abb. 3.2 Arbeitsmotivation und Work-Life-Balance (nach Hube)

tenden Wissensarbeiters, und umso leichter sollte es möglich sein, dem Wissensarbeiter eine andere Aufgabe zu zuteilen. Damit kann die exakte Leistungsfähigkeit deutlich besser beurteilt werden und der Nutzen für die Einheit erhöht sich, weil der Mitarbeiter leichter andere vertreten kann. Auf diesen Punkt wird im folgenden Unterkapitel noch genauer eingegangen. Die Verantwortung bei der Durchführung einer Tätigkeit beziehungsweise die Verantwortungsbereitschaft des Mitarbeiters, diese zu übernehmen, spielt ebenfalls eine große Rolle. Denn je größer die Verantwortung ist, welche dem Mitarbeiter übertragen werden kann, umso größer ist die Erleichterung für die Führungskraft. Hier bietet es sich an, und es ist fahrlässig für eine Führungskraft, diese Chance nicht zu ergreifen, die Verantwortung des Mitarbeiters zu erhöhen. Dies ist nicht unbegrenzt möglich und der Grad der tragbaren Verantwortung wird von Mitarbeiter zu Mitarbeiter variieren. Gerade diese Weiterentwicklung der Mitarbeiter durch die Übertragung von Verantwortung wird jedoch von diesen honoriert werden und führt außerdem zu einer deutlichen Steigerung der Produktivität (Abb. 3.2).

Aus diesem Grund muss deshalb auch auf die Kehrseite dieser Medaille Rücksicht genommen werden, mögliche Überforderung oder zu großer Stress. Für jede Führungskraft ist es daher notwendig, sehr sensibel darauf zu achten, ob ein Mitarbeiter mit der Verantwortung überfordert ist oder aus anderen Gründen einen gestressten Eindruck macht. Denn dies entspricht der Fürsorgepflicht und dient der Prävention von Krankheiten bis hin zum Burn-Out. Daher sollte die Führungskraft zum einen immer damit rechnen, einen Mitarbeiter durch die Reduzierung von Verantwortung entlasten zu müssen und generell keinen Mitarbeiter an der Grenze seiner Leistungsfähigkeit zu beschäftigen. Wenn die Führungskraft ihre Mitarbeiter sehr gut kennt und die 100 % Leistung gut einschätzen kann, so muss sie dieses Wissen nutzen, um die Belastung dauerhaft und im Durchschnitt auf maximal diesem Level zu halten oder dahin zu bringen.

Erbringt ein Mitarbeiter beispielsweise durch ein zusätzliches Projekt phasenweise eine Leistung über 100 %, so ist anschließend durch die Verteilung der Aufgaben für eine Phase zu sorgen, welche unter 100 % liegt. Die Dauer der einzelnen Phasen hängt ebenso vom

Mitarbeiter ab, wie der Abstand von den 100 %. Denjenigen, welche glauben, eine dauerhafte Leistung von über 100 % sei möglich, soll entgegnet werden, dass die Ursache dann wohl eher in der fehlerhaften Festlegung der Leistung bei 100 % liegt. Gleiches gilt für Mitarbeiter, welche dauerhaft vermeintlich unter 100 % arbeiten, in Wirklichkeit deren Leistungsfähigkeit aber geringer ist. Hier besteht außerdem die Möglichkeit, dass es sich um keine fehlerhafte Festlegung handelt, sondern eine Ursache für die Leistungseinbuße existiert, deren Beseitigung zu einer Leistungssteigerung führt. Es muss jeder Führungskraft bewusst sein, dass diese Unterscheidung nicht trivial ist und eine intensive Beobachtung nötig macht, es aber einerseits eine Wertschätzung des Mitarbeiters darstellt, in diesem Fall nicht vorschnell zu entscheiden, und andererseits wertvoll für die Führungskraft und das Unternehmen ist.

3.1.3.3 Abwesenheit als Chance zur Produktivitätsbeurteilung

Die größte Chance die Produktivität eines Mitarbeiters zu messen besteht zweifelsohne indem ein anderer Mitarbeiter die gleiche Aufgabe erledigt, allerdings ergibt sich dadurch nur eine relative und keine absolute Messung der Geschwindigkeit. Es ist zu beobachten, wie schnell sich ein anderer Mitarbeiter in eine Aufgabe einarbeiten kann und wie schnell und in welcher Qualität er diese erledigt. Im Gegensatz zu den vorherigen beiden Unterkapiteln muss sich die Führungskraft keinerlei Gedanken über die Aufgabe an sich machen, aus welchen Teilen diese besteht oder mit welcher anderen Aufgabe diese vergleichbar ist. Es handelt sich dabei um eine Chance, weil dieser Fall aufgrund von Urlaub und Krankheit öfter vorkommt, für keinerlei Irritationen innerhalb der Mitarbeiter sorgt und damit die Führungskraft nebenher wichtige Informationen erhält, ohne dass jemand anderes dies mitbekommen muss. Die Führungskraft kann gezielt auf solche Gelegenheiten warten oder sie sogar herbeiführen und dann entweder den Mitarbeiter an einer neuen Aufgabe erleben oder die Aufgabe mithilfe eines gut einschätzbaren Mitarbeiters besser kennen lernen.

Vielfach wird es jedoch bereits eine feste Vertretungsregelung innerhalb einer Einheit geben, bei der mindestens ein weiterer Mitarbeiter vollständig mit den Aufgaben vertraut ist und diese jederzeit übernehmen könnte. Andernfalls wäre ein plötzlicher Ausfall, der eine geordnete Übergabe unmöglich macht, nicht oder nur mit großem Mehraufwand aufzufangen. Selbst wenn es sich dabei um einen bestimmten Mitarbeiter handelt, und eben nicht um einen beliebigen, so bietet es dennoch eine gute Gelegenheit Ergebnisse über die Produktivität bezüglich dieser Aufgabe zu erhalten. Mit jedem weiteren Mitarbeiter, welcher die entsprechende Aufgabe übernehmen könnte, verbessert sich die Erkenntnis. Es ist zu beachten, dass bei mehreren Mitarbeitern nicht jeder gleich gut in der Aufgabe selbst steckt und dementsprechend eine längere Einarbeitungszeit benötigt, jedoch bietet gerade dies die Möglichkeit, dadurch neue Herangehensweisen an diese Aufgabe zu entdecken, welche die Produktivität erhöhen könnten.

Es wird deutlich, dass dadurch die Aufstellung der Einheit und die Unterteilung in bestimmte Kompetenzen beeinflusst wird. Es handelt sich dabei allerdings nicht um den einzigen oder entscheidenden Einflussfaktor, sondern nur um einen unter vielen. Andere sind beispielsweise der Aufbau und die Vermittlung von Wissen sowie der Prozess beziehungsweise die Aufgabe als Ganzes und die Anzahl der dafür benötigten Mitarbeiter. Aus diesem Grund folgt eine grundsätzliche Diskussion dieses Themas im Kapitel über den Aufbau der Organisation und dort im Unterkapitel über die Bildung von Miniteams.

3.1.4 Entscheidend für das Ergebnis: Struktur und Zentralisationsgrad

Der letzte Punkt, der bezüglich einer Aufgabe betrachtet werden soll, ist die Frage nach der Struktur und dem Zentralisationsgrad. Je mehr Aufgaben zentral erledigt werden, umso größer ist die Anzahl der identischen Arbeiten und entsprechen besser kann die Bearbeitung optimiert werden. Allerdings liegen eventuell nicht alle Informationen in der Zentrale vor, so dass für den Informationstransfer wiederum Aufwand anfällt und die Produktivität reduziert wird.

Ganz wesentlich bei der Betrachtung der vorliegenden Struktur und mögliche Vorteile einer Umstrukturierung ist die notwendige Migration der Mitarbeiter. Unabhängig, ob es sich um ein Zentralisation oder Dezentralisation handelt, geht mit jedem Mitarbeiter, welcher das Unternehmen verlässt, Wissen verloren. Damit ist nicht nur das Wissen über die Aufgaben und Prozesse gemeint, sondern ebenso das Wissen über die Inhalte, welches unter Umständen nicht dokumentiert ist. Anstatt die Bearbeitung einer Aufgabe zu zentralisieren sollte auf jeden Fall geprüft werden, ob nicht die Qualität in der Zentrale verbessert und anschließend dezentral zur Ausführung gebracht werden kann. Ein wesentlicher Knackpunkt dabei ist die Qualität des Personals, welches in einer größeren Einheit in der Zentrale wesentlich besser sicherzustellen ist, weil es einen größeren Pool an Mitarbeitern gibt und ihnen bessere Entwicklungschancen geboten werden können. Diese Qualität bestimmt, ob der neue Prozess überhaupt durchgeführt werden kann und wenn, welcher Aufwand an Weiterbildung einmalig mit der Umstellung oder permanent für die Sicherstellung der Erhaltung des notwendigen Wissens geleistet werden muss.

Je geringer die vorhandene Qualität ist, desto umfangreicher müssen die Regeln aus der Zentrale sein, um eine einheitliche Bearbeitung über das gesamte betreute Gebiet hinweg zu gewährleisten. Ansonsten treten durch unterschiedliche Entscheidungen Spannungen auf, welche zu verhindern sind und bereits vorher betrachtet wurden. Umgekehrt ermöglicht qualifiziertes Personal auch weitreichende Entscheidungen innerhalb eines grob vorgegebenen Rahmens im Sinne des Unternehmens zu treffen und dabei ein hohes Maß an Konsistenz zu gewährleisten. Diese Konsistenz sollte jedoch mittels Berichten oder Kontrollen sichergestellt werden, damit es nicht zu langfristigen Fehlentwicklungen kommt, welche nur noch schwer korrigierbar sind.

Abschließend ist zu erwähnen, dass die Struktur in jedem Fall von der gewachsenen Struktur beeinflusst wird. Zunächst sind jedoch die Aufgaben selbst näher zu untersuchen und der Standardisierungsgrad zu erhöhen, bevor die Berechnungen zu Veränderungen hinsichtlich Zentralisation und Dezentralisation durchgeführt werden. Der nicht zu unterschätzende Migrationsaufwand, alleine schon durch die Verhandlungen mit den Gremien über den eventuellen Sozialplan sowie die Kosten für gewollte und ungewollte Fluktuation führen dazu, nicht leichtfertig eine solche Entscheidung treffen zu können.

3.2 Betrachtung der Prozesse bringt Vorteile

Fortschritt ist das Werk der Unzufriedenheit. (Jean-Paul Sartre)

Nachdem eine ausführliche Beschäftigung mit Aufgaben erfolgt ist könnte die Führungskraft leicht zu dem Schluss kommen, direkt mit der Aufteilung beginnen zu können. Dies ist jedoch ein Trugschluss, weil es Grenzen bei der Arbeitsteilung gibt. Die Spezialisierung führt sicherlich zu Produktivitätssteigerungen, welche erwünscht sind. Allerdings sind die Wiederholungszahlen der Aufgaben oder Tätigkeiten in der Regel nicht so hoch, dass damit bei Wissensarbeitern ganze Tage gefüllt werden könnte. Eine weitere Schwierigkeit besteht darin, dass obwohl die Aufgabe an sich identisch ist, sehr viele Informationen für die Bearbeitung notwendig sind. Die Hauptzeit der Aufgabe besteht in diesen Fällen nicht in der Tätigkeit an sich, sondern in der Informationsaufnahme vor oder während der Tätigkeit.

Besonders diese Informationsaufnahme ist der Grund dafür, warum eine unterbrechungsfreie Arbeit für Wissensarbeiter wichtig ist. Denn wird er beispielsweise nach der Informationsaufnahme und vor der Durchführung der gesamten Tätigkeit oder des nächsten Teilschrittes durch einen Telefonanruf unterbrochen, so wird er anschließend seine Arbeit nicht an der gleichen Stelle wieder aufnehmen und den nächsten Schritt der Tätigkeit durchführen können. Er wird vielmehr, in Abhängigkeit der Länge der Unterbrechung, Teile der Informationsaufnahme wiederholen müssen, weil er diese vergessen hat oder sich zumindest vergewissern will, dass ihn sein Gedächtnis nicht trügt.

Jede Tätigkeit, wie sie im vorangegangenen Kapitel betrachtet wurde, ist genau genommen damit eigentlich ein kleiner Prozess, genauer gesagt ein Unterprozess, der auch so betrachtet werden sollte. Besonders deutlich wird dies, wenn Wissensarbeiter mit einem Computer verglichen werden. Ein Computer hat den gravierendsten Nachteil, weil er über keinerlei Intelligenz verfügt. Er wird immer nur genau das tun, was ihm per Software aufgetragen wurde, Vorteile sind jedoch die immense Geschwindigkeit und Fehlerfreiheit in der Ausführung der Tätigkeiten. Ist ein Computer mit nur einer Tätigkeit beschäftigt, ist mit keinerlei Komplikationen zu rechnen und er wird diese in schnellstmöglicher Zeit bewältigen.

Kein Computer jedoch tut dies heute noch Unterbrechungsfrei. Vielmehr sorgt das Betriebssystem dafür, dass sehr viele Tätigkeiten parallel ausgeführt werden. Unter der vereinfachten Voraussetzung, dass der Computer nur einen Prozessor hat, kann er aber nur exakt eine Tätigkeit zu einem Zeitpunkt erledigen. Die scheinbare Parallelität wird durch einen sehr schnellen und häufigen Wechsel zwischen den einzelnen Tätigkeiten erzeugt. Wird der Zeitbedarf eines Computers für die parallele Ausführung aller Tätigkeiten mit der sequenziellen verglichen, so werden die enormen Rüstzeiten beim Wechsel zwischen den Tätigkeiten sichtbar. Aufgrund der enormen Leistungsfähigkeit der Prozessoren und der dementsprechend geringen Ausnutzung der heutigen Rechner sind diese Verluste an Rechenzeit jedoch vernachlässigbar. Beim Kopieren von Daten einer Festplatte an eine andere Stelle kann jedoch heute noch gut beobachtet werden, dass ein Lesevorgang von 3 min und ein Schreibvorgang von 5 min durchaus zu einem Kopiervorgang von 20 min oder länger führen kann, weil es nur einen Kopf gibt, der Schreiben und Lesen an den verschiedenen Stellen durchführt und dorthin bewegt werden muss. Auch wenn dies bei einem Computer in den meisten Fällen hingenommen wird, ist dies bei einem Wissensarbeiter zu vermeiden, weil die Auswirkungen noch gravierender und teurer sind.

Ein weiterer Grund, den Blick von der Tätigkeit auf den gesamten Prozess zu erweitern, liegt in dem Empfänger des Ergebnisses. Für den Kunden, der einen Auftrag erteilt und ein Ergebnis erwartet, ist nicht der Zeitraum der Arbeit an dem Ergebnis entscheidend, sondern nur der Zeitraum zwischen Auftragserteilung und Lieferung. Der bestmögliche Fall für den Kunden ist daher, wenn direkt nach Auftragserteilung mit der Abarbeitung begonnen wird, diese Unterbrechungs- und Fehlerfrei bis zum Ende durchgeführt wird und er direkt im Anschluss das Ergebnis erhält. Dies ist jedoch nur möglich, wenn die Tätigkeit nur exakt von einem Mitarbeiter durchgeführt wird oder bei jedem Wechsel zwischen Mitarbeitern keinerlei Zeitverzug entsteht und keine Übergabe erfolgen muss. Dies steht im krassen Gegensatz zur Spezialisierung, weshalb es notwendig ist, diese Abwägung aus Sicht des Kunden und des Unternehmens nach reiflichen Überlegungen vorzunehmen. In den folgenden Unterkapiteln werden daher die Aspekte der Organisation von Prozessen betrachtet, welche mit den vorangegangenen Überlegungen zu Tätigkeiten die Grundlage schaffen, eine optimale Organisation hinsichtlich bestmöglicher Produktivität und Qualität aufbauen zu können.

3.2.1 Wie sollte der Prozess gestaltet werden?

Um ein Gefühl dafür zu bekommen, welcher Spielraum bei der Gestaltung eines Prozesses existiert, sind zunächst die Anforderungen des Kunden zu klären. Mit diesem muss ein Servicelevel vereinbart werden, also die Rahmenbedingungen hinsichtlich Zeit, Qualität und Kosten. Es ist nicht entscheidend, ob der Kunde dies verlangt oder ob es nur intern oder sogar extern kommuniziert wird, wichtig ist, dass diese Rahmenbedingungen festgelegt sind und überprüfbar eingehalten werden. Anschließend sind mit einer Simulation der Durchführung aller notwendigen Tätigkeiten durch einen Mitarbeiter Referenzwerte für die Rahmenbedingungen zu ermitteln. Die Abweichung zu den Vorgaben ergibt den eigenen Spielraum bei der Gestaltung des Prozesses, sofern noch Luft besteht, beziehungsweise den Verbesserungsbedarf, wenn diese überschritten werden, wobei zu beachten ist, dass die Referenzwerte erst in der Praxis erzielt werden müssen.

Nicht zu vergessen ist die Verantwortung, die ebenfalls eine bedeutende Rolle bei der Durchführung spielt. Denn wird das Servicelevel in einem Fall nicht erreicht, muss jemand dafür die Konsequenzen tragen und dies ist nur möglich, wenn derjenige Einfluss auf die Bearbeitung nehmen kann.

Folgendes Beispiel einer aufbereiteten, monatlichen Datenlieferung an die verantwortlichen Führungskräfte verdeutlicht diesen Punkt. Dabei geht es um die Produktionsdaten einer operativen Einheit aus Sachbearbeitern, welche jeden Monat möglichst viele der eingegangenen Fälle erledigt, wobei die Führungskraft die Verantwortung über die Einhaltung der Service Levels bei der Bearbeitung hat und den Umgang mit Urlauben und Krankheiten der Mitarbeiter übernimmt. Dieser Prozess, der von vielen unterschiedlichen Mitarbeitern mit einer variierenden Anzahl von Fällen im Eingang durchgeführt wird, ist bereits sehr komplex, weshalb es nur um die Berichte über die Ergebnisse dieser Einheit gehen soll.

Zunächst werden die Daten in der IT weitgehend automatisch arbeitet und anschließend zur Weiterverarbeitung zur Verfügung gestellt. Daraufhin erfolgen der Abruf und die Bearbeitung der Daten durch das Controlling, welches dabei auch eine Bewertung der Situation vornimmt. Beide Arbeiten, die der IT und des Controllings, dauern in der Regel einen Tag, der Servicelevel sieht jedoch jeweils zwei Tage vor, weil die Berechnungen aufwändig sind und zur Schonung der Systeme jeweils über Nacht laufen sollen. Die Führungskräfte, die diese Daten erhalten, benötigen diese jedoch spätestens am dritten Werktag, um für diesen Monat schnellstmöglich reagieren zu können. In den seltenen Fällen in denen beide Einheiten jeweils zwei Tage benötigen und gleichzeitig die Führungskräfte hätten reagieren sollen, tritt daher ein Schaden für das Unternehmen ein, der eigentlich verhindert werden muss. Es wird die Frage aufkommen, wer die Verantwortung trägt und wie dies in Zukunft verhindert werden kann.

Im ersten Teil der Frage und generell geht es nicht darum, einen Schuldigen zu finden und zu bestrafen. Vielmehr geht es darum zu klären, wie groß die Motivation der einzelnen Parteien ist, diesen Schaden für das Unternehmen in Zukunft zu verhindern. In diesem Fall werden alle drei Parteien die Verantwortung zu Recht von sich weisen, weil beide Dienstleister ihren jeweiligen Servicelevel eingehalten haben und den Führungskräften die zur Umsteuerung benötigten Informationen nicht termingerecht zur Verfügung standen. Die Lösung zur Verhinderung des Problems in der Zukunft kann daher nur darin bestehen, wenn Controlling und IT gemeinsam als Dienstleister ein Service Level von drei Tagen garantieren. Weder der Verantwortliche der IT-Einheit noch der Verantwortliche der Controlling Einheit werden dies jedoch übernehmen, weil sie auf Teile der Dienstleistung keinen Einfluss nehmen können. Selbstverständlich wird sich in der Hierarchie jemand finden lassen, der beide Einheiten verantwortet und damit ein Interesse an der Einhaltung des gesamten Servicelevel von drei Tagen hat, allerdings ist dies eventuell bereits ein Vorstand oder gar der Vorstandsvorsitzende.

Jedoch ist es mit hoher Wahrscheinlichkeit nicht mehr dessen Aufgabe, sich um solche, rein operativen Prozesse zu kümmern. Daher stellt sich die Frage, wie dennoch sichergestellt werden kann, dass die drei Tage möglichst immer eingehalten werden, ohne dass eine der beiden Einheiten den Servicelevel von zwei Tagen aufgeben muss. Dies könnte beispielsweise gelingen, indem die Controlling Einheit als nachgelagerte Einheit über Fortschritte des Prozessverlaufs in der IT Einheit informiert wird und damit besser oder anders reagieren kann. Werden diese Bedingungen der Informationsversorgung zusätzlich in den Service-Level integriert, reduziert sich die Wahrscheinlichkeit des Verfehlens des gesamten Service Levels von drei Tagen erheblich. An dieser Stelle soll noch darauf hingewiesen werden, wie sehr sich die geschilderte Situation verkompliziert, wenn beide Einheiten divergierende Ziele erhalten haben. Es ist unzweifelhaft, dass dies zu vermeiden ist, und eine stringente Vorgehensweise, dies zu verhindern, wird in den ersten Unterkapiteln zum Aufbau der Organisation vorgeschlagen.

Dem Beispiel ist jedoch zu entnehmen, wie wichtig die Betrachtung der Schnittstellen zwischen Einheiten ist und wie viele Gedanken über die Definition derselben notwendig sind, um zu einer für das Unternehmen insgesamt optimalen Ausgangslage zu gelangen. Außerdem sind diese Schnittstellen umso einfacher zu handhaben, je tiefer die Person in der Hierarchie aufgehängt ist, die beide Einheiten verantwortet. Andersherum ist die Organisation so aufzubauen, dass sämtliche Verantwortlichen aller Schnittstellen in der Gesamtbetrachtung möglichst niedrig sind. Dies klingt sehr abstrakt, rein formal könnte dennoch jede Schnittstelle einfach mit einer Punktzahl bewertet werden, welche der Höhe des Verantwortlichen in der Hierarchie entspricht. Im Vergleich zwischen zwei konkurrierenden Aufstellungen derselben Einheit oder desselben Unternehmens ergeben sich aus diesem Blickwinkel Vorteile für die Variante der Aufstellung, bei der die Summe der Punkte aller Schnittstellen am geringsten ist.

Es ist an dieser Stelle möglich und unbedingt ratsam, sofern die Organisation darauf vorbereitet ist und die Zeit zur Verfügung steht, noch weiter ins Detail zu gehen und eine zusätzliche Ebene unterhalb der Ebene der direkten Mitarbeiterführung betrachten. Handelt es sich bei der letzten geführten Ebene um Teams, welche von einem Teamleiter geführt werden, so sollte es sich darunter um Miniteams handeln, denen keine Führungskraft vorsteht. Vielmehr handelt es sich um gleichrangige Mitarbeiter mit gleichen, ähnlichen oder eng zusammenhängenden Aufgaben und entsprechend vielen Schnittstellen, welche sich im besten Fall selbstständig organisieren. Diese müssen sich gegenseitig vertreten können, wodurch automatisch Kopfmonopole verhindert werden und es wird bereits deutlich, weshalb die Optimierung der Schnittstellen zusätzlich auf dieser Ebene große Vorteile hinsichtlich der gesamten Effizienz hat. Auf weitere Details soll erst später eingegangen werden, an dieser Stelle soll der Hinweis genügen, die Qualität der Prozesse über die Verbesserung der Schnittstellen noch weiter zu erhöhen.

3.2.2 Rüstzeiten in Prozessen von Wissensarbeitern

Bevor der Prozess vollständig beurteilt werden kann, sind die Rüstzeiten genauer zu untersuchen, die auch in der Produktion eine große Rolle spielen. Während in der Produktion beispielsweise der Zeitbedarf zur Vorbereitung einer Maschine betrachtet wird, sind die Startzeiten heutiger Softwareprodukte weitestgehend vernachlässigbar. Interessant sind jedoch die Informationen des zu bearbeitenden Falles, welche der Wissensarbeiter gleichzeitig parat haben muss, um die Bearbeitung vornehmen zu können. Je verschiedener diese sind, umso intensiver muss eine Beschäftigung mit dem Fall erfolgen und umso mehr Zeit für die Vorbereitung ist notwendig. Gleiches gilt für die Komplexität und Informationen, welche für die Bearbeitung entscheidend sind.

Dennoch sind beide Alternativen hinsichtlich der Gestaltung deutlich zu unterscheiden. Während bei der ersten Alternative die benötigte Zeit mit dem Fall zusammenhängt und es sich daher anbietet, möglichst viele Prozessschritte von ein und denselben Wissensarbeiter durchführen zu lassen, ist bei der zweiten Alternative die Bearbeitung vieler verschiedener Fälle hintereinander durch denselben Wissensarbeiter zu empfehlen. Allerdings nur, wenn genügend Fälle innerhalb einer gewissen Zeitspanne eingehen, damit die Liegezeiten eines Falles bis zur Bearbeitung nicht zu lange werden und das Service Level überschreiten. Zusätzlich bietet sich die Chance, durch intelligente Hilfen, beispielsweise innerhalb der Software oder mittels intelligenter Spickzettel beziehungsweise Checklisten, dass im Kopf notwendige Wissen zu reduzieren oder die Nachschlagzeiten bei der Suche zu verringern.

Es wird auf jeden Fall deutlich, dass die maximale Aufteilung eines Prozesses zur Spezialisierung der einzelnen Schritte Vorteile bei der Durchführung bringt, die Berücksichtigung der Rüstzeiten dies jedoch ins Gegenteil verkehren kann. Es ist demnach eine Abwägung vorzunehmen, welche je nach Prozess mehr oder weniger kompliziert ist und zusätzlich ausreichende Informationen über die Häufigkeit und zeitliche Verteilung der Vorgänge erfordert. Falls diese Informationen nicht vorliegen ist damit zu rechnen, dass nach der Implementierung des Prozesses und einer entsprechenden Protokollierung und Auswertung mehr oder weniger große Anpassungen am Prozess notwendig werden können. Und ebenso ist schon von Beginn an zu planen und festzulegen, eine Überprüfung der Annahmen vorzunehmen, damit nicht in einer fälschlichen Annahme eines guten Prozesses Ressourcen über eine lange Zeit vergeudet werden.

Aus den obigen Überlegungen ergeben sich direkt die Skaleneffekte, welche bei einer hohen Fallzahl auftreten. Je größer diese sind, umso mehr Möglichkeiten ergeben sich bei der Gestaltung des Prozesses und damit auch bei der Einsparung von Zeit. Es bedeutet jedoch ebenfalls, dass der kontinuierlich optimierte Prozess des Marktführers und die daraus resultierende Aufstellung der Organisation für einen kleineren Mitbewerber gravierende Nachteile haben kann. Eine exakte Kopie ohne Verständnis der Zusammenhänge macht nur in den wenigen Situationen Sinn, in denen nicht nur die Qualität der Mitarbeiter vergleichbar ist, sondern auch die Anzahl und Verteilung der Fälle.

Generell ist zu bemerken, dass die Fallzahlen bei Wissensarbeitern bei weitem nicht mit der industriellen Produktion vergleichbar sind, allerhöchstens noch mit denen sehr spezialisierter Produktionsunternehmen. Auch sind in der Produktion häufig teure Maschinen im Einsatz, weshalb eine Optimierung der Herstellung im Verhältnis einfacher und billiger ist als eine Neuentwicklung eines IT-Systems in der Wissensarbeit. Dennoch muss regelmäßig eine Überprüfung stattfinden, weil der technische Fortschritt früher oder später dramatische Einsparungen ermöglicht, so dass eine Veränderung des Prozesses wirtschaftlich wird.

Es scheint außerdem sehr verlockend, den Prozess so zu schneiden, dass einzelne Teile von weniger qualifizierten Mitarbeitern durchgeführt werden können. Dies eröffnet die Möglichkeit, Kosten zu sparen und damit noch wettbewerbsfähiger zu werden, die dann größtmöglich ausfallen, wenn keine Wissensarbeiter, sondern nur noch einfache Arbeiter notwendig sind. Denn die Gehaltsunterschiede zwischen Wissensarbeitern eines Unternehmens sind in der Regel nicht so gravierend und daher führen die zusätzlichen Schnittstellen zu insgesamt höheren Kosten. Die entscheidende Frage für entsprechende Schnitte innerhalb eines Prozesses, ist daher die Position innerhalb des Prozesses. Ist es möglich, die entscheidenden Arbeiten durch eine gute Vorarbeit und Vorbereitung effektiver zu gestalten oder Nacharbeiten nach der eigentlichen zeitkritischen Durchführung des Prozesses abzugeben, so lassen sich dadurch wesentlich größere Vorteile realisieren, als wenn Teile in der Mitte des Prozesses von anderen Mitarbeitern durchgeführt werden. Der Kunde spürte nur die Gesamtlaufzeit des Prozesses und hat eventuell noch eine Vorstellung über die Bearbeitungszeit seines Vorgangs, sämtliche Liegezeiten dagegen verschlechtern allerhöchstens sein Gefühl für den Service. In der Regel werden die Liegezeiten bei den am besten qualifizierten Wissensarbeitern am höchsten sein und die größte Spannbreite aufweisen. Bei den Vor- beziehungsweise Nacharbeiten, bei denen Outsourcing ebenfalls einfacher realisiert werden kann und sich die Kostenvorteile damit noch weiter erhöhen, kommt es im Fall einer Schnittstelle nur einmal zu einer Liegezeit samt notwendiger Rüstzeit, bei einer Unterbrechung bereits mindestens zweimal.

3.2.3 Mindestanforderungen an die Dokumentation

> Nicht das, was wir nicht wissen, bringt uns zu Fall; sondern das, was wir fälschlicherweise zu wissen glauben. (Tom DeMarco)

Nach gängiger Einschätzung ist heute allgemein akzeptiert, dass eine Dokumentation sinnvoll und notwendig ist. Dennoch gibt es in den allermeisten Fällen von Wissensarbeitern mit geringen Fallzahlen nicht einmal eine rudimentäre Dokumentation der Prozesse oder Tätigkeiten. Das geht sogar so weit, dass in Stabsstellen mit sich schnell verändernden Aufgabengebieten oder nach einer Umstrukturierung nicht einmal exakte beziehungsweise aktuelle Stellenbeschreibungen vorliegen. Zu einem guten Teil lässt sich dies damit erklären, dass die Wenigsten Spaß daran haben, die Tätigkeiten des eigenen Aufgabengebiets sauber zu erfassen und selbst wenn, selten genügend Zeit für diese Arbeit eingeräumt wird. Jede Führungskraft hat jedoch die Möglichkeit, die Prioritäten zu verändern und die der Dokumentation zu erhöhen. Dies führt in Konsequenz dazu, dass andere Aufgaben zurückgestellt werden und später beziehungsweise gar nicht mehr fertig gestellt werden und macht eventuell eine Argumentation notwendig, weshalb der Entscheidung für diese, eigentlich vernünftige, Priorisierung sehr oft nicht der Vorzug gegeben wird.

Um diese Abwägung vernünftig durchführen zu können bietet es sich an, die Aufgabe der Dokumentation einer Kosten-Nutzen-Analyse zu unterziehen. Dies führt jedoch zu der Problematik, wie genau eine Dokumentation sein muss, weil dies einen wesentlichen Hebel beim Zeitbedarf darstellt. Die Führungskraft sollte sich daher in Ruhe Gedanken über die notwendige Detailtiefe der Dokumentation machen und entsprechende Regeln für die Mitarbeiter festlegen, woraus keinerlei Schwierigkeiten entstehen sollten. Allerdings ist damit immer noch nicht komplett der Umfang festgelegt und außerdem der Nutzen schwer quantifizierbar. Daher sollte die Dokumentation in verschiedene Teile zerlegt werden, und jeder einzelne hinsichtlich des Verhältnisses von Kosten zu Nutzen untersucht werden. Die Ergebnisse werden für unterschiedliche Bereiche und Prozesse zu unterschiedlichen Ergebnissen führen, einige Teile sollen jedoch im Folgenden aufgeführt werden, um ein Gefühl dafür zu vermitteln, welche großen Vorteile aus einem gewissen Maß an Dokumentation für eine Organisation entstehen können. Und die Vermittlung dieser Vorteile an die Organisation ist die Aufgabe der Führungskraft, weil diese ansonsten nicht in der notwendigen Qualität erstellt wird und die Bedeutung der Dokumentation über die Zeit verloren geht.

Zunächst ist in einer brauchbaren Dokumentation festzuhalten, wer der Kunde der Aufgabe ist und welche Anforderungen dieser stellt. Am besten wird dazu noch der Grund notiert, weshalb der Kunde das Ergebnis benötigt, denn in diesem Fall ergibt sich daraus die Chance, selbstständig auf für den Kunden relevante Veränderungen reagieren zu können und proaktiv den Kunden anzusprechen beziehungsweise im eigenen Interesse ansprechen zu können. Als Beispiel sei hier genannt, dass ein bestimmter Bericht zur Überwachung eines als Problem bekannten Sachverhalts erstellt und monatlich verteilt werden soll. Die Empfänger des Berichts werden sich in den seltensten Fällen bei den Erstellern melden, wenn das Problem behoben ist und sie den Bericht nicht mehr benötigen. Nach einer gewissen Zeit wird daher monatlich ein Bericht erstellt, welcher eigentlich nicht mehr benötigt wird und niemand ist mehr in der Lage, den Grund für die Erstellung zu nennen. Vielleicht ändert sich sogar der Ersteller des Berichts, weshalb dieser auf die Frage, warum dieser Bericht erstellt wird, antworten könnte, dass er die Aufgabe von seinem Vorgänger übernommen hat. Dieser Zeitverschwendung kann mit einer sauberen Dokumentation vorgebeugt werden, welche bei jeder Übergabe an einen anderen Mitarbeiter geprüft wird, beispielsweise ob sämtliche Sachverhalte immer noch zutreffend sind. Bei dieser Gelegenheit ist es vermutlich oft im Interesse des Mitarbeiters, möglichst wenig Arbeit zu übernehmen, weshalb sich die Führungskraft im eigenen und im Interesse des Unternehmens darauf verlassen kann, dass die Kontrolle sorgfältig durchgeführt wird.

Ebenso wichtig wie die Dokumentation des Ergebnisses ist die exakte Beschreibung der Anforderungen. Welche Daten müssen beispielsweise vorliegen, auf welche Art müssen diese geliefert werden, denn zu welchem Zeitpunkt oder in welcher Zeitspanne dies der Fall ist hat einen wesentlichen Einfluss auf die Bearbeitung. Es wird jedoch sofort klar, dass der Anfang eines Prozesses in vielen Fällen das Ende eines anderen Prozesses darstellt. Bis auf die Fälle, in denen ein Prozess neu im Unternehmen beginnt oder endet, halbiert sich damit faktisch der Aufwand der Beschreibung.

Den dritten wichtigen Punkt stellt die Service-Level Vereinbarung dar, in welcher festgehalten und dem Kunden gegenüber dokumentiert wird, zu welchen Zeitpunkten welche Ergebnisse vorliegen. Dies beinhaltet neben Zeiträumen für die Erarbeitung der Ergebnisse ebenso Informationen zu den Arbeitszeiten, falls dies notwendig ist. Wird eine Bearbeitung innerhalb von 90 Tagen zugesichert, ist sicherlich die Tageszeit der Einreichung ebenso wenig notwendig wie eine Information zur Arbeitszeit, es sei denn, es werden drakonische Strafen bereits ab 90 Tagen und 1 min fällig. Handelt es sich jedoch um einen Prozess, welcher innerhalb von 5 h ausgeführt werden soll, spielt die Arbeitszeit eine entscheidende Rolle. Dazu sollte festgelegt werden, bis zu welcher Uhrzeit ein Auftrag erfolgen muss, um noch am selben Tag abgearbeitet zu werden. Für die Fälle, die nach dieser Uhrzeit eintreffen, ist es notwendig, das tägliche Ende und den täglichen Beginn der Arbeitszeit zu kommunizieren und damit für den Kunden die Einhaltung des Service Level transparent darzulegen. Im Falle einer Servicezeit von acht bis 18 Uhr, welche durch ein Team dargestellt wird, bedeutet das Eintreffen eines Auftrags um 15 Uhr, das mit einer Fertigstellung am nächsten Werktag um 10 Uhr gerechnet werden darf. Alle Aufträge bis 13 Uhr werden noch am selben Arbeitstag fertig gestellt. Es wird in der Allgemeinheit sicherlich Zustimmung finden, dass jede andere Regelung dem Grundgedanken der Fairness widersprechen würde.

Nachdem dies alles definiert und dokumentiert wurde, ist es notwendig, den Service Level zu messen und entsprechende Zielwerte festzulegen. Bei dieser Justierung spielt die Wirtschaftlichkeit eine entscheidende Rolle. Die meisten Erfüllungsquoten von Servicelevel können durch zusätzliches Personal, und damit entsprechend zusätzliche Kosten, verbessert werden. Dadurch wird deutlich, dass in vielen Fällen keine Erfüllungsquote von 100 % angestrebt werden sollte. Vielmehr ist für jeden Prozess zu prüfen, welche Quote zu welchen Kosten erreicht werden kann beziehungsweise welche Kosten eine Verbesserung der Quote erforderlich machen würden. Ebenso kann eine bewusste Inkaufnahme einer schlechteren Erfüllungsquote zu Kosteneinsparungen führen. Um dies alles beurteilen zu können hilft auf jeden Fall eine genaue Kenntnis der statistischen Daten des Prozesses, mindestens der Durchschnittszeit und der Abweichungen von derselben. Je besser der Prozess ist, desto geringer sollten die Abweichungen von der Durchschnittszeit sein. Außerdem sollte die Durchschnittszeit in der Nähe des Service Level liegen, weil es ansonsten an Wert verliert. Denn niemand würde ein Servicelevel für das Wechseln von Autoreifen von 5 h akzeptieren, wenn die durchschnittliche Zeit für einen Reifenwechsel bei 30 min liegt. Es mag Fälle geben, in denen ein solcher Service Level möglich ist, weil der Kunde mangels eigenen Wissens oder Gleichgültigkeit dieses akzeptiert und kein Wettbewerber das Unternehmen zu einem anderen Servicelevel zwingt. Der wesentlich häufigere Fall wird hingegen sein, dass der Kunde kein kürzeres Service Level erwartet, weil er keine Vorstellung davon hat, welche Schritte insgesamt abgearbeitet werden müssen.

Genau diese Situation macht jedoch deutlich, welche enormen Vorteile eine gute Dokumentation bringen kann, die aufgrund der Qualität geeignet wäre, öffentlich gemacht zu werden. Jeder Kunde könnte sich die Informationen zu seiner Dienstleistung, beispielsweise im Internet, anschauen und hätte ein besseres Gefühl und mehr Verständnis für die zu erledigende Arbeit. Die Mitarbeiter könnten in vielen Fällen auf die Dokumentation verweisen und für die Mitarbeiter selbst könnten zusätzliche Hinweise zur Erledigung der

Arbeit platziert werden. Viele Rückfragen von Kunden, beispielsweise zum Erledigungszeitraum oder anzugebenden Informationen, könnten entfallen und jede einzelne eingesparte trüge zur Reduktion von Arbeitszeit und damit Kosten bei. Diese Einsparungen lassen sich jedoch nicht kurzfristig realisieren, sondern müssen den Kunden durch die Mitarbeiter vermutlich erst über einen gewissen Zeitraum anerzogen werden. Diese Investitionen in Zeit und Kosten wird jedoch schnell zu kleinen Erfolgserlebnissen für die Mitarbeiter führen, somit letztlich zu mehr Ruhe und Sicherheit und ebenso einem angenehmeren Arbeitsumfeld. Gerade die letzten erwähnten Gründe machen es für eine Führungskraft mit Interesse am Arbeitsumfeld der verantworteten Mitarbeiter eigentlich unmöglich, darauf zu verzichten und der Dokumentation keine entsprechend hohe Priorität einzuräumen beziehungsweise nicht für ihre Umsetzung zu sorgen.

3.2.4 Was auf jeden Fall vermieden werden muss

Ein sehr gut geschnittener Prozess sowie die Vermeidung von Rüstzeiten verhindert nicht per se jegliche Fehler. Vielmehr gibt es sogar einige Punkte, nach denen konkret gesucht werden kann und deren Beseitigung viel zur Steigerung der Produktivität beiträgt. Die produzierende Industrie hat durch die Einführung von fehlervermeidenden Strategien, wie beispielsweise Kaizen oder der Six Sigma Methode, bereits wesentlich mehr Erfahrung mit Prozessen als die Dienstleistungsindustrie. Jedoch ist der Typ der beteiligten Arbeiter, Fließbandarbeiter gegenüber Wissensarbeitern, so unterschiedlich, dass es völlig andere Fehler mit anderen Konsequenzen zu vermeiden gilt.

Zunächst gilt es, Unterbrechungen möglichst vollständig zu vermeiden. Jede Unterbrechung führt zu einer zusätzlichen Rüstzeit, die umso länger ausfällt, je länger die Unterbrechung dauert. Die Wissensarbeiter sollten daher möglichst wenig durch Telefon gestört werden, zumal sich die Annahme des Telefongesprächs nicht auf einen bestimmten Zeitpunkt verschieben lässt. Eine Möglichkeit, Unterbrechungen durch das Telefon zu vermeiden, besteht in der Umleitung der Kommunikation auf einen asynchronen Kommunikationskanal, beispielsweise E-Mail. Dabei ist es natürlich wichtig, dass der Mitarbeiter nicht durch Töne oder Aufbauten der Fenster über den Eingang einer E-Mail informiert und damit abgelenkt wird, sondern dass er diese nur in dafür fest eingeplanten Zeitfenstern bearbeitet. Ein günstiger Nebeneffekt ist die deutlich geringere Anzahl eingehender E-Mails gegenüber Telefongesprächen, weil der Aufwand des Verfassens einer E-Mail deutlich über den des Wählens einer Telefonnummer hinausgeht. Weiterhin lässt sich die Qualität der eingehenden E-Mails durch Formulare zusätzlich deutlich verbessern und damit die Bearbeitung beschleunigen.

Ausdrücklich muss an dieser Stelle jedoch betont werden, dass ein kurzes Telefongespräch unzählige E-Mails zur Klärung eines Problems oder Missverständnisses beseitigen kann, so dass ein generelles Telefonverbot keine Lösung darstellt. Es sollte jedoch deutlich kommuniziert werden, dass der Einsatz von asynchronen Kommunikationswegen Priorität vor synchronen haben sollte, wenn auch durch eine konkrete und einfache Anweisung anstatt dieser abstrakten. Durch die klare Benennung der Standardprozesse, welche per E-Mail abgewickelt werden können, kann diese Unterscheidung einfach kommuniziert werden.

Des Weiteren gilt es für den Mitarbeiter notwendige Genehmigungen oder Freigaben durch seinen Vorgesetzten weitestgehend zu vermeiden. Denn der Vorgesetzte hat als Führungskraft wichtigere Aufgaben, als Genehmigungen für Tätigkeiten seiner Mitarbeiter zu erteilen und jede Genehmigung bedeutet eine mehr oder weniger deutliche Verzögerung des Prozesses. Gleiches gilt in abgemilderter Form für das Vier-Augen-Prinzip, bei dem ein Kollege die Freigabe eines Ergebnisses übernimmt.

Ziel muss es daher sein, den Wissensarbeitern die maximal mögliche Verantwortung zu übertragen und auf Genehmigungen oder Kontrollen weitest möglich zu verzichten. Vielmehr müssen Fehler durch geeignete Prozesse bereits bestmöglich vermieden werden und Kontrollen, wenn überhaupt, nicht am Einzelfall sondern in geeigneter Aggregation durchgeführt werden. Sollte die Befugnis, beispielsweise zur Freigabe einer Rechnung in Höhe eines Gewissen Betrages, aufgrund gesetzlicher Vorgaben oder betriebswirtschaftliche Notwendigkeit nicht zu den Mitarbeiter übertragen oder durch Kontrollen beziehungsweise Stichproben gelöst werden können, so ist für die Führungskraft ebenso ein Prozess zu definieren, dass sie diese Freigaben nicht im Einzelfall sondern ebenfalls in einer effizienten Aggregation bearbeiten kann, wenn genügend Fälle im entsprechenden Zeitfenster auftreten. Dies dient nicht nur der Qualität der Kontrolle, sondern auch der Reduzierung der Arbeitszeit der Führungskraft und ist damit im eigenen Interesse.

Neben dem Zeitgewinn im Prozess verbessert sich außerdem die Situation für den Wissensarbeiter, weil er das zusätzliche Vertrauen in ihn durch den vergrößerten Kompetenzrahmen spüren und begrüßen wird. Es sind daher nur sehr wenige Konstellationen denkbar, die nicht durch eine Kontrolle eines Kollegen oder der Führungskraft gelöst werden können, welche aber vom Prozess unabhängig sind und in einem getrennten Prozess nachträglich ausgeführt werden können. Damit wird auch deutlich, dass es sich um Zusatzaufwände zur Schadenabwendung für das Unternehmen handelt, beispielsweise Betrugsprävention, deren Kosten kalkuliert und deren Wirtschaftlichkeit für das Unternehmen getrennt betrachtet werden sollte, sofern damit nicht aufsichtsrechtliche Vorgaben erfüllt werden.

3.3 Einflussfaktoren zur Produktivitätssteigerung beim Mitarbeiter

Es ist heutzutage bereits bekannt und die Situation wird sich in den nächsten Jahren aufgrund des demographischen Wandels noch weiter festigen, dass die qualifizierten Wissensarbeiter einen Wert für das Unternehmen darstellen und nicht nur ein Kostenfaktor sind. Das Unternehmen muss daher alles daransetzen, dass die Wissensarbeiter ihre Tätigkeit in genau diesem Unternehmen ausüben möchten und nicht für ein anderes. Ist dieser Schritt geschafft und der Mitarbeiter arbeitet für das Unternehmen, so hängt viel von der Führungskraft ab, ob sich der Mitarbeiter wohl fühlt und eine für das Unternehmen optimale Leistung abliefern kann.

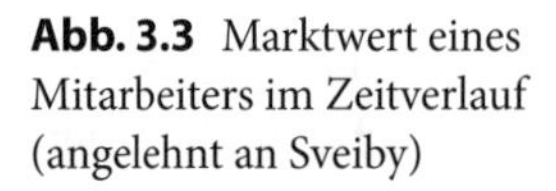

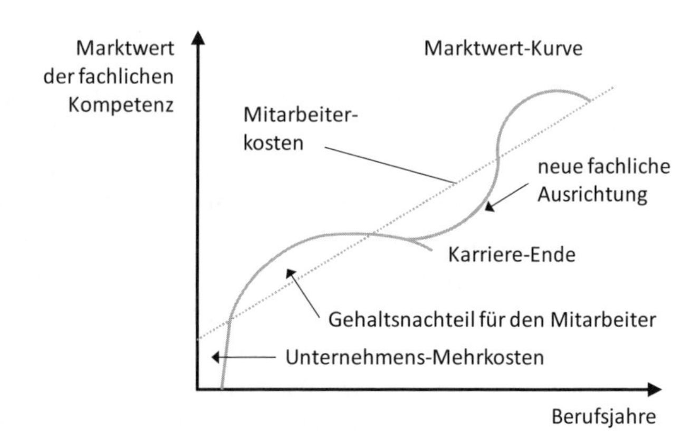

Abb. 3.3 Marktwert eines Mitarbeiters im Zeitverlauf (angelehnt an Sveiby)

Einerseits von der Qualität der Führungskraft, ihrem Verhalten und ihrer Art, die Wissensarbeiter zu führen und ihnen Rahmenbedingungen für ihre Arbeit zu schaffen. Andererseits von der Einschätzung und Beurteilung der Stärken und Schwächen der Wissensarbeiter und der Fähigkeit, diese richtig einzusetzen, aus Sicht des Unternehmens und des Mitarbeiters. Von den Wissensarbeitern hingegen wird gefordert, dass diese sich zum einen permanent weiterbilden, um ihren Leistungsstand in einem sich wandelnden Umfeld zu behalten, und zum anderen, dass diese ihr Wissen kontinuierlich weitergeben und dokumentieren und damit dem restlichen Unternehmen zur Verfügung zu stellen.

Die Weiterentwicklung der Mitarbeiter liegt aber nicht nur im Interesse des Unternehmens sondern ebenso in dem der Mitarbeiter, weil sich damit deren Chancen auf dem Arbeitsmarkt erhöhen und damit ihr Marktwert steigt. Damit wird jedoch ebenso deutlich, dass dies für einen jüngeren Mitarbeiter aufgrund der längeren noch zu arbeitenden Zeit einen größeren Vorteil darstellt, als für einen älteren. Dementsprechend höher wird auch seine Motivation sein, Zeit und Mühe auch über die normale Arbeitszeit hinaus zu investieren. Dennoch ist die Weiterentwicklung für alle Mitarbeiter erforderlich, weil ansonsten das sich schnell wandelnde Umfeld zu einer Überforderung des Mitarbeiters führen kann. Symptome der Überforderung lassen sich an den steigenden Zahlen für psychosomatische Krankheiten ablesen, jedoch sind ihre Ursachen nur schwer zu behandeln (Abb. 3.3).

Umso wichtiger ist es deshalb, die Eigenschaften der Mitarbeiter genau zu kennen und mit dem Stellenprofil abzugleichen, um abzuschätzen, welchen Einsatz der Mitarbeiter zur Erfüllung seiner Aufgaben bringen muss. Zu den zu betrachtenden Eigenschaften gehören neben der Fach- und Methodenkompetenz auch die soziale oder persönliche Kompetenz des Mitarbeiters, darüber hinaus ebenso die Motivation sowie die analytische Intelligenz. Dabei fällt auf, dass sich einige Eigenschaften leichter beziehungsweise schwerer trainieren lassen als andere und damit der Aufwand zur Verbesserung des Mitarbeiters sehr unterschiedlich ausfallen kann. Es kann daher sein, dass es erfolgversprechender ist, einen Mitarbeiter auf eine andere Stelle zu entwickeln als zu versuchen, seine Leistung durch Weiterbildung auf seiner aktuellen Stelle zu verbessern. Auf jeden Fall ist dafür sowohl die genaue Kenntnis und Einschätzung des Mitarbeiters als auch der zur Auswahl stehenden

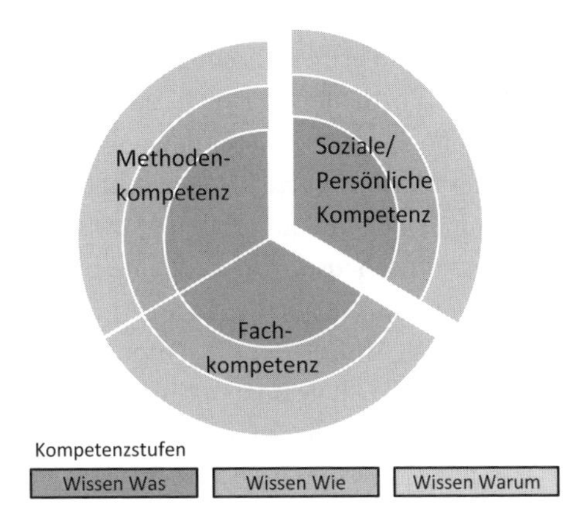

Abb. 3.4 Kompetenzrad zur Beurteilung der Mitarbeiter

Stellenprofile notwendig, um das Gespräch zwischen Mitarbeiter und Führungskraft fair führen zu können (Abb. 3.4).

Das Kompetenzrad stellt eine mögliche Variante dar, die Beurteilung der Mitarbeiter vorzunehmen. Wichtig ist hier jedoch, es nicht als ein statisches Tool zu betrachten, welches einen Mitarbeiter eingeordnet, sondern es vielmehr zur Weiterentwicklung des Mitarbeiters zu nutzen. Es ist damit ebenso Aufgabe des Mitarbeiters, für eine permanente Verbesserung in einzelnen Eigenschaften zu sorgen. Leider lässt es sich nicht allgemein festlegen, welches die wichtigsten Eigenschaften sind, die es zu verbessern gilt. Es kann sein, dass es sich bei einem Mitarbeiter lohnt, vorhandene Stärken auszubauen und bei einem anderen, erkannte Defizite abzubauen, weil diese die volle Entfaltung der Stärken verhindern. Diese Unterscheidung ist ein wichtiger Teil der Arbeit jeder Führungskraft und dementsprechend sollte dafür genügend Zeit aufgewendet werden. Aufgrund der stark unterschiedlichen Stellenprofile von Wissensarbeitern, welche selbst innerhalb von Teams auftreten können, ist hier die Führungskraft besonders gefordert, sich bei dieser Beurteilung Gedanken um den richtigen Einsatz des Mitarbeiters zu machen.

Im Folgenden sollen nun die wichtigsten Eigenschaften für die Beurteilung der Wissensarbeiter näher betrachtet werden, zum einen hinsichtlich der Relevanz für die Beurteilung der Leistungsfähigkeit, zum anderen unter dem Focus der Verbesserung durch Weiterbildung.

3.3.1 Fachkenntnisse als entscheidendes Kriterium der Produktivität

> Trage dein Wissen wie deine Uhr in einer verborgenen Tasche und ziehe sie nicht hervor, nur um zu zeigen, dass du eine besitzt. (Philip Dormer Stanhope)

Wenn die Tätigkeit bezüglich Wissens- und Kompetenzanforderungen bestimmt worden ist, kann der Mitarbeiter dagegen gemessen werden. Im Idealfall erfüllt der Mitarbeiter alle Anforderungen und die dabei erzielte Produktivität ist die Messlatte für alle anderen

Mitarbeiter. Sofern es für einen Mitarbeiter möglich ist, einzelne Anforderungen überzuerfüllen, so bedeutet dies nicht zwangsläufig, dass damit auch eine höhere Produktivität einhergeht. Aus diesen Gründen sollte die Führungskraft unbedingt prüfen, ob ein unterforderter Mitarbeiter nicht besser auf einer anderen Stelle eingesetzt werden könnte. Dabei wird implizit davon ausgegangen, dass eine Stelle mit geringeren Anforderungen leichter und besser nachzusetzen ist als eine mit höheren und ebenso die Bezahlung mit den Anforderungen an eine Stelle korreliert.

Erfüllt ein Mitarbeiter die Anforderungen an seine Stelle dagegen nicht, so wird er keinesfalls die maximale oder optimale Produktivität erzielen können. Die Konsequenzen aus fehlenden Fachkenntnissen reichen von Zeitverlust beim Bearbeiten durch notwendiges Nachschlagen beziehungsweise Suchen von Informationen bis hin zu falschen Entscheidungen, welche entweder das Unternehmen Geld kosten oder durch Kontrollmechanismen entdeckt werden müssen, welche jedoch wiederum die Produktivität senken.

Sofern die Anforderungen an eine Stelle klar definiert sind, kann der Abgleich mit den Fachkenntnissen, und analog den Methodenkenntnissen, des Mitarbeiters vorgenommen werden, wobei diese beispielsweise in drei Kompetenzstufen eingeteilt werden können. In der ersten Kompetenzstufe muss überprüft werden, ob der Mitarbeiter weiß, was zu tun ist, weil dies die Grundvoraussetzung für die Erledigung einzelner Tätigkeiten ist und im Wesentlichen vom Wissen des Mitarbeiters abhängt. Jedoch ist dies alleine nicht ausreichend für einen Mitarbeiter um die Anforderungen zu erfüllen, weil es zusätzlich notwendig ist zu wissen, wie die Tätigkeit zu erledigen ist, so dass dies eine zweite Kompetenzstufe wäre. In einer dritten Kompetenzstufe kennt der Mitarbeiter zusätzlich die Hintergründe, weshalb etwas auf eine bestimmte Art zu erledigen ist. Dieses Hintergrundwissen ist nicht in allen Fällen notwendig, hat jedoch umso mehr Vorteile, je komplexer und verschiedener die zu erledigenden Tätigkeiten sind. Besonders wenn es gilt, Entscheidungen zu treffen und dies nicht allein regelbasiert erfolgen kann, sondern ein Transfer oder eine Interpretation der Faktenlage erforderlich ist, kann mit Hintergrundwissen die Produktivität gesteigert und die Qualität der Entscheidungen verbessert werden.

Es sind verschiedene weitere Klassifizierungsmethoden in Stufen denkbar, von denen an dieser Stelle einige exemplarisch erwähnt werden sollen, beispielsweise eine Bewertung nach Schulnoten, eine beliebige Skala von eins bis drei, fünf oder zehn oder in die Kompetenzstufen durchschnittlich sowie über- und untererfüllt. Entscheidendes Kriterium für die Auswahl sollte weniger die Klassifizierung an sich sein, sondern vielmehr der Ansatzpunkt zur Weiterentwicklung des Mitarbeiters und die Aussage der Einteilung an sich, welche eine Hilfestellung zur Priorisierung sein muss. Ist sie dies nicht, wird die Nutzung entweder unterbleiben oder nur aufgrund eines Zwangs erfolgen, so dass die Qualität darunter leidet und wiederum dem Werkzeug angelastet wird.

Neben dem Wissen des Mitarbeiters ist zur Beurteilung der Produktivität ebenso das Wissen der Organisation zu berücksichtigen. Dabei handelt es sich um Prozesse, Methoden, Dokumentationen und sonstige Unterstützungen für Mitarbeiter, welches fehlende Fachkenntnisse auszugleichen versucht beziehungsweise den dadurch entstehenden Produktivitätsverlust minimiert. Ein gutes Wissen der Organisation reduziert damit die

Spannbreite der Produktivität der Mitarbeiter, weil schlechtere Mitarbeiter zum einen mehr profitieren können und zum anderen der Wissenstransfer zu den Mitarbeitern einfacher und schneller vonstattengeht. Dies ist das Hauptargument, Ressourcen in die Steigerung des Wissens der Organisation zu stecken, selbst wenn dies nur von wenigen Mitarbeitern und leider auch Führungskräften verstanden und akzeptiert wird.

Ebenso spielt es eine Rolle, wie systematisch und logisch die Regeln oder Rahmenbedingungen im Unternehmen aufgebaut sind. Existieren beispielsweise wenige Grundregeln, von denen sämtliche Detailregelungen abgeleitet sind, so ist es für einen intelligenten Mitarbeiter ausreichend, diese zu lernen. Sind konsequente Ableitungen nicht gegeben und die Detailregelungen von zahlreichen Ausnahmen durchsetzt, so ist es selbst für einen intelligenten Mitarbeiter notwendig, jede einzelne Ausnahme zu kennen und in der entsprechenden Situation parat zu haben, mit dem resultierenden Lern- und Einarbeitungsaufwand. Mit sinkender Qualität der Mitarbeiter werden diese Auswirkungen wesentlich dramatischer, sowohl hinsichtlich Zeit- als auch Qualitätsverlust. Damit wird deutlich, wie sehr bereits das Aufstellen des Regelwerks die spätere Produktivität der Mitarbeiter beeinflusst.

3.3.2 Methodenkenntnisse zur Weiterentwicklung der Arbeitsabläufe

> Gebildet ist, wer weiß, wo er findet, was er sucht. (Georg Simmel)

Leider wird es jedoch nur in seltensten Fällen gelingen, perfekte Regeln und Prozesse aufzustellen und damit die maximale Produktivität für immer festzuschreiben. Es wird immer Veränderungen geben, welche eine Änderung der Arbeitsweise oder sogar von einzelnen Regeln notwendig machen. Zwangsläufig wird der Mitarbeiter, der die Arbeit ausführt, jede Veränderung am besten mitbekommen und beurteilen können. Je nach Schwere der Veränderung wird er seine Arbeitsweise einfach anpassen oder seinen Vorgesetzten in die Anpassung mit einbeziehen, zumindest wenn er mitdenkt und angehalten ist, mitzudenken. Jede Führungskraft kann aus diesen Gründen selbst beurteilen, wie wichtig es ist, die Mitarbeiter zum Mitdenken anzuhalten und wie gefährlich es sein kann, wenn diese es nicht können oder wollen, und wie sie damit umgehen möchte.

Damit wird deutlich, warum die Werkzeug- und Methodenkenntnisse eines Mitarbeiters entscheidenden Einfluss auf die langfristige Produktivität haben. Kennt sich der Mitarbeiter mit den Werkzeugen, beispielsweise der Software oder allgemeinen Mitteln der Datenverarbeitung, gut aus, so wird er selbstständig andere Werkzeuge einsetzen, sofern sie ihm die Arbeit erleichtern oder Zeit sparen. Je komplexer der zu erledigende Auftrag ist, umso mehr Freiheiten wird der Mitarbeiter üblicherweise haben, diesen zu erledigen. Damit wächst auch der Vorteil einer breiten Kenntnis unterschiedlicher Methoden aus der Betriebswirtschaftslehre. In vielen Fällen lassen sich mit diesen schnell und sicher gute Ergebnisse erzielen. Wenn es keine direkte Anwendungsmöglichkeit einer bekannten Methode gibt, so lässt sich dennoch in vielen Fällen eine abstrakte Methode auf das konkrete

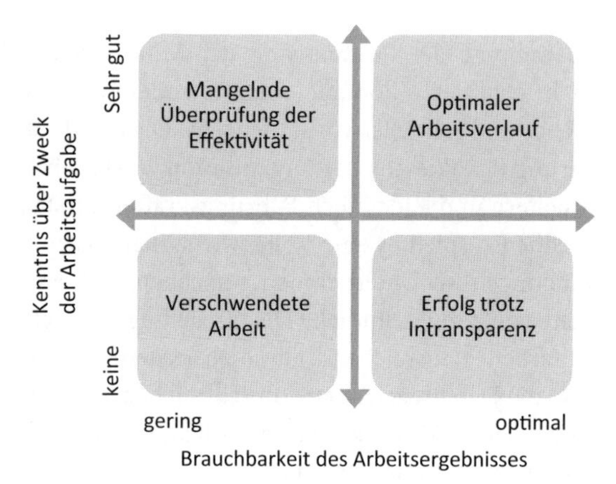

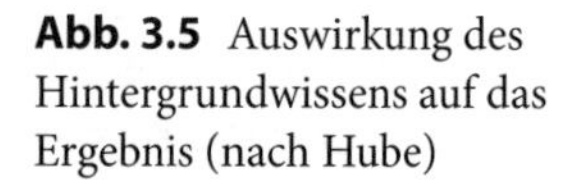
Abb. 3.5 Auswirkung des Hintergrundwissens auf das Ergebnis (nach Hube)

Problem transferieren und auf diesem Weg die Zeit der Ergebnisfindung reduzieren. Des Weiteren wird durch den Einsatz der Methode die Spannweite der Ergebnisqualität reduziert, weil sehr schlechte Ergebnisse durch die Methodik bereits ausgeschlossen werden. Wiederum sei hier angemerkt, dass dies alles nur funktioniert, wenn der Mitarbeiter gewillt ist, mitzudenken und entsprechend zu handeln.

Es kann nun sein, dass ein Mitarbeiter sehr viele kleine Änderungen permanent durchführt, ohne sich Gedanken über die Möglichkeit einer grundlegenden Anpassung seiner Arbeitsweise zu machen. Aus diesem Grund ist es von Vorteil, wenn von Zeit zu Zeit, beispielsweise während einer Urlaubs- oder Krankheitsvertretung, ein anderer Mitarbeiter dieselben Tätigkeiten durchgeführt und dabei auf einmal mit dem kompletten Arbeitsprozess vertraut gemacht wird. Er hat die Chance, diesen vollständig zu hinterfragen und gegebenenfalls mögliche Veränderungen durchzuführen oder seinem Kollegen als Anregung zu geben. Ansonsten ist es Aufgabe der Führungskraft, allen Mitarbeitern regelmäßig den Auftrag und entsprechende Zeit einzuräumen, sämtliche Arbeitsabläufe kritisch zu hinterfragen und Ergebnisse auf ihren Wert für das Unternehmen zu prüfen (Abb. 3.5).

Natürlich funktioniert dies umso besser, je mehr dem Mitarbeiter an Hintergrundwissen und Informationen rund um seine Arbeitsprozesse zur Verfügung steht. Denn dann kann er seine Entscheidungen über Veränderungen der Arbeitsweise und -Ergebnisse besser treffen und diese mehr am Unternehmensinteresse und weniger an seinem eigenen Interesse ausrichten. Außerdem ergibt sich zwangsläufig, dass gute Mitarbeiter dadurch nicht nur durch eine schnellere und qualitativ bessere Arbeit zu einer höheren Produktivität beitragen, sondern insbesondere und wesentlich durch die Verbesserung und Optimierung von Prozessen, welche dann auch von anderen Mitarbeitern, oder noch besser von Führungskräften in die Standardprozesse des Unternehmens, übernommen werden können. Dieser Gedanke ist wahrscheinlich den meisten bekannt und wird oftmals im Rahmen eines betrieblichen Vorschlagswesens umgesetzt, über welches alle größeren Unternehmen verfügen oder verfügen sollten. Kleinere Unternehmen haben auf jeden Fall den gleichen Bedarf, können aber eventuell geeignetere und weniger bürokratische Wege finden, um zu den gleichen Ergebnissen zu gelangen und die möglichen Fortschritte aus den Reihen der Mitarbeiter zu nutzen.

3.3.3 Motivation als Grundlage für Spitzenleistungen

Oberste Prämisse einer Führungskraft ist es, die geforderten Ergebnisse abzuliefern und nachrangig die verantwortete Einheit bestmöglich weiterzuentwickeln. Nicht nur sollen die Prozesse optimiert werden, also schlanker beziehungsweise billiger und oder qualitativ besser, sondern auch die Mitarbeiter müssen sich individuell und als Gruppe weiter entwickeln. Damit ist gemeint, dass nicht nur eine absolute Weiterentwicklung angestrebt werden soll, sondern eine über dem Durchschnitt der Branche oder mindestens der Mitarbeiter des eigenen Unternehmens. Nicht nur im Interesse des Unternehmens und der Führungskraft, besonders im Interesse der Mitarbeiter, wie bereits weiter vorne ausgeführt. Dafür ist es jedoch notwendig, dass die Mitarbeiter selbst motiviert sind, ihren Beitrag dazu zu leisten.

Die Führungskraft wird ihren Teil dazu beitragen, die Mitarbeiter zu führen und mit ihnen gemeinsam die lohnenswertesten Bereiche auszuwählen, in denen sich die Mitarbeiter weiterentwickeln sollten. Dafür kann sie in gewissem Maße den Mitarbeiter motivieren und Anreize setzen, um ihn zu unterstützen, muss jedoch sehr sorgfältig Motivatoren und Hygienefaktoren unterscheiden. Es ist jedoch unabdingbar, dass der Mitarbeiter eine eigene Motivation hat, sich weiterzuentwickeln und seine Fähigkeiten hinsichtlich Fach- oder Methodenkenntnissen zu erweitern. Ist ein Mitarbeiter permanent auf externe Motivation zur Erledigung seiner Arbeit oder seiner Weiterentwicklung angewiesen, sollte die Führungskraft eher Energie darauf verwenden, den optimalen Einsatzort des Mitarbeiters zu suchen, als andauernd Energie zur Motivation aufzuwenden. Denn die Energie jeder Führungskraft ist endlich und die Wahrscheinlichkeit, dass die Arbeit an sich die Energie benötigt und der Mitarbeiter diese nur raubt, entsprechend hoch, zur Verdeutlichung siehe Abb. 5.1 (Auswirkung des Zeitaufwands einzelner Tätigkeiten auf das Ergebnis). Letztlich werden immer die Mitarbeiter die Leistungsträger eines Teams sein, welche selbst motiviert sind und durch ihre Einstellung eher noch auf andere Mitarbeiter motivierend wirken und diese mitziehen (Abb. 3.6).

Ein großer Vorteil für die Führungskraft bei der Weiterentwicklung der Mitarbeiter liegt darin, dass sich Experten, also Mitarbeiter, die in einem gewissen Aufgabengebiet sehr gut ausgebildet sind, sich freiwillig ständig weiter entwickeln und durch mehr oder weniger häufige Fragen von Kollegen gezwungen sind, sich mit Neuem zu beschäftigen. Sie suchen Herausforderungen und arbeiten hart daran, ihre Expertise zu halten. Gelingt es demnach einer Führungskraft, sämtliche oder den Großteil der verantworteten Mitarbeiter in den Expertenstatus weiterzuentwickeln, so wird der benötigte Aufwand zur Motivation der Mitarbeiter stark zurückgehen. Ebenso werden die Mitarbeiter sich eigenständig Gedanken über die weitere Entwicklung machen und entsprechend mit konkreten Vorschlägen auf die Führungskraft zu gehen, so dass diese wiederum vom geringeren Aufwand profitiert.

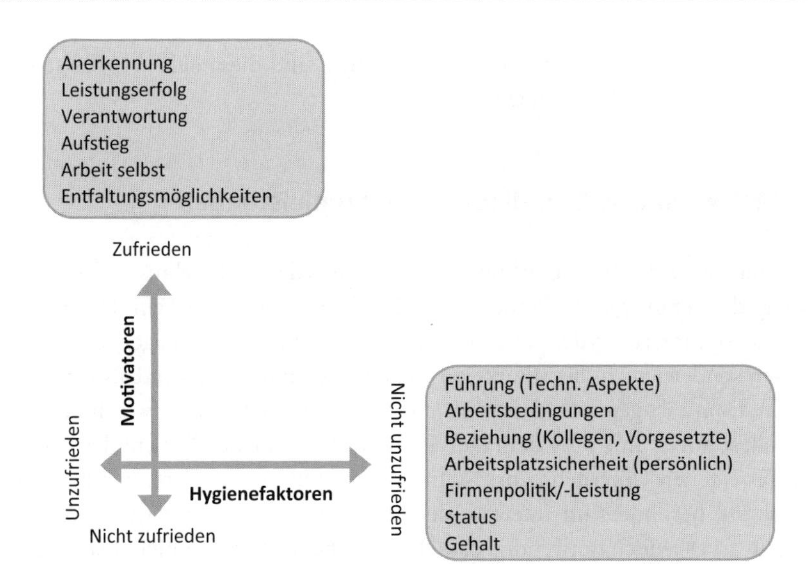

Abb. 3.6 Einflussfaktoren auf die Un-/Zufriedenheit von Mitarbeitern (angelehnt an Kaspar/Mayrhofer)

Die Mitarbeiter sollten jedoch unbedingt ermutigt werden, alles zu unternehmen, um sich selbst und die Einheit voranzubringen. Dies muss verlässlich gelten und insbesondere ist darauf zu achten, dass ein Mitarbeiter, welcher sich selbst und oder die Einheit voranbringt, selbst davon profitiert, auch über die eigene Weiterentwicklung hinaus und dies zum Beispiel von der Führungskraft gewürdigt oder sogar belohnt wird. Ansonsten könnte es passieren, dass ein Mitarbeiter allgemein gültige Verbesserungen zurückhält, um seine relative Position gegenüber seinen Kollegen nicht zu verschlechtern, was den denkbar schlechtesten Fall für die Führungskraft und die Einheit insgesamt darstellt.

3.3.4 Beurteilung des Einflusses von Intelligenz und Gedächtnisleistung

Viele Menschen würden eher sterben, als denken – und in der Tat sie tun es. (Bertrand Russell)

Es liegt auf der Hand, dass höhere Intelligenz und oder Gedächtnisleistung im Durchschnitt zu keiner niedrigeren Produktivität führen, wobei beides nur sehr ungenügend messbar ist, wenn von der Schulnote in Mathematik als Annäherung oder Indikation von Intelligenz abgesehen wird. Eine bessere Gedächtnisleistung ist auch bei einfachen Aufgaben von Vorteil, weil mehr Informationen sofort parat sind und nicht mühsam nachgeschlagen werden müssen. Dies beeinflusst nicht nur die Arbeitsgeschwindigkeit positiv, sondern auch die Einarbeitungszeit in eine neue Aufgabe oder einen neuen Sachverhalt. Es ergibt sich jedoch daraus, dass die notwendige Gedächtnisleistung eines durchschnittlichen Mitarbeiters durch die Rahmenbedingungen beeinflusst werden kann. Je klarer strukturiert Regeln sind und umso weniger Ausnahmen es gibt, desto weniger Details muss sich ein Mitarbeiter merken und dementsprechend geringer kann die Gedächtnisleistung bei gleich bleibender Produktivität sein.

Bis zu einem gewissen Grad kann Gedächtnisleistung wahrscheinlich auch durch Erfahrung oder Intuition ausgeglichen werden. Dies ist jedoch nur schwer messbar und besonders wenn die Wahrscheinlichkeit für Fehler mit ins Kalkül genommen werden soll schwer einzuschätzen. Insofern reicht es wahrscheinlich davon auszugehen, dass eine größere Erfahrung eine geringere Gedächtnisleistung kompensieren kann. Ob Intuition eingesetzt werden kann oder sollte hängt davon ab, wie exakt oder zeitkritisch ein Prozess ist. Kann ein Ergebnis exakt ermittelt werden, ist es nicht ratsam, intuitiv zu handeln. Reicht die Zeit dagegen nicht aus, einen Prozess vollständig durchzuführen, ist eine gute Intuition entsprechend hilfreich und zeitsparend.

Um den Einfluss von Intelligenz auf die Produktivität zu beurteilen muss zunächst klargestellt werden, was unter Intelligenz verstanden werden soll. Im Folgenden geht es um zwei unterschiedliche Aspekte, welche im Arbeitsleben von Bedeutung sind. Die erste besteht in der Fähigkeit, mit zwei oder mehr Zielen umgehen zu können, welche sich mindestens in Teilen widersprechen. Dies vereinfacht es für die Führungskraft, den Mitarbeitern Aufträge zu erteilen, ohne dass sie sich um eventuelle Zielkonflikte kümmern müsste. Kommt der Mitarbeiter an einem solchen Punkt, kann er damit alleine umgehen, sofern der Konflikt lösbar ist, indem er beispielsweise anhand bekannter Prioritäten die Ziele gegeneinander abwägt. Spätestens bei Führungskräften kommt dem eine noch größere Bedeutung zu, weil die Komplexität mit steigender Höhe der Hierarchieebene zunimmt.

Der zweite zu betrachtende Aspekt ist der Transfer eines bekannten Problems auf ein Neues mit Hilfe der Abstraktion. Dies ist umso hilfreicher, je verschiedener die zu lösenden Probleme innerhalb des Prozesses sind. Je gleichartiger, umso besser kann dieser Aspekt durch Regeln des Unternehmens oder Gedächtnisleistung des Mitarbeiters kompensiert werden. Je verschiedener, umso größer ist die Wirkung dieses Aspekts der Mitarbeiterfähigkeiten auf die Produktivität, weil der Mitarbeiter aus seiner Sicht gleichartigere Probleme löst, was wiederum entsprechend schneller vonstattengeht. Sofern mittels Transfers und Kreativität sogar etwas Neues entsteht, entwickelt der Mitarbeiter nicht nur sich weiter, sondern es kann für das Unternehmen ein Alleinstellungsmerkmal oder ein Erfolg entstehen.

3.3.5 Notwendige Voraussetzungen der Organisation

Damit Mitarbeiter ihre Leistung optimal abrufen können und dem Unternehmen die maximale Produktivität zur Verfügung stellen, ist das Vorhandensein bestimmter Rahmenbedingungen erforderlich. Um den Mitarbeiter gut beurteilen zu können, muss sichergestellt sein, dass er selbstständig und eigenverantwortlich handelt, andernfalls kann er Arbeitsweisen anwenden, welche für ihn ungeeignet sind und damit nicht sein volles Potenzial zum Vorschein bringen.

Der Mitarbeiter muss sich weiterhin sicher sein können, dass er für Fehler zwar verantwortlich ist, er diese aber bestmöglich vermeidet und daher von seiner Führungskraft Rückendeckung erhält und sie die Fehler nach oben vertritt, ohne den Mitarbeiter vorzuschieben. Die Führungskraft muss zu jeder Zeit hinter den Mitarbeitern stehen, auch wenn die Ausführung eines Mitarbeiters einmal ungenügend sein sollte, ein Mitarbeiter eine Fehlentscheidung trifft oder seine Kompetenzen überschreitet. Dies gilt selbstverständlich immer und bedingungslos, jedoch enthält dies die implizite Vereinbarung, dass der Mitarbeiter sein Bestes gibt und jeden Fehler nur einmal macht. Gerade wenn dies von einer Führungskraft nicht praktiziert wird oder ein Vorgänger der Führungskraft es nicht praktiziert hat, neigen Mitarbeiter eher dazu, eigene Entscheidungen zu vermeiden und im Sinne einer Absicherungsstrategie an die Führungskraft weiter zu reichen, weshalb darauf ein besonderes Augenmerk gelegt werden sollte.

Gerade in Unternehmen mit einem häufigeren Wechsel in Führungspositionen wird es mit Sicherheit eine Führungskraft gegeben haben, welche aufgrund ihrer Schwäche ein entsprechendes Verhalten an den Tag gelegt hat und dann ist dies nicht den Mitarbeitern vorzuwerfen, weil diese sich nur an die Situation angepasst haben. Es erscheint daher ratsam, die Mitarbeiter zu ermutigen, es eher zu riskieren, die eigene Kompetenz zu überschreiten und darauf von der Führungskraft aufmerksam gemacht zu werden, als für den umgekehrten Fall, der Nichtausnutzung der vollen Kompetenzen. Dies beugt auch dem ungesunden Irrglauben mancher Führungskräfte vor, unersetzlich zu sein und trainiert deren Vertrauen in die eigenen Mitarbeiter.

Es ist nicht nur Aufgabe der Führungskraft, diese Rahmenbedingungen zu schaffen, sondern ebenfalls Aufgabe der Mitarbeiter, diese Rahmenbedingungen einzufordern und sich nicht dahinter zu verstecken und dies stillschweigend zu akzeptieren. Gerade wenn die Mitarbeiter ein gutes und vertrauensvolles Verhältnis zu ihrem Vorgesetzten haben, müssen sie lernen, auch unangenehme Dinge anzusprechen und auf deren Behebung zu bestehen. Es ist falsch verstandene Loyalität, dies nicht zu tun und es nimmt der Führungskraft die Chance, die eigene Arbeit besser zu machen. Die Führungskraft muss entweder in der Lage sein, die Mitarbeiter zu überzeugen oder umgekehrt, aber keinesfalls darf eine für eine Seite unbefriedigende Situation akzeptiert werden. Zur Not müssen die Mitarbeiter nach mehreren erfolglosen Versuchen die Führungskraft offen damit konfrontieren, dass sie beispielsweise mehr eigene Kompetenzen einfordern und in letzter Konsequenz diese Sicht sogar mit dem Vorgesetzen der Führungskraft klären möchten. Um es klar zu betonen, die eigene Führungskraft sollte auf keinen Fall hintergangen werden, daher ist über sie das Gespräch zu suchen, denn es schadet dem Klima und der Produktivität und kann damit niemals im Interesse des Vorgesetzten der Führungskraft sein, wenn dies geschieht. Es ist ohnehin nicht von vorne herein festgelegt, wie der Vorgesetzte der Führungskraft entscheiden wird, jedoch sollte er die Chance haben, von den Vorfällen Kenntnis zu erlangen, um damit überhaupt die Möglichkeit zu haben, zu reagieren. Gute Führungskräfte werden gerade in solchen kniffligen Situationen zeigen, dass diese gesichtswahrend für alle Seiten aufzulösen sind und letztendlich für alle Parteien am Ende Vorteile haben.

Weiterhin müssen Informationen rechtzeitig und ausreichend in beide Richtungen fließen. Außergewöhnliche Fälle oder Situationen sind auf jeden Fall zu kommunizieren, so dass diese entweder den Mitarbeitern bewusst sind oder im umgekehrten Falle die Führungskraft notfalls eingreifen kann. Es ist die Pflicht der Mitarbeiter, sich mit den Kollegen abzusprechen und sämtliche Tätigkeiten so zu koordinieren, dass ein optimaler Arbeitsablauf mit maximaler Produktivität möglich ist. Besonders dem Informationsaustausch kommt dabei eine große Bedeutung zu, denn zum einen können damit Fehler schneller abgestellt beziehungsweise vermieden werden, zum anderen wird die Führungskraft bei ihrer Aufgabe der Kommunikation entlastet und die Fehlertoleranz gegenüber fehlenden Informationen wird bei den einzelnen Mitarbeitern erhöht. Gleichzeitig muss die Führungskraft die Weiterbildung der Mitarbeiter jederzeit im Auge haben und als wichtiges Thema bei der Mitarbeiterentwicklung ansehen, damit die Mitarbeiter selbst in einem sich stark wandelten Arbeitsgebiet jederzeit passend ausgebildet sind.

Es ist für die Mitarbeiter eine große Hilfe, wenn die Führungskraft über eine gute Planung verfügt. Je besser diese dann auch noch eingehalten wird, erleichtert es die Strukturierung der jeweiligen Arbeitszeit und damit die Effizienz der Arbeit. Außerdem ist durch die dann möglichen Soll-Ist-Abgleiche nachträglich eine gute Beurteilung der Effizienz und Leistung auf Mitarbeiter- und Team-Ebene möglich. Die große Gefahr besteht dabei nicht in der Planung generell, deren Nutzen sicherlich in keinerlei Zweifel steht. Je nach Komplexität der Aufgabenstellung ist jedoch das Optimum zwischen Unter- und Überplanung durch die Führungskraft zu finden. Es ist außerdem zu bemerken, dass sich dieses Optimum durch die Weiterentwicklung der Mitarbeiter sowie durch Zu- und Abgänge von Mitarbeitern permanent verändert und aus diesem Grund beobachtet und gegebenenfalls angepasst werden muss.

Hier kommt der Einschätzung und Akzeptanz der Planung durch die Mitarbeiter, für welche die Führungskraft werben muss, eine entscheidende Bedeutung zu. Insbesondere ist von der Führungskraft deutlich zu machen, dass nicht die Kontrolle der Arbeit beziehungsweise Leistung im Vordergrund steht, sondern die Hilfestellung für die Mitarbeiter durch diese und damit die Erhöhung der Produktivität im allgemeinen sowie zu Gunsten der Mitarbeiter und des Unternehmens. Werden auf diese Weise aussagekräftige statistische Daten gewonnen, so erleichtert dies den Arbeitsnachweis der Mitarbeiter und des Teams und ermöglicht es außerdem, eine bessere Zeiteinschätzung für Tätigkeiten zu erhalten und insgesamt den Ressourceneinsatz besser beurteilen zu können. Dies ist nicht nur zum Vorteil der Führungskraft, jeder Mitarbeiter wird ebenfalls davon profitieren, dass seine geleistete Arbeit damit gewürdigt und transparent gemacht wird.

3.3.6 Beurteilung der Mitarbeiter für Ressourceneinsatz interessant

Von vielen Führungskräften wird floskelhaft geäußert, dass die Mitarbeiter das höchste Gut des Unternehmens darstellen. Dies ist zwar nicht grundsätzlich falsch, mindestens aber nicht präzise genug, denn nur die richtigen Mitarbeiter sind es. Es gibt Fälle, in denen ein ausscheidender Mitarbeiter mühelos kompensiert werden kann, indem ein anderer einfach seine Arbeit übernimmt. Es gibt jedoch auch Fälle, in denen ein ausscheidender Mitarbeiter nicht vollständig durch einen neuen Mitarbeiter ersetzt werden kann, weil dieser nicht in der Lage ist, sämtliche Aufgaben in der zur Verfügung stehenden Zeit zu erledigen, aus welchen Gründen auch immer. Dies soll nur deutlich machen, wie wichtig es ist, die richtigen Mitarbeiter mit den richtigen Aufgaben zu betrauen und es durchaus Gelegenheiten gibt, dies gut zu beurteilen, selbst wenn es in manchen Fällen nur nachträglich möglich und damit eigentlich zu spät ist. Die Führungskraft kann sich jedoch wenigstens selbst prüfen und ihre eigene Entscheidung für sich selbst hinterfragen, ohne dass es unbedingt kommuniziert werden muss.

Aus diesem Grund ist es unabdingbar, dass jede Führungskraft sich nicht nur mit den Kenntnissen und Fertigkeiten der Mitarbeiter beschäftigt, sondern eben auch mit einer gründlichen Leistungsbeurteilung, für welche die Mitarbeiter in irgendeine Anzahl von Leistungsstufen oder –Klassen eingeteilt werden müssen, um angepasst handeln und reagieren zu können. Aufgrund der Wichtigkeit dieses Themas wird es in einem eigenen Kapitel, Einteilungskriterien konsequent umsetzen und handeln, ausführlich betrachtet. Unabhängig davon, ob jetzt ein System aus drei oder einer beliebigen anderen Zahl von Klassen zu Einteilung der Mitarbeiterleistung Anwendung findet, ist es wichtig, die Einteilung an sich vorzunehmen. Dies gibt der Führungskraft bei allen weiteren Kontakten die Möglichkeit, die Einschätzung zu prüfen und situativ zu reagieren, außerdem sollte die Führungskraft umso mehr Ressourcen für diesen Mitarbeiter einsetzen, desto besser ein Mitarbeiter in dieser Leistungsbeurteilung abschneidet. Es spielt dabei keine Rolle, auf welche Ressourcen Bezug genommen wird, seien diese aus den Budgets für Gehaltserhöhungen oder Weiterbildung, dem Einsatz in besonderen Aufgaben oder der Führungszeit der Führungskraft.

Dieses Vorgehen macht den damit einhergehenden erhöhten Arbeitsaufwand mehr als wett, weil die knappen Ressourcen damit bestmöglich im Sinne des Unternehmens investiert werden und als Alternative nur die Verteilung nach Kriterien wie Dienstzugehörigkeit oder Gleichverteilung existieren. Diese erleichtern der Führungskraft zwar sicherlich die Gespräche, jedoch zeigt sich gerade hier, dass nicht generell die Mitarbeiter allgemein das höchste Gut sind, sondern die Richtigen, die Leistungsträger, welche das Unternehmen voranbringen und wesentlich für das Ergebnis sind.

3.4 Einflussfaktoren zur Produktivitätssteigerung beim Unternehmen

Den größten Einfluss, die Produktivität insgesamt zu steigern, hat das Unternehmen, selbst wenn es den meisten gar nicht bewusst ist und sich niemand explizit dafür verantwortlich fühlt. Jedoch ist zu beachten, dass es sich dabei um extrem langfristig wirkenden Einfluss handelt und gerade deshalb ist es wichtig, sämtliche Einflussfaktoren zu prüfen, um die existierenden Potenziale einschätzen zu können.

Ebenso ist es möglich, dass das Unternehmen die Produktivität bremst oder gezielt andere Prioritäten setzt. Von außen betrachtet ist dies vermutlich in den wenigsten Fällen rational nachvollziehbar, aber es kann verschiedene Gründe geben, welche dazu führen. Der häufigste ist sicherlich, dass die Konsequenzen einer Entscheidung zu einem fachlich nicht mit Produktivität verbundenen Thema langfristigen negativen Einfluss auf die Produktivität haben, ohne dass dieser berücksichtigt worden wäre. Dies ist bei vielen Themen möglich und es ist auf jeder Ebene innerhalb des Unternehmens denkbar, Einfluss zu nehmen und die Rahmenbedingungen zum Positiven zu verändern. Eine Führungskraft in mittlerer Ebene hat nicht die gleichen Möglichkeiten wie der Vorstand, aber immerhin mehr als die Ebenen darunter. Insofern muss jede Führungskraft unter der Unternehmensspitze berücksichtigen, das dem Einfluss des Unternehmens nicht komplett entgegen gesteuert werden kann und ein Mittelweg zu suchen ist, welcher die von oben vorgegebenen Einflüsse so interpretiert, dass es den eigenen Wünschen nahekommt und der eigenen Einheit hilft. Dennoch darf keinesfalls kapituliert und sämtliche eigenen diesbezüglichen Aktivitäten gestoppt werden, weil ansonsten eine große Chance zur Steigerung der Produktivität und damit der eigenen Leistung mit der verantworteten Einheit verschenkt wird.

3.4.1 Praktischer Nutzen der Vision

Wenn du es träumen kannst, kannst du es auch machen. (Walt Disney)

Die Vision eines Unternehmens hat einen sehr großen Einfluss auf die Produktivität, selbst wenn dies nur sehr schwer zu messen ist. Die Wirkung ist jedoch umso direkter, je besser und glaubwürdiger die Vision innerhalb des Unternehmens von den Führungskräften und Mitarbeitern gelebt wird. Es entscheidet sich an dieser Stelle beispielsweise, ob das Unternehmen eher eine Kosten- oder Qualitätsführerschaft angestrebt. Je nachdem wird der Wert für die maximal zu erreichende Produktivität des Unternehmens deutlich unterschiedlich ausfallen. Wird der Qualität, demnach besonders die Vermeidung von Fehlern, eine große Bedeutung beigemessen, so werden die Prozesse aufgrund der zusätzlichen Kontrollen teurer sein als in einem anderen Unternehmen mit einem geringeren Qualitätsanspruch. Dies bedeutet jedoch nicht, dass der Blick auf die Kosten automatisch komplett zu vernachlässigen wäre, vielmehr gilt es für jedes Unternehmen die Kostenführerschaft anzustreben, jedoch immer in dem eingeschränkten Segment der Wettbewerber mit einer vergleichbaren Ausrichtung hinsichtlich Qualität. Gegenüber dem Wettbewerber mit einem geringeren Anspruch muss der Kunde bereit sein, für das Mehr an Qualität mindestens das Mehr an Kosten der Prozesse in Form eines höheren Produktpreises zu akzeptieren.

Der Vision eines Unternehmens und besonders die davon abgeleiteten Visionen für die einzelnen Ressorts oder Tochtergesellschaften dieses Unternehmens kommt daher eine wichtige Bedeutung zu. Nur wenn an dieser Stelle präzise gearbeitet wird kommt letztlich bei den Mitarbeitern eine Vision für ihre Einheit an, welche wirklich die Vision des

Unternehmens unterstützt und durch die Führung und Orientierung der Mitarbeiter für eine bessere Produktivität sorgt. Ist die Aussage der Vision hingegen nicht eindeutig, so werden die Mitarbeiter Schwierigkeiten haben, in diesem Sinne zu handeln und damit zwangsläufig nicht mehr die bestmöglichen Ergebnisse erzielen.

3.4.2 Einfluss von Werten und Kultur auf die Produktivität

> Die Fähigkeit schneller zu lernen als die Konkurrenz, ist vielleicht der einzig wirkliche Wettbewerbsvorteil. (Arie De Geus)

Ähnlich der Vision haben die Kultur und die Werte einen nicht zu unterschätzenden Einfluss auf die Produktivität der Mitarbeiter. Viele Unternehmen haben sich Gedanken über die Werte gemacht und diese niedergeschrieben, damit sich die Mitarbeiter daran orientieren können. Insbesondere bei Neueinstellungen ist es entscheidend, mit welchen Werten sich das Unternehmen am Markt präsentiert, zumal diese ein wichtiges Kriterium zur Unterscheidung von Wettbewerbern oder Unternehmen anderer Branchen darstellt. Es wird deutlich, dass diese dann eher in die Zukunft wirken, weil neue Mitarbeiter diese Werte leben oder leben möchten. Handelt es sich bei diesen Werten daher um die tatsächlich im Unternehmen gelebten Werte, so stärkt dies die Glaubwürdigkeit des Unternehmens für den neuen Mitarbeiter. Andernfalls wird er, in einigen Fällen sicher schmerzlich, mit der Zeit realisieren, dass in Wirklichkeit ganz andere Werte entscheidend sind. Diese echten Werte haben über Jahre oder Jahrzehnte die Kultur des Unternehmens aufgebaut und geprägt und sind nicht zuletzt mit ein Grund dafür, warum das Unternehmen noch existiert.

Um es deutlich zu sagen, weder gibt es bei den Werten richtige und falsche, noch gibt es eine gute oder schlechte Kultur. Es kann höchstens sein, dass eines oder beide nicht mehr in die Zeit passen und aus diesem Grund tendenziell als falsch einzuschätzen wären, aber nicht immer hat die Allgemeinheit oder die Mehrheit recht und ein Unternehmen muss bereit sein, auch einen solchen Weg zu verfolgen, wenn es davon überzeugt ist, dass er erfolgsversprechend ist. Überdies hat sich die Welt außerhalb des Unternehmens vielleicht verändert oder das Unternehmen selbst, so dass eine Anpassung erforderlich ist oder zumindest geprüft werden sollte. Unabhängig davon können alle genannten Situationen Auslöser für eine Überprüfung sein, aber zweifelsohne ist es für ein Unternehmen ratsam, existierende Werte oder eine existierende Kultur von Zeit zu Zeit einer Prüfung zu unterziehen, ob diese noch mit der gewünschten Sicht übereinstimmt. Die Welt verändert sich und die eine oder andere Veränderung erfordert eine Anpassung des Unternehmens, ebenso wie die langfristige Strategie manchmal nachjustiert werden muss.

An dieser Stelle soll keine vollständige Auseinandersetzung mit allen möglichen Werten erfolgen, zumal die Kultur aus einer möglichen Kombination der verschiedenen Werte und ihrer Prioritäten über die Zeit entsteht. Exemplarisch für den Einfluss der Werte auf die Produktivität des Unternehmens soll an dieser Stelle daher die Wertschätzung des

Unternehmens gegenüber den Mitarbeitern näher betrachtet werden. Grundsätzlich ist es unzweifelhaft, dass jedes Unternehmen und jede Führungskraft wertschätzend mit den Mitarbeitern umgehen muss, um dauerhaft erfolgreich zu sein. Während dies dem einzelnen Mitarbeiter gegenüber eine klare Handlungsempfehlung darstellt, ergeben sich aber bereits für eine Gruppe von Mitarbeitern eventuell Konflikte. Dies soll an einem Beispiel verdeutlicht werden.

In einem Team von zehn Mitarbeitern, welche alle über die gleiche Ausbildung, das gleiche Alter und die gleiche Erfahrung verfügen, kann sicherlich auch von allen die gleiche Leistung eingefordert werden. Aus familiären Gründen fällt nun die Leistung eines Mitarbeiters deutlich ab, so dass die Führungskraft eingreifen muss. Stellt sich heraus, dass bis auf weiteres keine Änderung der Situation zu erwarten ist, gibt es verschiedene Alternativen, wie verfahren werden kann. Es kann im Unternehmen üblich sein, dies zu akzeptieren, so dass die verbleibenden neun Mitarbeiter stillschweigend die notwendige Mehrarbeit so gut wie möglich zu kompensieren versuchen beziehungsweise ein Leistungsabfall des Teams in Kauf genommen wird. Andererseits ist es möglich, dass dem Mitarbeiter deutlich gemacht wird, dass Minderleistung nicht geduldet wird. Ist eine Rückkehr auf den alten Leistungsstandard nicht möglich oder nicht wahrscheinlich, so bleibt als Option nur noch eine Versetzung oder das Ausscheiden des Mitarbeiters. Dies ist für den betroffenen Mitarbeiter sicherlich eine schwierige Situation, allerdings noch deutlich angenehmer als ihn mit Druck auf ein Niveau bringen zu wollen, welches er nicht mehr in der Lage ist zu leisten. In letzter Konsequenz würde damit sogar die Gesundheit des Mitarbeiters riskiert werden, siehe Abb. 3.2 Arbeitsmotivation und Work-Life-Balance (nach Hube).

Wird diese hypothetische Situation weiter verfolgt, liegen die Konsequenzen auf der Hand. Im ersten Fall sinkt die Produktivität und es wird deutlich signalisiert, dass ein Leistungsabfall in bestimmten Situationen toleriert wird. Dies wird dazu führen, dass auch andere Mitarbeiter in der Leistung sinken, spätestens sobald diese eine analoge Begründung anführen können. Langfristig ist es sogar für Leistungsträger nicht mehr rational, bis an die Leistungsgrenze zu gehen, weil die Wahrscheinlichkeit für eine Entdeckung von Leerlaufphasen immer weiter abnimmt und gegebenenfalls Leistungspotenziale durch eine geschickte Argumentation wegdiskutiert werden können. Im Ergebnis wird sicherlich keine Leistungskultur mehr vorliegen, andererseits werden sich die Mitarbeiter vom Unternehmen Wert geschätzt fühlen, nicht gestresst sein und dies durch lange Betriebszugehörigkeit honorieren.

Im zweiten Fall lernen die Mitarbeiter, dass das Unternehmen die erwünschte Leistung jederzeit einfordert, selbst wenn dies im konkreten Fall hart für den Einzelnen ist. Manche Mitarbeiter wird dies über die Grenze ihrer Leistungsfähigkeit hinaus treiben und gesundheitliche Konsequenzen haben, bei konsequenter Reaktion auf frühzeitige Anzeichen durch die Führungskraft oder Kollegen kann und sollte dem jedoch entsprechend vorgebeugt werden. Andere Mitarbeiter werden erkennen, dass sie dies nicht akzeptieren können oder nicht zu leisten bereit sind und auf eigenen Wunsch das Unternehmen verlassen. Langfristig wird durch die entsprechende Selektion der Mitarbeiter eine Kultur entstehen, welche leistungsbereite Mitarbeiter anzieht und dadurch im Ergebnis dem Unternehmen zu einer höheren Produktivität verhilft. Zwangsläufig wird aber die durchschnittliche Betriebszugehörigkeit geringer sein als im ersten Fall und auch die empfundene Wertschätzung der Mitarbeiter entsprechend niedriger. Vielleicht ist es für das Unternehmen jedoch möglich, die Mitarbeiter an dem entstehenden Kostenvorteil in geeignetem Maße durch höhere Gehälter teilhaben zu lassen und eine Balance zu finden, welche die Mitarbeiter dennoch als Gewinn empfinden.

Existiert darüber hinaus ein System zur Bewertung von Personal innerhalb eines Unternehmens, so wird dieser Effekt sogar noch gesteigert. Eine bestimmte Klientel von leistungsfähigen Mitarbeiter wird eine Leistungskultur entwickeln, mit welcher die maximal mögliche Produktivität überhaupt nur erreicht werden kann. Wird keine Unterscheidung der Mitarbeiter nach ihrer Leistung vorgenommen, so wird sich zwangsläufig eine Kultur des Mittelmaßes durchsetzen, weil Leistungsträger nur wenige Anreize zum Verbleib im Unternehmen vorfinden und aus diesem Grund fluktuieren werden.

3.4.3 Einfluss der Organisation des Unternehmens

Produktivität ist zum Teil eine organisatorische Fähigkeit, weshalb Unternehmen sich dies bewusst machen und auf diesem Gebiet weiterentwickeln müssen. Hier gilt in einem nicht zu unterschätzende Maß, dass eine Verbesserung der Organisation langfristig einen größeren Beitrag leistet als eine punktuelle Verbesserung an einer Stelle.

Ähnlich der Vision muss die Leistung des Unternehmens herunter gebrochen werden, bis jeder Mitarbeiter eine genaue Vorstellung davon hat, welchen Beitrag er zum Ganzen beiträgt. Je besser der Mitarbeiter dies einordnen kann, umso mehr Motivation wird er bei der Arbeit haben und umso stärker ist die Verbindung zum Unternehmen und den Produkten. Daraus ergibt sich, dass die Kenntnis des Beitrags der Einheit eine wertvolle Entscheidungshilfe für den Mitarbeiter darstellt, weil er seinen Beitrag in einen größeren Kontext eingebracht sieht. Dies versetzt ihn in die Lage, in Grenzfällen oder Konflikten zu Lösungen zu kommen, die wirklich im Sinne des Ganzen, und damit des Unternehmens, sind (Abb. 3.7).

Die Abgrenzung verschiedener Bereiche zu einander ist ebenso notwendig, aber kein intellektuelles Problem. Vielmehr muss mit Fleiß und Gewissenhaftigkeit eine Dokumentation der Prozesse, einhergehend mit den Aufgaben und Ergebnissen, erstellt werden, welche die Arbeitsverteilung sowie die Schnittstellen möglichst klar und verständlich dargelegt. Die Komplexität kann nur entstehen, wenn die Ziele für die einzelnen Bereiche festgelegt werden. Während Probleme innerhalb der Prozesse beim Auftreten bekannt sind und gelöst werden können und müssen, ist eine Zielkongruenz bei unterschiedlichen Führungskräften und deren Bereich nur im Nachhinein festzustellen. Eine transparente Kommunikation des Ziels aller Bereiche ist daher unbedingt empfehlenswert, so dass jeder Mitarbeiter des Unternehmens die Möglichkeit hat, wenigstens theoretisch, einen Zielkonflikt zu erkennen und darauf hinzuweisen. Dadurch wird vermieden, dass sich zwei

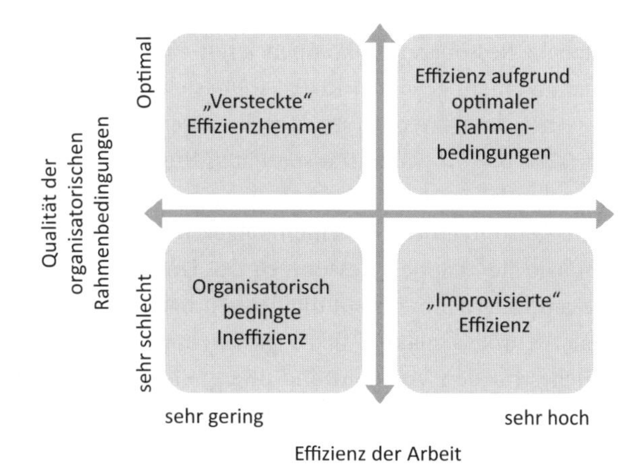

Abb. 3.7 Zusammenhang von Organisation und Effizienz (nach Hube)

Bereiche aufgrund gegensätzlicher Ziele die Zielerreichung gegenseitig erschweren beziehungsweise sogar verhindern und damit wertvolle Ressourcen verschwenden.

Die Einigkeit der Mitarbeiter macht stark und hilft bei der Erreichung der gemeinsamen Ziele. Gelingt es, die verschiedenen Ziele unterschiedlicher Bereiche so in Einklang zu bringen, dass sie sich gegenseitig unterstützen, so wird fast zwangsläufig ein Team entstehen und die Erreichung der Ziele drastisch erleichtert.

Sicherlich gibt es viele Punkte die genannt werden könnten, exemplarisch soll jedoch an dieser Stelle als letztes noch der Wertbeitrag von Priorisierung und Konzentration zur Steigerung der Produktivität erwähnt werden. Genauso wie es für jede Führungskraft und jeden Mitarbeiter sinnvoll ist, sich auf weniges zu konzentrieren und Prioritäten zu setzen, so gilt dies auch für das Unternehmen. Umso mehr, als es diese klare Positionierung für alle Führungskräfte und Mitarbeiter im Unternehmen erleichtert, dies für den eigenen Bereich und die eigene Stelle vorzunehmen. In Zweifelsfällen oder Konflikten ist es eine wertvolle Hilfe, knappe Ressourcen zu verteilen und Prozesse deutlich zu beschleunigen, weil Rückfragen oder das Warten auf Entscheidungen entfallen können.

3.4.4 Einfluss von Ressourcenverfügbarkeit

Einen ebenso großen Einfluss auf die Produktivität des Unternehmens haben die verfügbaren Ressourcen. Auf der einen Seite ist offensichtlich, dass freie Ressourcen dazu eingesetzt werden können, vorhandene Prozesse zu analysieren und zu verbessern. Gleiches gilt für Investitionen in Innovationen, beispielsweise eine andere technische Infrastruktur. Auf der anderen Seite kann aber auch Mangel eine Antriebsfeder bei der Entwicklung von Innovationen sein, weil die Not zur Verbesserung von Zuständen größer ist, wenn diese nicht durch zusätzliche Ressourcen relativ einfach gemildert werden kann.

Aus Sicht des Unternehmens ist ein Mangel daher zunächst weniger problematisch, sofern die Mitarbeiter über ausreichend Energie verfügen, diesen Mangel auch ohne zusätzliche Ressourcen zu kompensieren. Erst ab einem gewissen Schweregrad des Problems oder ab einem gewissen Risiko sollte sich das Unternehmen einschalten und Ressourcen für eine schnellere oder strukturelle Beseitigung bereitstellen. Es ist jedoch darauf zu achten, dass dies in einem transparenten Prozess erfolgt und Führungskräfte oder Mitarbeiter keinerlei Anreiz haben, auf die eigenständige Beseitigung des Mangels ohne zusätzliche Ressourcen zu verzichten. Objektive Kriterien helfen, diesen aufzubauen und damit implizit die knappen Ressourcen des Unternehmens gerechter und im besten Sinne des Gesamtunternehmens auf die notwendigen Investitionen zu verteilen. Je nach Größe des Unternehmens bietet es sich sogar an, einen Ausschuss oder ein Gremium zu installieren, welches für den Vorstand und übergreifend für das Gesamtunternehmen die Verteilung der Mittel steuert. Dem Vorstand wiederum verbleibt die Aufgabe, ausreichend Mittel in Form von Mitarbeitern und Budget zur Verfügung zu stellen, damit genügend Innovationen realisiert werden können. Aus Qualitätsgesichtspunkten macht es durch aus Sinn, wenn nicht alle beantragten Innovationen genehmigt werden, weil dies die Qualität der Einreichung insgesamt steigert. Langfristig führt jedoch kein Weg daran vorbei, möglichst viele der beantragten Innovationen umzusetzen, weil nur damit die Wettbewerbsfähigkeit für die Zukunft gesichert wird und damit wiederum die Mittel generiert werden können, um diesen Prozess der kontinuierlichen Verbesserung am Leben zu halten. Aber gerade diese schwierigen Abwägungen sind geradezu prädestiniert für die Vorstände des Unternehmens, damit ihre Weitsicht zu zeigen und durch strategische Weichenstellungen eine vorteilhafte Ausgangssituation für das eigene Unternehmen zu schaffen. Dies ist dann die Grundlage für eine stärkere Marktposition und damit einem Wachstum über dem der Wettbewerber, mit den entsprechenden Vorteilen für alle Stakeholder.

4 Entscheidend für Produktivität: Aufbau der Organisation

> Beginnen können ist Stärke, vollenden können ist Kraft. (Laotse)

Das Verhalten der Führungskraft und die Optimierung der Arbeiten in der verantworteten Einheit reichen bei weitem noch nicht aus, um dauerhaft die bestmögliche Produktivität bei gleichzeitiger Reduzierung der Arbeitszeit zu erzielen. Dafür ist es vielmehr notwendig, ein Führungssystem aufzubauen, welches gute Ergebnisse automatisch produziert und dies am besten so unabhängig wie möglich von den Führungskräften selbst. Dennoch werden bessere Führungskräfte bessere Ergebnisse erzielen als weniger gute Führungskräfte, aber das System wird die Leistung aller Führungskräfte mehr oder weniger steigern, so dass selbst eine weit unterdurchschnittliche Führungskraft noch im Stande ist eine akzeptable Führung aus Sicht des Unternehmens und der Mitarbeiter zu erbringen.

Denn Ziel darf es aus Sicht eines Unternehmens niemals sein, einmalig eine gute oder sogar herausragende Qualität zu erzielen. Entscheidend ist es, gute und am besten ausgewöhnlich gute Prozesse zu schaffen, welche laufend gute Ergebnisse produzieren. Dabei kann das Unternehmen festlegen, was gute Ergebnisse sind, ob nach Geschwindigkeit oder Kosten priorisiert werden soll oder nach einer Balance zwischen beidem. Es geht darum, dass die Führungskräfte des Unternehmens jeden Tag wie echte Unternehmer im Unternehmen an diesem System und den Prozessen arbeiten, anstatt einfach nur in einem System zu arbeiten. Nur so wird das Unternehmen weiterkommen und nicht auf der Stelle treten, um irgendwann unfähig zum Wandel schleichend zugrunde zu gehen.

4.1 Die Kraft von Visionen und Strategien

> Die stillstehende Uhr, die täglich zweimal die richtige Zeit angezeigt hat, blickt nach Jahren auf eine lange Reihe von Erfolgen zurück. (Marie von Ebner-Eschenbach)

D. Walther, *Die 38-Stunden-Woche für Manager*,
DOI 10.1007/978-3-658-02788-9_4, © Springer Fachmedien Wiesbaden 2013

Dennoch reicht es nicht aus, wenn das System nur den technischen beziehungsweise fachlichen Teil des Unternehmens abdeckt. Denn dann wird die Arbeit für die Mitarbeiter keinen tieferen Sinn haben, von ihnen nur herzlos ausgeführt werden und eine intrinsische Motivation ist ebenfalls nur schwer vorstellbar, welche für wirkliche gute Leistungen jedoch Voraussetzung ist. Das soll nicht bedeuten, dass dem technischen Teil keinerlei Aufmerksamkeit geschenkt werden sollte. Jedes Unternehmen muss im technischen Teil Marktführerschaft anstreben, ansonsten wird es auf lange Sicht schwer, sich gegenüber den Wettbewerbern zu behaupten, und es ist möglich, dass ein Unternehmen daran scheitert und daher vom Markt verschwinden muss. Aber selbst wenn das Unternehmen es schafft, im technischen Teil die Marktführerschaft zu erreichen und diesen bestmöglich beherrscht, so kann es dennoch am Ende scheitern, weil der nicht-technische Teil des Systems mindestens ebenso wichtig ist. Außerdem besteht der nicht-technische Teil des Systems aus wesentlich langfristigeren Komponenten als der technische und ist die Basis für diesen, weshalb zum einen mit diesem begonnen werden sollte und zum anderen nur mit einer wirklich soliden Ausführung der technische Teil ein gutes Fundament vorfindet.

4.1.1 Werte, Vision und Mission erstellen als Basis der Organisation

Unser Markenauftritt ist die Summe der Fantasien unserer Mitarbeiter. (Fritz Huber Wohlford)

Jedes Unternehmen basiert auf Werten, die es verkörpert und die gleichzeitig das Fundament für die Vision und Mission des Unternehmens darstellen. Dafür müssen diese jedoch klar formuliert werden und in Einklang mit dem Verständnis der Mitarbeiter des Unternehmens, der gesamten Organisation, sein. Im besten Fall ist dies bereits mit der Gründung erfolgt, in anderen Fällen müssen die Werte ermittelt werden, die für die Organisation stehen. Allerdings muss dies sehr vorsichtig erfolgen, weil die Organisation Werte nicht akzeptieren wird, durch welche sie sich nicht repräsentiert fühlt. Je nachdem, wie weit diese von den wahren Werten entfernt sind, wird die Organisation diese entweder einfach nur ablehnen und zurückweisen oder im schlimmeren Fall sogar noch als Ironie verunglimpfen. Daher gilt es Werte zu ermitteln, welche einerseits eben die Botschaft aussenden, welche von der Unternehmensführung gewünscht ist, und andererseits mit den gelebten Werten der Organisation übereinstimmen, auch wenn dafür ein Kompromiss notwendig ist. Werden die richtigen Werte gefunden und gelingt es, die Organisation samt ihrem Verhalten hinter diesen Werten zu versammeln und sich davon repräsentiert zu fühlen, so ist es ein wertvolles und nicht zu unterschätzendes Steuerungsinstrument für die Organisation insgesamt und dessen Auftreten nach innen und außen.

Jede Führungskraft, unabhängig von ihrer Position im Unternehmen, hat die Möglichkeit, für sich selbst und die verantwortete Einheit Werte zu definieren, jedoch sollten diese mit den vom Unternehmen kommunizierten einhergehen und diesen nicht widersprechen. Am wichtigsten ist jedoch, dass die Führungskraft diese Werte dann konsequent vorlebt und entsprechend einfordert, damit sie der Organisation als Orientierung und Entscheidungshilfe dienen können und den Zweck der Werte erfüllen.

Noch wichtiger als die Definition der Werte ist die Vision für ein Unternehmen, weil diese zeitlos einen Sinn stiftet und die Organisation und alle ihre Mitarbeiter leitet. Bei wichtigen Entscheidungen kann darauf Bezug genommen werden und sie gibt Kraft, wenn sie erstrebenswert ist und jeder Mitarbeiter das Gefühl hat, etwas zu ihrer Erfüllung oder Erreichung beizutragen. Gleichzeitig ist die Vision, ebenso wie das Unternehmen, darauf ausgelegt, alle Zeiten zu überdauern und muss daher flexibel genug sein, um von Zeit zu Zeit für die geltenden Rahmenbedingungen neu interpretiert werden zu können. Die Vision muss die Frage beantworten, welchen Wert das Unternehmen für die Allgemeinheit hat oder anders herum, was der Welt fehlen würde, wenn es das Unternehmen mitsamt den Produkten nicht gäbe.

Ebenso gilt es für die Führungskraft, diese Vision als Ausgangspunkt zu nehmen, um eine Vision für die eigene Einheit zu entwickeln. Diese erfüllt für die verantworteten Mitarbeiter die gleiche Aufgabe wie die Vision des Unternehmens insgesamt, jedoch kann sie wesentlich konkreter und greifbarer sein und daher eine noch bessere Orientierung geben. Sie sollte herausstellen, welches der Beitrag der Einheit zum Ganzen ist und soweit heruntergebrochen werden, dass jede Führungskraft, falls dies der Fall ist, und jeder Mitarbeiter sich ebenfalls sicher ist, dass sie nicht bloß kleine Rädchen in einer großen Maschine sind, sondern ihren speziellen Beitrag zum Funktionieren des Ganzen leisten. Jedem Mitarbeiter muss bewusst sein, welchen Mehrwert er stiftet und warum seine Arbeit für den Kunden und den Unternehmenszweck wichtig ist. Das ist in den Stabsfunktionen und dort besonders in der Zentrale sicherlich nicht immer einfach, zumal dieser des Öfteren despektierlich als Wasserkopf bezeichnet wird, jedoch sind dort besonders viele hochqualifizierte Wissensarbeiter beschäftigt, für die es umso wichtiger ist, dass ihre Arbeit einen Sinn ergibt. In vielen Fällen erscheint es auf den ersten Blick möglich, Stabsarbeiten streichen zu können, ohne dass es auf kurze Sicht eine negative Auswirkung auf das Unternehmen hätte, jedoch wird beim genauen Hinschauen meist schnell deutlich, mit welche negativen langfristigen Folgen zu rechnen wäre, so dass dies einen hervorragenden Ansatz zur Erstellung der Vision darstellt.

Bei der Ableitung der Vision für die eigene Einheit sollte die Führungskraft für sich hinterfragen, ob sie voll und ganz hinter der Vision steht und ihre gesamte zur Verfügung stehende Arbeitskraft dafür einsetzt, diese zu erreichen und den Beitrag zur Vision des Unternehmens zu leisten. Kann sie dies nicht oder hat sie daran Zweifel, ist sie nicht mehr die richtige Führungskraft für diese Aufgabe oder gar in diesem Unternehmen. Gleiches gilt es ebenso für die verantworteten Führungskräfte zu überprüfen, weil es unabdingbar ist, dass die Führungskraft hinter der Vision steht, damit die Mitarbeiter und eventuell Führungskräfte dieser folgen können. Je höher die Ebene der Führungskräfte im Unternehmen ist, umso drastischer sind die Folgen, wenn diese die Vision nicht vertreten können, und umso dringlicher muss die Führungskraft handeln, bis hin zum Entfernen der Führungskraft aus der Verantwortung. Denn ansonsten muss sie selbst permanent sehr viel Arbeit und Zeit investieren, dies zu korrigieren und auszugleichen, wenn überhaupt möglich, selbst wenn der Austausch ebenfalls, besonders kurzfristig, Arbeit verursacht und Zeit kostet.

Während die Vision damit ein Bild davon zeichnet, warum das Unternehmen welche Dinge unternimmt und wo es sich in einem langfristigen Zeitraum sieht und damit den Mitarbeitern Orientierung gibt, beschreibt die Mission konkret, was der Zweck des Unternehmens ist und weshalb es für den Kunden existiert und aus Sicht des Kunden auch existieren sollte. Spätestens an diesem Punkt wird deutlich, dass es schon nicht einfach ist, dies für das Unternehmen zu entwickeln, aber mindestens ebenso schwer, dies für darunter gelagerte Einheiten zu definieren. Dazu muss in Stabsabteilungen des Öfteren erst einmal gründlich durchdacht werden, wer die Kunden sind, welche Dienstleistungen wirklich benötigt werden und was eine Vision sein könnte, die dies in der Zukunft bestmöglich erfüllt. Die Vision des Unternehmens wird dabei durch die konkrete Mission erfüllt, wobei die Erfüllung wiederum von unterschiedlichen Ressorts des Unternehmens vorgenommen wird, welche sich selbst kleinere Visionen zum Ziel setzen, die sie zu erreichen anstreben.

4.1.2 Strategie setzen und überprüfen bleibt Erfolgsfaktor

> Das Wahre ist eine Fackel, aber eine ungeheure, deswegen versuchen wir alle, nur blinzelnd daran vorbeizukommen, in Furcht sogar, uns zu verbrennen. (Johann Wolfgang von Goethe)

Nach dem die Werte, die Vision und Mission definiert sind, obliegt es jeder Führungskraft, eine Strategie zu entwickeln, welche den Weg zur Vision ebnet. Spätestens an dieser Stelle macht sich die vorherige Arbeit bezahlt, denn wenn die Vision und die Mission wirklich erarbeitet wurde, durch die Suche nach Alternativen und eine Auseinandersetzung mit jeder einzelnen, dann ist die Erstellung einer Strategie nichts anderes als ein zielgerichtetes Vorgehen, um sich von der aktuellen Situation in Richtung der Vision zu bewegen. Dabei gilt es, den sehr langen Zeithorizont der Vision und der Mission anzuerkennen und sich auf die nächsten Schritte zu konzentrieren, welche in den nächsten drei bis fünf Jahre erreichbar sind.

Allerdings gilt es verschiedene Dinge zu beachten, damit das Ziel seine maximale Wirkung erzielt. Am besten ist es einfach und unzweideutig, so dass es ohne weitere Erklärungen verständlich ist und keinerlei Missverständnisse möglich sind. Es sollte sich dabei um eine Aussage handeln und die Mitarbeiter sofort mitnehmen, auf dass diese dafür brennen, das Ziel zu erreichen und ihren Teil zur Erfüllung beizutragen. Niemand darf dabei jedoch das Gefühl haben, dass es leicht zu erreichen sei, vielmehr muss es gerade so weit außerhalb der Komfortzone liegen, dass es außergewöhnlichen Einsatz und vielleicht ein wenig Glück verlangt, es zu erreichen, die Mitarbeiter jedoch Grund haben zu glauben, dass sie es schaffen werden. Das Ziel muss weiterhin für sich selbst sprechen und leben, damit alleine der Weg zu seiner Erreichung stimuliert und es so wichtig wird, dass es sogar die Führungskraft überdauert, egal wie charismatisch sie ist.

Wenn es gelingt, eine solches Ziel zu setzen, einen entsprechenden Plan zu ersinnen und diesen erfolgreich auszuführen, ist dies eine der angenehmsten Befriedigungen für einen intelligenten Mitarbeiter sowie einer der stärksten Anreize, mit denen eine Führungskraft die Eigeninitiative wecken kann. Für die Führungskraft bedeutet dies gleichzeitig, sich anschließend nur auf das zu konzentrieren, was dafür benötigt wird und andere Aktivitäten zurückzufahren, selbst wenn es noch so angenehm erscheint oder sogar von außerhalb der Einheit erwartet wird. Dies verlangt, dass eindeutige und klar kommunizierte Prioritäten gesetzt werden, welche dauerhaften Bestand haben. Es wird oft genug vorkommen, dass diese herausgefordert werden und dass Mitarbeiter eine Bestätigung benötigen, um weiterhin daran zu glauben beziehungsweise glauben zu können. Gerade aus diesem Grund ist es für die Führungskraft essenziell, niemals die Prioritäten zu ändern und auch nicht kurzfristig bei Kleinigkeiten eine andere Entscheidung zu treffen. Zum einen setzt die Führungskraft ansonsten ihre Glaubwürdigkeit aufs Spiel und zum anderen gefährdet sie damit die Erreichung des Ziels.

Im optimalen Fall werden die Mitarbeiter dafür sorgen, dass das Ziel erreicht wird und dies vielleicht sogar bereits vor dem anvisierten Zeitpunkt. Für diesen Fall benötigt die Führungskraft ein neues beziehungsweise das darauf folgende Ziel, welches idealerweise nur den logischen nächsten Schritt in Richtung der Vision darstellt oder völlig unabhängig eine Reaktion auf veränderte Rahmenbedingungen oder ähnliches darstellt. Es ist sogar möglich, mehr als ein Ziel parallel zu verfolgen oder unterschiedliche Ziele für unterschiedliche Ebenen auszugeben, dabei ist jedoch zu beachten, dass alle Führungskräfte und Mitarbeiter in der Lage sind, alle für sie relevanten Ziele im Auge zu behalten und gleichzeitig verfolgen zu können. Vor allem bedeutet dies, dass sich die Ziele nicht wiedersprechen dürfen, konsistent sein müssen und mit den Interessen des Unternehmens übereinstimmen.

Spätestens nach drei Jahren ist es an der Zeit zu überprüfen, ob die Strategie noch richtig ist und ob das Unternehmen beziehungsweise die von der Führungskraft verantwortete Einheit noch das Richtige macht. Dies betrifft nicht nur die Strategie, welche gerade betrachtet wird, sondern darüber hinaus alle Ergebnisse sowie die Prozesse und Strukturen, mit denen diese zustande kommen. Und als Erinnerung für alle Führungskräfte sei darauf hingewiesen, dass es Veränderungen zu berücksichtigen gibt und es nur in den wenigsten Fällen realistisch ist anzunehmen, dass etwas für immer funktioniert, weil sich alles außen herum permanent verändert. Um erfolgreich zu sein und zu bleiben, muss die Führungskraft wachsam sein und sich selbst an die Spitze der Veränderung stellen, um nicht von ihr überrollt zu werden.

4.1.3 Alternativen beeinflussen die Qualität maßgeblich

Wie bereits in einem vorherigen Kapital ausgeführt ist es verlockend, diese Themen aufgrund Zeitmangels aufzuschieben oder nie zu bearbeiten. Das ist jedoch ein großer Fehler, weil nicht nur auf die beschriebene Orientierung und Motivation der Mitarbeiter verzichtet wird, sondern auch weil das große Bild, welches bei Einstellungen oder der Vermarktung der eigenen Einheit genutzt werden kann, einen echten Wert darstellt. Dieser Wert ist umso größer, je klarer und besser verständlich die Botschaften sind. Aus diesem Grund sollte Abstraktion auf jeden Fall vermieden werden, weil dadurch die Interpretation oder der Transfer auf den Empfänger der Botschaft verlagert wird und dieser eventuell andere und sogar nicht beabsichtigte Schlüsse zieht. Eine deutliche Aussage mit einfachen, allgemein verständlichen Worten umgeht diese Probleme, auch wenn damit möglicherweise eine gewisse Mehrarbeit bei der Findung beziehungsweise Erstellung einhergeht.

Im Prinzip ist die Festlegung auf Werte, Vision, Mission und Strategie eine zu treffende Entscheidung, welche aufgrund ihrer Bedeutung und ihres Zeithorizontes sehr gründlich vorbereitet werden sollte. Dazu gehören eben gerade mehrere Alternativen in jedem Punkt, welche sich im besten Fall ganz oder zumindest in Teilen widersprechen, damit eine echte Auseinandersetzung erfolgt und die Entscheidung damit an Qualität gewinnt. Zu den Alternativen gehört auf jeden Fall die Null-Hypothese dazu, einfach so weiter zu machen wie bisher, aber es ist eben nur eine von mehreren möglichen Alternativen. Und zu jeder Alternative müssen die Prämissen bestimmt werden, was gerade bei der Null-Hypothese von großem Wert ist, weil dadurch implizit festgelegt ist, bei welchen Änderungen der Rahmenbedingungen etwas geändert werden muss.

Es stellt sich für eine Führungskraft automatisch die Frage, wie es gelingt, gute Alternativen zu erhalten und diese realistisch zu bewerten, um am Ende die bestmögliche Entscheidung zu treffen. Auf jeden Fall sollte sich die Führungskraft zurücknehmen, um keinesfalls die Diskussion zu dominieren und dadurch eine Alternative durch entsprechende bewusste oder unbewusste Beeinflussung zu bevorzugen. Dazu gehört ebenso, andere Meinungen und Argumente zu akzeptieren und gerade bei der Findung und Bewertung der Alternativen nicht vorschnell zu urteilen.

Dennoch ist vermutlich der ausschlaggebendste Faktor die Auswahl der Mitarbeiter, welche die Entscheidung vorbereiten und bei der Diskussion anwesend sind. Hier ist der Führungskraft nicht geholfen, wenn diese keine eigene Meinung haben und nur darauf warten, dass sich die Führungskraft positioniert und sie folgen können. In diesem Fall kann die Führungskraft ebenso gut alleine entscheiden und die Wahrscheinlichkeit, wichtige Argumente oder Fakten zu übersehen, ist sehr groß. Die Mitarbeiter müssen daher bereit sein, sich an der Diskussion zu beteiligen und das Selbstvertrauen haben, ihre Meinung einzubringen und gegebenenfalls gegenüber anderen zu verteidigen. Aber gerade aus solchen Auseinandersetzungen wird sich ein gutes Verständnis für die Situation des Unternehmens und der Alternativen ergeben, welches der Entscheidung nur zuträglich ist. Des Weiteren ist es hilfreich, wenn die Mitarbeiter neben Sachkenntnis und Erfahrung auch unterschiedliche Sichtweisen einbringen. Intelligenz und eine gute Ausbildung sind vermutlich ebenso förderlich, um die Qualität des Ergebnisses zu steigern. Aber wenn eine Führungskraft nur Mitarbeiter um sich hat, welche ihr stumm folgen, unfähig zu eigenen Ideen sind und von selbst nicht einmal bei der Bewertung von Alternativen brauchbare, eigenständige Beiträge einbringen können, dann ist es spätestens an der Zeit, dass sich die Führungskraft selbst hinterfragt, warum diese Personen beteiligt sind und im schlimmsten

Fall, die besten Mitarbeiter der eigenen Einheit sind. Nicht selten hängt dies mit der Führungskraft selbst zusammen, welche durch ihre Art und natürlich die Einstellungen oder Beförderungen für die Zusammensetzung verantwortlich zeichnet.

4.2 Konkrete Umsetzung der Strategie

Durch die Festlegung der Strategie des Unternehmens oder der eigenen Einheit ist ein großer Schritt für die langfristige Stabilität und Qualität des Ergebnisses getan, allerdings noch kein einziger konkreter Schritt für deren Erreichung. Aus diesem Grund gebührt der Umsetzung eine wahrscheinlich noch größere Bedeutung, weil durch die entstehenden Prozesse und zugeordneten Verantwortlichkeiten der Beitrag festgelegt wird, der über die Qualität der Ergebnisse entscheidet. Diese Arbeit muss von den Stäben des Unternehmens erledigt werden und macht deutlich, weshalb den Mitarbeitern des Stabes eine wichtige Rolle zukommt und es im obersten Interesse der Führungskräfte sein muss, dort über gut qualifizierte, motivierte und sachkundige Mitarbeiter zu verfügen. Diese müssen ihrer Hauptarbeit in der Entscheidungsvorbereitung nachkommen und diese optimal erledigen, in diesem Fall in Form der Vorschläge über die zu schneidenden Prozesse. Sollte eine Führungskraft Verwaltungsarbeiten in die Stäbe verlegt haben, so wird in solchen Fällen die Rechnung dafür präsentiert werden, weil die Mitarbeiter daraus resultierend weniger Erfahrung in der wichtigen Vorbereitung von Entscheidungen haben.

In den wenigsten Fällen werden die Mitarbeiter die Möglichkeit haben, Prozesse komplett neu anzulegen und ideal gestalten zu können. Vielmehr stellt sich meistens die Frage, wie der aktuelle Prozess tatsächlich aussieht, in der Zukunft aussehen soll und wie der Übergang bestmöglich realisiert werden kann. Es ist jedoch unbedingt zu beachten, dass wirklich nur an Prozessen festzuhalten ist, die gegenüber den Wettbewerbern überlegen und optimal sind, weil ansonsten die Gefahr besteht, dass Unzulänglichkeiten zementiert werden und damit die Ergebnisse des Unternehmens oder der Einheit langfristig deutlich unter ihren Möglichkeiten bleiben. Es gilt daher, die Ergebnisse festzulegen, welche die Strategie realisieren und anschließend die Prozesse so zu verändern, dass diese in bestmöglicher Qualität dauerhaft erreicht werden. Nachfolgend müssen die Struktur überprüft und die Verantwortlichen festgelegt werden, damit diese die Prozesse unterstützen und nicht kontraproduktiv wirken.

4.2.1 Ergebnisse und Wertbeitrag festlegen

> Gegenüber der Fähigkeit, die Arbeit eines einzigen Tages sinnvoll zu ordnen, ist alles andere im Leben ein Kinderspiel. (Johann Wolfgang von Goethe)

Die Ergebnisse festzulegen, welche die Strategie umsetzen, ist aufwendiger, als es auf den ersten Blick erscheint. Denn es geht darum, den Wertbeitrag aller Ergebnisse für den

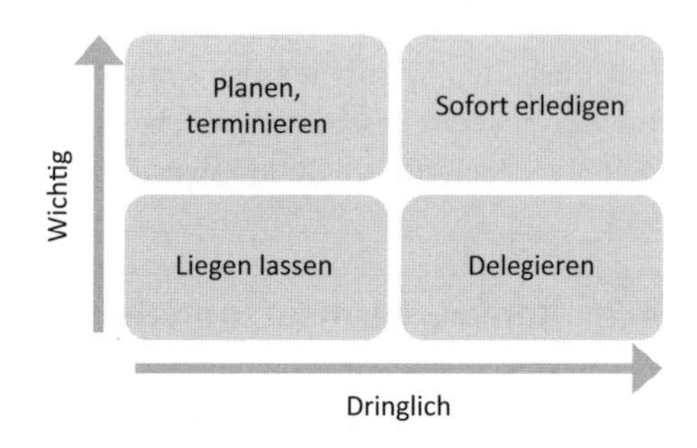

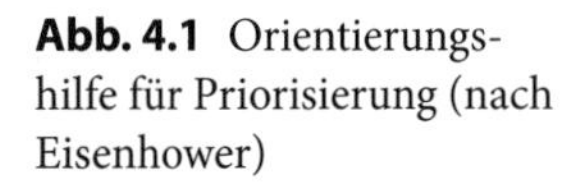
Abb. 4.1 Orientierungshilfe für Priorisierung (nach Eisenhower)

Kunden zu bestimmen und anschließend eine Bewertung vorzunehmen, welche Arbeiten erledigt werden können und den Aufwand wert sind. Die Aufgabe jeder Führungskraft ist es, diese Prüfung sehr gewissenhaft vorzunehmen und einen gesunden Kompromiss bei den zu erledigenden Arbeiten zu erzielen. Im ersten Schritt sind alle Ergebnisse außer Diskussion, welche komplett oder teilweise zu den Produkten des Unternehmens gehören und aus diesem Grund zum Erhalt des Unternehmens beitragen. Allerdings werden in den Stäben der Unternehmen definitionsgemäß keine solchen Arbeiten anfallen, zumindest wenn die Stäbe sauber geschnitten sind.

Bei den übrigen Arbeiten ist für die Führungskraft abzuschätzen, welcher Mehrwert für welchen Kunden damit erbracht wird und ob der dafür aufgewendete Zeiteinsatz diesen rechtfertigt. Neben dem Wertbeitrag spielt der Kunde eine große Rolle, können es doch der Vorgesetzte, andere Einheiten oder Führungskräfte sein, welche Informationen zur Steuerung ihrer Einheiten erhalten, und entsprechend daraus unterschiedliche Prioritäten resultieren. Eine hohe Priorität hat dabei mit Sicherheit der eigene Vorgesetzte, dennoch ist es gerade bei diesem von großem Vorteil, Aufträge zu hinterfragen und jegliches Potenzial zur Reduzierung des Aufwands zu nutzen. In einigen Fällen ist dem Vorgesetzten eventuell nicht bewusst, welcher Aufwand mit einem Auftrag verbunden ist, und er ist bereit, auf Teile zu verzichten, wenn die Führungskraft ihm dies gut begründen kann. Ebenso lässt sich ein Auftrag vielleicht abändern und damit der Aufwand mehr oder weniger deutlich reduzieren oder die gewünschten Informationen sind sogar bereits in anderen Berichten vorhanden oder können hergeleitet werden. Es ist nicht zu unterschätzen, dass in vielen Fällen diese Hilfen für den Vorgesetzten hilfreicher sein können als die exakte Erarbeitung der Werte, weil der Zeitvorteil ebenfalls einen großen Wert darstellt. Gerade die eigenen Mitarbeiter werden es ihrer Führungskraft danken, wenn sie sich an dieser Stelle für die Reduzierung des Aufwands und damit für ihre Belange einsetzt (Abb. 4.1).

Andere Einheiten oder Führungskräfte neigen öfters dazu, möglichst viele Informationen anzufragen, ohne sich wirklich Gedanken darüber zu machen, welche sie wirklich benötigen oder welche Aussage damit erzielt wird. Handelt es sich um einmalige Anfragen, ist eine Optimierung mit wesentlich geringeren Einsparungen verbunden als bei regelmäßigen Berichten, dementsprechend ist die investierte Zeit anzupassen. Aus diesem Grund ist es gerade in diesen Fällen ebenfalls wichtig, die Anfragen zu hinterfragen und gemeinsam mit den Kunden Kompromisse zu erzielen, welche einzelne Ergebnisse unnötig werden lassen oder den Aufwand dafür reduzieren. Schon mit der Frage nach dem

Hintergrund von Informationsanfragen können wertvolle Anhaltspunkte zur Vereinfachung gewonnen werden oder eventuell erledigen sich einige davon sogar, weil die Gründe mittlerweile nicht mehr gegeben sind.

Für eine Führungskraft, besonders in der Stabsarbeit, ist es wichtig, eine solche Überprüfung regelmäßig durchzuführen und dadurch für Entlastung der eigenen Einheit zu sorgen. Mit der Zeit werden ohne Frage regelmäßig zusätzliche, einmalige oder wiederkehrende, Aufgaben anfallen, welche die Belastung der Einheit erhöhen und von daher kritisch zu hinterfragen sind. Es geht nicht darum, einfach Arbeit nicht zu tun, vielmehr führt jede unnötige Arbeit ohne Mehrwert zu einer geringeren Produktivität und höheren Kosten. Dies gilt es zu vermeiden, zumal Dienstleistungen für andere Einheiten oder Führungskräfte nichts kosten und aus diesem Grund häufig ohne große Überlegungen nachgefragt werden, selbst ohne wirkliche Hinterfragung des Nutzens. Es darf außerdem nicht unterschätzt werden, dass es für eine andere Führungskraft eine willkommene Ausrede oder mindestens Verzögerungstaktik sein kann, sich durch die Beschaffung von Informationen erst einmal ein genaueres Bild schaffen zu müssen, besonders wenn eine andere Einheit für die Beschaffung und Aufbereitung der Informationen verantwortlich ist.

Eine interne Kostenverrechnung könnte die Anzahl von unnötigen Aufträgen reduzieren, führt aber aufgrund der Verrechnung selbst zu einer überbordenden Bürokratie und ist daher auf keinen Fall ein akzeptabler Weg. Denn keine interne Abrechnung bringt einen Mehrwert für das Unternehmen und ist daher unbedingt zu vermeiden. Vielmehr ist und bleibt es Aufgabe der Führungskraft, die Aufträge für die eigene Einheit kritisch zu hinterfragen, gegebenenfalls abzuwandeln und damit unnötige Arbeiten bestmöglich zu vermeiden. Dies ist im Interesse des Unternehmens, der verantworteten Mitarbeiter und der Führungskraft selbst, weil für die verbleibenden Arbeiten mehr Kapazität zur Verfügung steht und damit die Einheit selbst ein besseres Ergebnis abliefern kann. Dazu muss sie sich auf die Arbeiten beschränken, welche einen Wertbeitrag schaffen und aus diesem Grund im Sinne des Unternehmens sind.

4.2.2 Prozesse zusammensetzen und Verantwortlichkeiten festlegen

Erst am Ende, wenn alle zu erbringenden Ergebnisse feststehen und genau definiert sind, geht es für die Führungskraft darum, diese Ergebnisse mit möglichst geringem Aufwand in bestmöglicher Qualität herzustellen. Dafür gilt es zum einen, entsprechende Prozesse zu definieren, welche dies termingerecht sicherstellen. Zum anderen ist festzulegen, wer die Verantwortung für die Einhaltung der Prozesse übertragen bekommt. Denn dabei ist es entscheidend, dass der für den Prozess Verantwortliche auch über die Kompetenz und Macht verfügt, eingreifen zu können und den Prozess zu verändern, wenn es notwendig sein sollte, um das gewünschte Ergebnis zu erzielen. Es ist nicht ausreichend, wenn die Führungskraft, welche für den Prozess verantwortlich ist, nur die Fachkompetenz und die Fähigkeiten besitzt, wenn sie nicht ebenfalls die Macht hat, ihre Vorstellungen umzusetzen.

Daraus ergibt sich für jede Führungskraft, dass sie für sich selbst prüfen muss, ebenso wie der Vorgesetzte, welcher die Aufgabe delegiert, dass die Aufgabe, die eigene Kompetenz und die Macht zusammenpassen. Tun sie dies nicht, ist es keine schlechte Idee, die Verantwortung für die Aufgabe abzulehnen, weil sie mindestens auf lange Sicht nicht erfolgreich zu bearbeiten ist. Dazu gehört natürlich Mut und gerade wenn es um eine Beförderung geht kann dadurch eine gute Chance verbaut werden, jedoch muss sich in diesem Fall bewusst gemacht werden, dass es letztlich nur Glück ist, wenn nichts aus dem Ruder läuft und es gibt kein schlechteres Gefühl, als ohnmächtig zu sein. Denn sollte jemals etwas zu verändern sein, wird zweifellos deutlich werden, dass es entweder an Fachkompetenz oder an Macht fehlt. Ersteres wird der Vorgesetze bemerken und als Anlass zum Handeln nehmen, letzteres die Führungskraft selbst, was jedoch ein sehr bitteres Erleben sein wird.

Im Folgenden wird daher davon ausgegangen, dass die Führungskraft die Kompetenz und die notwendige Macht für die übertragene Aufgabe besitzt und das Arbeitsergebnis ein Resultat der erbrachten Leistung ist. Dies bedeutet, dass es im Prinzip heute kein Problem mehr sein darf, einen guten Prozess zu bauen und diesen wie gewünscht ausführen zu lassen. Problematisch könnte höchstens noch eine EDV-technische Unterstützung sein, weil diese Umsetzung in der Regel bei weitem nicht so schnell machbar ist, wie Veränderungen bei der Bearbeitung. Anschließend muss der Prozess immer weiter in Teilprozesse zerlegt werden, bis jeder Teilprozess von nur einer Person und am Stück bearbeitet werden kann. Daraus ergibt sich eine große Menge an Teilprozessen, welche von der eigenen Einheit bearbeitet werden müssen und für die es gilt, eine Struktur zu bauen.

4.3 Aufbau einer effektiven Führungshierarchie

Wenn wir nur noch das sehen, was wir zu sehen wünschen, sind wir bei der geistigen Blindheit angelangt. (Marie von Ebner-Eschenbach)

Dafür müssen verschiedene Teilprozesse in Stellen zusammengefasst werden, so dass diese anschließend von einer Person bearbeitet werden können und diese Person bereits vorhanden ist oder zumindest eingestellt werden kann. Ziel darf es nicht sein, die Stellen auf vorhandene Personen zuzuschneiden, sondern die notwendigen Qualifikationen der zukünftigen Stelleninhaber möglichst gering zu halten, weil dies einerseits die Besetzbarkeit erleichtert und andererseits die zu zahlenden Gehälter reduziert.

Es ist zunächst sehr genau zu betrachten, wie oft jeder Teilprozess durchgeführt wird, weil dies über die Anzahl der notwendigen Mitarbeiter zur Bearbeitung wesentlich für den Zuschnitt der Stellen ist. Am einfachsten ist es, wenn ein Teilprozess so oft durchgeführt wird, dass mehrere Personen Vollzeit damit beschäftigt sein werden, diesen zu übernehmen. Ein Kopfmonopol ist ausgeschlossen, die Vertretung kann ohne Probleme geregelt werden und die zu besetzenden Stellen sind leicht mit der Aufgabe des Teilprozesses gefüllt. Das Gegenstück wäre ein Teilprozess, welcher sehr selten, beispielsweise nur einmal pro Jahr, durchgeführt und entsprechend nur von einem Mitarbeiter bearbeitet wird. Eine

Stelle müsste um die Beschreibung dieser Tätigkeit erweitert werden, sofern es sich überhaupt lohnt, diesen Part in die Tätigkeiten der Stelle aufzunehmen, zumindest muss aber der Mitarbeiter, welcher diese Stelle letztlich besetzt, über die notwendige Qualifikation verfügen und in der Lage sein, den Teilprozess zu bearbeiten, weshalb er in den Anforderungen auf jeden Fall berücksichtigt werden muss. Zwischen diesen beiden Extremen wird sich ein Großteil der Teilprozesse befinden, aus denen die Stellen zusammengebaut werden müssen.

Dabei ist ein Kriterium offensichtlich, und zwar die fachliche Nähe der Teilprozesse, weil fachliche Breite am schwersten von einem Mitarbeiter abgedeckt werden kann. Für die weitere Kombination von Teilprozessen in Stellen ist eine Hilfestellung jeweils die Betrachtung der notwendigen Kompetenz und Verantwortung des Stelleninhabers. Es bietet sich an, für beides ähnliche Anforderungen zu haben, weil hoch qualifizierte Mitarbeiter in der meisten Fällen ebenfalls eine gewisse Verantwortung haben möchten. Des Weiteren ist grundsätzlich zu betrachten, ob überhaupt eigene Entscheidungen vom Stelleninhaber zu treffen sind und wenn, wie weitgehend diese sind und wie frei der Mitarbeiter dabei ist. Ohne eigene Entscheidungskompetenz handelt es sich um einen Sachbearbeiter, andernfalls um einen Referenten, wobei die Bezeichnung nicht entscheidend ist und frei gewählt werden kann, die Unterscheidung jedoch unbedingt getroffen werden sollte, weil sich einerseits die Mitarbeiterauswahl dadurch erleichtert und es andererseits ein Hauptkriterium für die Vergütung darstellt.

Aus allen Stellen ist anschließend eine geeignete Struktur zu bauen, welche die maximale Produktivität für die Einheit bestmöglich erreicht und gleichzeitig die Führung bestmöglich unterstützt und vereinfacht. Jede eingesparte Führungskraft bedeutet zudem eine für Arbeit verfügbare Kapazität und steigert damit die Produktivität, im Gegenzug wird jedoch die Führungsarbeit erschwert, so dass ein Kompromiss gefunden werden muss.

4.3.1 Bildung von Gruppen unter Berücksichtigung der Führungsfähigkeit

In diesem Buch sollen Gruppen und Referate unterschieden werden, weil die Führung beider sehr unterschiedlich ist und verschiedene Ansprüche an die jeweilige Führungskraft stellt. Bei Gruppen soll es sich um die Bündelung von Sachbearbeitern handeln, während Referate aus einer gewissen Anzahl von Referenten zusammengesetzt sind. Ähnlich den Stellen bei der Zusammensetzung aus Teilprozessen verhält es sich bei Gruppen mit der Zusammensetzung der Sachbearbeiter, welche umso einfacher ist, je mehr gleiche Stellen existieren. Im besten Fall gibt es so viele gleiche Stellen, dass eine Gruppe nur aus identischen Stellen gebildet werden kann, was für die Führungskraft, in diesem Fall den Gruppenleiter, eine überschaubare Komplexität bedeutet. Ist es sogar möglich, mehrere Gruppen mit einer Stelle zu besetzen, so bietet es sich auf jeden Fall an, weitere Unterscheidungsmerkmale zu finden, nach denen die Arbeit zwischen diesen Gruppen aufgeteilt werden kann. Dies könnte zum Beispiel die Komplexität der zu bearbeitenden Fälle sein, so dass es eine oder mehrere Gruppen für die einfachen, eine oder mehrere Gruppen für die komplexen Fälle oder beliebige andere Gruppen denkbar wären.

Ebenso kann es vorkommen, dass nicht genügend Sachbearbeiter gleicher Stellen zur Bildung einer eigenen Gruppe vorhanden sind, so dass mehrere Stellenarten zusammengefasst werden müssen. Dies führt zu einer anderen Betrachtung, welche im folgenden Kapitel näher untersucht werden soll. Prinzipiell ist gründlich zu prüfen, ob tatsächlich eine Sachbearbeitung mit nur wenigen Sachbearbeitern einer Stellenart sinnvoll und notwendig ist oder ob nicht durch Standardisierung der Teilprozesse eine Angleichung mit anderen erfolgen kann. Auf jeden Fall erhöhen unterschiedliche Stellenarten die Komplexität in der fachlichen Führung, so dass die Führungsaufgabe insgesamt schwieriger wird und die Anzahl der zu führenden Mitarbeiter gegenüber weniger oder gar nur einer Stellenart reduziert werden muss.

Generell ist für diese Überlegungen entscheidend, wie viele Sachbearbeiter von einem Gruppenleiter geführt werden können und sollen. In mittleren oder größeren Unternehmen sollte es Richtlinien für die minimale und maximale Gruppenstärke geben, auf welche die Führungskraft zurückgreifen kann, ansonsten muss sich die Führungskraft selbst Gedanken machen, welche Ansprüche sie an dieser Stelle an die eigenen Führungskräfte stellen möchte. Die grundsätzlichen Überlegungen müssen sein, welche Zeit die Führungskraft für Führung aufwenden soll und wie dies möglich ist, wenn daneben noch Zeit für die fachlichen Arbeiten eingesetzt werden muss. Die Sachbearbeiter werden je nach Erfahrung mehr oder weniger häufig Fragen haben, welche beantwortet werden müssen und Zeit fressen. Ab einer gewissen Zahl an Sachbearbeitern wird die Zeit zur Beantwortung der Fragen daher zu viel werden und wenig Zeit zur Führung lassen. Eine Möglichkeit ist es, die empfohlene Gruppengröße bei dieser Anzahl zu begrenzen beziehungsweise einen Korridor um die Größe zu bauen. Eine andere, einen besonderen Sachbearbeiter für einen Großteil der Fachfragen einzusetzen und auf diese Art die Gruppengröße deutlich steigern zu können. Dies reduziert die Anzahl der benötigten Führungskräfte, erfordert im Gegenzug jedoch eine ebenso große Anzahl an besonderen Sachbearbeitern. Der Vorteil ist an dieser Stelle außerdem, den erfahrenen und guten Sachbearbeitern, die sich nicht für eine Führungsaufgabe eignen, einen alternativen Karriereweg in Form dieser Expertenstelle anbieten zu können.

Letztlich kann es jede Führungskraft selbst entscheiden, welche Aufstellung sie bevorzugt und umsetzen möchte. Eine Gruppengröße von 20 bis 25 Sachbearbeitern inklusive einer besonderen Sachbearbeiter-Stelle erscheint empfehlenswerter gegenüber einer Gruppengröße von 10 bis 15 Sachbearbeitern zu sein, weil sich die Führungskraft auf die besonderen fachlichen Fragen oder Entscheidungen konzentrieren kann, während der besondere Sachbearbeiter den Grundstock der einfacheren Fragen ebenso übernimmt wie die Koordination der Einarbeitung und Weiterbildung von Sachbearbeitern. Außerdem ergibt sich aus der größeren Gruppengröße im Vergleich zu zwei Gruppen eine deutlich andere Zeiteinteilung der Führungskraft, weil im ersten Fall die Führungskraft die Zeit für die schwierigen Fälle und Führung je hälftig aufteilen kann, während im zweiten Fall bereits die Hälfte der Zeit für Routinetätigkeiten verwandt werden muss, so dass für Führung nur noch 25 % der Zeit übrig bleibt. Die Gefahr ist dabei zu groß, dass die Führung nicht nur in den speziellen Zeiten um Urlaube oder Krankheiten herum zu kurz kommt, sondern insgesamt vernachlässigt wird. Und es ist schwer vorstellbar, dass der Verantwortung gegenüber den Mitarbeitern genüge getan werden kann, wenn es um deren individuelle Beurteilung und persönliche Weiterentwicklung neben der fachlichen geht.

4.3.2 Bildung von Miniteams innerhalb von Referaten

Im Gegensatz zu Sachbearbeiter-Stellen wird es bei den Referenten-Stellen nur in den seltensten Fällen überhaupt möglich sein, mehr als einen Mitarbeiter mit den exakt gleichen Aufgaben zu beschäftigen. Dies hat zur Konsequenz, dass die Komplexität der Führung wesentlich größer wird und dementsprechend die Anzahl der geführten Mitarbeiter im Gegensatz zu einem Gruppenleiter geringer sein muss. Außerdem ist es nicht möglich, einen besonderen Referenten analog eines besonderen Sachbearbeiters einzusetzen, weil die benötigte fachliche Breite daran sehr hohe Anforderungen setzen würde. Außerdem wird von den Mitarbeitern erwartet, wesentlich mehr Verantwortung gegenüber einem Sachbearbeiter zu übernehmen und sämtliche kleineren Entscheidungen selbst zu treffen, so dass der Führungskraft mehr Zeit für Führung zur Verfügung steht. Allerdings erfordern die Mitarbeiter im Durchschnitt eine intensivere Auseinandersetzung mit ihrer Weiterentwicklung, weshalb für Referate eine Mitarbeiterzahl zwischen 12 und 17 empfehlenswert erscheint.

Aufgrund der großen Bandbreite unterschiedlicher Teilprozesse in Stabseinheiten kommt der Strukturierung des Referates eine sehr große Bedeutung zu, weil es eine Variante darstellt, die Komplexität für die Führungskraft zu verringern und die Steuerbarkeit der Einheit zu erleichtern. Die beste Möglichkeit dafür stellt die Unterteilung des Referats in kleinere Einheiten dar, welche selbst eine Erledigung von Teilprozessen sicherstellen und die Führungskraft von diesen Details entlasten. Dafür muss die Führungskraft jedoch unbedingt Einheiten, im weiteren Miniteams genannt, aus Referenten bilden, die jeweils selbständig als Team funktionieren und die untereinander so geschnitten sind, dass die Abgrenzung zwischen den Miniteams intuitiv und für alle Beteiligten klar ist. Für die Führungskraft bedeutet dies, dass zusätzliche Arbeiten über das Tagesgeschäft hinaus einfacher über die Miniteams delegiert werden können, ohne die individuelle Auslastung der Mitarbeiter beachten zu müssen. Die Teams selbst können die Arbeitsbelastung zumindest teilweise beeinflussen und steuern, soweit dies innerhalb der Aufstellung und der von der Führungskraft zugeteilten Kompetenzen möglich ist.

Damit stellt sich für die Führungskraft noch die Aufgabe, die Anzahl und Größen der Miniteams festzulegen. Die Miniteams müssen mindestens aus zwei Personen bestehen, weil es ansonsten keine wirklichen Teams wären und weiterhin Kopfmonopole durch die gegenseitige Vertretung innerhalb der Teams verhindert werden. Bei der Obergrenze für die Anzahl der Mitarbeiter eines Miniteams ist es dagegen nicht so einfach, weil diese von den Mitarbeitern und den Stellen abhängt. Es ist außerdem zu beachten, dass das

Miniteam ohne Führungskraft auskommen muss und die Kommunikation untereinander mit steigender Teamgröße schwieriger wird. Die Führungskraft sollte keine Person innerhalb des Teams als Ansprechpartner hervorheben, nur um die Kommunikation zu erleichtern, weil sie damit den Teamgedanken zerstört, indem die Teammitglieder nicht mehr alle gleichrangig sind. Wenn es in bestimmten Fällen dennoch notwendig sein sollte, so sollte die Auswahl des einen oder mehrerer Ansprechpartner nach der Leistung der Mitarbeiter getroffen und nicht ausdrücklich kommuniziert werden, um einerseits die maximale Akzeptanz durch die anderen Teammitglieder zu erhalten und andererseits im Falle von Leistungsschwankungen ungebunden agieren zu können.

Es empfiehlt sich aufgrund der fehlenden Führungskraft innerhalb des Miniteams, den Teams nur in Ausnahmefällen mehr als fünf Mitglieder zuzuweisen, zum einen, wenn es thematisch nicht möglich ist, einen sauberen Schnitt zur Trennung in zwei oder mehr Teams vorzunehmen und zum anderen, wenn die Qualifikation und Kenntnisse der Teammitglieder so vergleichbar sind, dass eine gleichmäßige Auslastung aller Teammitglieder vom Team selbst sichergestellt ist. Andernfalls muss die Führungskraft deutlich innerhalb des Teams steuern und der Vorteil der strukturellen Aufteilung reduziert sich oder entfällt ganz.

Als weiterer Vorteil der Aufstellung der Einheit in Miniteams soll an dieser Stelle noch die Verhinderung von Gruppendenken erwähnt werden, insofern dass die Mitarbeiter der verantworteten Einheit ihre Meinungen angleichen und letztendlich alle mit der gleichen Stimme sprechen. Dies wäre für die Führungskraft nachteilig, weshalb es von Vorteil ist sicherzustellen, Informationen und Rückmeldungen aus unterschiedlichen Blickwinkeln zu erhalten und es Meinungsführern in der Einheit zu erschweren, auf alle Mitarbeiter Einfluss zu nehmen. Bei einer fiktiven Referatsgröße von 15 Mitarbeitern könnte die Einheit beispielsweise in vier bis fünf Miniteams unterteilt werden, was die Steuerung für die Führungskraft deutlich überschaubarer macht und gleichzeitig die notwendige Verantwortung der Mitarbeiter auf ein Mindestlevel hebt, sogar positiv erzwingt, welches für Referenten angemessen ist.

Die Aufgabe der Führungskraft besteht jedoch nicht nur darin, Mitarbeiter in Kleingruppen einzuteilen, sondern wirkliche Miniteams zu schaffen. Dies bedeutet beispielsweise, eine angenehme Atmosphäre zu schaffen, in der die Leute frei sind und sich als etwas Besonderes fühlen. Wenn der Führungskraft dies gelingt und noch ein wenig Glück dazu kommt, entsteht ein wirkliches Team mit daraus resultierenden besseren Leistungen, als sie von den Mitarbeitern in Summe zu erwarten wären. Es ist nicht realistisch anzunehmen, als Führungskraft nur über die besten Mitarbeiter zu verfügen, aber die gute Botschaft dazu ist, dass es weniger entscheidend ist als die Aufstellung und die Teambildung. Außerdem erleichtert es die Führungsarbeit, weil die Leistungsträger eine andere Erwartungshaltung hinsichtlich der Weiterentwicklung haben und eventuell Rivalitäten die Teambildung behindern würden.

Eine besondere Verantwortung bei den Miniteams kommt der Weiterentwicklung des Wissens zu, insbesondere der Weitergabe des Wissens innerhalb des Teams. Nicht nur, dass die Vertretungsregelung sichergestellt werden muss und deshalb neues Wissen und

Prozessänderungen möglichst früh weitergegeben und dokumentiert werden müssen, es sollte im besten Fall das Interesse der Mitarbeiter selbst sein, dass dies gewissenhaft und zeitnah erfolgt. Dann ist es selbst in Ausnahmesituationen, wie beispielsweise bei Krankheiten oder Urlaub, nicht nötig für die Führungskraft einzugreifen, weil es das Team selbst organisieren kann. Auch bei Fluktuationen sollte der Vertreter mit Hilfe der Dokumentation die Einarbeitung bewerkstelligen können, selbst wenn der Mitarbeiter aus besonderen Gründen so schnell geht, dass er die Einarbeitung nicht mehr eigenständig übernehmen kann. Damit wird die Arbeitszeit der Führungskraft so wenig wie möglich belastet und der Stressfaktor bestmöglich reduziert, zum Wohle des Unternehmens und des Vorgesetzten, der sich seinerseits ebenfalls keine Gedanken über einen Ausfall der Führungskraft machen muss.

4.3.3 Abteilungen nach der Führungsspanne bilden

Nicht immer ergeben sich aus der Anzahl der Mitarbeiter und deren Einteilung in Miniteams, sei es aus Referenten oder aus Sachbearbeitern, jeweils die optimalen Größen um daraus Referate oder Gruppen zu bauen. Es besteht natürlich die Möglichkeit, alle Referate oder Gruppen zu verkleinern oder zu vergrößern, so dass es in der Summe aufgeht. Dies geht jedoch entweder mit einer niedrigeren Führungsspanne und damit höheren Kosten oder einer höheren Führungsspannen und damit geringerer Zeit für die Führung einher. Beides ist nicht optimal und eventuell kann die Vermischung von Miniteams aus Sachbearbeiter und Referenten in einem Referat Abhilfe schaffen. In diesen Fällen ist dann individuell zu entscheiden, wie viele Mitarbeiter die Führungskraft steuern kann, in der Regel wird die beste Anzahl irgendwo zwischen der optimalen Anzahl für eine Gruppe und einem Referat liegen.

Die Führungsspanne ist letztlich auch dafür entscheidend, wie viele Referate und Gruppen zu einer Abteilung zusammengefasst werden können. Dabei muss die Führungskraft Zeit einplanen, die Referats- und Gruppenleiter weiterzuentwickeln, wohl wissend, dass wesentlich weniger Zeit zur Beobachtung und Meinungsbildung zur Verfügung steht. Ebenso gilt es die Führungsarbeit zu bewerten, so dass ebenfalls Zeit dafür eingeplant werden muss, beispielsweise für eine Teilnahme an deren Führungskräfte-Runden oder bei Mitarbeiter-Gesprächen. Für die Führungskraft ist es außerdem empfehlenswert, wenn sie einen detaillierten Eindruck über die Einschätzungsfähigkeit ihrer Führungskräfte bezüglich der Leistung aller Mitarbeiter hat. Denn es ist entscheidend, dass jede Führungskraft sich um die Weiterentwicklung ihrer Mitarbeiter kümmert und dieser eine gute Beurteilung der Leistung zugrunde liegt. Aus diesem Grund darf eine Führungskraft keinesfalls vernachlässigen, diese Arbeit ihrer Führungskräfte zu kennen und zu bewerten. Eine Möglichkeit dafür ist, wenigstens einmal pro Jahr gemeinsam mit der Führungskraft alle Mitarbeiter zu besprechen und die geplanten Weiterentwicklungsmaßnahmen festzuhalten, damit sie einen Überblick über die Veränderung erhält.

Aufgrund dieser Zeitplanung ist es für einen Abteilungsleiter sinnvoll, zwischen vier und sechs Führungskräfte zu betreuen. Es ist ratsam, dass nicht alle Führungskräfte unerfahren sind, weil in diesem Fall deutlich mehr Zeit für Beobachtung und Coaching aufzubringen ist und genügend Zeit für ein rechtzeitiges nachsteuern vorhanden sein sollte, falls eine davon Hilfe benötigt. Darüber hinaus sollte er über eine Assistenz oder ein Sekretariat verfügen, welche ihn in seiner Arbeit unterstützt und damit deutlich entlastet, aber ebenso Führungszeit beansprucht. Es versteht sich von selbst, dass die Anforderungen an die Assistenz entsprechend hoch sind, weil sie nicht nur möglichst viele Arbeiten der Führungskraft übernehmen sollte, sondern ebenso für die Führungskraft in Aktion treten muss, um beispielsweise Qualität sicherzustellen oder die Einhaltung von Regeln einzufordern. Insgesamt sind die zu führenden Mitarbeiter nach der Zahl her deutlich geringer als die Anzahl der Mitarbeiter, welche die Referats- und Gruppenleiter zu führen haben, dennoch ist der indirekte Zeitbedarf nicht zu unterschätzen, der entsteht, weil einige von deren Personalgesprächen oder -Problemen der Beteiligung des Abteilungsleiters bedürfen. Daraus ergibt sich eine Führungsspanne von ca. 60 bis 150 Mitarbeitern, die deutlich macht, weshalb die Ausbildung der Führungskräfte so wichtig ist, um dieses schlanke Management von Wissensarbeitern und nicht Akkordarbeitern zu ermöglichen.

Für Direktoren, die Abteilungsleiter führen, nimmt der Aufwand der Weiterentwicklung der Führungskräfte ab, weil einerseits die Abteilungsleiter eine andere Qualität als die Führungsebene darunter haben sollten und andererseits für die Beurteilung der Führungsfähigkeit die Betrachtung und Beurteilung der Referats- und Gruppenleiter ausreicht, welche zahlenmäßig deutlich geringer ist. Allerdings kommen bei den Direktoren meistens bereits deutlich erhöhte Repräsentationspflichten und Reisezeiten zur Arbeitszeit hinzu, so dass diese Entlastung mehr als ausgeglichen wird und bei der Beurteilung der möglichen Führungsspanne berücksichtigt werden sollte.

4.3.4 Bewertung der Komplexität der Führungsaufgabe sinnvoll

Generell bietet es sich an, die Komplexität nicht nur hinsichtlich der Führungsspanne zu bewerten, sondern wesentlich breiter zu untersuchen, um dadurch ein Gefühl für die Aufgabe insgesamt und die Vergleichbarkeit innerhalb des Unternehmens zu erhalten. Außerdem kann diese Detailanalyse der Aufgabe sehr dabei helfen, die Führungsposition deutlich besser nach den Stärken und Schwächen der in Frage kommenden Personen zu besetzen und die Leistung zu bewerten zu können. Des Weiteren kann bei einem geplanten Wechsel einer Führungskraft auf eine andere Position zumindest diese besser abschätzen, wie groß die Veränderung im Ganzen sein könnte, weil sie deutlich mehr als nur die fachliche Aufgabe vergleichen kann. Gleiches gilt ebenso für Mitarbeiter, auch wenn hier der Vorgesetzte alleine diese Entscheidung trifft, meistens ohne eine Einschätzung der Leistung inklusive Stärken und Schwächen auf der alten Position zu kennen oder beurteilen zu können.

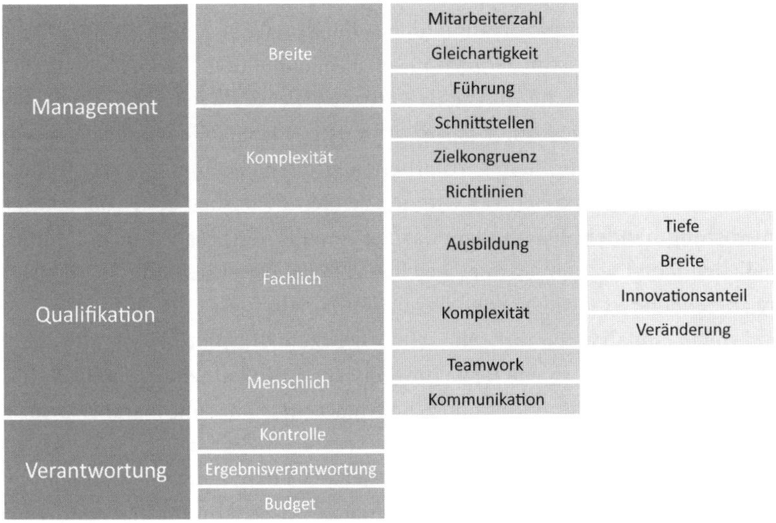

Management
Breite
Mitarbeiterzahl
Gleichartigkeit
Führung
Komplexität
Schnittstellen
Zielkongruenz
Richtlinien
Qualifikation
Fachlich
Ausbildung
Tiefe
Breite
Komplexität
Innovationsanteil
Veränderung
Menschlich
Teamwork
Kommunikation
Verantwortung
Kontrolle
Ergebnisverantwortung
Budget

Abb. 4.2 Komplexitätsbewertung des Managements oder anderer Stellen

Als erster zu untersuchender Bereich bietet sich das Management an, welches die Breite und die Methodik der Position umfasst. Die Breite wird dabei natürlich durch die Anzahl der Mitarbeiter beeinflusst, zusätzlich durch die Gleichartigkeit der Jobprofile der Mitarbeiter und einer Betrachtung der Führungsart. Bei Führungskräften wird es sich in der Regel um disziplinarische Führung handeln, jedoch können auf diese Weise ebenso Experten-, Projektleiter- und Mitarbeiterstellen bewertet werden, in denen die Führung von Mitarbeitern nur fachlich ist oder sogar überhaupt nicht vorhanden ist. Die Komplexität des Managements der Position wird bestimmt durch die Schnittstellen innerhalb der Einheit und nach außen sowie die Gegensätzlichkeit der Ausrichtung aller verschiedenen Ziele. Zusätzlich ist die Auswirkung der Entscheidungen zu untersuchen, in wie fern es sich um reine Einzelfallentscheidungen innerhalb eines Regelwerks oder die Festlegung von Regeln handelt, welche wiederum für eine mehr oder weniger große Anzahl von weiteren Einheiten Auswirkungen haben (Abb. 4.2).

Die notwendige Qualifikation stellt den zweiten zu betrachtenden Bereich dar, welcher in die fachliche und menschliche Qualifikation aufgeteilt werden kann. Bei der fachlichen Qualifikation spielt die Ausbildung des Mitarbeiters eine entscheidende Rolle, welche zwar bei Führungskräften mit zunehmender fachlicher Entfernung abnimmt, aber aufgrund steigender Breite der Themen wiederum Vorteile bringt. Die Komplexität der notwendigen fachlichen Ausbildung wird auf der Position durch die notwendige Problemlösungskompetenz und die dabei geforderten Innovationen sowie die zukünftige Veränderung des Aufgabengebietes über die Zeit bestimmt. Die menschliche Qualifikation wird determiniert durch das notwendige Teamwork, also den Anteil der Aufträge, welche die Führungskraft dem Mitarbeiter verkaufen muss gegenüber den Anteilen, welche fachlich entschieden werden, sowie die Kommunikation, deren Bandbreite von nur innerhalb der Einheit bis hin zu regelmäßigen Abstimmungen mit Kollegen über das Ressort hinaus reicht.

Der letzte der drei Bereiche für die Bewertung einer Stelle ist die Verantwortung, bei der neben der Freiheit, bei welcher der Rhythmus der Kontrolle durch den Vorgesetzten bestimmend ist, auch die Rolle des Mitarbeiters großen Einfluss hat, womit die Art der Arbeit gemeint ist, ob es sich in den Extremen um reine Zuarbeit oder vollständige Ergebnisverantwortung handelt. Das Budget darf keinesfalls vergessen werden, wobei nur die Budgetteile betrachtet werden dürfen, welche der Mitarbeiter beeinflussen kann. Von den zur Auswahl stehenden Größen wie Umsatz, Personalkosten oder Sachkosten beispielsweise sind die Personalkosten nur sehr selten wirklich zu beeinflussen, obwohl sie einen großen Anteil ausmachen. In wie fern eine Steuerung nach einer der Größen sinnvoll ist, hängt vom Einzelfall ab, ist jedoch unbedingt zu prüfen, um die Verantwortung zu bestimmen.

Notwendige Erfahrung dagegen ist in den meisten Fällen nicht entscheidend und kann daher vernachlässigt werden, weil Einarbeitungszeit in jedem Fall notwendig ist, schon alleine, um sich die besonderen Gegebenheiten vor Ort bewusst zu machen. Und gerade eine universitäre Ausbildung bereitet darauf vor, sich schnell in komplexe und fremde Sachverhalte einzufinden. Das Unternehmen kann die Skala der einzelnen Punkte selbst festlegen und es ist prinzipiell nicht notwendig, irgendeine Form von Abgleich zwischen den Punkten festzulegen, wenn nicht eine Aggregation in Form einer Gesamtbewertung für eine Stelle als Ergebnis gewünscht ist. In diesem Fall ist eine Balanced Scorecard zu erarbeiten, welche die für das Unternehmen individuelle Gewichtung bestimmt und damit die Reduktion auf eine Zahl oder drei Zahlen für die verschiedenen Bereiche. Gerade bei der Einschätzung von Expertenstellen im Vergleich zu Führungspositionen oder von Spezialisten innerhalb der Wissensarbeiter kann diese Zahl eine große Hilfe sein, welche die Unterschiede evtl. besser hervorhebt, als sie durch eine reine Betrachtung der verschiedenen Eigenschaften der Fall wäre.

4.3.5 Führungskräftenachwuchs und Spezialisten Beachtung schenken

Es ist für jedes Unternehmen und für jede Führungskraft empfehlenswert, nicht nur die aktuellen Positionen im Blick zu haben, sondern ebenfalls für die Reservebank zu sorgen, also eigenen Nachwuchs, mit dem Führungspositionen und Spezialisten-Stellen besetzt werden können. In den meisten Fällen werden karrierewillige oder –interesserte Mitarbeiter sich für eine Führungslaufbahn entscheiden und es liegt an der Führungskraft zu beurteilen, ob dies der richtige und zu den Eigenschaften des Mitarbeiters passende Weg ist. In dieser Situation gibt es im Unternehmen hoffentlich ein Ausbildungsprogramm, welches auf die kommende Aufgabe vorbereitet, ansonsten ist es Aufgabe der Führungskraft, die Mitarbeiter weiterzubilden. Auf jeden Fall sind diesen Mitarbeitern bei jeder Gelegenheit besondere Aufgaben zuzuteilen, um ihnen Verantwortung zu geben und sie besser beobachten zu können.

Im Gegensatz dazu ist die Spezialisten-Laufbahn erst zu definieren, weil es viele verschiedene Ziel-Positionen gibt, welche sich sehr stark unterscheiden. Zum einen gibt es Mitarbeiter, welche auf einer Stelle über ein großes Maß an Wissen verfügen müssen oder sich aufgrund langer Tätigkeit dieses Wissen angeeignet haben. Darauf lässt sich jedoch nicht allgemein vorbereiten, so dass der Weg nur über eine geeignete Einstellung oder eine langwierige Einarbeitung führen kann. Daher ist es empfehlenswert, Spezialisten für allgemeine Einsätze auszubilden und diese Einsätze dafür zu präzisieren. Es bietet sich beispielsweise an, dass ein Unternehmen über Projektleiter, Prozessspezialisten und Spezialisten verfügt und für diese eine Laufbahn samt notwendiger Ausbildung anbietet, welche im besten Fall mit einem Abschluss ausgezeichnet ist, der mit dem entsprechenden Respekt und der Anerkennung mindestens innerhalb und bestenfalls noch außerhalb des Unternehmens verbunden ist. Während dies für Projektleiter bereits seit langem durch verschiedene Anbieter standardisiert ist und es für Prozessspezialisten beispielsweise durch die Six Sigma Ausbildung ebenfalls genügend Angebote am Markt gibt, ist der Spezialist durch das Unternehmen selbst zu definieren, falls Bedarf dafür besteht.

Ein Spezialist muss dabei für mehr als ein Thema einzusetzen sein, wie bereits weiter vorne ausgeführt, damit er auch nicht so festgefahren ist und jederzeit Wandel akzeptieren und die eigene Meinung hinterfragen kann. Dies könnten entweder Mitarbeiter sein, welche von sich aus Spaß daran haben, sich in verschiedene Themenstellungen einzuarbeiten oder durch ihre Ausbildung und Auffassungsgabe geeignet sind, dies zu tun. Erstere könnten nachträglich einfach benannt werden, nachdem sie dies bereits gezeigt haben, letztere könnten in Methoden und Techniken ausgebildet werden, welche die Einarbeitungszeit verkürzen und darüber hinaus durch eine Unternehmensprägung zu mehr Akzeptanz innerhalb der Belegschaft führen.

Während bei Führungspositionen die potenziellen Stellen für den Nachwuchs klar definiert sind, ist es notwendig, ebenso klare Regelungen für die Spezialisten zu schaffen, unabhängig davon, ob es zwangsläufig Stellen sein müssen oder nicht vielleicht Titel oder die Zertifizierung an sich ausreichend sein könnten. Sofern für Projektleiter oder Prozessspezialisten genügend Aufgaben für eine Vollzeittätigkeit vorhanden sind, sollte eine dedizierte Stelle für sie geschaffen werden, um den Organisationsaufwand bei wechselnden Einsätzen zu minimieren. Gleiches gilt für Spezialisten, falls diese häufig wechseln, ansonsten kann es ausreichend sein, diese auf die zu bearbeitenden Referenten- oder Sachbearbeiter-Stellen zu platzieren. Gerade wenn sich der Einsatz über das ganze Unternehmen oder zumindest größere Einheiten hinweg bewegt, dürfte der notwendige organisatorische Aufwand bereits die Schaffung einer zentralen Stelle rechtfertigen, wobei in diesem Fall jedoch die Führung und Verantwortung für diese Mitarbeiter sicherzustellen ist.

Es sieht auf den ersten Blick so aus, als würden mehr Stellen im Unternehmen benötigt, es ist jedoch der falsche Weg, deshalb zu zögern, diese Stellen zu schaffen. Denn die Arbeit fällt an und sie ist auf diese Weise transparent und wesentlich besser messbar, als wenn Mitarbeiter auf anderen Stellen sitzen oder eventuell mehrere Mitarbeiter jeweils teilweise eine solche Arbeit ausführen. Diese Verschleierung führt auf lange Sicht nur zu Fehlsteuerungen und es ist nicht anzunehmen, dass einem Unternehmen die Projekte ausgehen, keine Prozesse mehr zu optimieren sind oder sich langfristig nichts mehr verändert.

4.4 Individuelle Betrachtung der Mitarbeiter auf ihren Stellen

Nach dem die Hierarchie festgezurrt wurde gilt es für jede Führungskraft, die beschriebenen Stellen mit den passenden Wissensarbeitern zu besetzen. In jedem Fall, auch wenn die Stellen bereits vor einer Umstrukturierung besetzt waren, gilt es, die Leistung der Mitarbeiter auf ihren Stellen zu bewerten, um damit ein Gesamtbild der Leistung der Einheit zu erhalten. Während bei einer Führungskraft mit direkter Führung ein nicht gut besetzter Mitarbeiter eventuell noch auf eine andere Stelle zu versetzen ist, ist dies für eine Führungskraft nur sehr selten möglich, weil die fachliche Eignung eine wesentlich geringere Rolle spielt und Schwächen in der Führung auf einer anderen Stelle nicht weniger ins Gewicht fallen.

Die Führungskraft muss sich die Frage stellen, was der Mitarbeiter leisten kann, was er leisten will und wie er dieses leisten möchte, um seine Stärken optimal einzusetzen. Ebenso ist es aber notwendig zu klären, was vom Mitarbeiter erwartet wird, damit die Führungskraft ihre Arbeit machen kann und selbst eine bestmögliche Leistung abliefert. Daher könnte eine Abmachung zwischen Führungskraft und Mitarbeiter sein, dass nach der Klärung der beiderseitigen Erwartungen für eine Stelle der Mitarbeiter artikuliert, wie er die Arbeit zu tun gedenkt und was die Führungskraft erwarten kann, weil beispielsweise sein Charakter bestimmte Eigenschaften hat. Wenn dies für die Führungskraft akzeptabel ist, kann sie ihrerseits kommunizieren, wie sie ihre Arbeit zu tun gedenkt und worauf sich der Mitarbeiter verlassen kann. Nur wenn auch dies für den Mitarbeiter akzeptabel ist, ist der Mitarbeiter auf dieser Stelle richtig platziert, wobei es zugegebenermaßen ein gewisses Maß an Chuzpe vom Mitarbeiter verlangt, so zu handeln und nicht willenlos alles zu akzeptieren. Andererseits kann sich aber nach einer solchen Klärung niemand beschweren, dass er nicht gewusst hätte, auf was er sich einlässt und es wird die gleiche Entscheidung sein, wenn er auf einer Stelle nicht glücklich wird, zu gehen und den Zustand zu ändern oder es einfach hinzunehmen und Gefahr zu laufen, dass es niemals besser wird. Aus diesem Grund ist es für beide Seiten von Vorteil, klar zu kommunizieren, welche Erwartungen von beiden Seiten für eine Stelle vorhanden sind und anschließend gemeinsam zu entscheiden, ob es sinnvoll ist, dass der Mitarbeiter diese Stelle besetzt, auch wenn die Führungskraft natürlich die Entscheidung zu treffen und zu verantworten hat.

Denn letztlich muss die Führungskraft nicht nur im Voraus abschätzen, wie gut ein Mitarbeiter auf eine Stelle passt, sondern ebenfalls im Anschluss bewerten, wie gut der Mitarbeiter die Arbeit auf der entsprechenden Stelle ausführt. Dabei ist es für die Führungskraft sehr wichtig, nicht nur die Bewertung so objektiv und gut wie möglich vorzunehmen, sondern darüber hinaus über ein Konzept zu verfügen, welche die eigene

Arbeitszeit bestmöglich einsetzt und eine Kultur schafft, mit welcher die optimale Leistung erreicht werden kann.

4.4.1 Bewertung der Mitarbeiter zur Einschätzung der Leistung

Man kann seine Fähigkeiten, richtig zu urteilen, nicht genug vervollkommnen, ebenso wenig die durchdringende Schärfe des Verstands. (Friedrich II., der Große)

Um die Leistung eines Mitarbeiters zu bewerten, ist es nötig, dass sich die Führungskraft ausführliche Gedanken macht und nach einem Konzept vorgeht, damit jedem Mitarbeiter genüge getan wird. Es ist sehr verführerisch, hier dem ersten Eindruck zu folgen und damit schnell zu einem Urteil zu gelangen, aber dem sollte durch ein konkretes Vorgehen entgegengewirkt werden. Eine Möglichkeit beispielsweise ist, dass jede Führungskraft zunächst die Mitarbeiter mit einer Schulnote bewertet und anschließend eine geordnete Liste aller erstellt, welche nach der Leistung des Mitarbeiters sortiert und mit der Nebenbedingung versehen ist, dass keine Mitarbeiter gleichrangig sein dürfen. Es wird Mitarbeiter geben, welche die gleiche Note verdient haben und gerade deswegen zwingt es die Führungskraft nach den Gründen zu forschen sowie Stärken und Schwächen abzuwägen, um eine Reihenfolge festzulegen. Dadurch erhält die Führungskraft ein deutlich besseres und ausgewogeneres Bild von ihnen und macht sich ebenfalls Gedanken darüber, welchen Kriterien sie welches Gewicht beimessen will.

Für genau diesen Zweck bietet sich eine Balanced Scorecard an, in welcher zuerst die Kriterien gewichtet werden und anschließend die einzelnen Bewertungen der Mitarbeiter zusammen mit der Gewichtung zur Gesamtbewertung führen. Niemand ist in der Lage, Bewertungen so zu manipulieren, dass er das Ergebnis am Ende bestimmen kann, weshalb mit dieser Methode die Objektivität unterstützt wird. Außerdem wird es vielleicht in dem einen oder anderen Fall eine Überraschung geben, dass ein Mitarbeiter insgesamt relativ besser oder schlechter abschneidet als gedacht. Für jede Führungskraft von Führungskräften ist die Erläuterung der Mitarbeiterbewertung eine gute Gelegenheit, nicht nur die Arbeit der Führungskraft zu bewerten, sondern ebenso in relativ kurzer Zeit eine gute Einschätzung zur Leistungsfähigkeit aller Mitarbeiter zu erhalten. Des Weiteren bietet sich solch ein Gespräch in regelmäßigen Abständen an, weil dadurch sogar die Weiterentwicklung der Mitarbeiter unter einer Führungskraft sichtbar gemacht werden kann.

Es mag nach einer Menge Arbeit aussehen und es werden sich außer kurzfristigen, unerwarteten Erkenntnisgewinnen erst langfristig die enormen Vorteile zeigen, welche ein solcher Prozess bringen kann. Aber gerade wenn dieser Prozess ernst- und gewissenhaft durchgeführt wird, ist er für eine gute Mitarbeitereinschätzung sehr wertvoll und letztlich die Basis für die Mitarbeiterauswahl, welche den mit Abstand größten Einfluss auf die Leistung der Einheit hat. Und dafür ist der Zeiteinsatz gut investiert, weil beispielsweise andere Arten der Motivation von Mitarbeitern wesentlich weniger Effekt haben und mehr Zeit benötigen.

4.4.2 Einteilungskriterien konsequent umsetzen und handeln

Ähnlichseherei und Gleichmacherei sind das Merkmal schwacher Augen. (Friedrich Wilhelm Nietzsche)

Damit die Mitarbeiterauswahl erfolgreich ist, also langfristig die Leistungsträger bleiben und die richtigen Mitarbeiter fluktuieren, wenn überhaupt, ist ein systematisches Vorgehen notwendig, welches diesen Grundgedanken unterstützt. Dazu muss der Führungskraft bekannt sein, welche Mitarbeiter Leistungsträger sind oder welche Mitarbeiter auf ihrer aktuellen Stelle die dafür notwendige Leistung nicht abrufen können und aus diesem Grund entweder weiterentwickelt oder auf eine andere Stelle wechseln müssen oder wenn beides ohne Erfolg ist, dem Markt zur Verfügung gestellt werden sollten. Dies ist bewusst genau so formuliert, weil niemandem ein Gefallen getan wird, wenn er auf einer Stelle sitzt, für welche er nicht geeignet ist und keine ausreichende Leistung erbringen kann. Dann muss er zum einen durch die Kollegen, welche seine übrigbleibende Arbeit mit erledigen müssen, durchgeschleppt werden und zum anderen steigt die Gefahr einer psychischen Erkrankung des Mitarbeiters deutlich an.

Zusammen mit der dritten Kategorie, für Mitarbeiter, die in keine der beiden anderen Kategorien passen, ergeben sich daher drei notwendige Kategorien. Wünschenswert sind viele Mitarbeiter in der Leistungsträger-Kategorie A oder welche, die zumindest theoretisch dort sein könnten, möglichst alle anderen in der Kategorie B und am besten keine in der Handlungsbedarf-Kategorie C, jedoch wird dies in der Praxis nicht immer der Fall sein können. Empfehlenswert sind keine weiteren Kategorien, weil dadurch nur die Komplexität steigen würde und jede weitere Zwischenkategorie die Frage auswirft, welche Konsequenzen beziehungsweise Handlungen mit dieser Kategorie verbunden sein sollen. Denn exakt dies muss für jede Kategorie festgelegt werden und macht die systematische Vorgehensweise der Führungskraft aus, welche dadurch gut kommuniziert und damit transparent gemacht werden kann.

Die Leistungsträger müssen gefordert, aber auch gefördert werden, um einerseits ihr Potenzial vollständig zu nutzen und anderseits ihre Leistung zu honorieren. Die Führungskraft hat dafür neben dem Budget für Gehaltserhöhungen und Weiterbildung noch weitere Möglichkeiten, wie beispielsweise ihre Führungszeit oder Sonderaufgaben, welche langfristiger motivieren, aber aufwendiger sind. Für die Leistungsträger sind damit Annehmlichkeiten verbunden und im gleichen Zug der Anreiz, in dieser Kategorie zu bleiben. Schon aus diesem Grund liegt es nicht im Interesse der Führungskraft, zu viele Mitarbeiter in dieser Kategorie zu haben, weil dies mit entsprechenden Erwartungshaltungen einhergeht. Dies ist auch nicht erforderlich, weil keine objektiven Maßstäbe genutzt werden müssen, sondern nur relative, so dass eben nur eine gewisse Anzahl Leistungsträger existieren kann, selbst wenn andere ebenfalls hervorragende Leistungen bringen, nur eben ein wenig schlechter sind. Außerdem sind die besten Mitarbeiter der Kategorie B einfach zu motivieren, weil diese durch eine Leistungssteigerung in Kategorie A kämen und sich damit für die festgelegten Annehmlichkeiten qualifizieren würden. Daraus wird ebenfalls deutlich, warum eine weitere Kategorie A- oder B* zwischen den Kategorien A und B nicht empfehlenswert ist, weil dadurch der Anreiz für einen Wechsel aus der Kategorie B in A und der drohende Verlust bei einem Wechsel von Kategorie A nach B geringer wird.

In der Kategorie B befinden sich die Mitarbeiter, welche die für die Stelle erforderliche Leistung bringen und im besten Fall ihr Potenzial abrufen müssen, um dies zu tun. Damit hat die Führungskraft die angenehme Situation, dass nur durch eine ausreichende Weiterentwicklung sichergestellt werden muss, dass dies so bleibt und der Mitarbeiter beide Voraussetzungen auch noch in einigen Jahren erfüllen kann und wird. Sofern der Mitarbeiter damit zufrieden ist und der Führungskraft keine Wünsche zur Veränderung mitteilt, auch auf Nachfrage der Führungskraft hin, kann es sich um Arbeitsbienen handeln, welche über Jahre auf einer Stelle zufrieden ihre Arbeit machen und von der Führungskraft zeitsparend und angenehm zu führen sind. Ebenso sind in der Kategorie B jedoch wahrscheinlich Mitarbeiter, die eher an der Grenze zu Kategorie A oder Kategorie C stehen. Bei beiden Gruppen kann die Führungskraft dies als Motivationsanreiz nehmen, welcher an der Grenze zur Kategorie A natürlich positiv und angenehm ist, hingegen an der Grenze zu Kategorie C die letzte Chance für den Mitarbeiter darstellt, um seine Stelle zu kämpfen. Bereits der Wechsel auf eine andere Stelle kann für den Mitarbeiter eine Form der Bedrohung darstellen, weil dieser mit Ungewissheit verbunden ist und der Druck, die geforderte Leistung zu bringen, weiter steigt. Während im ersteren Fall mehr die Förderung des Mitarbeiters als Unterstützung zur Leistungssteigerung im Vordergrund stehen kann, sind es im letzteren Fall die Forderungen der Führungskraft an den Mitarbeiter, dass dieser mindestens die durchschnittlich zu erwartenden Leistung bringt.

Bei den Mitarbeitern der Kategorie C muss die Führungskraft auf jeden Fall handeln. Es ist nicht tragbar, dass diese die auf ihrer Stelle geforderte Leistung nicht erbringen und andere Mitarbeiter die Lücke schließen müssen. Selbst wenn die Einheit insgesamt dadurch die geforderte Leistung abliefern kann bedeutet es für die Führungskraft eine schnelle Steigerung der Leistung der Einheit, wenn alle unterdurchschnittlichen Mitarbeiter sich verbessern und wenigstens versuchen, den Durchschnitt zu schaffen. Dies wäre am einfachsten für die Führungskraft, weil eine Verbesserung in die Kategorie B den Handlungsdruck verringern würde. Dennoch darf eine Führungskraft hier nicht zu viel Geduld haben, sondern muss sich und dem Mitarbeiter für die notwendigen Veränderungen ein zeitliches Ziel setzen, welches der Mitarbeiter einhalten muss, weil andernfalls die Situation und damit die mangelhafte Leistung zu lange hingenommen wird. Glaubt die Führungskraft nicht an die Leistungssteigerung des Mitarbeiters und den Wechsel in die Kategorie B oder ist die gesetzte Frist verstrichen, muss sie handeln und eine Veränderung herbeiführen. Dies kann entweder eine andere Stelle mit besser passenden Anforderungen an den Mitarbeiter sein, bis hin zu einer mehr oder weniger deutlichen Reduzierung dieser, oder die Trennung.

Bei einem Wechsel auf eine leichtere Stelle, welche üblicherweise mit einem geringeren Zieleinkommen einhergeht, tritt die Problematik auf, dass eine Senkung des Gehalts nur schwer durchsetzbar ist. Daher sollte schon vorher in den Gesprächen mit dem Mitarbeiter klar kommuniziert werden, dass er die Anforderungen nicht erfüllt und daher eigentlich

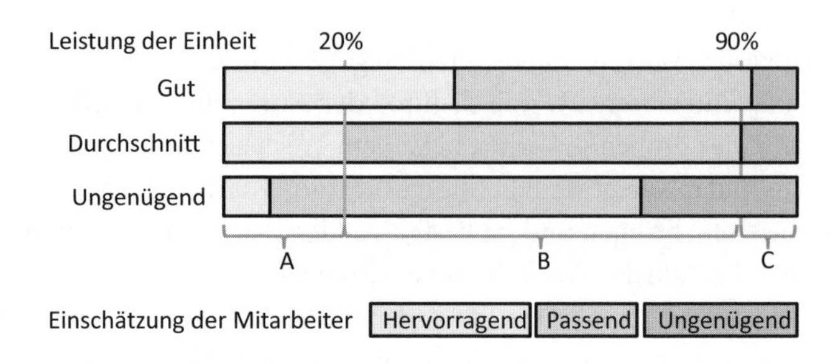

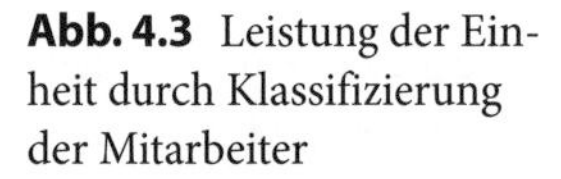
Abb. 4.3 Leistung der Einheit durch Klassifizierung der Mitarbeiter

sein Gehalt aus Sicht des Unternehmens nicht verdient. Ein Wechsel auf eine weniger anspruchsvolle Stelle sollte daher nur mit einer Reduzierung der Bezahlung einhergehen, um nicht Mitarbeiter für eine Nichterbringung der Leistung auch noch zu belohnen. Eine Trennung kann innerhalb eines Unternehmens sehr elegant mit dem Wechsel in eine andere Einheit erfolgen, weil dies für den Mitarbeiter ein geringeres Risiko darstellt, ist jedoch in der Betrachtung des Unternehmens ungünstig, wenn die Ursache der Mitarbeiter und nicht die unpassende Stelle war, weil das Problem dann nicht gelöst wurde und an anderer Stelle weiter besteht. In diesem Fall ist es Aufgabe der Führungskraft, zu einer für das Gesamtunternehmen bestmöglichen Lösung zu kommen, selbst wenn die Verhandlungen für eine solche Lösung üblicherweise zäh sind und gegebenenfalls erst über einen gewissen Zeitraum Fakten geschaffen werden müssen, um die eigene Verhandlungsposition zu verbessern.

Hier zeigt sich, ob die Führungskraft eine wirkliche Führungskraft ist, welche die harten Probleme auch angeht und nicht vor ihnen zurückschreckt. Gerade in der Kraft, unangenehme Entscheidungen zu treffen und durchzusetzen wird die Qualität sichtbar und hier gilt es sich den Respekt und die Anerkennung zu erarbeiten, welche die Grundlage für Akzeptanz und eine schnelle und reibungslose Zusammenarbeit insgesamt ist. Es ist bedauerlich genug, dass die Führungskraft dafür Zeit aufwenden muss, welche für Mitarbeiter der Kategorie A oder strategische Fragestellungen wesentlich sinnvoller investiert werden könnte (Abb. 4.3).

Auf lange Sicht wird die Konsequenz aus einem solchen Verhalten der Führungskraft eine deutliche Leistungssteigerung der Einheit sein, weil nicht nur kommuniziert sondern zusätzlich mit Handeln unterlegt wird, dass eine Minderleistung nicht akzeptiert wird und zu den entsprechenden Konsequenzen führt. Damit wird es für gute Mitarbeiter attraktiver, in dieser Einheit zu arbeiten, weil sie sich sicher sein können, dass Leistung honoriert wird. Außerdem ist zu beachten, dass die gesamte Einteilung der Mitarbeiter in die Kategorien relativ ist und sich nur auf die zu betrachtende Einheit bezieht. Es ist also durchaus möglich, dass eine Einheit nur aus Mitarbeitern besteht, welche in allen anderen Einheiten des Unternehmens als Leistungsträger gelten und in Kategorie A sein eingeordnet sein würden. Eine Führungskraft würde dennoch nur wenige, die relativ Besten, in die Kategorie A einstufen und die restlichen Mitarbeiter in Kategorie B, um weiterhin die Aufteilung der eigenen Zeit und Budgets darüber steuern zu können. Sie würde jedoch fast sicher mit einem hervorragenden Ergebnis der Einheit belohnt, weil so viele gute, mitdenkende

Mitarbeiter gar keine schlechte Leistung in Summe abliefern können, sofern sie ihre Führungskraft nicht dabei stört.

Ebenso ist denkbar, dass ein Mitarbeiter einer solchen Einheit irgendwann in eine andere Einheit wechseln möchte, weil er in dieser nicht in der Kategorie B wäre, sondern ihm die Annehmlichkeiten der Kategorie A zuteil kämen. Aber hier kann jede Führungskraft beruhigt sein, dass es nicht tragisch ist, wenn ein Mitarbeiter mit dieser oder einer anderen Begründung in eine andere Einheit wechselt, sofern sie keinen Fehler in der Beurteilung begangen hat. Denn ein Mitarbeiter, welcher sich nicht steigern möchte und anstatt den Kampf zur eigenen Verbesserung aufzunehmen in eine schlechter Einheit flieht, um dort relativ besser zu sein, ist kein Mitarbeiter, der für eine Leistungskultur geeignet ist.

4.4.3 Leistungskultur einführen und kommunizieren

Mittelmäßigkeit ist von allen Gegnern der schlimmste. (Johann Wolfgang Goethe)

Besonders wenn der Vergleich zum Sport gezogen wird, in dem die tägliche Leistung die Grundlage für eine Beurteilung ist, kommt deutlich heraus, wie leistungsfeindlich ein solches Denkmuster ist, weil kein Sportler in irgendeiner Sportart von der ersten in die zweite Liga wechseln würde, um dort relativ besser abzuschneiden. Wenn jemand Landesmeister geworden ist, so möchte er herauszufinden, wer und ob weltweit noch jemand besser ist und welche Verbesserungen eventuell notwendig sind, um dort der Beste zu sein. Ansonsten würde Potenzial verschenkt und für einen Sportler aber auch für einen Mitarbeiter gibt es nichts Ernüchternderes, als sich irgendwann zu fragen, zu welcher Leistung er imstande gewesen wäre. Und genau dies ist die Aufgabe der Führungskraft, den Mitarbeitern zu helfen, ihr volles Potenzial abzurufen und für das Unternehmen nutzbar zu machen, auf dass sie sich selbst daran erfreuen und zufrieden sind.

Die dadurch mögliche Leistung wird immer wieder unterschätzt und gerade die Leistung, die zu erzielen ist, wenn eine gesamte Einheit aus Leistungsträgern besteht, die bestmöglich zusammenarbeiten sowie Motivation und Spaß aus der Teamarbeit ziehen. Es sollte für die Führungskraft das Ziel sein, ein solches Team zu bauen und sich anschließend an der Leistung zu erfreuen. Es wird nicht notwendig sein, für gute Mitarbeiter außerordentlich viel mehr zu bezahlen, als für durchschnittliche Mitarbeiter, zumal es viele Mitarbeiter gibt, bei denen das Gehalt keinesfalls mehr im Verhältnis zu ihrer erbrachten Leistung steht, sondern zum Teil durch die Vergangenheit oder lange Unternehmenszugehörigkeit erklärbar ist. Es bietet sich vielmehr an, nur gute oder herausragende Mitarbeiter einzustellen und dafür ruhig etwas mehr zu bezahlen, solange die Kultur der Einheit diese Leistungsfähigkeit des Mitarbeiters auch abruft und nutzbringend einsetzt.

Daraus folgt für das Unternehmen, dass nur nach der Gehaltssumme gesteuert werden sollte und nicht nach Arbeitskapazitäten oder Kopfzahlen, weil dies diametral zum Leistungsprinzip wirkt. Eine Führungskraft könnte davor zurückschrecken, einen überdurchschnittlichen Mitarbeiter zu einem überdurchschnittlichen Gehalt einzustellen, weil bei gleicher Kopfzahl die Kosten steigen würden. Ebenso ist eine Trennung mit Abfindung oft ein sehr wirtschaftlicher Weg für ein Unternehmen, wenn die nichterbrachte, aber bezahlte Leistung des Mitarbeiters berücksichtigt wird, welche zugegebenermaßen nur schwer mess- und nachweisbar ist. Dies ist aber nur der Fall, wenn eben nicht die Arbeitskapazität gleichgewichtet bewertet wird, sondern die erbrachte Leistung im Verhältnis zu den dafür notwendigen Kosten. Am deutlichsten wird dies, wenn gut qualifizierte und motivierte Mitarbeiter in der Lage sind, die Arbeit von zwei durchschnittlichen Mitarbeitern zu erbringen, und die Führungskraft dies honoriert, in dem sie 50 % mehr verdienen, im besten Fall noch über eine regelmäßige Leistungsvergütung, welche an Ziele gekoppelt ist. Es ist sofort abzulesen, dass das Unternehmen in Wirklichkeit 50 % spart und der Mitarbeiter aber durchaus das Gefühl hat, dass seine Leistung honoriert wird.

Es bleibt jedem Unternehmen und jeder Führungskraft überlassen, ob eine Leistungskultur eingeführt werden soll oder ob nicht andere Wege besser zur Kultur des Unternehmens passen. Allerdings ist davon auszugehen, dass mit dem fortschreitenden Wettbewerb und der permanenten Leistungssteigerung durch neue Wettbewerber nur die Unternehmen langfristig bestehen werden, welche die Herausforderung annehmen und sich und die Mitarbeiter permanent weiterentwickeln und verbessern. Um eine Leistungskultur einzuführen und zu etablieren ist es notwendig, schon bei der Einstellung von Mitarbeitern klar zu kommunizieren, wie die Erwartungshaltung des Unternehmens und der Führungskraft ist und welche Konsequenzen die eigene Leistung des Mitarbeiters haben kann, im positiven und im negativen Fall. Dadurch wird bereits bei der Einstellung eine Auswahl der Mitarbeiter erfolgen, auch aus Sicht der Entscheidung der Mitarbeiter für das Unternehmen, welche die Leistungskultur unterstützt, jedoch auch in der Realität vom Unternehmen eingehalten werden muss.

4.4.4 Einstellung und Bindung von Mitarbeitern operationalisieren

Generell ist die Einstellung von Mitarbeitern ein aufwendiger und teurer Prozess, bei dem jedes Unternehmen viel gewinnen oder viel verlieren kann. Dabei ist zwischen den konkreten Bewerbungen für ausgeschriebene Stellen und Initiativbewerbungen zu unterscheiden, weil entsprechend anders verfahren werden kann. Bei Bewerbern auf ausgeschriebene Stellen gilt es deren Eignung zu prüfen und dadurch das zu erwartende Potenzial einzuschätzen, die Anforderungen zu erfüllen und mindestens eine durchschnittliche Leistung zu erbringen. Wünschenswert ist es selbstverständlich, Personen einzustellen, welche direkt das Potenzial dazu haben, Leistungsträger in der jeweiligen Einheit zu sein und dadurch die Einheit und das Unternehmen insgesamt voranzubringen. Dies ist jedoch unter anderem davon abhängig, wie sich der neue Mitarbeiter in das bestehende Team einfügt und wie er mit der herrschenden Kultur des Unternehmens harmoniert. Hier zeigt sich am deutlichsten, ob die bei der Einstellung kommunizierten Werte, auf welche der Mitarbeiter passt und die er für sich selbst als passend eingeschätzt hat, mit der Realität übereinstimmen, weil ansonsten der Unterschied zu einer Leistungsreduktion führen könnte.

Entwickelt sich die Einstellungen wie erwartet, ist es der einfachste und schnellste Weg, die Leistung einer Einheit oder des Unternehmens zu verbessern.

Im Gegensatz dazu bieten Initiativbewerbungen noch größere Chancen, das Unternehmen weiterzuentwickeln und die Leistungsfähigkeit insgesamt zu steigern. Denn entgegen einer konkreten Bewerbung muss keine Eignung für eine bestimmte Stelle geprüft werden, sondern es ist nur das generelle Potenzial des Bewerbers zu prüfen. Und sollte die Personalabteilung zu dem Schluss kommen, einen Bewerber mit überdurchschnittlichem oder herausragendem Potenzial gefunden zu haben, sollte er auf jeden Fall eingestellt werden, sofern es die Kostensituation des Unternehmens zulässt. Dies darf jedoch wirklich nur für kleine Unternehmen ein Ausschlusskriterium sein, weil in allen anderen Unternehmen für einen guten Mitarbeiter immer Platz sein sollte, selbst wenn konkret noch keine offene Stelle existiert. Es wird, je größer das Unternehmen ist, umso schneller eine Stelle frei werden, auf die der Mitarbeiter platziert werden kann und je besser der Mitarbeiter ist, umso universeller wird er einsetzbar sein. Außerdem wird der Punkt kommen, an dem irgendjemand herausfindet, wofür er bestmöglich eingesetzt werden könnte und es ist Aufgabe von Führungskräften, dies herauszufinden. Es sollte also reichen, diesen Mitarbeiter einigen Führungskräften anzubieten und es wird sich mit Sicherheit eine Position finden, den Mitarbeiter wertschöpfend einzusetzen, weil es für gute Leute einfach immer genug zu tun gibt.

Aufgrund der Bedeutung des Prozesses und der Häufigkeit, mit der dieser durchgeführt wird, ist es empfehlenswert, diesen fortwährend zu optimieren und sehr exakt durchzuführen. Auf diese Weise lassen sich nicht nur die Kosten bestmöglich senken, sondern zusätzlich bei gleichzeitiger Sicherstellung der Qualität und damit wertvollstem Ergebnis für das Unternehmen. Außerdem kann sehr präzise berechnet werden, welche Kosten für eine durchschnittliche Neubesetzung eines Mitarbeiters auf einer Position oder einer bestimmten Führungsebene anfallen, ebenso für die Einstellung eines Initiativbewerbers. Diese Informationen sind elementar für das Unternehmen und die Führungskräfte, weil sie die Gegenposition für die Kosten der Bindung von Mitarbeitern darstellen. Ein Mitarbeiter, welcher das Unternehmen aus eigenem Wunsch verlässt ist ein Verlust für das Unternehmen und die Einheit, aus der er kommt, sofern er mindestens zur Kategorie B gehört und ein sogar herber Verlust, wenn er zur Kategorie A gehört. Nicht nur, dass die Kosten für die Nachbesetzung und die neue Einarbeitung anfallen und eventuell sogar ein gewisser Zeitraum überbrückt werden muss, bis der Nachfolger verfügbar ist, so muss dieser erst einmal mindestens so gut wie der Vorgänger sein, damit die Leistung des Unternehmens nicht leidet. Daher ist es wichtig, beispielsweise das Weiterbildungsbudget und die Atmosphäre des Unternehmens ebenso unter dem Gesichtspunkt der Mitarbeiterbindung zu betrachten, weil reduzierte Fluktuation mit entsprechend geringeren Einstellungskosten einhergeht.

Aus diesen Gründen ist es wichtig, für das Unternehmen und die Führungskraft, mit abwandernden Mitarbeitern noch Gespräche zu führen, welche Ursachen der Entscheidung zum Ausscheiden zugrunde lagen, sofern es sich nicht um gewollte Fluktuation handelt. Hier können, auch aufgrund der möglichen größeren Offenheit des Mitarbeiters, interessante Informationen gewonnen werden, um die Fluktuation zu reduzieren und damit die Einstellungskosten zu reduzieren, gegebenenfalls durch Investitionen in Mitarbeiterbindung. Allerdings ist zu beachten, dass eine Fluktuation weder auszuschließen ist, beispielsweise schon alleine aufgrund Eintritts ins Rentenalter oder Mutterschutz, um nur diese Beispiele zu nennen, noch per se schlecht, sofern Mitarbeiter gehen, welche die gewünschte Leistung nicht erbringen oder nicht in die Kultur des Unternehmens oder der Einheit passen und dadurch negativen Einfluss haben. Am Ende gilt es ein Gleichgewicht zu finden, bei dem die Einstellungskosten minimal sind und in dem das beste Verhältnis zwischen einem kostengünstigen Einstellungsprozess und optimaler Mitarbeiterbindung gefunden wird. Und diese Relation gibt den Führungskräften des Unternehmens die Möglichkeit, zu einem Ergebnis der Bewertung zu kommen, ob das Unternehmen in dieser Hinsicht gut und zukunftssicher aufgestellt ist, weil durch die Fluktuationsquote sowie die Kosten der Mitarbeiterbindung und der Einstellung genügend gegenläufige Parameter vorhanden sind, um sich zumindest dem Optimum zu nähern.

4.5 Empfehlenswert: Ergebnissicherung durch Zielvereinbarungen

> Die Welt gehört dem, der in ihr mit Heiterkeit und nach hohen Zielen wandert. (Ralph Waldo Emerson)

Nach dem die Strategie mittels einer geeigneten Führungshierarchie und den richtigen Mitarbeitern auf den passenden Stellen bestmöglich umgesetzt werden kann, gilt es im Anschluss diese mittels geeigneter Ziele so zu unterstützen, dass es die Arbeit der Führungskraft erleichtert. Dabei gilt es einerseits den Fehler zu vermeiden, dass das Ziel nicht dazu beiträgt, ein Ergebnis zu erreichen und andererseits, dass ein Ziel erreicht wird, obwohl der Mitarbeiter etwas Falsches oder sogar Kontraproduktives getan hat. Aus diesem Grund gilt es Ziele in einem standardisierten Verfahren festzulegen, welches Fehler so weit wie möglich ausschließt und über den Prozess selbst versucht eine Mindestqualität zu erreichen.

Es ist nicht zu unterschätzen, das Ziele immer sehr individuell auf den Mitarbeiter zugeschnitten sein müssen, damit diese maximal wirksam sind. Anschließend sind die Ergebnisse festzulegen, welche nach den Prioritäten gewichtet werden müssen, um die Führung bestmöglich zu unterstützen und sie bestenfalls zu einem Selbstläufer zu machen. Werden für diese Ergebnisse Ziele gefunden, deren Erreichung das Ergebnis sicherstellen, so ist auf diesem Weg bereits ein wesentlicher Teil erledigt. In Kombination weiß der Mitarbeiter sehr klar, was von ihm erwartet wird und überdies hinaus sogar, wie er dies erreichen kann. Gleiches gilt für die Führungskraft, die nicht nur den Teil der Ergebnisse abgesichert hat, welchen der Mitarbeiter verantwortet, sie hat darüber hinaus mit dem Mitarbeiter den Weg für die Ziele besprochen und kann damit ein gutes Gefühl für die Erreichung haben. Wichtig ist, dass die Ziele nicht nur für Unternehmensziele genutzt werden, sondern dass die Mitarbeiterentwicklung ebenfalls in diesen Berücksichtigung findet.

4.5.1 Notwendig: Individuelle Handhabung der Ziele samt Unterstützung

Zunächst ist zu beachten, dass die Ziele stark durch den Mitarbeiter beeinflusst werden und daher zwei Mitarbeiter selbst auf der gleichen Stelle durchaus andere Ziele erhalten können, obwohl die gewünschten Ergebnisse identisch sind. Dies hängt damit zusammen, dass manche Mitarbeiter enger und andere weiter geführt werden sollten, unabhängig von ihren Wünschen, weil es Aufgabe der Führungskraft ist, dieses festzulegen. Darüber hinaus hängt der Detaillierungsgrad der Ziele selbstverständlich von der betrachteten Führungsebene ab, weil ein Vorstand seinem Direktor komplett andere Ziele geben wird, als ein Referats- oder Gruppenleiter seinem Mitarbeiter.

Von großer Bedeutung ist jedoch der Aspekt der Ziele, dass es sich wirklich um eine Vereinbarung zwischen der Führungskraft und dem Mitarbeiter handelt und kein Diktat, weil nur auf diesem Weg der Mitarbeiter hinter den Zielen steht und Verantwortung dafür übernimmt, ebenso wird damit die Zielerreichung durch die gesteigerte Motivation deutlich wahrscheinlicher. Denn letztlich soll es sich bei dem Ziel nicht um eine illusorische Wunschvorstellung der Führungskraft handeln, welche für den Mitarbeiter nicht erreichbar ist, sondern um ein aus Sicht des Mitarbeiters erreichbares Ziel, wobei die Führungskraft dennoch am Ende entscheiden kann und muss.

Besonders ist bei der Vereinbarung zu beachten, dass diese beidseitig ist. Auf der einen Seite wird festgelegt, welche Ergebnisse der Mitarbeiter zu erbringen hat und wie diese mittels der Ziele gemessen werden. Auf der anderen Seite ist es ein gutes Recht des Mitarbeiters dafür die Hilfestellung seiner Führungskraft einzufordern oder Bedingungen festzulegen, wenn er diese zur Zielerreichung für erforderlich hält. Die Führungskraft sollte dies nicht nur als lästige Pflicht ansehen, sondern vielmehr als Chance, nicht nur frühzeitig auf Risiken hingewiesen zu werden, sondern durch gezielten Einsatz die Wahrscheinlichkeit der eigenen Zielerreichung zu steigern. Dadurch allein wird der Wert einer wirklichen Auseinandersetzung bei der Vereinbarung der Ziele deutlich, weshalb die eingesetzte Zeit gut investiert ist und es auf jeden Fall gilt, die Qualität über den Zeitbedarf zu priorisieren.

4.5.2 Entscheidend: Richtige Wahl der Ergebnisse

Bei den Ergebnissen ist es für die Führungskraft verlockend, einfach so viel wie möglich aufzulisten, in der Hoffnung, dass der Mitarbeiter nicht nur alle Ziele problemlos erreicht, sondern damit bereits einen wesentlichen Teil der eigenen Arbeit erledigt zu haben. Aber gerade diese Einstellung wird zu Problemen führen und das Gegenteil bewirken, unter anderem weil der Fokus verloren geht. Vielmehr geht es an dieser Stelle darum, die wichtigen Punkte zu nennen und nach dem Pareto-Prinzip wird dies ausreichen, dass der Job insgesamt gut erledigt wird und selbst an dieser Stelle ist die vorher definierte Strategie eine große Hilfe, weil diese bereits einen Schwerpunkt setzt, an dem sich die Führungskraft anlehnen kann.

Nach dem die Schwerpunkte ausgewählt wurden muss noch sichergestellt werden, dass der Mitarbeiter die alleinige Verantwortung für die Ergebniserreichung hat und nicht auf Kollegen oder Zuarbeiten angewiesen ist, die sich seiner Einflussnahme entziehen. Wäre dies so, so wird der Mitarbeiter sich im schlimmsten Fall einem Fatalismus hingeben und die Übernahme des Ergebnisses ablehnen, obwohl er mit dem Ergebnis einverstanden ist und gewillt ist, seinen Beitrag zu liefern. Deshalb sollte gerade bei der Wahl der Ergebnisse der Fokus darauf gelegt werden, von dem Mitarbeiter nur den Teil eines eventuellen Gesamtergebnisses einzufordern, welchen er leisten kann beziehungsweise verantwortet. Für alle anderen Teile sind eventuell andere Mitarbeiter der gleichen Einheit verantwortlich, die Zusammenführung dieser Teile muss jedoch durch die Führungskraft erfolgen und die Erfolgsmessung darf nicht, zumindest nicht komplett oder durch zu großes Gewicht, über das Gesamtpaket erfolgen. Auf diese Weise würde die Führungskraft einen Teil der eigenen Verantwortung delegieren, für den sie ursächlich verantwortlich ist und an dem keiner der Mitarbeiter alleine gemessen werden kann.

Eine gründliche Einschätzung der Mitarbeiter ist außerdem die Basis für ein oder mehrere zusätzliche Ergebnisse, welche sich auf die persönlich oder fachliche Weiterentwicklung des Mitarbeiters beziehen. Diese Ergebnisse sichern die Weiterentwicklung der gesamten Einheit ab und an der Ergebniserreichung muss der Mitarbeiter ein mindestens ebenso großes Interesse haben wie die Führungskraft, andernfalls wäre seine Motivation in Frage zu stellen. Um dies zu unterstützen sowie es dem Mitarbeiter damit so einfach wie möglich zu machen und seinen Vorlieben entgegenzukommen, bietet es sich an, bei der Weiterentwicklung eine Priorisierung vorzunehmen, welche zunächst die Stärken, anschließend die durchschnittlichen Eigenschaften und zum Abschluss die Schwächen berücksichtigt. Darüber hinaus sind natürlich die Schwächen besonders heikel anzusprechen und es ist fraglich, wie groß die Verbesserung des Mitarbeiters auf diesen Gebieten überhaupt noch sein kann, weil nur in den seltensten Fällen aus Schwächen noch Stärken gemacht werden können. Aus diesem Grund sollten hier die wenigen Schwächen höher priorisiert werden, welche Stärken des Mitarbeiters limitieren und bei welchen ein Fortschritt gleichzeitig einen ebensolchen bei einer oder mehreren Stärken bedeutet.

Außerdem gilt es für die Führungskraft bei den persönlichen Ergebnissen ebenfalls eine Fokussierung vorzunehmen und nicht versuchen zu wollen, alles auf einmal anzugehen, zumal es in den meisten Fällen noch genügend weitere Zielvereinbarungen geben wird, in denen weiterentwickelt und an weiteren Ergebnissen gearbeitet werden kann. Wichtig ist besonders die Formulierung des Ergebnisses, bei welchem nicht ein optimaler Zustand beschrieben werden sollte, sondern der für den Mitarbeiter sinnvolle und zu erreichende Zustand.

Nicht zu unterschätzen und entsprechend sorgfältig zu bearbeiten ist zum Abschluss die Gewichtung der einzelnen Positionen. Dabei gilt es zum einen die relative Gewichtung der Ergebnisse untereinander zu berücksichtigen und zum anderen die absolute Höhe. Die Frage, welche sich die Führungskraft stellen dabei sollte, ist, ab welcher Gewichtung der Mitarbeiter ein Ergebnis als so gering einschätzt, dass er besondere Aktivitäten dafür nahezu einstellt und es nur noch mitnimmt. Beträgt der an die Ergebnisse gekoppelte variable Anteil der Bezüge einer Führungskraft beispielsweise 40 % der Gesamtbezüge, so ergibt sich für die Gesamtgewichtung eines mit 5 % gewichteten Ergebnisses nur noch 2 % absoluter Anteil, was bereits im Bereich einer unteren Grenze für die Wirkung sein sollte. Ein Ansatzpunkt für die Gewichtung kann der notwendige aufzuwendende Zeitbedarf zur Erreichung des Ergebnisses sein, den der Mitarbeiter aufwenden wird. Allerdings sollte hier die Berücksichtigung der gesamten Arbeitszeit des Mitarbeiters erfolgen, weil eine Vernachlässigung aller Arbeiten, die nicht im Bonus vorkommen, keine akzeptable Verhaltensweise aus Sicht der Führungskraft sein kann und darf. Gerade bei Führungskräften sollten daher Ergebnisse zur Führungsarbeit keinesfalls in der Zielvereinbarung fehlen, ebenso wenig wie Ergebnisse zu operativen Routinetätigkeiten, damit diesem Umstand ausreichend Rechenschaft getragen wird.

4.5.3 Wichtig für die Umsetzung: Festlegung und Definition der Ziele

Nach dem die zu erreichenden Ergebnisse festgelegt und gewichtet wurden ist es leider in den wenigstens Fällen sinnvoll, diese direkt als Ziel zu verwenden. Vielmehr müssen die Ziele so gewählt werden, dass nicht nur die Ergebnisse erreicht, sondern dabei ebenso das richtige Verhalten des Mitarbeiters impliziert wird. Denn ein falsches Verhalten ist prinzipiell nicht zu dulden und muss sanktioniert werden, was umso schwerer wird, je besser die Zielerreichung ist. Dies verdeutlicht nur erneut, dass die Wahl der Ziele sogar für die Glaubwürdigkeit der Führungskraft Bedeutung hat und damit nicht nur den Mitarbeiter beeinflusst, sondern darüber hinaus auch Rückschlüsse auf die Führungskraft zulässt. Des Weiteren kann es notwendig sein, ein Ergebnis in Zwischenschritte aufzuteilen und für diese Ziele zu vergeben, weil der Zeitraum für das gesamte Ergebnis nicht ausreichend ist.

Zunächst ist das Ziel zu spezifizieren und damit konkret festzulegen, dass die Ergebnisse durch Ziele erreicht werden und bestenfalls im gleichen Verhältnis, weil andernfalls Fehlsteuerungen entstehen können, beispielsweise wenn mit 80 % Zielerfüllung nur 20 % des Ergebnisses einhergehen oder umgekehrt. Alles andere als Gleichlauf resultiert entweder in Vorteilen für die Führungskraft oder den Mitarbeiter, was schon aus Fairnessgründen nicht sein sollte, weil die Führungskraft das letzte Wort hat. Außerdem dürfen keinerlei Missverständnisse darüber bestehen oder über die Dauer der Vereinbarung aufkommen können, was ausgemacht war, weil ansonsten Diskussionen über Inhalte entstehen können, welche die Aufmerksamkeit von der eigentlichen Arbeit ablenken.

Gleichzeitig muss das Ziel messbar sein, so dass auch bei der Bewertung der Arbeit des Mitarbeiters so wenig Spielraum für Interpretationen wie möglich ist. Denn andernfalls lassen sich nur die vollständige Zielerfüllung oder –Verfehlung zweifelsfrei feststellen, für jeden Wert dazwischen wäre wiederum eine Einigung nötig, für welche die gleichen Bedenken analog der Spezifizierung gelten. In vielen Fällen wird es keine perfekte Messgröße geben, welche das Ergebnis auch im Verhältnis optimal abbildet. Es ist dann zwischen einem besseren Ziel ohne Messbarkeit und einem oder mehreren unpassenderen Zielen mit guter Messbarkeit zu wählen. Die Empfehlung ist hier klar, das Ergebnis durch gut

Abb. 4.4 Eigenschaften guter Ziele

messbare Ziele abzubilden und dazu zu einer Vereinbarung zu gelangen, weil selbst ein Mittelwert aus drei messbaren Zielen wesentlich aussagekräftiger und berechenbarer für den Mitarbeiter ist, als eine qualitative Einschätzung der Zielerreichung durch die Führungskraft (Abb. 4.4).

Ein klar spezifiziertes Ziel samt Messgrößen für dessen Berechnung bildet bereits eine gute Basis, jedoch ist damit für die Führungskraft noch nicht unbedingt viel gewonnen. Wenn es für den Mitarbeiter keine Mühen bedeutet oder er damit rechnen kann, es bereits sehr vorzeitig zu schaffen, so kann er ebenfalls anschließend jede Anstrengung vermeiden. Die Führungskraft muss daher versuchen, ein Ziel zu finden, welches ambitioniert für den Mitarbeiter ist, sie jedoch davon ausgehen kann, dass er es zum Ende des Zeitraums erreicht. Damit erzielt sie den maximalen Effekt und kann sich sicher sein, dass der Mitarbeiter alles unternehmen wird, dass Ziel zu erreichen, wenn es im Rahmen seiner Möglichkeiten liegt. Ebenso ist es jedoch für die Führungskraft nicht empfehlenswert, die Ziele unrealistisch hoch zu setzen, weil sonst der Mitarbeiter keinerlei Motivation aufbringen wird, es überhaupt in Angriff zu nehmen. Die Balance zwischen einem ambitionierten und gleichzeitig realistischen Ziel ist damit die Schwierigkeit bei der Zielfindung, wobei einerseits die Erfahrung der Führungskraft und andererseits die Einschätzung des Mitarbeiters entscheidend ist. Der Mitarbeiter profitiert jedoch ebenfalls von einer guten Balance, weil diese eine gute Bewertung seiner Leistung darstellt und damit die beste Basis für eine objektive Rückmeldung darstellt.

Zuletzt muss für jedes Ziel ein Termin gesetzt werden, welcher nicht zwangsläufig mit dem Zeitraum der Zielvereinbarung übereinstimmen muss, wobei Zeitpunkte nach dem Ablauf unsinnig sind. Dabei kann es hilfreich sein, neben der reinen Vereinbarung des Ziels zum vereinbarten Termin Meilensteine festzulegen, welche entweder sogar Teilziele mit entsprechender Gewichtung darstellen oder nur für eine leichtere Kontrolle des Stands sorgen. Für die Führungskraft hat dies den Vorteil, dass sie über die Erreichung dieser Meilensteine ein hohes Vertrauen in die endgültige Zielerreichung bekommen kann und vom Mitarbeiter auf diesem Weg frühzeitig über Abweichungen informiert wird. Der Mitarbeiter profitiert jedoch ebenfalls, weil er über die selbstständige Kontrolle der Meilensteine selbst ein besseres Gefühl dafür hat, ob er tatsächlich auf einem guten Weg der Zielerfüllung ist. Dabei hängt es von der Erfahrung und der Qualität des Mitarbeiters ab, ob und gegebenenfalls wie viele Meilensteine die Führungskraft für angemessen hält und der Mitarbeiter akzeptieren kann und will.

Die Führungskraft sollte sich für ein Zielvereinbarungsgespräch mit dem Mitarbeiter genügend Zeit einplanen und sich vom Mitarbeiter vorab eine eigene Vorstellung der Ziele inklusive persönlicher Weiterentwicklung als Vorbereitung zum Gespräch geben lassen. Dies hat den Vorteil, dass sich der Mitarbeiter selbst Gedanken macht, welche Ergebnisse er mit welchen Zielen selbst erreichen möchte, und die Führungskraft stellt eine gewisse Beschäftigung damit sicher, was sich in einem besseren Gespräch bemerkbar machen sollte. Außerdem ist es ein Zeichen des Respekts, sich dafür Zeit zu nehmen und gegebenenfalls früher fertig sein, als zu hetzen und damit dem Mitarbeiter den Eindruck zu vermitteln, es sei nicht wichtig. Es ist an dieser Stelle aus den genannten Gründen für die Führungskraft erforderlich, die Qualität deutlich über der eigenen Arbeitszeit zu priorisieren, zumal sich dies über den Zielzeitraum in der gesteigerten Effektivität und Effizient mehr als ausgleichen wird. Gerade wenn bis zu einem Termin sämtliche Zielvereinbarungen mit allen Mitarbeitern abzugeben sind erscheint dies lästig und es ist schwer, die dafür benötigte Zeit im Kalender zu schaffen, dennoch sollte gerade durch eine rechtzeitige Planung das Bild vermittelt werden, welcher Stellenwert diesem Prozess eingeräumt wird und falls Führungskräfte geführt werden, sie diesem Prozess einräumen sollten.

4.5.4 Mitarbeiterentwicklung über Jahresziele sorgt für Verbindlichkeit

> Weisheit ist nicht das Ergebnis der Schulbildung, sondern des lebenslangen Versuchs, sie zu erwerben. (Albert Einstein)

Schon aus der geschilderten Gesprächsdauer sowie dem dazugehörigen Aufwand zur Vor- und Nachbereitung ergibt sich, dass der Zyklus für eine Zielvereinbarung entsprechend lang sein muss, um ihn sauber durchführen zu können. Neben den Gesprächen, welche pro Mitarbeiter zu führen sind und entsprechende Zeit benötigen, ist ebenfalls zu beachten, dass ein Zusammenhang zwischen den Zielen der Mitarbeiter, der Führungskraft und dem Vorgesetzen besteht, der eine zeitliche Abhängigkeit zur Folge hat. Wenn beispielsweise alle Zielvereinbarungsgespräche im ersten Quartal beendet sein sollen und gleichzeitig eine Reihenfolge zwischen den verschiedenen Ebenen eingehalten werden muss, also zum Beispiel erst Vorstände, dann Direktoren, dann Abteilungsleiter, dann Referats- und Gruppenleiter und zuletzt Mitarbeiter, so reduzieren sich die Zeitfenster für die einzelnen Gruppen bereits dramatisch. Im geschilderten Beispiel könnte bei den Vorständen mit Ende Januar begonnen werden, sofern der Rhythmus das Kalenderjahr ist, und im Halbmonatsrhythmus bis Ende März weitergegangen werden.

Darüber hinaus ist es am Jahresende oder danach erforderlich, die Resultate auszuwerten und die Erfüllung der verschieden Ziele gemeinsam zu bestimmen. Neben der reinen Feststellung der Resultate ist es außerdem sinnvoll, die Ursachen zu besprechen und besonders bei wesentlicher Über- oder Untererfüllung gemeinsam die Gründe zu analysieren und die weitere Vorgehensweise festzulegen. Sofern keine fehlerhafte Zielfestsetzung erfolgt ist, bedeutet eine Übererfüllung neben einer hervorragenden Leistung des Mitarbeiters vor allem, dass er sich für höherwertige Aufgaben qualifiziert und er in der Bewertung hochgestuft werden sollte, mit den positiven Konsequenzen der Förderung und Forderung. Im umgekehrten Fall jedoch geht es nicht darum, dem Mitarbeiter seine Zielverfehlung erneut vorzuhalten, sondern aus den Ursachen abgeleitete Maßnahmen zu ergreifen, um dies in Zukunft zu verhindern und den Mitarbeiter gezielt weiterzuentwickeln. In allen Fällen inklusive einer knappen Erreichung aller Ziele, welche angestrebt wird, soll der Mitarbeiter mit dem guten Gefühl aus dem Gespräch gehen, dass die Zielvereinbarung auch zu seinem Vorteil war und ist und konkret der wiederholte Einsatz einer solchen langfristig zu einer wesentlichen Verbesserung der Leistung und der Weiterentwicklung führt. Diese Entwicklung ist dem Mitarbeiter immer deutlich zu machen, weil sie die Motivation und dadurch die Akzeptanz des gesamten Prozesses erhöht.

Die Dauer der Gespräche sollte ebenfalls großzügig bemessen sein, weil im Falle von Unter- oder Übererfüllung sowohl Zeit für die Ursachensuche als auch für die Festlegung der weiteren Vorgehensweise notwendig ist, wobei die Bestimmung der sich ergebenden Maßnahmen Teil der nächsten Zielvereinbarung ist. Wichtig ist ebenfalls, dass auch bei einer exakten Zielerfüllung in allen Zielen dies ausführlich mit dem Mitarbeiter besprochen wird, damit diese Leistung gewürdigt wird und der Mitarbeiter den verdienten Lohn für immerhin einjährige gute Arbeit erhält. Es ist wünschenswert, dass dies den Regelfall darstellt, weil Abweichungen immer mit einer gewissen Fehleinschätzung auf der einen oder anderen Seite einhergehen und damit prinzipiell unerwünscht sind, weil dadurch für die Führungskraft Aufwand entsteht. Schließlich muss mindestens die Untererfüllung durch einen Mitarbeiter eventuell durch andere Mitarbeiter kompensiert werden, damit die Einheit und damit die Führungskraft ihrerseits die Ziele vollständig erfüllt.

Zwischen diesen beiden Gesprächen, der Zielvereinbarung und dem Ergebnisgespräch, liegt fast ein Jahr, weshalb der Mitarbeiter eine sehr lange Zeitspanne zwischen den beiden Gesprächen hat, in denen er eventuell unsicher über den aktuellen Status ist und nach Orientierung sucht. Dies wird bei den jungen Mitarbeitern am ehesten der Fall sein und mit längerer Erfahrung und höherer Hierarchiestufe abnehmen. Es ist daher von der Führungskraft zu entscheiden, mit welchen Mitarbeitern unterhalb des Jahres ein oder mehrere Meilensteingespräche geführt werden, in denen die Ziele betrachtet und der Stand bewertet werden. Dies ist umso dringender, je größer die Abweichung nach oben oder unten von der erwarteten Leistung zu diesem Zeitpunkt ist, weil einerseits bei einer Abweichung nach unten Hilfestellung notwendig sind, um den Mitarbeiter bei der Zielerreichung zu unterstützen und diese damit noch zu ermöglichen, und andererseits bei einer Abweichung nach oben zusätzliche Anreize für über die Ziele hinausgehende Resultate festgehalten werden, um damit eine insgesamt bessere Leistung der Einheit zu erzielen.

Die Dauer des Meilensteingesprächs kann sehr kurz sein, wenn es keine Abweichungen gibt und für die restliche Zeit keine zu erwarten sind. Wurden bereits in der Zielvereinbarung Meilensteine konkretisiert und mit unterjährigen Zeitpunkten unterlegt, so ist dies leicht festzustellen und ohne Meldung der Meilensteinverfehlung durch den Mitarbeiter kann die Führungskraft beruhigt von Zielerfüllung ausgehen. Zumindest wenn die Führungskraft dieses Verhalten klar als Erwartungshaltung kommuniziert hat, dass es eben nicht Aufgabe der Führungskraft ist, nachzufragen, sondern Aufgabe der Mitarbeiter, Abweichungen, Sonderfälle oder ähnliches zu melden. In der Regel wird dies hoffentlich der Fall sein und dann ist auch nur ein Meilensteingespräch nötig. Es kann eine Maßnahme aus einer Über- oder Untererfüllung der letzten Zielvereinbarung sein, diese Gespräche mehrfach zu vereinbaren, um Abweichungen früher zu erkennen und darauf reagieren zu können. Wenn Abweichungen auftreten, so ist mehr Zeit nötig, weil eine genaue Untersuchung der Ursachen bei Unterschreitung und Einleitung der Maßnahmen zur kurzfristigen Verbesserung die Wahrscheinlichkeit einer Zielerreichung zum Jahresende deutlich erhöhen, zum Vorteil von Führungskraft und Mitarbeiter.

Jede Führungskraft von Führungskräften erhält über die Einsicht in die Zielvereinbarungen der Mitarbeiter nicht nur einen guten Überblick über die Führungsarbeit der geführten Führungskräfte, sie hat darüber hinaus die Möglichkeit korrigierend einzugreifen und selbst Schlüsse zu ziehen. Außerdem verbessert sie die eigene Einschätzung der Mitarbeiter durch neue Erkenntnisse und gewinnt ein Gefühl für die Weiterentwicklung auf der persönlichen Ebene. Die Effektivität des Lesens einer Zielvereinbarung ist so hoch, dass es aus Effizienzgesichtspunkten schon geradezu fahrlässig wäre, darauf zu verzichten, mit dem einzigen Vorteil, die kurze Lesezeit zu sparen. Außerdem ist es ein gutes Signal, den Führungskräften eine Rückmeldung über die erhaltene Qualität der Vereinbarungen zu geben und auf diesem Weg die Bedeutung des Prozesses mit Taten zu unterstreichen, welche deutlich über reine Worte alleine hinausgehen.

4.6 Notwendig: Regeln zur Unterstützung effektiver Arbeit

Nach dem die Führungskraft eine Struktur geschaffen hat, welche die Effektivität und Effizienz der Einheit bestmöglich sicherstellt und durch eine Vision und Strategie unterstützt wird, welche Orientierung für die Mitarbeiter bietet, wird die Qualität ihrer Führungsarbeit optimal zur Wirkung kommen können. Dies verlangt jedoch, dass nicht nur die Führungskraft ein vorbildliches Verhalten vorlebt, sondern die geführten Mitarbeiter und evtl. auch Führungskräfte diesem ebenfalls folgen und ihr Verhalten kontinuierlich verbessern, falls notwendig. Aus diesem Grund sollte die Führungskraft ergänzend Regeln einführen, welche die Arbeit innerhalb der Einheit effizienter machen und vor allen Dingen die eigene Arbeitszeit reduzieren.

Wichtig ist es jedoch, die Einführung der Regeln nicht mit der Begründung der Effizienzsteigerung einzuführen, sondern vielmehr einen größeren Rahmen zu schaffen, damit nicht nur die Führungskraft einen Vorteil durch die Einführung hat, sondern ebenfalls die Mitarbeiter einen Vorteil darin erkennen. Dies könnte beispielsweise sein, dass eine steigende Verlässlichkeit zwar aufwendig ist, aber große Vorteile bei der Arbeit bietet und die Mitarbeiter bestimmt oft genug die Erfahrung von Unzuverlässigkeit mit den damit einhergehenden Konsequenzen machen und gemacht haben. Regeln schaffen eine Transparenz, mit den gleichen beschriebenen Auswirkungen, und der durch die Regeln verbesserte Service schafft ein Serviceerlebnis, das jeder gerne erleben würde und daher ein Alleinstellungsmerkmal bietet, das die Einheit als Team zusammenschweißen kann.

Aus Sicht der Führungskraft ist die Einführung von Regeln ohne Alternative, wenn sie wirklich daran interessiert ist, dass die geführten Mitarbeiter das gewünschte Verhalten zeigen. Allerdings dürfen nur Regeln eingeführt oder an diesen festgehalten werden, wenn diese wirklich überlegen sind, ansonsten geht von ihnen eine sehr große Gefahr aus, dass die dadurch erzeugte Bürokratie das Unternehmen auf Dauer lähmt und die Produktivität senkt, anstatt sie zu heben. Allerdings macht es die Existenz von Regeln der Führungskraft einfach, bei Fehlverhalten auf diese zu verweisen und auf diese Weise sehr leicht und zeitsparend eine Verhaltensänderung zu erreichen. Andernfalls gäbe es nur die Möglichkeit, bei jeder sich bietenden Gelegenheit argumentativ die Vorteile zu betonen und zu hoffen, dass sich langfristig eine Wirkung innerhalb der Einheit zeigt. Dies setzt jedoch voraus, dass die Führungskraft immer zeitnah auf Verstöße hinweist, die Situation klar ist und so verständlich, dass jeder Beteiligte die Information ohne Missverständnis aufnehmen und wiedergeben kann. Schon daraus zeigt sich, wie bereits im dazu passenden Kapitel ausgeführt, weshalb kein Weg um die Einführung von Regeln herumführt.

Umgekehrt bieten die Regeln jedoch noch mehr Vorteile, weil sich die Mitarbeiter ebenso auf diese berufen können und Verhaltensweisen ihrer Führungskraft einfordern können, falls diese, beispielsweise auch aus Versehen, entgegen vorbildlichem Verhalten eine verletzen sollte. Wenn eine Führungskraft von Führungskräften daher beispielsweise die Leistungskultur und die Zielvereinbarung konkret einfordert und die Vorteile als Begründung anführt, so steigert dies die Sicherheit einer korrekten Information erheblich. Denn nur, dass etwas durchgeführt wird bedeutet eben nicht, dass es auch aus den richtigen Gründen durchgeführt wird und besonders bei der Leistungsbewertung und -einteilung von Mitarbeitern und der Zielvereinbarung sind die Gründe mindestens ebenso entscheidend wie die Durchführung selbst, auch wenn die Kontrolle der Ergebnisse durch die Führungskraft zumindest die Qualität sicherstellen kann.

Die Führungskraft kann beliebig viele Regeln aufstellen und auf diesem Weg die Qualität und Effizienz der Einheit verbessern. Bei den im Folgenden aufgeführten Beispielen von Regeln, die in nahezu jedem Fall empfehlenswert sind, wird sich darüber hinaus der positive Effekt ergeben, dass die Arbeitsbelastung der Führungskraft sinkt, weil die eigenen, betroffenen Arbeiten bedeutend einfacher und leichter werden. Viele der Regeln betreffen direkt die notwendige Arbeitszeit der Führungskraft, um effizienter handeln zu können und die gleichzeitigen Zeitersparnisse für die geführten Mitarbeiter sind lediglich eine angenehme Begleiterscheinung. Denn wenn die Führungskraft im Interesse der richtigen Priorisierung handeln möchte, kommt sie nicht umhin, die Arbeitszeit für die wichtigen Dinge zu reservieren und Zeitfresser zu eliminieren, sonst rückt die angestrebte Work-Life-Balance in weite Ferne.

4.6.1 Regeln sparen Arbeitszeit

Gerade die Zielvereinbarung ist ein gutes Beispiel für den Vorteil einer Regel und die Klarheit, welche diese bringen kann. Es ist verständlich, dass die Mitarbeiter Befürchtungen haben, dass der einzige Zweck der Zielvereinbarung die Leistungsmessung ist, gerade wenn es die Mitarbeiter noch nicht gewöhnt sind, Ziele zu erhalten und diese erfüllen zu müssen, weil diese beispielsweise erst eingeführt werden. Und gerade dieser Befürchtung muss entgegen gewirkt werden, weil es neben dem Ergebnis gleichzeitig um das Wohl der Mitarbeiter und deren Weiterentwicklung geht und die Vorteile dieses Prozesses dieses erst langfristig unterstützen werden. Kurzfristig ist dies jedoch wenig wahrscheinlich und deshalb kann es sich lohnen, eine Regel einzuführen, welche die Weiterentwicklung der Mitarbeiter in den Vordergrund stellt und als Mittel dafür ein Prozess samt Zielvereinbarung eingeführt wird. Die Mitarbeiter erhalten regelmäßig Rückmeldungen zu ihren Leistungen und können sich mit ihrer jeweiligen Führungskraft darüber austauschen, sie erhalten jedoch insbesondere die Möglichkeit, diese Gespräche sowie Hilfen von der Führungskraft einzufordern, falls sie Schwierigkeiten haben, die geforderten Leistungen zu erbringen. Ebenso sollte die Führungskraft gleichzeitig in diesen Gesprächen dafür werben und selbst um Rückmeldungen zu ihrer Führung bitten, damit auch sie die Möglichkeit hat, auf Schwächen hingewiesen zu werden und sich weiterzuentwickeln.

Eine weitere Regel bietet sich für das Vorhandensein von Stellenprofilen für jede Stelle inklusive der Führungspositionen innerhalb der eigenen Einheit an, weil bei dieser Erstellung ebenfalls der Eindruck entstehen könnte, es handele sich um eine reine Maßnahme zur Arbeitsbeschaffung. Doch wie bereits vorher erläutert kann ohne ein gutes und aktuelles Stellenprofil keine Beurteilung darüber erfolgen, wie gut der Mitarbeiter auf diese Stelle passt und dementsprechend, welches Leistungspotenzial ausgeschöpft wird. Und gerade darüber kann gut argumentiert werden, weil ständige Veränderungen nicht nur zu einer notwendigen Anpassung der Arbeit, sondern ebenso der Anforderungen und damit der benötigten Qualifikation führen. Diese muss der Mitarbeiter entweder mit seiner Weiterentwicklung begleiten oder er hat das Glück, die notwendigen neuen Qualifikationen bereits zu besitzen, ansonsten wird seine Leistung kontinuierlich zum Leidwesen seines Vorgesetzten abnehmen. Damit profitieren die Mitarbeiter ebenso wie die Führungskraft von aktuellen Profilen, weil diese eine genauere Beurteilung ermöglichen und damit fairer sind. Außerdem spart sich die Führungskraft eine Menge Zeit bei jeder notwendigen Neubesetzung einer Stelle, weil sie einfach nur die Stelle ausschreiben muss, anstatt erst zu diesem Zeitpunkt eine aktuelle Beschreibung anfertigen lassen zu müssen. Gerade für eine Führungskraft von Führungskräften bedeutet dies, dass die Aktualität der Stellenprofile der Führungskräfte notwendig ist, weil eine wechselnde oder ausscheidende Führungskraft selten noch großes Interesse an einem guten Profil zeigen wird und dies umso mehr Arbeit für die Führungskraft selbst zur Folge hat.

Einen Großteil der eingesparten Arbeitszeit ergibt sich aus der Tatsache, dass die Führungskraft weniger Missverständnisse und Bedenken ausräumen muss und dies ebenso für die geführten Führungskräfte gilt. Daneben gibt es noch eine ganze Reihe von Situationen, welche an sich keine gravierenden Probleme darstellen, wenn sie auftreten, bei denen aber klare Regeln helfen, an vielen verschiedenen Stellen Arbeitszeit einzusparen und damit die Einheit insgesamt deutlich nach vorne zu bringen, sowohl hinsichtlich Ordnung als auch Produktivität. Zu diesen Situationen gehören beispielsweise Urlaub und Krankheit von Mitarbeitern, welche eine klare Kommunikation und Organisation erfordern, um die Auswirkungen möglichst gering zu halten, aufgrund verspäteter Arbeiten, ausfallender Termine oder schlicht Unerreichbarkeit. Noch gravierender kann dies bei Führungskräften sein, die für Entscheidungen benötigt werden oder selbst für die Delegation von Arbeiten erforderlich sind. Besonders bei unerwarteter Abwesenheit zeigt sich eine gute Organisation, welche die Auswirkungen nahezu beseitigt und den Wert der Regeln bestätigt. Damit ergibt sich für die Führungskraft bei jeder Abwesenheit die Chance, die eigene Organisation zu prüfen und einen Eindruck der Ersetzbarkeit einzelner Mitarbeiter oder Führungskräfte und sich selbst zu erhalten und damit die eigene Führungsarbeit in dieser Hinsicht zu bewerten.

Weitere Situationen sind unbekannte Zuständigkeiten, bei denen Mitarbeiter nicht wissen, wie etwas zu bewerkstelligen ist und sich ohne Regelung selbst auf den Weg machen, es herauszufinden. Üblicherweise werden sie dafür andere Mitarbeiter ansprechend und, sofern es sehr seltene Vorfälle sind, ebenso deren Arbeitszeit erfolglos in Anspruch nehmen. Eventuell gilt dies für andere selten benötigte Dinge analog, etwa besonderes Büromaterial, Zugriffsberechtigung für Daten auf Netzlaufwerken, die Nutzung von Software oder der Antritt eines neuen Mitarbeiters beziehungsweise der Austritt. Es fällt vermutlich gar nicht auf, wenn diese Dinge nicht geregelt sind, am wenigsten den Führungskräften selbst, weil sie diese ärgerlichen Dinge delegieren können, aber dennoch gibt es sicherlich in jedem Unternehmen unzählige Situationen dieser Art, bei denen durch Regeln eine große Zeitersparnis allein durch die Gesamtzahl der Vorgänge realisiert werden kann.

4.6.2 Qualität und Effizienz bei Prozessen sicherstellen

> Was man zur Effektivität braucht, ist eine durch Übung gewonnene Kompetenz. (Peter F. Drucker)

Ein Teil der Aufgabe einer Führungskraft ist die Einrichtung von guten Prozessen, wie bereits vorher beschrieben, jedoch ist dies keine einmalige, sondern eine fortwährende und sehr mühsame Aufgabe, die von den Mitarbeitern permanent neben ihrer sonstigen Arbeit übernommen werden muss. Dies ist aufwendig und gehört sicherlich nicht zu den Lieblingsaufgaben, erfordert allerdings eine permanente Beschäftigung mit dem Thema und aus diesem Grund ebenso von den Führungskräften. Diese Zeit lohnt sich auf jeden Fall zu optimieren und bestmöglich zu reduzieren, so dass Regeln das Mittel der Wahl sind.

Eine Regel zu der Notwendigkeit von Dokumentationen ist daher empfehlenswert und sollte mit der Begründung der Sicherstellung der Qualität verpflichtend eingeführt werden, damit der Führungskraft zur Not ein Verweis darauf ausreicht. Neben der Dokumentation sollten in einem Zug Hilfsmittel, beispielsweise Checklisten, vorgeschrieben werden, die sich für alle wiederholenden Aufgaben zur Standardisierung eignen. Durch die Einführung dieser Regeln, hat die Führungskraft jederzeit die Gelegenheit, einzelne Dokumentationen und die verfügbaren Hilfsmittel anzufordern, um einen Blick darauf zu werfen, ohne deren Erstellung explizit in Auftrag gegeben zu haben. Somit werden die Mitarbeiter selbst für einen aktuellen Stand der prozessbegleitenden Dokumente sorgen, wenn sie einerseits von der Führungskraft ab und an darauf angesprochen werden und andererseits langfristig selbst die Vorteile durch die Benutzung erkennen können. Nicht nur wird dadurch die Qualität der Prozesse sichergestellt, sondern die Arbeit der Führungskraft erheblich erleichtert. Führt die Führungskraft sogar Führungskräfte, ist diese Arbeit nicht nur sehr einfach zu delegieren, sondern gibt ihr darüber hinaus die Gewissheit, effektiv die Leistung der Einheit bei minimalem Arbeitseinsatz zu bewahren, durch die Einführung der Regeln und einen gelegentlichen Verweis darauf.

Eine weitere wichtige Regel, welche sich anbietet, ist eine zur Fehlerkultur der Einheit. Zum einen kann dort klar kommuniziert werden, dass Fehler passieren und niemandem ein Vorwurf gemacht wird, solange nicht der gleiche Fehler mehr als einmal passiert, und zum anderen, wie Fehler konstruktiv angesprochen werden und welchen Einfluss gute Prozesse bei der zukünftigen Vermeidung spielen. Jede Führungskraft hat implizit den Auftrag, das Bewusstsein für fehlerfreie Prozesse zu erzeugen und den Mitarbeitern den Zusammenhang zu Fehlern zu erklären. Mit einer solchen Regel geht dies nicht nur einfacher, zusätzlich kann jeder auftretende Fehler dazu genutzt werden, zur Vermeidung im ersten Schritt die Dokumentation zu verbessern und den Prozess gegebenenfalls mit Hilfsmitteln zu unterstützen, so dass dieser Fehler bestmöglich verhindert wird. Nicht nur wird der Mitarbeiter in dieser Situation verständnisvoller sein, weil er für den Fehler zumindest seine eigene Verantwortung sieht, er wird darüber hinaus den Zusammenhang zwischen Prozessqualität und Fehlern nachhaltig verstehen.

Zuletzt sollte unbedingt geregelt werden, welche Freigaben die Mitarbeiter von der Führungskraft beziehungsweise den geführten Führungskräften beispielsweise für Anfragen aus anderen Einheiten benötigen, wenn sie Informationen oder Präsentationen weitergeben. Die Mitarbeiter werden dies zu schätzen wissen, weil sie auf diese Weise keinerlei Risiken eingehen und Sicherheit haben. Die Führungskräfte selbst haben die Gewissheit, dass die Wahrscheinlichkeit einer unautorisierten Weitergabe gesenkt wurde und besonders in zeitkritischen Situationen können die Mitarbeiter mit Verweis auf die Regel eine Weitergabe abblocken, egal woher diese kommt und welche Sanktionen angedroht werden. Dies wiederum gibt den Führungskräften Sicherheit und es wird viel Zeit eingespart, weil Probleme erst gar nicht im Nachhinein aufwendig behoben werden müssen.

Ebenso kann die Führungskraft Regeln zur Delegation, Kontrolle oder Ergebnisfokussierung aufstellen, um den Mitarbeiterumgang, den sie anstrebt, auf eine fundiertere Basis zu stellen. Auch Regeln zu Transparenz oder zum Erwartungsmanagement können nützlich sein, jedoch sollte die Auswahl der eingesetzten Regeln immer von den Schwerpunkten der Führungskraft abhängen, welche sich aus der Strategie ergeben, und in Zusammenhang mit der herrschenden Situation der Einheit stehen. Die Entscheidung ist immer, welcher Zustand liegt aktuell vor, welchen strebt die Führungskraft an und wie groß ist die zu erwartende Verbesserung hinsichtlich Zeit oder Qualität, der den Aufwand der Führungskraft bestimmen sollte, den sie bereit ist, zu investieren, um die gewünschte Änderung herbeizuführen.

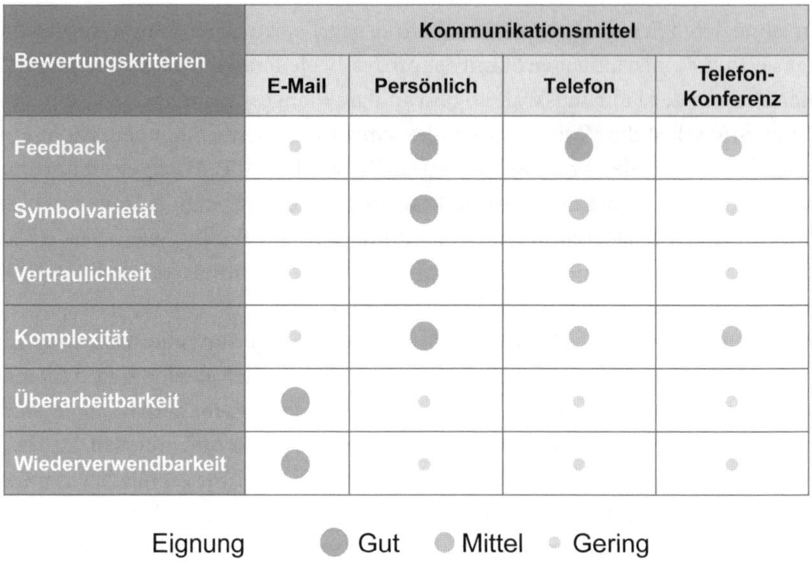

Bewertungskriterien	Kommunikationsmittel			
	E-Mail	Persönlich	Telefon	Telefon-Konferenz
Feedback	·	●	●	•
Symbolvarietät	·	●	•	·
Vertraulichkeit	·	●	•	·
Komplexität	·	●	•	•
Überarbeitbarkeit	●	·	·	·
Wiederverwendbarkeit	●	·	·	·

Eignung ● Gut • Mittel · Gering

Abb. 4.5 Eignung von Kommunikationsarten (angelehnt an Reisinger et al.)

4.6.3 Entscheidend: gute und effektive Kommunikation

Gerade bei der Kommunikation kann viel Zeit unnötig vergeudet werden und sie entscheidet über die Servicequalität der Einheit, deswegen kann die Führungskraft selbst an dieser Stelle mit der Einführung von Regeln großes bewirken. Viel hängt von der Qualität der Einheit ab und wie gut die allgemeine Ausbildung der Mitarbeiter in diesem Unternehmen bezüglich der Kommunikation ist, jedoch ist es immer eine sinnvolle Investition, sich damit zu beschäftigen. Denn jede Kommunikationsart hat unterschiedliche Vor- und Nachteile und es sollte nicht jeder Mitarbeiter für sich selbst entscheiden können oder müssen, wann welche eingesetzt wird (Abb. 4.5).

Hier können nicht für alle Eventualitäten Herangehensweisen diskutiert werden, dennoch gibt es verschiedene Punkte, die unabhängig von der Situation sind und daher an dieser Stelle angesprochen werden sollen. Das Telefon ist beispielsweise einerseits eine Störquelle, weil der Mitarbeiter in seiner Arbeit unterbrochen wird, andererseits können komplexe Vorgänge auf diese Weise deutlich besser geklärt werden als per E-Mail. Für den Kunden ist es leichter anzurufen, als eine E-Mail zu schreiben, allerdings führt dies vermutlich eher zu mehr Anfragen und ist daher ungewollt aus Sicht der Führungskraft. Die Häufigkeit wird daher in der konkreten Situation ebenso zu berücksichtigen sein, um zu entscheiden, welcher Weg zu favorisieren ist und welche Vorgehensweise die Führungskraft bevorzugt.

Gerade bei der reinen Informationsweitergabe handelt es sich in der Regel um eine Bring-Schuld der Führungskräfte, weil es überhaupt keinen Sinn macht, dass die Mitarbeiter, am besten noch einzeln, nachfragen, ob es neue Informationen gegeben hat. Dies führt jedoch zu der Situation, dass ein Mitarbeiter, welcher das Gefühl hat, dass ihm Informationen fehlen, in den meisten Fällen nicht sofort nachfragen wird, zumal dies der Führungskraft unterstellt, sie hätte benötigte Informationen nicht weitergegeben. Gerade für eine Führungskraft von Führungskräften ist es daher von großem Vorteil, die eigenen Führungskräfte regelmäßig zu informieren und den Rhythmus der Information transparent zu kommunizieren, so dass die Mitarbeiter wissen, wann es neue Informationen an ihre Führungskraft gegeben hat. Außerdem sollten die Führungskräfte nicht nur ebenfalls ihre Mitarbeiter informieren, sie sollten dies auch im gleichen oder einem ähnlichen Rhythmus tun, damit keine zu großen Zeitabstände dazwischen liegen. Dadurch wissen die Mitarbeiter, wann mit neuen Informationen zu rechnen ist und können außerdem gezielt nachfragen, wenn aus ihrer Sicht etwas fehlt oder vom Vorgesetzten zu klären ist. Über diese Transparenz lässt sich außerdem ziemlich gut bestimmen, wie lange beispielsweise eine Information vom Vorstand auf dem regulären Weg der Hierarchie bis hinunter zum Mitarbeiter im Mittel benötigt und es wird deutlich, dass und wann diese ankommen sollte.

4.6.3.1 Telefonate von Störquelle zum Beschleuniger verändern

Ein kurzes Telefonat ist unschlagbar, wenn es darum geht, schnell etwas zu klären, allerdings nur unter den Bedingungen, dass einerseits der Anrufer den Anzurufenden erreicht und andererseits der Angerufene nicht bei einer anderen Arbeit gestört wird. Für eine Führungskraft ist beides hinsichtlich der Produktivität zu vermeiden, weshalb Regeln einen Weg darstellen können, die Mitarbeiter weg von der individuellen hin zu einer gesamten Optimierung zu bewegen. Denn genauso wenig wie es erwünscht ist, dass ein Mitarbeiter ständig andere wegen Kleinigkeiten stört, darf es sein, dass ein Mitarbeiter öfter nicht erreichbar ist, obwohl er dringend für eine kurze Information benötigt wird. Insbesondere letzteres wird die Führungskraft sicherlich ärgern, wenn das Telefon ins Leere klingelt und sie erst jemand anderes finden muss, den sie für die benötigte Auskunft anrufen kann. Je größer die von der Führungskraft verantwortete Einheit ist, umso besser kann hier mit Auswertungen der verlorengegangenen Anrufe innerhalb der Untereinheiten eine Verbesserung angestrebt werden, indem diese in Vergleich zueinander gestellt werden. Die Mitbestimmungsrechte etwaiger Gremien sind gegebenenfalls zu beachten, dennoch ist der Wert unbestritten.

Es muss langfristig sichergestellt werden, dass möglichst wenige Anrufe verloren gehen und dies durch organisatorische Regeln unterstützt wird. Die Regeln sollten daher umfassen in welchen Zeiten die telefonische Erreichbarkeit prinzipiell gegeben ist und wie mit Abwesenheiten, beispielsweise Mittagessen, Terminen aus unterschiedlichen Gründen oder Informationsveranstaltungen, umzugehen ist. Es bietet sich an, die Telefone in einer Ringschaltung laufen zu lassen, so dass bei besetzt oder Abwesenheit direkt das Telefon eines Kollegen klingelt. Ist dieser Ring darüber hinaus so eingerichtet, dass er sich innerhalb eines Miniteams erstreckt, so ist durch die fachliche Nähe der Mitarbeiter sogar gewährleistet, dass allgemeine Auskünfte beantwortet werden können. Ebenso sollte jegliche Kommunikation, so weit wie nur irgendwie möglich, entindividualisiert werden, so dass an der Anrufer im Zweifel gar keine bestimmte Person, sondern nur einen fachlichen Ansprechpartner erwartet, welcher wesentlich leichter zu erreichen ist.

Dadurch, dass nicht mehr unbedingt ein bestimmter Mitarbeiter erreichbar sein muss, verlieren viele Situationen schon einiges von ihrer Brisanz, insbesondere wenn die Mitarbeiter mit allen Themen vertraut und damit für jeden Kollegen auskunftsfähig sind. Dennoch gibt es Situationen, beispielsweise Informationsrunden oder ähnliches, bei denen kein Mitarbeiter mehr erreichbar ist und welche für Anrufer geregelt werden sollten, beispielsweise durch eine Bandansage, wann die Erreichbarkeit wieder gewährleistet ist. Die nächsthöhere Führungskraft, welche nicht an dieser Information teilnimmt, muss in irgendeiner Form die Möglichkeit haben, dringende Informationen zu erhalten und die Art und Weise, wie dies geschehen kann, sollte schon allein zu ihrer Sicherheit geregelt sein.

Es kann darüber hinaus sinnvoll sein, das Telefon nur für dringende Klärungen von Sachverhalten oder bei komplexen Fragestellungen als Kommunikationsart zu empfehlen, weil dadurch die Anzahl der Gespräche minimiert wird. Gerade weil E-Mails von den Empfängern nicht sofort bearbeitet werden müssen, sondern beispielsweise in einem Block während bestimmter Freiräume der Arbeitszeit, wird damit die Effektivität bestmöglich gesteigert, wenn sich alle Mitarbeiter daran halten. Damit stellt sich zuletzt die Frage, ab wann eine Fragestellung zu komplex ist und dadurch E-Mail als Kommunikationsart ausscheidet, jedoch kann dies beispielsweise über den Zeitaufwand zum Schreiben der E-Mail geregelt werden, wobei 30 min sicherlich zu lang ist. Mit einem Verweis auf die Effizienzgewinne innerhalb der Einheit erhält diese Regel von allen Mitarbeitern langfristig Akzeptanz, weil sie zwar kurzfristig negativ merken werden, wenn sie nicht einfach anrufen können, um eine Auskunft zu erhalten, aber schon mittelfristig von der Ruhe aufgrund ausbleibender Störungen profitieren werden und diese zu schätzen lernen.

4.6.3.2 E-Mailverkehr reduzieren zur Zeitersparnis konkurrenzlos

Mit der gleichen Argumentation wie bei Telefongesprächen ist es bei E-Mails empfehlenswert, diese zu entpersonalisieren, damit mehrere Mitarbeiter die Möglichkeit haben, zu antworten. Gerade weil das E-Mail-Aufkommen aufgrund des reduzierten Telefonaufkommens ansteigen wird, ergeben sich durch eine gut organisierte und geordnete Bearbeitung noch größere Vorteile, welche sich in einer gesteigerten Produktivität niederschlagen. Selbst innerhalb eines Miniteams könnten die Mitarbeiter selbstständig Regeln aufstellen, wie sie E-Mails bearbeiten möchten und eventuell die eintreffenden E-Mails je nach Komplexitätsgrad selbstständig von unterschiedlichen Mitarbeitern bearbeiten lassen. Einer kann in diesem Fall den Postkorb durchgehen und leichte Anfragen schnell beantworten, während ein anderer Mitarbeiter die übrigbleibenden komplexen Anfragen beantwortet.

Dabei können E-Mails jedoch nur dann einen Großteil der Telefonanrufe ersetzen, wenn ein Service-Level existiert und dieses jedem betroffenen Mitarbeiter bekannt ist. Dies könnte beispielsweise sein, dass sämtliche E-Mails innerhalb von 24 h oder 48 h bearbeitet werden und sollte eine abschließende Bearbeitung innerhalb dieser Zeit nicht möglich sein bekommt der Anfragende eine Antwort, der er den zu erwartenden Antworttermin entnehmen kann. Nur wenn ein Mitarbeiter oder Kunde weiß, in welcher Frist er eine

Antwort auf eine E-Mail-Anfrage erhält, kann er abschätzen, ob ein Problem dringend ist. Dies ist einfach dann der Fall, wenn das Service-Level nicht ausreichen würde, damit er die Antwort aus seiner Sicht rechtzeitig erhält. Auf diesem Weg können und werden darüber hinaus sehr viele Erkundigen nach dem Stand einer Anfrage oder dem Zeitpunkt der Antwort entfallen beziehungsweise können leicht mit dem Verweis auf das Service-Level beantwortet werden, so lange dies noch nicht allen bekannt ist. Aus diesem Grund ist das Service-Level eine Regel, die unbedingt existieren muss, um die Produktivität zu steigern, und daher von jeder Führungskraft eingeführt werden sollte, falls dies nicht der Fall ist.

Ein weiterer Hebel ist der Zeitaufwand, der zur Bearbeitung einer E-Mail im Durchschnitt verwendet wird. Dieser lässt sich deutlich reduzieren, dazu müssen die E-Mails jedoch so verfasst sein, dass der Empfänger sie schnell versteht und bearbeiten kann. Ist beides der Fall, kann sich der Aufwand für die E-Mail-Bearbeitung drastisch reduzieren, so dass alle Mitarbeiter und besonders die Führungskraft wertvolle Zeit gewinnen, welche produktiver eingesetzt werden kann. Es ist daher zwingende Aufgabe der Führungskraft, wenn sie an bestmöglicher Produktivität und Effektivität der eigenen Einheit Interesse hat, die eintreffenden E-Mails dahingehend zu untersuchen, an welchen Stellen im Sinne der Zeitersparnis Verbesserungen möglich sind und diese durch allgemeinverbindliche Regeln schnellstmöglich um- und durchzusetzen. Mit einer Assistenz, oder einem Sekretariat, welches heute auf keinen Fall mehr nur die klassischen Aufgaben der Telefonbetreuung und des Kaffee Kochens haben darf, ist dies noch leichter sicherzustellen, weil diese über die Zeit verfügt, auf Regelverstöße immer hinzuweisen und dadurch die Einhaltung zu beschleunigen. Die Akzeptanz bei diesen Regeln darf nicht das Problem sein, weil es nicht nur keinen Grund dafür gibt, es nicht zu tun, es gibt darüber hinaus keine Rechtfertigung, es anders zu handhaben, weil die Vorteile offensichtlich sind.

Außerdem wünscht sich jeder, weniger E-Mails zu bekommen und bei vielen E-Mails ist es einfach nicht notwendig, sie zu erhalten, weil sie keinen Mehrwert bringen. Bei diesem Problem jedoch beim Empfänger anzusetzen ist der falsche Weg, weil der Versand das eigentliche Problem darstellt. Daher sollte die Führungskraft zunächst Regeln einführen, um die Anzahl der versendeten Mails zu reduzieren, wenn ihr dies notwendig erscheint. Der erste Ansatzpunkt ist die Kontrolle, welche Mails sie in Kopie erhält und wie das Verhältnis von direkten Empfängern und solchen in Kopie ist. Beim Versand ist in jedem Fall die Entscheidung zu treffen, wer eine Information erhalten muss und nicht, für wen diese eventuell interessant sein könnte und wenn nicht, könne er die Mail eben ignorieren. Wie in vielen Situationen ist hier für den Verteiler der E-Mail die Beschreibung so klein wie möglich und so umfassend wie nötig eine gute Richtschnur. In einigen Konstellationen werden große Verteiler missbräuchlich dazu verwendet, sich selbst abzusichern und auf diesem Weg die Verantwortung für ein Thema wegzuschieben, was von der Führungskraft nicht nur als Zeichen mangelndes Vertrauen und damit Alarmsignal gewertet werden muss, sondern sofort abgestellt und sanktioniert werden sollte, damit es nicht zusätzlich noch zur Nachahmung einlädt.

Außerdem können sehr häufig die notwendigen Empfänger einer E-Mail deutlich verringert werden, wenn jeder Mitarbeiter sich nur gründlich Gedanken darüber macht. Es kommt beispielsweise häufig vor, dass eine Information an einen größeren Verteilerkreis für einen Empfänger nicht vollständig ist oder dieser einen Sonderfall diskutieren möchte, weshalb er an den gesamten Verteiler antwortet. Jedoch ist dies in den meisten Fällen nicht für alle Empfänger gleichermaßen relevant und es richtet darüber hinaus vielleicht sogar Schaden an, weil dadurch andere Empfänger verwirrt werden. Wenn eine Frage mit einem größeren Verteiler verschickt wird, so müssen auch nicht sämtliche eventuellen Rückfragen an den gleichen Verteiler gehen, weil die Information, dass noch Informationen zur Beantwortung benötigt werden, sicherlich von geringem Nutzen ist. Vielmehr sollte hier auf direktem Weg der Sachverhalt ohne weiteren Verteiler geklärt werden, bevor der ursprünglich versendende Mitarbeiter prüft, ob er mit den benötigten Information an den gesamten Verteiler kommuniziert, nach dem er die interne Historie entfernt hat. Die Entfernung der internen Historie ist besonders bei E-Mails an höhere Führungskräfte, beispielsweise den Vorstand oder Direktoren, sowie an andere Einheiten oder externe Partner dringend entsprechend zu handhaben, um nicht mehr Informationen als gewollt und sinnvoll weiterzugeben, welche zu Nachteilen führen können.

Wird eine Diskussion mittels E-Mail-Kommunikation geführt, was an sich nicht zu empfehlen ist, so muss jedem bewusst sein, dass die E-Mail von entsprechend vielen Personen gelesen wird und dies muss beim Verfassen beachtet werden, sowohl hinsichtlich Länge als auch Klarheit der Aussagen. Ansonsten wird sich der E-Mail-Austausch unnötig aufblähen, weil Sachverhalte klarzustellen sind und die Aufmerksamkeit aufgrund der Menge an E-Mails zum gleichen Thema abstumpfen lässt. Neben diesen Ansätzen, welche die Führungskraft für Regeln nutzen kann, sollte sie aus Selbstschutz die Regel einführen, dass sie nur E-Mails in Kopie erhalten darf, wenn der Sachverhalt und Handlungsbedarf klar und die E-Mail darüber hinaus selbsterklärend ist. Ansonsten ist die Führungskraft in vielen Fällen schlicht ein Feigenblatt für die Mitarbeiter, welche nach der Maxime melden macht frei handeln, obwohl sie sich mindestens denken können, dass die Information der Führungskraft nicht ausreichen wird, um die richtigen Schlüsse zu ziehen, aber die Führungskraft es ebenso nicht zum Anlass nehmen wird, um nachzufragen und sich weiter mit dem Thema zu beschäftigen.

Des Weiteren ist der Betreff nicht einfach ein notwendiges Feld einer E-Mail, welches ausgefüllt werden muss, sondern die Möglichkeit, durch eine präzise und aussagekräftige Beschreibung den Empfänger auf ein Thema zu lenken und die Priorität richtig einschätzen zu können, am besten aus seiner Sicht. Gerade wenn Weiterleitungen zur Klärung oder Information erfolgen erweist sich dies als zeitsparender Vorteil, außerdem ist es leichter möglich den Vorgang nach längerer Zeit zu finden, weil die Schlagworte bekannt sind. Bei wiederkehrenden E-Mails, beispielsweise Berichten oder Standardinformationen, bietet sich eine noch weitergehende Standardisierung des Betreffs in Form von eckigen Klammern oder ähnlichem an, so dass die Empfänger mittels automatischer Filterregeln diese direkt im Posteingang sortieren können, umso mehr, je größer der Verteilerkreis der E-Mail ist.

E-Mails sollten weiterhin generell kurz sein, beispielsweise nicht länger als eine Bildschirmseite, darüber hinaus gut strukturiert und einfach zu erfassen, weil der Empfänger viele E-Mails mit unterschiedlichen Themen untereinander in seinem Posteingang vorfindet und deshalb schnell zwischen den Themen springt. Ist die E-Mail lang oder komplex sollte daher unbedingt eine Zusammenfassung der Mail vorangestellt werden, damit der Empfänger das Thema besser einordnen kann. Besonders für Führungskräfte ist der Hinweis, ob es sich lediglich um eine Information, eine zu treffende Entscheidung oder eine zu veranlassende Handlung handelt, von großer Bedeutung und vereinfacht den Umgang, wenn es zu Anfang bereits klar benannt wird oder zumindest zu erkennen ist. Außerdem bietet es sich für eine Führungskraft an, sich lange und oder komplexe Themen vortragen zu lassen, weil sie damit einerseits die direkte Chance für Rückfragen hat und andererseits gleich einen Eindruck zum Mitarbeiter erhält, beispielsweise wie gut er das Thema erklären kann und wie tief er informiert ist.

Die Zusammenfassung ist ebenfalls wertvoll, wenn die E-Mail über Anhänge verfügt, unabhängig von dem Format derselben, weil es für den Empfänger in manchen Situationen dann möglich ist, diese zu ignorieren, weil er die Kernaussage bereits dem Text der E-Mail entnehmen konnte. Des Weiteren gibt es nicht schlimmeres, als wenn eine Führungskraft im Blackberry eine E-Mail mit dem Text erhält, die dringend benötigte Kennzahl befinde sich im Anhang. Erstens ist das offensichtlich, zweitens ärgerliche Zeitverschwendung, so einen Text zu lesen und drittens wird sich die Führungskraft den Absender sehr gut merken können, wenn sie den Anhang dann noch nicht einmal öffnen kann, weil er zu groß ist, zu schlecht oder mühsam zu lesen auf dem kleineren Bildschirm, der Empfang zu schlecht oder das Format nicht unterstützt wird. In diesem Fall spart eine Wiederholung der Kennzahl in der Mail viel Zeit, der Verweis auf die Kennzahl erläuternde Daten im Anhang schafft Mehrwert und der Empfänger kann selbst entscheiden, welche Zeit er investieren möchte. Damit wird deutlich, wie viel Arbeitszeit die Führungskraft sich und ihren Mitarbeitern sparen kann, durch einfache Regeln zum Umgang mit dem Formulieren von E-Mails, weil sich eben nicht jeder Mitarbeiter selbst genügend Gedanken macht, bevor er eine versendet und schon alleine das damit geschaffene Bewusstsein zu Verbesserungen führen wird.

Prinzipiell in keiner Weise zweifelhaft sind Kleinigkeiten, beispielsweise die Anrede oder die Grußformel, welche unter Kollegen durchaus recht formlos sein können, allerdings eben nicht, wenn die Mail an Führungskräfte oder sogar andere Einheiten versendet wird. Eine weitere Baustelle könnten leere Mails mit Anhang sein, was prinzipiell zu vermeiden ist, es sei denn, die Mitarbeiter telefonieren gerade miteinander und der Empfänger erwartet direkt die Mail. Denn bereits eine gewisse Zeit später wird der Mitarbeiter nicht mehr ohne weiteres den Absender der Datei mit dem Anhang ohne weitere Informationen verbinden können, besonders wenn der Versand der Datei nur angewiesen und diese anschließend von jemand anderem verschickt wurde. Außerdem sollten E-Mails mit einer Standard-Schriftart in Standard-Größe verschickt werden, weil ansonsten bei Weiterleitungen durch mehrfachen Wechsel die Lesbarkeit leidet, weshalb außerdem der Formatierung des Textes durch Absätze in eine Struktur eine besondere Bedeutung zukommt.

Weiter sollte festgelegt sein, dass der Abwesenheits-Assistent des Mailprogramms jedes Mitarbeiters jederzeit gepflegt ist, zumindest wenn die Abwesenheit eine gewisse Zeitspanne, beispielsweise einen Tag, überschreitet. Es ist erstrebenswert, den personalisierten E-Mail-Verkehr wie weiter vorne beschrieben so weit wie möglich zu minimieren, jedoch wird es noch Ausnahmen geben. Und in diesen können die wichtigen Informationen über Rückkehr an den Arbeitsplatz und die Stellvertretung Zeit und Ärger ersparen, besonders wenn sein Postkorb nicht von einem anderen Mitarbeiter während seiner Abwesenheit überwacht wird. Gleiches gilt für das Vorhandensein einer Signatur, in welcher die Kontaktdaten leicht ersichtlich sein sollten. In jedem Fall eine lange und vollständige Signatur zu verwenden macht jedoch besonders mehrfache Weiterleitungen kaum noch lesbar, umso mehr wenn diese in seltenen Fällen ausgedruckt werden müssen. Daher bietet es sich an, für den häufigen internen E-Mail-Verkehr eine kurze Version der Signatur zu verwenden, welche beispielsweise lediglich die Einheit sowie die Durchwahl enthalten kann, und nur für externe Mails die ausführliche und längere Signatur einzusetzen.

4.6.4 Schriftverkehr kann durch Regeln wirksamer werden

Der Schriftverkehr und vor allem die Ablage in Papierform geht sicherlich immer mehr zurück, dennoch werden sehr viele Dokumente auf den verschiedenen Laufwerken abgelegt. Bei diesen ist unbedingt zu beachten und dementsprechend von der Führungskraft festzulegen, welche Informationen für die spätere Verwendung unbedingt enthalten sein müssen. Während bei der Erstellung vieles unzweifelhaft ist, kann besonders bei Tätigkeiten, welche nur jährlich ausgeführt werden, vieles unklar sein, weil nicht alle Dateien abgelegt wurden, die Reihenfolge unklar ist und eine Versionierung fehlt. Dem kann eine Führungskraft entgegen wirken, in dem nicht nur Datum und Verfasser zwingend festzuhalten sind, sondern ebenso die Version, besonders Endstände oder zu besonderen Terminen versandte Versionen und vor allem für alle verschiedenen Dateiformate, auch Excel oder Access. Dies kann, ebenso wie eine strukturierte Datei-Ablage insgesamt, sehr viel Zeit bei der Suche und Klärung vergangener Sachverhalte sparen.

Neben Arbeitsständen von Dateien, die permanent auf Laufwerken abgelegt werden, gibt es darüber hinaus ab und an Notizen, mit denen Besonderheiten für die Zukunft festgehalten werden. Gerade bei diesen ist es wichtig, den Ort sorgfältig zu wählen und über den Dateinamen die Wiederauffindbarkeit zu gewährleisten, weil es im Gegensatz zu den thematisch bearbeiteten Dokumenten oftmals keine vorhandene Struktur dafür gibt. Außerdem sind weitergehende Informationen wie Datum und Verfasser zu vermerken, damit es im Falle von Unklarheiten wenigstens Ansatzpunkte zur Klärung gibt und nicht nur ein weiteres Dokument die Laufwerke verstopft, mit dem niemand mehr etwas anfangen kann.

5 Hilfestellungen zur praktischen Umsetzung

> Die beste Zeit, einen Baum zu pflanzen, war vor zwanzig Jahren. Die nächstbeste Zeit ist jetzt.
> (Aleksej Andreevic Arakceev)

Jede Führungskraft muss sich von Zeit zu Zeit damit auseinandersetzen, ob sie mit dem Ergebnis zufrieden ist, welches sie durch den Einsatz ihrer Arbeitszeit erreicht. Dazu zählt nicht nur, dass sie ein Gefühl dafür bekommt, wo ihre 100 % Leistungsgrenze liegt, sondern ebenso, dass diese auf Dauer nicht überschritten wird. Für jede Phase, in der diese überschritten wird, muss irgendwann eine folgen, in der diese unterschritten wird, damit die Führungskraft wieder Kraft tanken kann. Genauso wie die Führungskraft dies für jeden einzelnen Mitarbeiter im Auge haben sollte, gilt dies eben auch für sich selbst, weil ansonsten Konsequenzen zulasten der eigenen Gesundheit zu befürchten sind. Es nützt an dieser Stelle nichts und die Führungskraft tut sich keinen Gefallen damit, wenn sie ihre 100 % Leistungsgrenze höher veranschlagt, als sie in Wirklichkeit liegt, weil sie nur den Zeitpunkt weiter in die Zukunft schiebt, an dem sie sich damit auseinandersetzen muss. Und es spricht schon gar nicht für sie als Führungskraft, wenn sie sich vor einem schwierigen Problem oder der damit zusammenhängenden Entscheidung drückt, weshalb an dieser Stelle nur betrachtet werden soll, wie in den verschiedenen Situationen gehandelt werden sollte.

Im Idealfall fühlt sich die Führungskraft in ihrer Aufgabe wohl, diese macht ihr Spaß und ihr Einsatz pendelt um die 100 % Leistungsgrenze. Dann gibt es keine zwingende Veranlassung zu handeln, sofern die Führungskraft nicht aus eigenem Antrieb heraus ihre Arbeitsweise optimieren oder sich für weitere, größere Aufgaben vorbereiten möchte. Diese könnte sie jederzeit mit gutem Gewissen im Auge haben, sofern sie dauerhaft unter dieser Grenze belastet ist und gerne noch zusätzliche Aufgaben übernehmen würde. Dies schließt nicht aus, dass nicht dennoch Optimierungspotenzial bestehen würde, und es ist sehr unwahrscheinlich, dass es der Vorgesetzte über längere Zeit nicht bemerkt und weitere Arbeiten delegiert, um dem entgegen zu wirken.

D. Walther, *Die 38-Stunden-Woche für Manager*,
DOI 10.1007/978-3-658-02788-9_5,

Im übrig bleibenden Fall arbeitet die Führungskraft im Schnitt über ihrer 100 % Leistungsgrenze und kommt früher oder später zu dem Schluss, dass es auf diese Weise nicht weiter gehen kann. In dieser Situation gibt es mehrere Optionen, von denen allerdings keine besonders angenehm ist. Zum einen besteht die Möglichkeit, dass die aktuelle Aufgabe sie überfordert und sie ein Gespräch mit ihrem Vorgesetzten sucht. Jedoch liegt es anschließend in der Hand des Vorgesetzten, ob dieser der Führungskraft hilft, die Aufgaben anders zu bearbeiten, oder zum Ergebnis kommt, die Führungskraft besser auf eine andere Stelle zu versetzen. Zum anderen, und nach den angestellten Überlegungen ist es die empfehlenswertere Option, kann die Führungskraft selbst überlegen, wie sie ihre Situation verbessert.

Ziel dabei ist es nicht, sich komplett zu verändern oder alle Optimierungen auf einmal vorzunehmen, weil der Aufwand dafür ebenfalls nicht zu unterschätzen ist und deshalb Vorsicht angebracht sein sollte. Ähnlich den Zielvereinbarungen mit den Mitarbeitern gilt es, ein Ergebnis festzulegen und alle möglichen Optionen hinsichtlich Aufwand und Nutzen zu untersuchen. Anschließend sind Zwischenziele festzulegen, um das ganze Vorhaben langsam anzugehen und eine saubere Basis zu setzen. Wenn sich erste Erfolge einstellen, gibt das Motivation, den Weg weiter zu gehen und Sicherheit, der Aufgabe gewachsen zu sein. Außerdem gibt es mehr als genug Chancen im Leben einer Führungskraft, besondere Situationen als Ansatzpunkt für Veränderungen zu nutzen oder schlicht Fehler zu vermeiden, von denen im Weiteren einige vorgestellt werden.

5.1 Essenziell: Feststellen der aktuellen Situation

Entweder du stellst dich dem Problem oder du wirst vom Problem gestellt! (Guy Kirsch)

Gerade wenn eine Führungskraft eine neue Position antritt, bietet sich eine hervorragende Gelegenheit, sich intensiv mit der übernommenen Einheit zu beschäftigen. Sie sollte sich ein eigenes Bild davon verschaffen, welche Probleme auftreten oder in letzter Zeit aufgetreten sind, wie es um die Werte und das Verständnis der Mitarbeiter davon bestellt ist, ob die Mitarbeiter einen souveränen und kompetenten Eindruck vermitteln und wie intuitiv und passend die vorgefundene Struktur scheint. Dies ist unerlässlich, weil es ansonsten nicht möglich ist, die notwendige Sicherheit zu haben, dass die Leistung der Einheit ausreichend ist und es hilft sehr, um bei Fehlern oder Beschwerden angemessen reagieren zu können. Allerdings hängt vieles davon ab, wie viel Zeit die Führungskraft investieren kann, um die gewünschte beziehungsweise angestrebte Situation herzustellen. Besonders wenn die Struktur weit vom optimalen Zustand entfernt ist, entsteht ein erheblicher Aufwand, diese zu korrigieren und die Mitarbeiter gleichzeitig nicht übermäßig neben dem Tagesgeschäft zu beschäftigen.

5.1.1 Führungsspannen bieten leichten Ansatzpunkt zur Kontrolle

Sofern die Führungskraft selbst Führungskräfte führt, ist der erste Ansatz die Untersuchung der Führungsspannen der geführten Führungskräfte. Es kann vorkommen, dass das Verhältnis von Führungskräften zu Mitarbeiter sehr unterschiedlich ist und eine Ursache in der Vergangenheit besteht in der Schaffung besonderer Funktionen für verdiente Mitarbeiter, obwohl oder weil keine Position innerhalb der existierenden Hierarchie zu besetzen war. Die Führungskraft kann auf der einen Seite große Produktivitätsfortschritte erzielen, in dem sie unnötige Führungspositionen streicht, weil diese anschließend wieder als volle Arbeitskraft zur Verfügung stehen, auf der anderen Seite kann sie dabei jedoch kaum mit der Unterstützung ihrer Führungskräfte rechnen und muss dies zudem schnell entscheiden, um diesen nicht die Möglichkeit zu geben, die jeweils verantworteten Einheiten negativ zu beeinflussen.

Aus diesem Grund ist es für eine Führungskraft empfehlenswert, welche eine neue Stelle antritt, so frühzeitig wie möglich nach dem Amtsantritt die Gelegenheit zu nutzen und die Führungsspannen anzupassen, sollte dies notwendig sein. Dies gibt ihr außerdem die Gelegenheit, die Führungskräfte auf ihren neuen Aufgaben zu verpflichten, die strukturellen Änderungen mit zu tragen und bestmöglich zu unterstützen, beispielsweise um in den kommenden Wochen die Analyse der vorhandenen Aufgaben samt Beurteilung vorzunehmen. Theoretisch kann eine solch gravierende Veränderung innerhalb einer Einheit zu jedem beliebigen Zeitpunkt erfolgen, jedoch erzeugt dies mit Sicherheit eine Menge Gesprächsstoff und Verunsicherung, welche sich in einer reduzierten Leistung der Einheit niederschlagen. Mit der eigenen Funktionsübernahme ist dieser Zustand in den meisten Fällen bereits mehr oder weniger gegeben, sodass die zusätzlichen Auswirkungen vermutlich geringer ins Gewicht fallen und besser zu begründen sind, als wenn diese in eine ruhige Zeit fielen.

Selbst wenn die Führungskraft schon eine gewisse Zeit die Einheit verantwortet, sollten zwar die Führungsspannen keine Überraschung mehr bieten, dennoch ist eine regelmäßige Überprüfung der Struktur notwendig, schon alleine um das Ausmaß der Veränderungen der Rahmenbedingungen und den damit zusammenhängenden Anpassungsbedarf der Einheit abschätzen zu können. In beiden Fällen muss eine saubere Analyse der Aufgaben erfolgen, auf deren Basis eine Entscheidung getroffen werden kann, welche Qualität die aktuelle Struktur hat. Wenn die Führungskraft bereits für eine saubere Dokumentation aller verantworteten Prozesse gesorgt hat, so ist es ein Leichtes, sich diese Übersicht zu verschaffen, ansonsten umso notwendiger, es sofort und gründlich zu tun.

5.1.2 Übergang erfolgt aus einer bestehenden Struktur

Es ist für die Führungskraft empfehlenswert, sich selbst mit den Aufgaben zu beschäftigen, wenn sie Mitarbeiter direkt führt, weil die Kapazitätsabschätzung und Arbeitseinteilung dann in ihre direkte Verantwortung fällt. Führt die Führungskraft jedoch Führungskräfte, ist es vorteilhaft, die Untersuchung der Aufgaben und eine eventuelle Anpassung der Struktur von einem talentierten, jungen Mitarbeiter durchführen zu lassen und nicht von der verantwortlichen Führungskraft, weil diese ein Interesse daran haben könnte, an der existierenden Struktur festzuhalten. Der Mitarbeiter verfügt außerdem in der Regel über mehr Zeit und kann im Zweifel auf die Unterstützung seiner Führungskraft zurückgreifen, um Sachverhalte zu klären oder Alternativen zu diskutieren. Die Führungskraft selbst kann sich nach den Ergebnissen darauf beschränken, die Argumente beider zu bewerten, falls diese nicht einer Meinung sind, und letztlich entscheiden, wie die neue Struktur aussehen soll.

Erst im Anschluss daran ist zu untersuchen, welche Veränderungen notwendig sind, um von der aktuellen in die zukünftige Struktur zu gelangen. Dabei ist die Mithilfe aller Mitarbeiter nötig, denen allerdings erläutert werden muss, worin die konkreten Vorteile für jeden Einzelnen liegen. Es kann helfen, den Mitarbeitern die Gelegenheit zu geben, sich von unliebsamen Aufgaben zu trennen und diese komplett entfallen zu lassen, wenn sie keinen Mehrwert schaffen, jedoch nährt dies in vielen Fällen Befürchtungen der Mitarbeiter vor einem drohenden Stellenabbau. Daher gilt es für die Führungskraft selbst und alle beteiligten Führungskräfte, für die Zukunft zu werben und die Mitarbeiter am Veränderungsprozess zu beteiligen, anstatt sie nur vor vollendete Tatsachen zu stellen. Dabei hilft, wenn die Ausformulierung der Zielstruktur nicht bis ins letzte Detail von oben erfolgt, sondern vielmehr die Mitarbeiter selbst die Aufgabe erhalten, mit vielen Freiheiten für eine Struktur und Aufgabenverteilung zu sorgen, mit der sie selbst und die gesamte Einheit ein gute Produktivität erzielen können und werden. Damit tragen sie gleichzeitig die Verantwortung, diese Freiheiten zu nutzen und nicht im Nachhinein Missstände anzuprangern. Für die Führungskraft ist es ein weiterer Vorteil, dass die Beachtung und Einbeziehung aller Details für sie allein nicht möglich ist und die Auflösung aller Konflikte nur mithilfe der Mitarbeiter funktioniert, welche sich mit den Themen erfahrungsgemäß am besten auskennen und für Lösungen damit besser geeignet sind.

Wenn es Veränderungen an der Struktur geben soll, weil die dadurch erzielten Produktivitätsfortschritte realisiert werden sollen, bleibt für die Führungskraft zu entscheiden, auf welchem Weg dies geschehen soll. Der Spielraum erstreckt sich dabei von einem evolutionären Übergang mit vielen kleinen, fast unmerklichen Schritten bis hin zu einem großen Knall, ab dem einiges komplett anders funktioniert als vorher. Dabei ist für die Führungskraft zu überprüfen, welche Chancen und Risiken mit dem jeweiligen Vorgehen einhergehen und wie jede konkrete Handlungsoption zu bewerten ist. Die Führungskraft muss sich beispielsweise einerseits bei einer großen plötzlichen Veränderung sicher sein, dass keine weiteren Abänderungen notwendig sind, weil dies ansonsten Zweifel an den ursprünglichen Änderungen weckt und ihr zum Vorwurf gemacht werden könnte. Andererseits kann sie bei kleinen Veränderungen schnell überprüfen, wie erfolgreich diese sind und gegebenenfalls nachjustieren, wenn ihr dies notwendig erscheint, allerdings ist die Gefahr groß, auf halbem Wege stecken zu bleiben und niemals zum großen Bild zu gelangen, welches erst die angestrebten Verbesserungen vollständig gebracht hätte. Letztlich werden die Schnittstellen der Einheit den Ausschlag geben, weil diese über die Komplexität und Effektivität der

Einheit entscheiden und wenn sich die Welt um die Einheit herum so stark geän
dann führt in manchen Fällen kein Weg an einer gravierenden Strukturveränderun

5.1.3 Neustrukturierung der Einheiten als Chance zur Veränderung

> Die Definition von Wahnsinn ist, immer wieder das Gleiche zu tun und andere Ergebnisse zu erwarten. (Albert Einstein)

Wichtig ist jedoch, dass die Anpassung der Struktur kein Mittel zum Zweck ist, sondern nur mit Produktivitätssteigerungen zu begründen ist. Alles andere rechtfertigt wohl kaum eine Veränderung, welche mit massiver zusätzlicher Arbeit verbunden ist und ansonsten keinerlei Mehrwert für das Unternehmen oder gar die betroffene Einheit bringt.

Allerdings kann es sein, dass die Führungskraft Veränderungen in der Arbeitsweise herbeiführen will, welche sich in kleinen Verhaltensänderungen aller Mitarbeiter widerspiegeln müssen. Es wird einigen Mitarbeitern leichter und einigen schwerer fallen, das Verhalten zu verändern oder Prozesse neu durchzuführen, welche sie seit Jahren anders gekannt haben. Es besteht daher die Gefahr, dass sie über kurz oder lang wieder in ihre alte Verhaltensweise zurückfallen und damit die Änderungsbemühungen der Führungskraft zunichtemachen. Die Führungskraft muss daher umso mehr Zeit investieren, das Ergebnis zu erreichen, selbst wenn es aus den genannten Gründen nur mit geringer Wahrscheinlichkeit das Wunsch-Ergebnis sein wird.

Von daher muss sich die Führungskraft überlegen, welche Mittel ihr zur Verfügung stehen, um das Verhalten der Mitarbeiter zu beeinflussen. Das mit Abstand Beste in einer solchen Situation ist es, die Arbeit der Mitarbeiter wenigstens ein bisschen zu verändern, auf das sich die Mitarbeiter nicht nur der veränderten Arbeit anpassen, sondern dabei ebenfalls ihr Verhalten in der gewünschten Weise anpassen. Daher kann eine kleine Veränderung der Struktur als Katalysator durchaus von Nutzen sein, um auf diesem Weg den Verhaltensänderungen mehr Nachdruck zu verleihen und diese schneller umzusetzen, weil sich die Mitarbeiter ansonsten nur schwerlich ändern, wenn die Arbeit an sich gleich bleibt. Ihr Verhalten wäre verständlich, aber ebenso das einer Führungskraft, wenn sie wohlüberlegt einen Mehraufwand aufgrund struktureller Änderungen in Kauf nimmt, um die Verhaltensweisen der Mitarbeiter schneller und nachhaltiger zu verändern. Wenn der Gesamtaufwand der Änderung bereits mittelfristig und sicher langfristig vom Nutzen deutlich übertroffen wird, ist es für die Führungskraft ratsam, zu handeln. Denn nur auf diesem Weg stellt sie sicher, auf Dauer die optimale Leistung ihrer Einheit zu erhalten und damit die Produktivität maximal zu steigern.

Am einfachsten kann es sein, Miniteams einzuführen oder leicht zu verändern, weil diese Arbeit bereits direkt und in voller Verantwortung von den Referats- oder Gruppenleitern durchgeführt werden kann. Außerdem gibt es in diesem Fall keine Verbindung zwischen den einzelnen Einheiten, bis auf die Tatsache, dass die benachbarten Einheiten von einer Umstrukturierung beeinflusst werden. Dennoch können die Maßnahmen sehr individuell festgelegt werden und bieten eine gute Gelegenheit, den Erfolg ziemlich genau bestimmen zu können. Komplizierter wird es, wenn nicht nur die Miniteams, sondern ebenso Einheiten darüber verändert werden müssen, weil in diesem Fall zusätzlich Führungskräfte betroffen sind und vor allem bei einzelnen Mitarbeitern ein Wechsel der Führungskraft erfolgt, sodass eventuell sogar Mitbestimmungsrechte der Gremien beachtet werden müssen.

Eine weitere Möglichkeit der Umstrukturierung bietet sich immer durch eine andere Aufteilung zwischen zentralen und dezentralen Themen. An dieser Stelle soll keineswegs eine immer weiter gesteigerte Zentralisierung als Allheilmittel für Produktivitätsverbesserungen empfohlen werden, weil durchaus Nachteile zu beobachten sind, welche die Zeiteinsparungen mehr als wettmachen können. Nachteilig ist u. a., dass ein Ausleben von echtem, selbstverantwortlichem Unternehmertum eine gewisse Entscheidungskompetenz benötigt, welches bei zu starker Zentralisierung nicht mehr der Fall ist. In diesem Fall werden nicht nur die dezentralen Stellen weniger attraktiv und dementsprechend wird die Personalqualität abnehmen, mit dem positiven Effekt möglicher Einsparungen, jedoch unter Umständen mit den negativen Folgen benötigter umfangreicherer Regeln samt einer aufwendigeren Kontrolle aus der Zentrale, damit die Qualität insgesamt nicht leidet.

5.1.4 Nicht zu unterschätzen: der Einfluss der Arbeitsplatzgestaltung

Eine andere Möglichkeit besteht darin, die Arbeitsplätze bezüglich der Sitzordnung zu ändern und dadurch eine Veränderung in der Verhaltensweise der Mitarbeiter zu erzielen. Zu untersuchen ist beispielsweise, welche Mitarbeiter in Einzel-, Zweier-, Mehrfach- oder Gruppenbüros sitzen und in welcher Form diese zusammenarbeiten, um ein Gefühl dafür zu entwickeln, ob mit Veränderungen der Arbeitsplatzgestaltung Verbesserungen hinsichtlich der Produktivität möglich sind und wie hoch eventuelle Mehrkosten ausfallen.

Einzelbüros sind mit Sicherheit teurer als alle anderen Bürotypen, dafür können die Mitarbeiter sehr konzentriert arbeiten und werden nicht durch Geräusche abgelenkt. Gruppenbüros kosten im Gegensatz dazu pro Mitarbeiter am wenigsten, jedoch entsteht durch den hohen Geräuschpegel eine große Ablenkung für Mitarbeiter, sodass insbesondere Wissensarbeiter eventuell nicht mehr so konzentriert und fehlerfrei an einzelnen Themen arbeiten können.

Je nach Aufgabe der Mitarbeiter muss die Führungskraft sich daher überlegen, wie sich ein geeigneter Kompromiss zwischen Kosten und Produktivität finden lässt, ohne dass die Qualität darunter leidet. Allerdings ist es ebenso von Vorteil, wenn Wissensarbeiter, welche die gleichen oder ähnliche Themen bearbeiten, möglichst nahe zusammensitzen, um Wissen oder Informationen schneller austauschen zu können und diese im besten Fall beiläufig zu erhalten, in dem sie diese beispielsweise mithören. Daher bietet es sich an, die Miniteams sehr nah beieinander, vielleicht in einem oder zwei Räumen unterzubringen und damit nicht nur einen Kompromiss zwischen Kosten und Produktivität zu erzielen, sondern ebenso den optimalen Wissenstransfer zwischen den Mitarbeitern zu unterstützen und die Zusammenarbeit zu verbessern. Dies ist nicht nur für die Weiterentwicklung der Mitarbeiter wichtig, es unterstützt mindestens ebenso sehr die Weiterentwicklung der Miniteams und damit die der Einheit insgesamt.

Je nachdem wie die aktuelle Sitzordnung der verantworteten Einheit gestaltet ist, kann eine Veränderung der Sitzordnung der Mitarbeiter einen wesentlichen Beitrag zur Produktivitätssteigerung leisten und gleichzeitig als Katalysator für Veränderungen der Mitarbeiter dienen. Jedoch wird dies einen mehr oder weniger großen Widerstand der Mitarbeiter hervorrufen, weil die Veränderungen des Arbeitsplatzes von vielen als sehr gravierend wahrgenommen werden. Dennoch ist es eine wertvolle Möglichkeit, deren Risiko sehr mit dem Ausmaß der Veränderung verknüpft ist. Aus einer Welt bestehend aus lauter Einzelbüros kommend ist der Widerstand vermutlich wesentlich größer, als wenn die Mitarbeiter in anderen Konstellationen bereits in Mehrfachbüros sitzen. Sitzen die Mitarbeiter dagegen in einem Großraumbüro, werden sie den Wechsel eventuell sogar begrüßen, die Führungskraft muss demgegenüber jedoch vermutlich höhere Kosten rechtfertigen. Die Entscheidung ist entsprechend den obigen Gründen nicht trivial, allerdings mit einer sauberen Herleitung und Bewertung der Alternativen trotzdem zu treffen und darf von einer Führungskraft keinesfalls übergangen werden, wenn sie tatsächlich langfristig die bestmögliche Performance sicherstellen möchte.

5.2 Entscheidender Erfolgsfaktor: die Personalauswahl

> Wenn jeder von uns Leute einstellt, die kleiner sind als wir selbst, werden wir eine Gesellschaft von Zwergen. Wenn aber jeder von uns Leute einstellt, die größer sind als wir, wird Ogilvy & Mather ein Unternehmen von Riesen. (David Ogilvy)

Nach dem sich die Führungskraft Klarheit über die zukünftige Struktur verschafft hat und für sich festgelegt hat, wie diese erreicht werden soll, ist im nächsten Schritt die Überprüfung der aktuellen Personalsituation angebracht. Für eine Führungskraft, die direkt Mitarbeiter führt, ist dieses Thema erwartungsgemäß wesentlich weniger brisant als für Führungskräfte, die wiederum Führungskräfte führen. Denn in diesem Fall ist die Multiplikator-Wirkung immens, weil die direkte Führungskraft einen entscheidenden Einfluss auf die geführten Mitarbeiter ausüben kann, zumal sie für die Bewertung derselben verantwortlich ist.

Um zu einer Bewertung der Personalsituation zu gelangen, ist jeder Mitarbeiter hinsichtlich der zu erwartenden Leistung auf seiner Stelle zu bewerten, wobei viele verschiedene Facetten mit einbezogen werden müssen, unter anderem fachliche Eignung und das Verhalten. Die Führungskraft sollte sich bewusst sein, dass jeglicher Vorgang in ihrer Einheit auf sie zurückfällt, weil sie es entweder angeordnet hat oder es von ihr toleriert wurde. Aus diesem Grund muss sie durch Organisation und die richtige Personalauswahl bestmöglich sicherstellen, dass zum einen das passiert, was sie sich vorgenommen hat und dass es zum anderen auf die Art und Weise geschieht, wie sie es sich vorstellt. Und dafür müssen die richtigen Aufgaben erledigt werden, diese am richtigen Platz durchgeführt werden und zusätzlich von den richtigen Personen. Die Führungskraft trägt dafür die Verantwortung und muss sich jede Verfehlung vorwerfen lassen, weil sie eben die Macht hat, alles zu verändern, was nicht ihren Vorstellungen entspricht.

Nicht umsonst gibt es das Sprichwort, dass nur gute Führungskräfte wiederum gute Führungskräfte oder gute Mitarbeiter einstellen, alle anderen lediglich Führungskräfte oder Mitarbeiter, welche für sie keine Konkurrenz darstellen. Das mag sicherlich nicht in allen Fällen zutreffen, jedoch wird eine Einheit, welche überwiegend aus hervorragenden Mitarbeitern und Führungskräften besteht, mit hoher Wahrscheinlichkeit eine gute Leistung abliefern und die Führungskraft hat einen gewissen Anteil daran. Im Umkehrschluss wird eine Einheit mit unterdurchschnittlichen Mitarbeitern und Führungskräften nur in den seltensten Fällen eine ausreichende Leistung bringen und dann wäre es die erste Aufgabe der Führungskraft, dies zu ändern und die Qualität Schritt für Schritt zu verbessern. Dies geschieht durch Weiterentwicklung der Mitarbeiter, kann jedoch ebenso durch Einstellungen beschleunigt werden, wenn die neuen Mitarbeiter als Vorbilder für das erwünschte zukünftige Verhalten dienen.

Es macht deutlich, wie wichtig es ist, die richtigen Mitarbeiter einzustellen und es ist umso wichtiger, je höher die Stelle in der Hierarchie des Unternehmens und der Einheit ist, auf der sie eingestellt werden soll. Dies hat zur Folge, dass sich die Führungskraft bei Einstellungen keinen Fehler erlauben darf, weil diese doppelt und dreifach auf sie zurückfallen, und noch schwieriger zu korrigieren sind, wenn es sich um Führungskräfte handelt. Wenn dennoch ein Fehler passiert ist, so muss dieser so schnell wie möglich korrigiert werden, weil der Schaden mit jedem Tag größer wird. Die Führungskraft befindet sich daher in einer Spannungssituation nach jeder Einstellung, ob diese den Erwartungen gerecht wird und wenn nicht, handeln zu müssen, um den Schaden zu begrenzen. Wenn es sich um einen Mitarbeiter handelt, ist ein Fehler zu verschmerzen und kann relativ einfach korrigiert werden, im Gegenzug dazu ist eine Fehlbesetzung an der Unternehmensspitze der größte anzunehmende Unfall, weil der Schaden kaum zu korrigieren ist und sehr schnell so groß werden kann, dass er ein komplettes Unternehmen mit sich reißt, selbst wenn dies nicht auf den ersten Blick erkennbar ist (Abb. 5.1).

Aus diesem Grund ist es eine große Leistung eines Unternehmens, wenn es hervorragende Führungskräfte an die Spitze des Unternehmens gebracht hat und noch mehr, wenn diese Führungskräfte im Unternehmen auf diese Aufgabe vorbereitet wurden. Ein großartig aufgestelltes Unternehmen verfügt sehr oft über gute Führungskräfte in der Unternehmensleitung und nur selten entwickelt sich ein Unternehmen mit mittelmäßigen Führungskräften an die Weltspitze. Daher muss es einem Unternehmen gelingen, einen Prozess zu schaffen, der auf Dauer sicherstellt, dass sich nur besonders gute Führungskräfte weiterentwickeln und es die besten von ihnen bis an die Spitze schaffen. Dies wird den Unterschied ausmachen und das Unternehmen an der Weltspitze positionieren. Und jede Führungskraft, egal auf welcher Ebene, muss ihren Teil dazu beitragen, dass die talentierten und fähigen Mitarbeiter Führungsverantwortung erhalten und diese aber nur behalten und weiter in der Hierarchie aufsteigen, wenn sie dem Vertrauensvorschuss gerecht werden und sich beweisen. Eine Führungskraft, welche diese Aufgabe vernachlässigt,

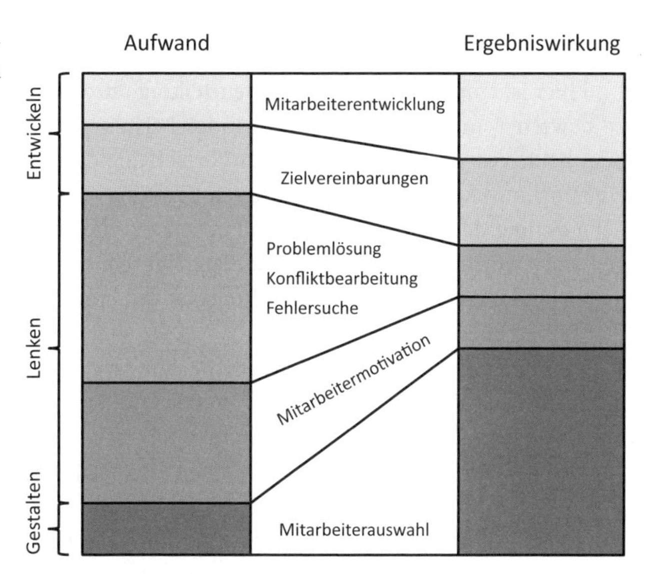

Abb. 5.1 Auswirkung des Zeitaufwands einzelner Tätigkeiten auf das Ergebnis

aus welchen Gründen auch immer, vernachlässigt daher nicht nur ihre Aufgaben, sondern sorgt dafür, dass der komplette Prozess kompromittiert wird und an Qualität einbüßt.

Gelingt es einem Unternehmen, die besten Führungskräfte zu haben, auszuwählen und auszubilden, so ist dieses Unternehmen in seinem Wachstum unbegrenzt und kann auf allen Märkten Erfolg haben, weil die Führungskräfte eben jedes Unternehmen führen könnten. Das Unternehmen kann in ein neues Geschäftsfeld gehen, ein anderes Unternehmen kaufen und die Führungskräfte würden es besser machen als alle anderen, weil sie schlicht besser sind. Und so wie es für ein ganzes Unternehmen gilt, gilt es ebenso für jede kleinere Einheit und deshalb muss jede Führungskraft für sich den unbändigen Willen besitzen oder entwickeln, die Beste zu sein und sich gegen jede andere im Wettbewerb um den Spitzenplatz zu behaupten. Dies mit ganzem Einsatz zu versuchen und dabei das Vertrauen der Mitarbeiter zu erlangen und zu behalten, damit diese ihr folgen, bringt die Führungskraft in eine komfortable Situation, weil sie damit jedes Ziel angehen kann und gleichzeitig sicher ist, dass ihr die Mitarbeiter folgen, ebenfalls an dieses Ziel glauben und alles in ihrer Macht stehende tun, es zu erreichen.

5.2.1 Auswahl der Führungskräfte hat erste Priorität

Diese Ausführungen erläutern ausreichend, warum der Auswahl der Führungskräfte die größte Bedeutung zukommt, selbst wenn es nicht um die Unternehmensspitze geht, welche zu besetzen ist. Damit bleibt für die Führungskraft jedoch die Aufgabe, nicht nur die Führungskräfte in ihrem Job zu bewerten, sondern ebenso Kriterien festzulegen, welche nicht tragbar sind und zu sofortigen Handlungen veranlassen. Diese Kriterien können, müssen aber nicht, etwas mit der Leistung zu tun haben, und sind getrennt davon zu betrachten, sodass nach der Beurteilung noch eine abschließende Wertung vorzunehmen ist. Und hier ist eine durchschnittliche Beurteilung durchaus in Verbindung mit der Leistung zu bewerten und kann bei ungenügender Leistung den Ausschlag zur Trennung geben oder bei hervorragender Leistung zur Fortsetzung der Zusammenarbeit. Allerdings muss eine ungenügende Beurteilung in diesen Kriterien zur Trennung führen, unabhängig von der Leistung der Führungskraft, weil ansonsten diesen Kriterien keinerlei Gewicht beigemessen würde. Umso wichtiger ist diese Konsequenz der Führungskraft, wenn das Verhalten durch die Mitarbeiter oder Kollegen gut einzuschätzen und die Reaktion darauf demgemäß offensichtlich ist.

Das erste dabei zu untersuchende Kriterium ist die Art der Führung und ob diese entsprechend den Vorgaben des Unternehmens und der Führungskraft ausgeführt wird. Dabei ist die Frage zu stellen, ob der Charakter dazu geeignet ist, Mitarbeiter zu führen und wie sich die Führungskraft in verschiedenen Situationen verhalten wird. Vielleicht verstellt sich eine Führungskraft und ist in der Lage in ruhigen Zeiten ein akzeptables Verhalten zu zeigen, jedoch wird dies umso schwerer für sie werden, je größer der Druck auf sie ist und je länger der Stress anhält, dem sie sich ausgesetzt sieht. Und dies ist insofern von entscheidender Bedeutung für die Bewertung, weil jede Führungskraft einen gewissen Druck aushalten muss, ohne diesen direkt an ihre Führungskräfte oder Mitarbeiter weiterzugeben oder diese auch nur spüren zu lassen. Ansonsten würde ein solches Verhalten nicht nur der Führungskraft selbst angelastet und das Arbeitsklima vergiften, sondern es wird sich ebenso auf die Sicht des Vorgesetzten der Führungskraft auswirken, welche für den Druck verantwortlich ist oder zumindest zu sein scheint. Daher muss jede Führungskraft über eine gewisse Charakterstärke verfügen, welche mit der Höhe innerhalb der Unternehmenshierarchie zunimmt und ein wichtiges Kriterium zur Eignungsbeurteilung jeder Führungskraft sein sollte.

Der Charakter ist damit ein Ausschlusskriterium, welches den Ausschlag gibt, ob eine Führungskraft mit einer Aufgabe betraut werden sollte oder nicht. Es ist unglaublich schwer, dieses subjektive Ergebnis als Vorgesetzter der Führungskraft mitzuteilen und diese anschließend zu motivieren, eine andere Stelle ohne Führungsverantwortung, beispielsweise als Spezialist, zu übernehmen. Dennoch gibt es keine andere Wahl als exakt so zu handeln, denn der Charakter lässt sich nicht oder nur sehr schwer ändern, im Gegensatz zu allen anderen Inhalten, welche die Führungskraft lernen kann und lernen wird. Denn wenn die Führungskraft über eine vernünftige Ausbildung in allgemeinem Management verfügt und gut führt, kann sie alles benötigte von ihren Mitarbeitern erhalten und wird die fehlenden Komponenten schnell lernen. Und je höher sie sich in der Hierarchie befindet, umso weniger Anteil nehmen die fachlichen Aspekte der Tagesarbeit ein und daher nimmt die Bedeutung des Charakters und der Führung demgemäß zu.

Ein weiteres Kriterium sollten die Werte des Unternehmens und der Führungskraft im Besonderen sein. Die Werte der Führungskraft müssen dabei nicht perfekt übereinstimmen, allerdings stellt sich immer die Frage, welche Auswirkungen ein unterschiedlicher Umgang bezüglich eines Wertes für die Mitarbeiter hat. Können sich die Mitarbeiter beispielsweise bei ihrer jeweiligen Führungskraft nicht auf alle Aussagen verlassen, egal aus welchen Gründen und mögen diese noch so nachvollziehbar sein, so wird dies Konsequenzen nicht nur für den Vorgesetzten sondern ebenso für alle anderen Führungskräfte haben. Diese können sein, dass die Mitarbeiter nur ihre Zweifel zum Ausdruck bringen und die Führungskraft diese bekämpfen muss, oder sogar soweit, dass die Mitarbeiter Bestätigungen verlangen, bevor sie mit der Umsetzung beginnen. Dies bedeutet, dass eventuell mehr Führungskräfte und Mitarbeiter unter der mangelnden Verlässlichkeit einer Führungskraft leiden und die negativen Folgen zu tragen haben, weshalb ein Vorgesetzter dementsprechend intensiv beobachten muss, welche Auswirkungen ein solches Verhalten hat oder langfristig haben könnte. Es kann durchaus sein, dass der Vorgesetzte und die anderen Führungskräfte den Wert so stark besetzen, dass das Fehlverhalten der Führungskraft diesbezüglich als unrühmliche Ausnahme gewertet wird und keine weitergehenden Folgen hat, dies wäre jedoch zum einen Glück und würde zum anderen dennoch die Anforderungen für alle anderen höher legen, es zu kompensieren.

Ebenso wichtig für eine Führungskraft ist es, Arbeiten delegieren und Entscheidungen treffen zu können. Während Ersteres nur bei wenigen Führungskräften ein Problem darstellen wird und darüber hinaus erlernbar ist, gilt dies für die Eigenschaft Entscheidungen treffen zu können nicht in gleichem Maße. Es ist eines, einen Prozess sauber durchzuführen bis zu dem Punkt, an dem eine Entscheidung zu treffen ist und diese dann tatsächlich zu treffen und die Last und Konsequenzen der Entscheidung zu verantworten. Dies erfordert Mut und Stärke, umso mehr, je schwerwiegender die Auswirkungen und unsicherer die Grundlagen der Argumente sind. Ein Ausschlusskriterium muss daher ebenso sein, ob ein Vorgesetzter seiner Führungskraft zutraut, das Selbstbewusstsein zu haben, Entscheidungen zu treffen. Wenn nicht, dann kann es sich immer noch um einen hervorragenden Berater handeln, der andere zum Denken ansporne und helfen kann, Entscheidungen vorzubereiten und zu treffen, aber er sollte nicht in die Situation gebracht werden, dies tun und verantworten zu müssen.

Eine Führungskraft muss sich schnell in eine neue Aufgabe einfinden, weil die Mitarbeiter ab der ersten Sekunde erwarten, dass sie ihnen Orientierung gibt und Souveränität ausstrahlt. Dafür hilft es, wenn die Führungskraft intelligent und clever ist, um schnell zu verstehen und außerdem Wissen aus Seminaren, Büchern oder anderen Gelegenheiten auf die eigene Situation transferieren zu können und davon zu profitieren. Es ist erfahrungsgemäß schwer, diese Eigenschaften einer Führungskraft anzusehen und selbst die Schulnote in Mathematik, ein gutes Studium oder sonstige Nachweise sind lediglich gute Indizien, welche die Wahrscheinlichkeit erhöhen, aber bei Weitem keine Garantie sind. Dennoch sollte auf diese Dinge Wert gelegt werden, weil die Ausnahmen wesentlich schwerer und entsprechend seltener zu finden sind. Am wichtigsten für die Einschätzung dieser Eigenschaften ist dennoch zweifellos der eigene Eindruck, welcher im persönlichen Gespräch durch interessante Fragen und einer verlangten Erklärung der Vorgehensweise zur Suche von Alternativen oder zur Findung von Lösungen gebildet und durch eine genaue Beobachtung und Interpretation der Antworten verstärkt werden kann. Es ist ein großer Vorteil, bereits im Thema zu sein und wenn die zukünftige Führungskraft dort in Fragenstellungen hineingeworfen wird, kristallisiert sich schnell heraus, ob sie dem gewachsen sein könnte, gerade weil in den meisten Fällen noch eine Portion Aufregung dabei sein wird. Gerade weil jede Führungskraft eine Vielzahl von Themen zu verantworten hat und schnell zwischen diesen hin und her wechseln muss, ist gedankliche Geschwindigkeit eine Grundvoraussetzung, die mindestens sehr hilfreich ist, mit zunehmender Höhe in der Hierarchie jedoch unabdingbar wird.

Dies hilft ebenso der Führungskraft selbst, die Einarbeitungszeit zu verkürzen, schneller eventuell vorhandene Probleme zu erkennen und eine Strategie zu entwickeln. Sie hat die Chance, mit einem unvoreingenommenen Blick zu einem Urteil über die vorgefundene Situation zu gelangen und neue Impulse in die Einheit zu bringen. Dennoch wird eine gewisse Unruhe mit jedem Wechsel der Führungskraft entstehen, egal wie gut diese ist, der die Produktivität senkt und erst nach einer gewissen Zeit ausgeglichen werden kann, wenn die Besetzung geglückt ist. Und ein häufiger Wechsel innerhalb von Führungskräften ist zugleich Ursache und Folge eines schlechten Zustands einer Einheit und fällt daher langfristig auf die dafür verantwortliche Führungskraft zurück, in deren Interesse daher zuallererst eine stabile Situation der Führungskräfte sein sollte. Und wenn eine Führungskraft sehr oft die falschen Führungskräfte für die eigene Einheit auswählt, dann muss sie sich eingestehen, eventuell kein gutes Urteilsvermögen zu haben. Dies ist jedoch unbedingt ein Grund, grundlegend darüber nachzudenken, was zu ändern ist, um bessere Ergebnisse zu erzielen, weil es ansonsten gegen sie selbst spricht und eine schwache Leistung in diesem Bereich Handlungsdruck beim Vorgesetzten erzeugt.

Als Fazit zur Auswahl der Führungskräfte lässt sich festhalten, dass mit den richtigen Führungskräften an Bord eigentlich nichts mehr schief gehen kann, weil diese alles in ihrer Macht stehende tun werden, das Unternehmen und die Einheit voranzubringen. Und dies werden sie nicht für die Bezahlung oder sonstige Belohnungen tun, sie werden es tun, weil gute Führungskräfte sich nicht vorstellen können, mit weniger als den besten Ergebnissen zufrieden zu sein. Und jede Führungskraft von Führungskräften muss für sich die Entscheidung treffen, welches die richtigen Führungskräfte sind und sich anschließend von den ungeeigneten trennen. Dies muss mit einem klaren Schnitt erfolgen und keinesfalls, in dem die Führungskraft verwarnt oder Ähnliches wird, weil sie sich ansonsten rächen könnte. Es ist vielleicht manchmal schwieriger, gute Führungskräfte zu bekommen, aber es ist wesentlich weniger Arbeit, von ihnen gute Ergebnisse zu erhalten als von den weniger guten Führungskräften. Und ist eine Führungskraft aufgrund ihrer Fähigkeiten oder durch Glück beziehungsweise Politik auf eine Position befördert worden, wird sie sich aufgrund Ersterem länger halten und sie kann im Entscheidungsfall darauf bauen, selbst wenn die Entscheidungen die Karriere ihrer Führungskräfte oder Mitarbeiter betreffen.

5.2.2 Ausschlaggebend für die Produktivität: Auswahl der Mitarbeiter

Kein Breitengrad, der nicht dächte, er wäre Äquator geworden, wenn alles mit rechten Dingen zugegangen wäre. (Mark Twain)

Nach der Auswahl der Führungskräfte muss die Führungskraft die Qualität der Mitarbeiter beurteilen, um auch an dieser Stelle für jeden die Frage zu beantworten, ob der Mitarbeiter an der richtigen Stelle sitzt oder überhaupt richtig in der Einheit oder dem Unternehmen ist. Denn nicht Mitarbeiter im Allgemeinen sind das höchste Gut und stellen den Wert des Unternehmens dar, sondern nur die richtigen. Es kann daher in manchen Fällen keine Probleme bereiten, bis zu 50 % der Mitarbeiter dem Arbeitsmarkt zur Verfügung zu stellen und nach zu besetzen, jedoch kommt es sehr darauf an, wie viele Mitarbeiter gleicher Qualifikation am Arbeitsmarkt zur Verfügung stehen und wie schnell diese eingearbeitet werden können. Im Falle von Wissensarbeitern ist sicherlich selten eine ausreichende Anzahl gegeben und außerdem ist die Einarbeitungszeit nicht zu unterschätzen, weshalb ein behutsames Vorgehen angebracht ist. Außerdem fallen dadurch Einstellungskosten an, sodass neben der Betrachtung der Kosten für die Freisetzung des Mitarbeiters diese ebenso berücksichtigt werden müssen, um eine echte Untersuchung der zeitlichen Amortisation zu erreichen.

Es ist schwer, die Mitarbeiter loszuwerden, welche aus Sicht der Führungskraft besser für jemand anderen arbeiten sollten, besonders aufgrund der rechtlichen Situation. Sollte es einer Führungskraft dennoch gelingen, einen unpassenden Mitarbeiter loszuwerden oder ein Mitarbeiter geht aus freien Stücken, wobei es sich hoffentlich nicht um einen Leistungsträger handelt, hat die Führungskraft die große Chance, mit einer passenden Einstellung den Abgang als positiven Aspekt zum Wandel zu nutzen. Denn jede freiwerdende Stelle muss mit den absolut richtigen und passenden Mitarbeitern nachbesetzt werden, damit bereits kurzfristig die Aussage und der Wunsch der Führungskraft für die Mitarbeiter klar erkennbar ist und darüber hinaus mittel- und langfristig ein Klima geschaffen wird, in welchem sich die falschen Mitarbeiter unwohl fühlen und dadurch ein Anreiz für diese entsteht, von selbst zu gehen. Dadurch wird sich der Prozess mit jedem Abgang beschleunigen und genau die Leistungskultur und das Klima entstehen, welches die Führungskraft aufzubauen versucht. Es geht für die Führungskraft darum zu zeigen, dass sie den Mut hat, diesen Prozess in Gang zu setzen, und wenn sie angefangen hat, muss sie den Mut haben, diesen bis zum Ende durchzuziehen. Es bedeutet nicht, dass alle falschen Mitarbeiter die Einheit verlassen haben müssen, denn ab einem gewissen Punkt werden sie ihren Widerstand einstellen, weil sich die neue Kultur bereits durchgesetzt hat. Im Zuge dessen wird auch die Produktivität bereits eine Steigerung vollzogen haben, welche sich durch keine andere Maßnahme ergeben hätte.

Ein weiterer Punkt, den jede Führungskraft bei der Auswahl ihrer Mitarbeiter beachten sollte, sind Fähigkeiten, welche die eigenen Fähigkeiten ergänzen und auf die sie auf diesem Weg zugreifen kann. Eine Führungskraft muss nie alles können und schon gar nicht selbst, auch wenn viele das immer noch versuchen und auf diesem Weg mehr Schaden anrichten als Nutzen stiften, aber wenn sie nicht in der Lage ist, zusammen mit ihren Mitarbeitern alles zu leisten, dann ist sie auf alle Fälle nicht die richtige Führungskraft für diese Aufgabe und mit hoher Wahrscheinlichkeit auch nicht für eine andere. Aus diesem Grund ist es für eine Führungskraft essenziell, sich mit den eigenen Stärken und Schwächen auseinandergesetzt zu haben und vor allen Dingen darauf zu achten, die Mitarbeiter so einzusetzen, dass die eigenen Schwächen ausgeglichen oder zumindest teilweise kompensiert werden.

Die Auswahl der Mitarbeiter ist ein Prozess, den jede Führungskraft anstoßen sollte, gleichzeitig aber auch einer, der niemals abgeschlossen sein wird. Dazu ändern sich die Rahmenbedingungen einerseits zu schnell und andererseits werden sich auf der Personalseite ebenso genügend Änderungen ergeben, welche die Personalauswahl beeinflussen. Daher sollte eine Überprüfung der aktuellen Stellenbesetzungen permanent oder zumindest in regelmäßigen Abständen erfolgen, um jede Chance ergreifen zu können.

5.2.3 Ersetzbarkeit von Personen voraussetzen

Sowohl bei Mitarbeitern und Führungskräften helfen Prozessbeschreibungen und Dokumentationen, die Qualität der Mitarbeiter zu beurteilen. Es ist zum einen die Tatsache, dass damit exakt festgelegt ist, was getan werden soll, und zum anderen, dass unabhängig überprüft werden kann, wie es getan werden sollte, um die bestmögliche Produktivität und Qualität sicherzustellen. Bei einem Mitarbeiter hat dies zur Folge, dass ein anderer Mitarbeiter mit gleicher oder ähnlicher Qualifikation in der Lage sein muss, seine Aufgaben zu übernehmen und die Ergebnisse in nahezu derselben Qualität zu erreichen. Er wird dies beim ersten Mal vermutlich nicht in gleicher Geschwindigkeit erreichen können, aber wenn er ohne Hilfestellung nur mittels Prozessbeschreibungen und Dokumentationen die Arbeiten ausführen kann, ist für die Führungskraft sichergestellt, dass im Falle unerwarteter Abwesenheiten keinerlei Reaktion ihrerseits notwendig ist, wenn die Vertretungsregelung festgelegt ist. Die Produktivität der Einheit wird zurückgehen, schließlich fällt ein Mitarbeiter aus, allerdings sind keine weiteren Folgen zu berücksichtigen.

Eine Führungskraft, die bei jedem ihrer Mitarbeiter sichergestellt hat, dass eine Vertretungsregelung existiert und diese insoweit ausgewogen ist, dass nicht ein hervorragender Mitarbeiter alle anderen vertreten kann, sondern jeder durch einen oder mehrere andere, am besten jeweils innerhalb der Miniteams, hat einen großen Schritt zur Reduzierung des eigenen Stresspegels unternommen und gleichzeitig die eigene Arbeitszeit reduziert. Wenn sie darüber hinaus dafür Sorge getragen hat, dass die Vertreter alle Informationen zur Bearbeitung der Aufgaben dokumentiert finden, hat sie eine Qualitätsstufe erreicht, bei welcher ihr Vorgesetzter jederzeit von einer Mindestleistung ausgehen und diese selbst ohne Kenntnis der besonderen Situation verteidigen kann. Und nichts strahlt mehr Souveränität aus, als dies tun zu können, denn auf eine Anschuldigung mit dem Hinweis auf Unkenntnis und eigenem Nachfragebedarf zu antworten, lässt in der Situation für alle anderen den Eindruck zurück, die Anschuldigungen könnten wahr sein oder zumindest etwas Wahres enthalten.

Für eine Führungskraft ist es daher wichtig, diese Situation herzustellen, nicht nur um selbst die Sicherheit zu haben, sondern um sich selbst entbehrlich zu machen. Nur wenn sie in den Prozessen gar nicht vorkommt, ist sichergestellt, dass der Prozess ohne sie funktioniert. Für den Vorgesetzten wiederum bedeutet dies in der Beurteilung, dass eine Führungskraft nur dann ihre Aufgabe wirklich gut erfüllt, wenn sie diesen Punkt im Griff hat, weil es ansonsten bedeutet, dass bei jeder Abwesenheit der Führungskraft im Falle einer unerwarteten Abwesenheit eines Mitarbeiters, der Vorgesetzte selbst eingreifen müsste, um die Situation zu klären oder Ergebnisse zu erzielen. Es kann jedoch ebenso vorkommen, dass eine Führungskraft in viele Prozesse selbst eingebunden ist und viel zu wenig Kompetenzen an die eigenen Mitarbeiter gegeben hat, sodass im Falle ihrer Abwesenheit, selbst wenn diese geplant ist, der Vorgesetzte deutlich mehr Arbeit hat und die Produktivität zurückgehen wird. Jede Führungskraft von Führungskräften muss daher verhindern, dass ihr dies passiert und entsprechend die Qualität ihrer Führungskräfte auch dahin gehend beurteilen, ob dies der Fall ist.

Es gilt daher für jede Führungskraft sicherzustellen, dass jeder einzelne Mitarbeiter und jede Führungskraft in ihrer Einheit ersetzbar ist und zwar sofort, ohne dass im Vorfeld weitere Maßnahmen ergriffen werden müssen. Ist dies nicht der Fall, so sind sofortige Maßnahmen einzuleiten, welche dies schnellstmöglich sicherstellen. Bleibt der Umgang festzulegen, wie eine Führungskraft reagieren sollte, wenn es nicht gelingt, dies zu erreichen. Dies kann entweder ein Mitarbeiter sein, welcher nicht ersetzbar ist, oder eine Führungskraft, welche diese Situation nicht herzustellen vermag.

In beiden Fällen begibt sich die Führungskraft in eine Abhängigkeit, welche sie nicht dulden kann, weil sie in ihrer Entscheidungsfreiheit eingeschränkt wird und über kurz oder lang werden daraus Konflikte entstehen. Daher muss dem so früh wie möglich entgegen gewirkt werden, in dem die Ursache beseitigt wird, selbst wenn dies schwierig sein kann und mit erheblichem Aufwand einhergeht. Wenn ein Mitarbeiter nicht ersetzbar ist, so liegt dies entweder an seinen Fähigkeiten oder der Dokumentation seiner Aufgaben, weil es ansonsten von einem anderen Mitarbeiter übernommen werden könnte. Die Fähigkeiten wiederum sind eventuell nur schwer oder langwierig einem anderen Mitarbeiter zu vermitteln, weshalb dies eventuell durch eine Neueinstellung beschleunigt werden sollte. Dies beugt ebenso einem Verhalten des Mitarbeiters vor, mit welchem er diese Situation ausnutzt, zulasten seiner Führungskraft oder der Kollegen.

Der vermutlich häufigere Fall wird ein Mitarbeiter sein, welcher keine geeignete Dokumentation seiner Aufgaben erstellen kann oder will. Daraus ergibt sich für die Führungskraft unweigerlich, dass der Mitarbeiter sich entweder ersetzbar machen oder selbst in einem geplanten Vorgehen ersetzt werden muss, weil dadurch eine schwebende Gefahr zu einer durch die Führungskraft kontrollierten Situation wird. Es ist nicht notwendig, überstürzt zu handeln, jedoch sollte es die Führungskraft keinesfalls auf die lange Bank schieben, sondern vielmehr mit einem Termin in der Zukunft sicherstellen, dass entweder die eine oder die andere Option Realität wird. Der Mitarbeiter selbst wird an dieser Stelle ebenfalls eine großes Interesse haben, nicht ersetzt zu werden und sein Herrschaftswissen unweigerlich zu verlieren. Die Führungskraft muss ihn dabei unterstützen, indem sie deutlich macht, dass der Hintergrund die Führungsfähigkeit der Einheit und nicht die Entfernung dieses Mitarbeiters ist.

Ist eine Führungskraft nicht in der Lage, diese Situation herzustellen, aus welchen Gründen auch immer, oder ist sie selbst nicht ersetzbar, weil sie Prozesse und Verantwortlichkeiten nicht sauber organisiert hat, so bleibt dem Vorgesetzten nichts anderes übrig, als ebenso zu verfahren und mit einem festen Termin der Umsetzung die Wichtigkeit und Ernsthaftigkeit zu unterstreichen. Es ist richtig, dass an dieser Stelle kein Wort darüber verloren wird, ob der Mitarbeiter oder die Führungskraft ansonsten eine gute Arbeit machen. Dies ist essenzieller Teil der Arbeit und natürlich ist es einfacher, so streng zu verfahren, wenn dies nicht der Fall ist, aber ansonsten ist dieser Teil der Arbeit so hoch zu bewerten, dass in der Gesamtbeurteilung keine sehr gute Bewertung mehr herauskommen kann. Im Sinne des Unternehmens kann es nicht sein, dass Abhängigkeiten in irgendeiner Form bestehen, welche Entscheidungen beeinflussen können und damit nur die kleinste Möglichkeit besteht, wirtschaftliche Nachteile zu erleiden oder nicht optimal zu handeln.

Handelt eine Führungskraft in dieser Hinsicht nicht, so ist dies nicht zum Wohle des Unternehmens und der Vorgesetzte der Führungskraft hat seinerseits das Problem, dass die Führungskraft selbst nicht ohne Weiteres ersetzbar ist, solange dieser Zustand anhält. Aus diesem Grund ist es oberste Maxime, dass jeder im Unternehmen ersetzbar ist und jeder im Unternehmen, egal ob Mitarbeiter oder Führungskraft, sollte seine Daseinsberechtigung aus der täglich erbrachten Leistung ziehen und der Sicherheit, dass für jeden die passende Aufgabe im Unternehmen vorhanden ist, eventuell eben nur an einer anderen Stelle. Und jegliches Verhalten, sich selbst unersetzbar zu machen, reduziert die Leistung des Unternehmens und ist daher schädlich. Es muss nicht nur unterbunden werden, sondern darf darüber hinaus keinesfalls in irgendeiner Art und Weise geduldet werden, um womöglich sogar andere zu diesem Verhalten zu animieren. Und daher muss jede Führungskraft dafür sorgen, dass weder sie selbst noch ein Mitarbeiter oder eine Führungskraft ihrer Einheit unersetzlich ist.

5.3 Unabdingbar: ein eigenes Führungssystem

> Nimm dir Zeit zum Nachdenken, aber wenn die Zeit zum Handeln kommt, hör auf mit Denken und geh los. (Andrew Jackson)

Eine Führungskraft, welche in ihrer Einheit keine Anzeichen mehr dafür findet, dass sie selbst nicht ersetzbar ist, hat damit im Prinzip ihre Hausaufgaben in dieser Hinsicht erledigt. Dennoch stellt sich für sie die Frage, wie der Nachfolger ihre Aufgaben erledigen würde und ob dies ebenso im Sinne des Unternehmens und der Mitarbeiter wäre. Verfügt das Unternehmen über eine gute und einheitliche Führungskräfteausbildung, sind auf diese Weise sämtliche Verhaltensregeln für Führungskräfte festgelegt und es wurde ein System geschaffen, welches den Führungskräftewechsel erleichtert und für eine stabile und berechenbare Situation für die Mitarbeiter sorgt.

Ist dies nicht der Fall, so obliegt es der Führungskraft darüber nachzudenken, welches System aus ihrer Sicht wünschenswert wäre und wie eine andere Führungskraft sich in verschiedenen Situationen verhalten sollte, um dem in ihrer Vorstellung optimalen Verhalten einer Führungskraft im Sinne aller Beteiligten gerecht zu werden. Im Endeffekt muss sie sich darüber Gedanken machen, wie sie sich selbst verhält oder verhalten sollte und damit letztlich, wie ein Führungssystem aus ihrer Sicht auszusehen hätte. Denn ein Führungssystem ist der einzige Schlüssel zu konsistentem Verhalten und mit dem richtigen System wird gleichzeitig die Basis gelegt, um eine hervorragende Leistung der eigenen Einheit bei gleichzeitig bestmöglicher Stimmung aller Mitarbeiter zu erzielen.

Es verlangt jedoch, dass sich die Führungskraft Gedanken darüber macht, welche Erwartungen die Mitarbeiter an sie stellen und welche Erwartungen sie an die Mitarbeiter hat. Ebenso, was sie als auch Führungskraft im Gegenzug ihren Mitarbeitern bieten möchte beziehungsweise auf was sich die Mitarbeiter verlassen können, sowohl wenn sie sich an die Regeln halten, als auch wenn sie diese verletzen. Dies bedeutet allerdings, dass sich die Führungskraft sehr diszipliniert verhalten muss, dass sie organisiert sein sollte und dass sie ihre Mitarbeiter wirklich führen sollte, andernfalls wird sie ein Chaos anrichten und langfristig scheitern. Deshalb sollte sie ein Führungssystem bauen, welches auf klaren und transparenten Regeln basiert und wenn sie dies macht, so muss sie dieses System durchsetzen, selbst wenn einige Regeln davon für einige Mitarbeiter nicht verständlich sein sollten oder diese einige nicht akzeptieren möchten. Diese Fähigkeit ist es, welche eine Führungskraft als Führungskraft auszeichnet und darüber hinaus helfen neben einem System gesunder Menschenverstand und eine schnelle Auffassungsgabe wesentlich mehr, als besonderes Fachwissen in verschiedenen möglichen Gebieten.

5.3.1 Schwerpunkte festlegen und eisern verteidigen

> Das Glück des Lebens besteht nicht darin, wenig oder keine Schwierigkeiten zu haben, sondern sie alle siegreich und glorreich zu überwinden. (Carl Hilty)

Das System an sich muss weniger perfekt sein, als vielmehr zur Führungskraft und ihrem Charakter passen. Es nutzt einer Führungskraft nichts, wenn sie ein System schaffen möchte, welches in der Theorie optimal ist, allerdings von ihr nicht an jedem Punkt eingehalten oder authentisch durchgezogen werden kann, weil sie damit das System kompromittiert und die Mitarbeiter eben genau die Orientierung verlieren, welche durch das System geschaffen werden soll. Außerdem nützt es der Führungskraft wenig, weil das System ihre Arbeit erleichtern und zeitlich reduzieren soll, jedoch kommt dies nur voll zum Tragen, wenn strikt so verfahren wird.

Es wird viele Einzelfälle geben, für welche es konkret schnellere oder effizientere Möglichkeiten gäbe, zum Ergebnis zu kommen, in diesen ist allerdings immer die Gefahr vorhanden, eben doch qualitativ schlechter zu sein oder gar einen Fehler zu machen. Genau aus diesen Gründen muss diesen Verlockungen im Einzelfall widerstanden werden, weil die Vorteile des Systems darauf beruhen, dass dadurch im Durchschnitt Zeit gewonnen wird. Dies gilt sowohl für den einzelnen durchgeführten Prozess als auch für die eingesparten Diskussionen über die Vorgehensweise, Letzteres umso mehr, je strikter dieser eingehalten wird.

Ein System zu haben ist deswegen Pflicht für jede Führungskraft, weil sie nur auf diese Weise ihre eigene Effektivität und Effizienz sicherstellen kann. Die gute Nachricht dabei ist, dass die meisten Führungskräfte über ein System verfügen werden, ohne sich jedoch Gedanken über die einzelnen Komponenten und ihre Auswirkungen gemacht zu haben. Für die anderen Führungskräfte, welche sehr oft intuitiv und einzelfallgetrieben handeln, ist es wesentlich schwieriger, sich mit grundsätzlichen Überlegungen zu beschäftigen und diese im Anschluss einhalten zu müssen. Aber ohne wird die Einheit langfristig eine ungenügende Leistung abliefern und die Führungskraft noch nicht einmal gute Ansatzpunkte zur Verbesserung sehen können, weil die Variationen zu häufig und zu verschieden sind. Die schlechte Nachricht ist, dass ein System an sich noch nichts über die Qualität desselben aussagt, sondern nur, dass dieses auf seine Auswirkungen hin untersucht werden kann und muss und am Ende kann das Ergebnis stehen, dass ein kompletter Neuaufbau eines Systems leichter und schneller geht als eine Veränderung des alten.

Die mit Abstand beste Empfehlung für jede Führungskraft ist dennoch der konsequente Aufbau und die Einführung eines Führungssystems, mit dem die gewünschten Verhaltensweisen und Prozesse klar dokumentiert und transparent gemacht werden. Dafür muss sich die Führungskraft entscheiden, welche Führungseigenschaften für sie am wichtigsten sind und welche Auswirkungen damit erzielt werden können. Die eigenen Prioritäten sollten unbedingt zuerst nach dem eigenen Verhalten und erst in zweiter Linie nach der Produktivität der Einheit gesetzt werden. Nur damit ist sichergestellt, dass die Führungskraft anschließend ein System vorfindet, in dem sie sich wohlfühlt und dies ist eine Grundvoraussetzung, einerseits eine gute Leistung abrufen zu können und andererseits die Motivation aufzubringen, das System jederzeit zu verteidigen und gegen Widerstände durchzusetzen.

Es geht dabei in keiner Weise um Vollständigkeit, also alles bis ins kleinste Detail zu regeln und jede Winzigkeit noch weiter zu optimieren. Es kann Unternehmen geben, bei denen dies aufgrund des Wettbewerbs notwendig ist, bei den meisten Einheiten von Wissensarbeitern ist dies jedoch eindeutig nicht der Fall und bereits ein mittelmäßiges System wird einen enormen Vorteil gegenüber keinem darstellen, sowohl hinsichtlich Produktivität als auch Qualität. Die Gefahr eines zu umfassenden Systems ist vielmehr, dass es nicht vollständig durchgezogen wird und die Führungskraft irgendwo in der Mitte scheitert, was auf der einen Seite eben nicht optimale Ergebnisse zur Folge hat und auf der anderen Seite es sogar unmöglich macht, die Qualität zu beurteilen. Daher ist hier die schrittweise Einführung eines Systems zu bevorzugen, bei dem die Vorteile des Systems durch die Einführung eines auf die wesentlichen Punkte begrenzten zum Tragen kommen und dadurch die Basis für weitere Verbesserungen gelegt wird.

Die Führungskraft hat die Chance und die Verantwortung zu entscheiden, was sie anstreben möchte und ebenso, was sie eben nicht anstrebt. Sie darf sich dabei nicht an dem orientieren, was andere Führungskräfte tun oder lassen und welche Wirkung diese damit erzielen oder zu erzielen scheinen, denn dies muss nicht unbedingt damit zu vergleichen sein, welche Wirkung die Führungskraft selbst erzielen wird. Es gibt sicherlich Verhaltensweisen oder Eigenschaften, welche in jedem Fall gut oder zu vermeiden sind, es wird jedoch ebenso einige geben, welche der einen Führungskraft verziehen werden und einer anderen nicht. Ebenso hängt sehr viel von der Qualität der Mitarbeiter ab, ob diese beispielsweise bereits eine Leistungskultur gewohnt sind oder nicht, wie sie auf verschiedene Prozesse oder Vorschriften reagieren und wie sie diese beurteilen.

Ein Unternehmen kann aus diesem Grund niemals ein Führungssystem besitzen, welches zu tief ins Detail geht, und allen Führungskräften gerecht werden. Vielmehr wird es grobe Richtlinien aufstellen und es den einzelnen Führungskräften überlassen, in ihren jeweiligen Führungssituationen konkretere Detaillierungen vorzunehmen. Diese Verfeinerungen bilden das System der jeweiligen Führungskraft und zusammen mit der Anpassung an die Aufgaben ihrer Einheit und deren sorgfältige Analyse wird es weit mehr und bessere Wirkung erreichen, als wenn es allen verschiedenen Situationen innerhalb eines Unternehmens gerecht werden muss. Der Aufwand der Einführung und die Entscheidung der Festlegung auf einzelne Bestandteile mögen noch so schwierig und zeitintensiv sein, die Wirkung wird dies mehr als ausgleichen und die Auseinandersetzung mit dem eigenen Verhalten und dessen Auswirkungen sowie die intensive Analyse der Aufgaben wird bereits die Produktivität steigern und die Qualität verbessern. Die wichtigsten Ansatzpunkte zur Führung, der Arbeit und der Organisation wurden in den vorherigen Hauptkapiteln behandelt und sollten genügend Möglichkeiten bieten, ein wirksames System aufzubauen.

Das eigene Verhalten gegebenenfalls an der ein oder anderen Stelle anzupassen ist für eine Führungskraft nur ein geringer Aufwand, zumal sie weiß, warum sie dies tut und dass es sich auszahlen wird. Die Analyse der Arbeit ist dagegen mühsam und zeitaufwendig, kann jedoch hervorragend delegiert werden, sodass bei der Führungskraft wiederum nur Entscheidungen anfallen, deren Arbeitsaufwand begrenzt ist und deren Auswirkungen auf die Produktivität immens sind. Besser kann eine Führungskraft daher ihre Arbeitszeit nicht einsetzen und gleichzeitig die eigenen Mitarbeiter und Aufgaben besser kennenlernen. Die Optimierung der Organisation ist zwar ebenfalls in der Verantwortung der Führungskraft, jedoch ist die Aufstellung der Miniteams nach der Analyse der Arbeit sicherlich sehr schnell und mit wenig Zeiteinsatz durchzuführen, im Falle der Führung von Führungskräften sogar ebenfalls delegierbar. Spätestens an dieser Stelle wird deutlich, dass sich nicht ein wirksames Argument gegen ein Führungssystem finden lässt, welches auch nur im Ansatz herangezogen werden könnte, keines zu haben und nicht eines einführen zu wollen.

5.3.2 Schwere Fehler sind zu vermeiden

> In dem Maße, wie der Wille und die Fähigkeit zur Selbstkritik steigen, hebt sich auch das Niveau der Kritik am andern. (Christian Morgenstern)

Jeder Führungskraft werden im Laufe ihrer Führungstätigkeit Fehler unterlaufen, deren Auswirkungen sie versuchen muss zu korrigieren beziehungsweise zu kontrollieren. Eine vielversprechende Möglichkeit ist es, eine robuste Führungssituation geschaffen zu haben, sodass Fehler beispielsweise von den Mitarbeitern direkt angesprochen werden und dadurch deren Folgen gering bleiben. Eine andere Möglichkeit besteht darin, von Fehlern anderer Führungskräfte zu lernen und diese erst gar nicht zu wiederholen, denn so sinnvoll es ist, keinen Fehler ein zweites Mal zu begehen, ist es erst recht sinnvoll, durch Bildung und Transfer einige Fehler noch nicht einmal das erste Mal zu begehen, wenn es sich vermeiden lässt. Es gibt sicher Führungskräfte, welche für sich in Anspruch nehmen, dass ihre konkrete Situation anders ist und deshalb die Auswirkungen nicht vorhersehbar waren, dennoch wird hier vielmals entweder nur das Verständnis fehlen oder mangelnde Einsicht der Grund der Äußerung sein.

Ein großer Fehler ist es auf jeden Fall, wenn der eigenen Einheit keine Vision und oder keine Strategie vermittelt wird, sodass die Mitarbeiter keine Orientierung für eigene Entscheidungen haben und darüber hinaus womöglich denken, sie seien nur kleine Rädchen in einem großen Uhrwerk und ihre Arbeit hätte keinerlei Bedeutung. Das wird keine Anziehung auf hoch qualifizierte Mitarbeiter ausüben, in dieser Einheit zu arbeiten und etwas Großes zu leisten. Darüber hinaus bietet es keine Motivation, die Arbeit noch besser zu machen sowie sich selbst und die Einheit weiterzuentwickeln und nach vorne zu bringen. Selbst wenn es für die Führungskraft verlockend ist, sich auf das operative Tagesgeschäft zu konzentrieren und sich vielleicht sogar der gesamte Tag damit füllen lässt, so ist es dennoch ein nicht zu unterschätzender Fehler, sich nicht mit den langfristigen Auswirkungen zu beschäftigen. Nur wenn sich die Führungskraft damit auseinandersetzt, wie die Einheit in drei oder fünf Jahren aussehen soll, kann sich die Einheit zum Positiven verändern und die Mitarbeiter können ihren Anteil daran erkennen. Und welcher Wissensarbeiter kommt schon jeden Tag gerne zur Arbeit, wenn er weder weiß, wem seine Arbeit einen Mehrwert bringt, noch dass es notwendig ist, dass diese in einer bestimmten Qualität überhaupt erledigt wird.

Die Leistungsbeurteilung der Mitarbeiter und Führungskräfte gar nicht oder nicht systematisch durchzuführen, ist ebenfalls ein großer Fehler, der die Führungskraft daran hindern wird, das maximale Potenzial aus ihrer Einheit abzurufen. Schon eine einmalige, aber gründliche Beurteilung der Mitarbeiter hinsichtlich Stärken und Schwächen kann eine dermaßen große Wirkung auf die Aufstellung und die Einschätzung der Leistung haben, weil die fortlaufenden Veränderungen der Rahmenbedingungen und der Arbeiten eine ständige Anpassung der Mitarbeiter erfordern. Und die Potenziale der Mitarbeiter können nur durch eine regelmäßige und gezielte Weiterentwicklung vollständig gehoben werden, weshalb eine Leistungsbeurteilung zwar kurzfristig sehr aufwendig und mühsam erscheint, langfristig in ihrer Wirkung jedoch konkurrenzlos ist. Der Anreiz, darauf zu verzichten, mag noch so groß sein und es lässt sich bei jedem Mitarbeiter eine schlüssige Argumentation finden, weshalb diese entfallen kann, allerdings werden bei einer kompletten Betrachtung selbst bei guten Mitarbeitern Verbesserungspotenziale auffallen, sowie bei unterdurchschnittlichen Mitarbeitern Stärken zum Vorschein kommen werden. Und gerade diese neuen Erkenntnisse helfen der Führungskraft, stille Reserven zu erschließen und damit neue Möglichkeiten zur Verbesserung der Leistung der Einheit zu nutzen.

Außerdem hat die Führungskraft einen guten Gradmesser, welche Auswirkung ein Mitarbeiterabgang wirklich für ihre Einheit hat. Wenn für jeden Mitarbeiter eine aktuelle Beurteilung vorliegt und es sich damit bestmöglich objektiv bestimmen lässt, ob der Mitarbeiter unterdurchschnittliche Leistung gebracht hat oder ein Leistungsträger war, kann die Mitarbeiterfluktuation sogar qualitativ bewertet werden. Solange die Leistungsträger bleiben und sich die Fluktuation auf die unterdurchschnittlichen Mitarbeiter beschränkt sind selbst hohe Zahlen kein Problem, sondern bringen die Führungskraft auf dem Weg zu einer Leistungskultur voran, während der Abgang jeden Leistungsträgers gründlich hinterfragt werden sollte. Und sollten viele Leistungsträger gehen, besonders innerhalb der Führungskräfte der Einheit, so gibt es kein besseres Alarmsignal, dass irgendetwas gründlich schiefläuft und schnellstmöglich behoben werden muss, sollte es im Einflussbereich der verantwortlichen Führungskraft liegen. Unter der Prämisse einer durchschnittlichen Einstellung kann damit die Auswirkung der Fluktuation bereits im Voraus bestimmt werden und rückwirkend durch die Beurteilungen selbst diese Prämisse überprüft werden. Eine steigende Zahl hervorragender interner Bewerbungen ist dabei ein gutes Zeichen, dass die Bemühungen innerhalb der eigenen Einheit zur Kenntnis genommen werden und dies geschieht meistens schneller auf der Ebene der Mitarbeiter als auf der Ebene der Führungskräfte darüber.

Ein anderer schwerer Fehler ist es, wenn eine Führungskraft ihren Mitarbeitern und Führungskräften nicht vertraut. Hier sollte die Führungskraft schnellstmöglich ergründen, weshalb dies der Fall ist und Maßnahmen ergreifen, dieses Vertrauen herzustellen. Vereinfacht dargestellt sind die Mitarbeiter entweder vertrauenswürdig und dann ist es ein Fehler, senkt die Produktivität und führt zu vielen weiteren ungewünschten Reaktionen auch von Seiten der Mitarbeiter, wenn die Führungskraft dieses Vertrauen nicht hat. Oder die Mitarbeiter sind nicht vertrauenswürdig, dann muss die Führungskraft die Ursache dafür beseitigen oder die Mitarbeiter austauschen. Jede Führungskraft hat langfristig die Mitarbeiter, die sie verdient und wenn dies kurzfristig nicht der Fall ist, dann ist Vertrauen ein guter Ansatzpunkt, die Schritte zu unternehmen, um die Weichen für eine erfolgreiche Zukunft stellen zu können.

Der letzte gravierende Fehler, welcher an dieser Stelle betrachtet werden soll, ist eine fehlende Reservebank der Führungskraft, also genügend Mitarbeiter oder Führungskräfte mit Potenzial für die nächsthöhere Aufgabe. Es ist mühsam, diese Mitarbeiter zu identifizieren, auszubilden und auf ihre zukünftige Aufgabe vorzubereiten, aber zum einen wird die Führungskraft dadurch mit motivierten Mitarbeitern für besondere Aufgaben belohnt und zum anderen kann sie, wenn sie sich tatsächlich als geeignet herausstellen, schnell handeln, wenn eine Führungskraft ausgetauscht werden muss. Es ist ein Fehler, wenn die Führungskraft an dieser Stelle zu spät handelt und den Nachfolger nicht sofort in Funktion bringt, weil in dieser Zeit ein Vakuum entsteht, in der der Vorgänger sogar noch die Möglichkeit hat, der Führungskraft und damit der Einheit insgesamt zu schaden. Deshalb bringt es deutlich mehr, die neue Führungskraft ins kalte Wasser zu werfen und sie auf dem neuen Job lernen zu lassen, als dann noch wertvolle Zeit in eine Vorbereitung darauf zu investieren. Sie kann dann umso besser und gezielter lernen, was in ihrer neuen Aufgabe wichtig ist und welche Prioritäten gesetzt werden sollten, außerdem werden ihr eventuelle Fehler zu Beginn leichter verziehen, wenn sie dies eingesteht und damit auch den eigenen Lernfortschritt dokumentiert.

Es ist für die Führungskraft erfahrungsgemäß nicht einfach zu beurteilen, ob ein Mitarbeiter einer neuen Funktion gewachsen sein wird oder nicht, besonders, wenn ein Mitarbeiter zum ersten Mal Führungsverantwortung erhält. Eine Führungskraft kann sich an dieser Stelle nie sicher sein und es gibt nur die Hoffnung, dass ihre Einschätzung der Verhaltensweisen und Eigenschaften des Mitarbeiters zum einen richtig ist und sich zum anderen der Charakter durch die neue Aufgabe nicht verändert beziehungsweise verändert zeigt. Die Wahrscheinlichkeit eines Erfolgs kann freilich beeinflusst werden, wenn der Mitarbeiter oder die Führungskraft bereits einen ähnlichen Job unter ähnlichen Rahmenbedingungen gemacht hat, bezüglich der Anzahl der zu führenden Mitarbeiter, der notwendigen Fachkenntnis und der Umgebung. Wenn die Führungskraft darauf angewiesen ist, dass eine Stellenbesetzung ein Erfolg werden muss, kann sie dies nutzen, um ihr Risiko zu reduzieren, ohne jedoch eine absolute Erfolgsgarantie zu erhalten. Am sichersten ist es beispielsweise einen erfolgreichen Projektleiter einfach zu bitten, ein ähnliches oder vergleichbares Projekt ein weiteres Mal zu leiten und nicht gleich mit einem größeren Projekt zu betrauen. Selbst der Mitarbeiter ist davon zu überzeugen, wenn ihm die Bedeutung der Aufgabe und des Erfolgs für die Einheit und das Unternehmen bewusst gemacht wird, außerdem wird die Führungskraft entlastet, weil sie weniger Führungszeit in die Führung dieses Projektleiters investieren muss.

5.3.3 Kein Zusammenhang mit Karriere gegeben

> Das Wichtige an den Olympischen Spielen ist nicht zu siegen, sondern daran teilzunehmen; ebenso wie es im Leben unerlässlich ist nicht zu besiegen, sondern sein Bestes zu geben. (Bischof Ethelbert Talbot)

Zuletzt, nach dem sich dieses Buch über viele Seiten der Produktivität und Leistungssteigerung gewidmet hat und den Verhaltensweisen einer Führungskraft, welche dies unterstützen, ist es an der Zeit eine Beurteilung abzugeben, welche Auswirkungen dies auf die Karriere derselben hat oder zumindest haben könnte. Leider ist hier festzustellen, dass diese Korrelation nicht besteht und dass eine gute oder hervorragende Arbeit einer Führungskraft nur in den seltensten Fällen genügend Würdigung erfährt, ebenso jedoch wie eine schlechte nur in wenigen Fällen die negativen Konsequenzen nach sich zieht, die sie verdient hätte. Es ist eine gewisse Kompetenz nötig, welche einer Führungskraft oder einem Mitarbeiter zugesprochen wird, um die Chance auf Karriere zu erhalten, diese und wie weit sie letztlich führt ist anschließend im Wesentlichen von Glück und Politik abhängig.

Noch viel schlimmer ist jedoch, dass Veränderung auf der einen Seite sehr viel Zeit benötigen, um überhaupt Wirkung zu zeigen und auf der anderen Seite noch viel mehr Zeit, um nachhaltig zu sein. Eine Führungskraft muss aus diesem Grund vermutlich viel länger in einzelnen Stationen verweilen, um die eigene Wirkung klar herauszuarbeiten und beurteilen zu können, als dies für eine wirklich steile Karriere möglich wäre, um beispielsweise mit unter 40 Jahren nach einer guten Ausbildung Vorstand zu werden. Andererseits stellt sich schon die Frage, welche Verweildauer auf einer Position anzustreben ist, wenn eine Strategie auf drei bis fünf Jahre ausgelegt sein sollte und vorher noch entwickelt werden muss.

Außerdem gibt es vielleicht Führungskräfte, welche wirklich in jeder Situation und mit jeder Aufgabe bestens zurechtkommen, Spaß und Motivation darin finden und daher gar nicht falsch besetzt werden können. Diese werden jedoch sehr selten sein und es wird vielmehr eine Menge Führungskräfte geben, die sich jeweils für bestimmte Aufgaben hervortun und entsprechend eingesetzt werden sollten. Genauso wie es Führungskräfte gibt, die eine Einheit bestmöglich verwalten und das Optimum aus dieser herauskitzeln können, wird es andere geben, denen dies zu langweilig und zu wenig herausfordernd ist. Diese erfreuen sich an der Herausforderung, beispielsweise dem Aufbau einer Einheit oder dem Einsatz als Feuerwehr, weil etwas dramatisch schiefläuft und korrigiert werden muss. Einige brauchen viel Freiheit, um ihre Tätigkeit zu genießen und wieder andere schrecken vor dramatischen Entscheidungen zurück, welche in großer Unsicherheit zu treffen sind. Aus diesem Grund ist es in vielen Fällen entscheidend, welche Aufgabe zu erledigen ist, bevor die Auswahl der geeigneten Führungskraft erfolgen kann und die Verantwortung obliegt ebenso der Führungskraft, welche Aufgaben sie annimmt und wie gut sie sich selbst einschätzen kann, ob diese zu ihr passen.

Zuletzt ist es die Frage, welche Einschätzung der eigene Vorgesetzte zu verschiedenen Dingen hat und wie stark er ist. Es ist unzweifelhaft, dass ein Mitarbeiter und besonders eine Führungskraft nach außen jederzeit einer Meinung mit dem eigenen Vorgesetzten sein sollte, jedoch gibt es wahrscheinlich unzählige Varianten, welches Verhalten der Vorgesetzte selbst von seiner Führungskraft oder seinem Mitarbeiter in der gemeinsamen Rücksprache erwartet. Empfehlenswert wäre es sicherlich, konträre Meinungen oder Argumente zu diskutieren, um aus diesem Weg zu besseren Ansichten und Entscheidungen zu gelangen, jedoch ist dafür viel Energie und Zeit nötig. Manche Vorgesetzte fürchten außerdem die Autorität zu verlieren, wenn sie guten Argumenten nichts entgegensetzen können oder aus politischen Gründen anders agieren müssen. Doch völlig zu Unrecht, weil sie ansonsten bei viel unpassenderen Gelegenheiten damit konfrontiert werden könnten und jeder Mitarbeiter ein politisches Korsett akzeptieren wird, besonders je höher sich der Vorgesetzte in der Hierarchie des Unternehmens befindet. Und ein Vorgesetzter, der nur Mitarbeiter oder noch schlimmer Führungskräfte duldet, welche seinen Worten blind und ohne Reflexion folgen, bringt damit seine Einschätzung der eigenen Wertigkeit und Unfehlbarkeit ebenso deutlich zum Ausdruck wie die Minderwertschätzung der Untergebenen, welche daher einen besonderen Charakter aufweisen müssen, um dies zu dulden. Wenn das einzige Ziel eine weitere Karriere in Abhängigkeit dieses Vorgesetzten ist, so mag sich dies auf diesem Weg erfüllen lassen, jedes andere Ziel muss die Führungskraft dann jedoch hinten anstellen und die Aussage, sich anders zu verhalten, wenn sie endlich selbst an der Macht ist, ist mindestens in Zweifel zu ziehen.

Eine Führungskraft, welche in der eigenen Einheit großen Veränderungsbedarf feststellt, muss damit rechnen, dass dies nicht unumstößlich den Zuspruch des Vorgesetzten finden muss. Entweder ging der Vorgänger, weil er genau diesen nicht erkannt oder gegen den Willen des Vorgesetzten nicht gehandelt hat, dies würde jedoch sicherlich an der einen oder anderen Stelle thematisiert werden. Oder es besteht durchaus die Möglichkeit, dass der Vorgesetzte Gefallen an der existieren Struktur hat und Änderungen in seiner Einheit als Kritik an sich interpretiert. Wie auch immer die konkrete Situation aussieht, welche die Führungskraft vorfindet, ihr Umgang hängt von ihrem Charakter ab und sie kann nur selbst entscheiden, womit sie sich wohler fühlt. Auf die Spitze getrieben ist die Fragestellung hierbei wohl am besten, für sich selbst zu klären, ob es im Nachhinein angenehmer sein wird, das Richtige getan zu haben und dafür seinen Job zu verlieren oder das Falsche, und dennoch weiterhin im Amt zu sein. Unzweifelhaft wäre es allen am liebsten, für das Richtige belohnt zu werden und vermutlich gerade noch akzeptabel, für miserable Leistung gefeuert zu werden. Vermutlich ist die Wahrscheinlichkeit für alle vier Varianten jedoch gleich hoch und daher kann die Schlussfolgerung für jede Führungskraft nur sein, so zu handeln, wie sie es für richtig einschätzt, ungeachtet der Konsequenzen.

6 Schlussfolgerungen für hohe Zufriedenheit

Machen Sie es sich zur Aufgabe, höheren Ansprüchen zu genügen, als andere an Sie stellen. (Henry Ward Beecher)

Eine Führungskraft hat es selbst in der Hand, wie sie sich ihren Arbeitsplatz gestaltet und wie ihre Balance aus Leben und Arbeit aussieht. Eine große Rolle spielt dabei natürlich der Vorgesetzte, dessen Vorgaben Rahmenbedingungen setzen, die es der Führungskraft leichter oder schwerer machen, die eigenen Wünsche und Vorstellungen in dieser Hinsicht in die Tat umzusetzen. Dennoch liegt es eben selbst unter den schwierigsten Umständen in der Hand der Führungskraft, wie sie mit dieser Situation umgeht und was sie aus ihren Möglichkeiten macht. Und wenn die Situation dennoch nur schwer zu ertragen ist und es darüber hinaus ausweglos erscheint, diese zu ändern, so kann sie dies klar analysieren und die notwendigen Konsequenzen in Form eines Arbeitsplatzwechsels ziehen.

Es ist daher meines Erachtens an der Zeit, dass jede Führungskraft sich zum einen klar vor Augen führt, dass sie nicht per Zufall in die Situation der Führung im Allgemeinen und in die aktuelle Situation im Besonderen gelangt ist, und zum anderen es alleine in ihrer Hand liegt, diese zum Positiven für sich selbst und die verantwortete Einheit zu verändern. Und Letzteres ist eine Erwartung, die alle verantworteten Mitarbeiter an die Führungskraft völlig zu Recht stellen dürfen und dessen sich die Führungskraft bewusst sein muss. Um dieser Erwartung gerecht zu werden, muss die Führungskraft alles in ihrer Macht stehende tun und alle ihr zur Verfügung stehenden Mittel einsetzen. Dies verlangt ihr viel ab und natürlich gibt es Führungskräfte, welche für diese Aufgabe besser geeignet sind als andere, weil die Voraussetzungen und die Entwicklung bis zu diesem Zeitpunkt verschieden sind. Dennoch ist dies keine Ausrede und darf auch keine sein, weil eine Führungskraft selbst für ihre Weiterentwicklung verantwortlich ist und dies für alle Belange gilt, welche sie für ihre Arbeit benötigt.

Gerade weil eine Führungskraft neben dem Tragen der Verantwortung noch die Erledigung sämtlicher Aufgaben sicherstellen und darüber hinaus viele repräsentative Tätigkeiten wahrnehmen muss, ist sie es, die als Erste darunter leidet und deren Arbeitstag länger

D. Walther, *Die 38-Stunden-Woche für Manager*,
DOI 10.1007/978-3-658-02788-9_6, © Springer Fachmedien Wiesbaden 2013

ausfällt, als geplant. Und doch hat sie den Schlüssel selbst in der Hand, sich ihren Arbeitsalltag zu erleichtern und zu einem Gleichgewicht zu gelangen, welches ihr einerseits erlaubt, ihrer Arbeit mit Freude nachzugehen und andererseits, dabei eine Leistung zu erzielen, auf die sie zu Recht stolz sein kann. Und es verlangt niemand von ihr, Abstriche im Ergebnis hinzunehmen oder irgendetwas zu vernachlässigen, genauso wenig jedoch, wie Arbeitszeiten jenseits des für normale Mitarbeiter üblichen. Und es macht bereits deutlich, wie wenig sich eine Führungskraft darum kümmern sollte, was von ihr erwartet wird und vielmehr nur das tun, was ihr richtig erscheint.

Dennoch entbindet dies die Führungskraft nicht davon, sich mit sich selbst auseinanderzusetzen und verschiedene Aspekte ihrer Arbeit dahin gehend zu prüfen, ob es Verbesserungspotenzial gibt. Niemand anderes als sie selbst kann beurteilen, ob ihr Verhalten und ihre Charaktereigenschaften zu ihrer Führungsrolle passen und sie optimal dabei unterstützen, auch wenn Feedback von anderen hilfreich zur Bildung der Meinung sein sollte. Der Weg ist hier umso mehr das Ziel, als hier nicht nur sehr große Möglichkeiten für Zeitersparnis und Wirkungsverbesserung bestehen, sondern es ist erste Pflicht der Führungskraft, die eigene Wirkung kennenzulernen und gegebenenfalls anzupassen. Für den Fall, dass die Führungskraft weder ein Problem mit ihrer Arbeitszeit noch mit ihrem Verhalten hat, ist es dennoch eine sinnvolle Auseinandersetzung, welche sie in jeder Hinsicht weiterbringen wird und eventuell sogar darüber hinaus noch die Zusammenarbeit der Einheit voranbringt.

Für diejenigen Führungskräfte, welche generelles Interesse an der Weiterentwicklung haben, nach zusätzlichen Optimierungsmöglichkeiten suchen oder die eigene Arbeitszeit reduzieren wollen, bietet sich die Analyse der Tätigkeiten und die Überprüfung der Struktur an. Es handelt sich dabei um die Kür und zeigt keinesfalls bereits kurzfristig Erfolge. Wenn es jedoch wirklich um die bestmögliche Produktivität der Einheit in Verbindung mit der angestrebten Qualität geht, führt mittel- und langfristig kein Weg daran vorbei. Und es wird von den meisten Führungskräften unterschätzt, welchen positiven Einfluss dies auf die Arbeitsbelastung nehmen kann. Gerade wenn eine Führungskraft eine Stelle antritt, welche sie länger innehaben möchte, sollte sie diese Mühe auf sich nehmen, weil es die Einheit in eine stabilere und bessere Ausgangsposition bringt und es sich langfristig auszahlen wird. Plant die Führungskraft keine längere Aufenthaltsdauer auf ihrer Stelle, könnte sie sich die Mühe sparen, sie sollte es jedoch nicht tun. Denn es ist im Interesse des Unternehmens, dass sie sich mit den Aufgaben und der Struktur der Einheit auseinandersetzt und es sollte ihre Pflicht vor sich selbst sein, die beste Leistung abzuliefern und alles zu tun, um sich selbst nichts vorwerfen zu müssen.

Es wäre sicherlich wünschenswert, dass alle Führungskräfte so handeln und jeweils alle Anstrengungen unternehmen, nicht nur sich, sondern ebenso die Aufgaben und Struktur den aktuellen Rahmenbedingungen anzupassen. Besonders durch ein konsistentes Verhalten aller Führungskräfte, unabhängig von ihrer voraussichtlichen Dauer auf dieser Stelle, könnte damit die Produktivität des gesamten Unternehmens wesentlich gesteigert werden. Damit würden viele Führungskräfte einerseits bessere Strukturen vorfinden und gleichzeitig der notwendige Änderungsaufwand in vielen Fällen deutlich reduziert, andererseits wäre der Anreiz für Führungskräfte beim Wechsel wesentlich größer eine solche Überprüfung in Angriff zu nehmen, alleine schon um nicht mit der eigenen Einheit leistungsmäßig zurückzufallen und bei Abgabe der Einheit dem Nachfolger eine miserable Aufstellung zu übergeben.

Aus den genannten Gründen ergibt sich für das Unternehmen zwangsläufig, dass eine gute und systematische Führungskräfteausbildung nicht nur die Qualität der Führungskräfte steigert und damit den Mitarbeitern ein angenehmeres Arbeitsumfeld schafft, sondern außerdem die Produktivität steigert und langfristig die Wettbewerbsfähigkeit erhält. Für Unternehmen, die aus welchen Gründen auch immer die Kosten senken müssen, kann eine auf diese Art initiierte großflächige Aktion eine gute Gelegenheit sein, zusammen mit den Mitarbeitern und unter Einbindung aller Führungskräfte sorgsam Potenziale zu entdecken und zu heben. Das geht allerdings nur, wenn nicht vorher wertvolle Zeit verschwendet wurde und der Druck noch nicht so hoch ist, dass nur noch Hauruck Aktionen zur Wahl stehen. Und dem vorzubeugen wiederum geht mit vielen langfristigen Strategien, von denen die Führungskräfteausbildung wahrscheinlich sogar am einfachsten ist, wenn sie zielgerichtet auf das Verhalten der Führungskräfte und die Aufstellung der Organisation ausgerichtet ist.

Weiterführende Literatur

Barrett R (1998) Liberating the corporate soul – Building a visionary Organization. Butterworth/Heinemann, Boston

Blanchard K, Bowles S (2005) Wie man Kunden begeistert. Rowohlt Verlag GmbH, Hamburg

Blanchard K, Spencer J (2002) Der Minuten Manager. Rowohlt Verlag GmbH, Hamburg

Collins J (1994) Build to Last. HarperBusiness, New York

Collins J (2001) Good to great. HarperBusiness, New York

Covey S (2006) Die 7 Wege zur Effektivität. Gabal Verlag, Offenbach

DeMarco T (1997) Der Termin. Carl Hanser, München

Drucker P (2000) Die Kunst des Managements. Econ Verlag, München

Gerber M (2005) The E-Myth master. HarperCollins, New York

Hersey B, Blanchard KH (1993) Management of organizational behavior. Englewood Cliffs, New Jersey

Hube G (2005) Beitrag zur Beschreibung und Analyse von Wissensarbeit. Jost-Jetter Verlag, Heimsheim

Jungbluth R (2002) Die Quandts – Ihr leiser Aufstieg zur mächtigsten Wirtschaftsdynastie Deutschland. Campus Verlag, Frankfurt a. M.

Kasper H, Mayrhofer W (2009) Personalmanagement – Führung – Organisation. Linde Verlag, Wien

Kern M (2003) Planspiele im Internet: Netzbasierte Lernarrangements zur Vermittlung betriebswirtschaftlicher Kompetenz. Deutscher Universitätsverlag, Wiesbaden

Lueger G (1992) Die Bedeutung der Wahrnehmung bei der Personalbeurteilung. Hampp, München

Machiavelli N (2007) Der Fürst. RaBaKa Publishing, Neuenkirchen

Malik F (2006) Führen – Leisten – Leben. Campus Verlag, Frankfurt a. M.

North K, Güldenberg S (2008) Produktive Wissensarbeit(er). Gabler, Berlin

Reisinger, Ovadias, Ostah (2006) Optimierung der internen Kommunikation, am Beispiel der E-Mail Kommunikation. In: North K, Güldenberg S (Hrsg), Produktive Wissensarbeit(er), Gabler, Berlin, S 173

Rixen M (2006) Zeitmanagement für Führungskräfte. Verlag Dr. Müller, Saarbrücken

Rother T (2001) Die Krupps – Durch fünf Generationen Stahl. Campus Verlag, Frankfurt a. M.

Seiwert L (1984) Zeitmanagement. Verlag Moderne Industrie AG, Landsberg am Lech

Steyrer J (2009) Theorie der Führung. In: Kasper H, Mayrhofer W (Hrsg) Personalmanagement – Führung – Organisation, 4 Aufl Linde Verlag, Wien, S 25–94

Sveiby KE (1997) The new organizational wealth. Pub Group West, Berkeley

Tushman ML, O'Reilly CA III (1997) Winning through Innovation. Harvard Business School Press, Boston

D. Walther, *Die 38-Stunden-Woche für Manager,*
DOI 10.1007/978-3-658-02788-9, © Springer Fachmedien Wiesbaden 2013

Wehling M, Franzen A, Schaade B (2000) Implikationen des individuellen Zeitmanagements für die Unternehmensführung. In: Götze U, Mikus B, Bloech J (Hrsg) Management und Zeit. Physica Verlag, Heidelberg

Welch J (2006) Was zählt – Die Autobiographie des besten Managers der Welt. Ullstein Buchverlage GmbH, Berlin

Welch J, Welch S (2005) Winning – Das ist Management. Campus Verlag, Frankfurt a. M.

Sachverzeichnis

D. Walther, *Die 38-Stunden-Woche für Manager,*
DOI 10.1007/978-3-658-02788-9, © Springer Fachmedien Wiesbaden 2013